国家出版基金项目
NATIONAL PUBLICATION FOUNDATION

欧亚历史文化文库

总策划 张余胜

兰州大学出版社

欧亚历史文化文库

天山家宴

——西域饮食文化纵横谈

丛书主编 余太山

贺菊莲 著

图书在版编目(CIP)数据

天山家宴:西域饮食文化纵横谈 / 贺菊莲著. —
兰州:兰州大学出版社,2011.3
(欧亚历史文化文库/余太山主编)
ISBN 978-7-311-03657-7

Ⅰ.①天… Ⅱ.①贺… Ⅲ.①饮食—文化—研究—西
域 Ⅳ.①TS971

中国版本图书馆 CIP 数据核字(2011)第 030896 号

总 策 划　张余胜

书　　名　天山家宴
　　　　　——西域饮食文化纵横谈
丛书主编　余太山
作　　者　贺菊莲　著
出版发行　兰州大学出版社　(地址:兰州市天水南路 222 号　730000)
电　　话　0931-8912613(总编办公室)　0931-8617156(营销中心)
　　　　　0931-8914298(读者服务部)
网　　址　http://www.onbook.com.cn
电子信箱　press@lzu.edu.cn
印　　刷　兰州人民印刷厂
开　　本　700 mm×1000 mm　1/16
印　　张　20.5(插页 8)
字　　数　283 千
版　　次　2011 年 4 月第 1 版
印　　次　2014 年 2 月第 2 次印刷
书　　号　ISBN 978-7-311-03657-7
定　　价　64.00 元

(图书若有破损、缺页、掉页可随时与本社联系)
淘宝网邮购地址:http://lzup.taobao.com

图1 且末扎滚鲁克墓葬出土公元前800年的红柳串羊排

图2 古墓沟墓葬出土的草编小篓

图3 巴楚脱库孜沙来遗址出土的唐代杏核

图4 司禾府印

图6 交河故城掠影

图5 尼雅墓葬食物

图7 高昌故城掠影

图8 阿斯塔那古墓群掠影

图9-1 阿斯塔那214号墓出土的唐代麦子1

图9-2 阿斯塔那214号墓出土的唐代麦子

图10 阿斯塔那古墓出土的麴氏高昌国时期的糜、菜子

图11 阿斯塔那70号墓出土的唐代谷子

图12 阿斯塔那墓出土的唐西州时期干葡萄

图13 阿斯塔那128号墓出土的唐代红枣

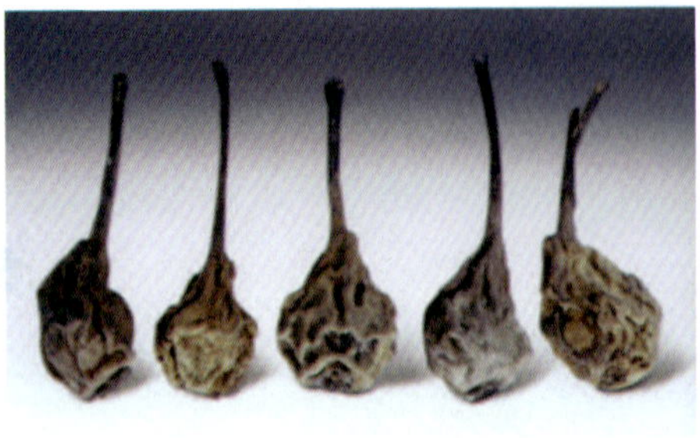

图14 阿斯塔那墓出土的唐西州时期干梨

图15 阿斯塔那211号墓出土的唐代甜瓜皮

图16 阿斯塔那195号墓出土的唐代核桃

图17 阿斯塔那201号唐墓出土的劳作女俑群

图18 吐鲁番阿斯塔那墓葬出土饼，其形似馕

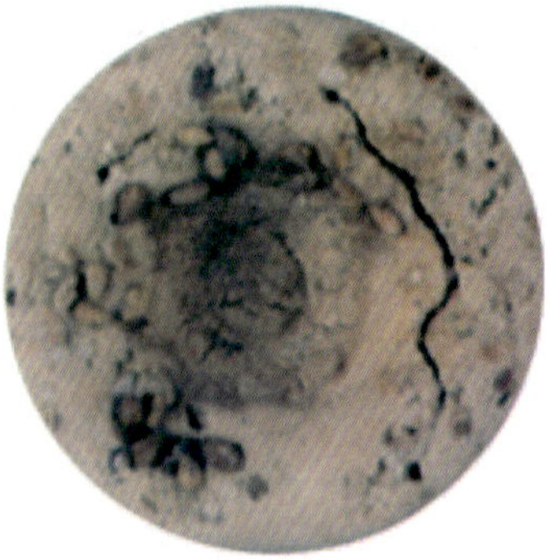

图19 吐鲁番阿斯塔那191号墓出土饼，其形似小油馕

图20 阿斯塔那339号墓出土的唐代饺子

图21 阿斯塔那117号墓出土的唐代馄饨

图22 阿斯塔那187号墓出土的唐代叶形面点

图23 阿斯塔那墓葬出土的唐代花式点心

图24 阿斯塔那191号墓出土的唐代环形面点

图25 阿斯塔那337号墓出土的唐代面卷

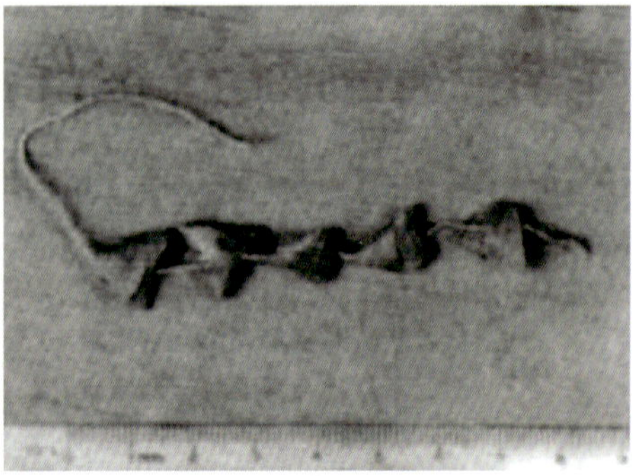

图26 苏贝希古墓地出土的食物

图27 吐鲁番出土的草编粽子

图28 阿斯塔那230号墓出土的唐代点心

图29 阿斯塔那13号墓出土的墓主人生活图

图30-1 亚尔果勒千佛洞内的精美壁画

图30-2 亚尔果勒千佛洞内的精美壁画

图31 柏孜克里克千佛洞外景

图32 尼雅遗址

图33 喀拉墩古城42号居址

图34 阿勒泰切木尔切克墓出土的青铜时代兽首柄石臼

图35 呼图壁县采集的人形石杵

图36 乌布拉特遗址出土的青铜时代石磨盘

图37 阿勒泰切木尔切克墓出土的青铜时代双连体石罐

图38 鄯善洋海墓地出土的车师时期皮篓

图39 鄯善三个桥古墓出土的汉代角质杯

图40 山普拉出土的公元1世纪木质钵与勺

图41 山普拉出土的公元1—2世纪木几

图42 山普拉墓地5号墓出土的汉代三足木盘

图43 约特干遗址出土的唐代人首兽头陶水注

图44 巴里坤县兰州湾子遗址出土的双立耳铜鍑

图45 乌鲁木齐县南山出土的汉晋时期蘑菇状立耳圈足铜鍑

图46 1996年楼兰古墓49号墓出土的玻璃杯

图47 木纳尔墓地出土的麴氏高昌时期三足彩陶盆

图48 阿斯塔那古墓出土的麴氏高昌时期陶鼎

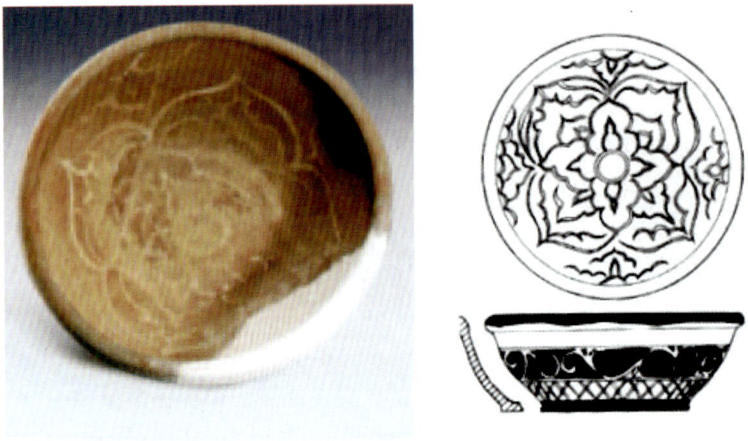

图49 巴达木墓地出土的麴氏高昌时期陶盆

图50 吐鲁番市采坎墓出土的麴氏高昌时期鸡首陶壶

图51 拜城县克孜尔吐尔墓地25号墓出土的高流单耳三角纹彩陶罐

图52　鄯善洋海墓地出土的车师时期带流罐

图53　鄯善洋海墓地出土的车师时期木桶

图54 田园葡萄纹陶罐

图55 连续几何纹鼓腹陶罐

图56 1996年楼兰古墓73号墓出土的漆木案和菊花饼

图57 阿斯塔那古墓出土的高昌郡时期陶罐

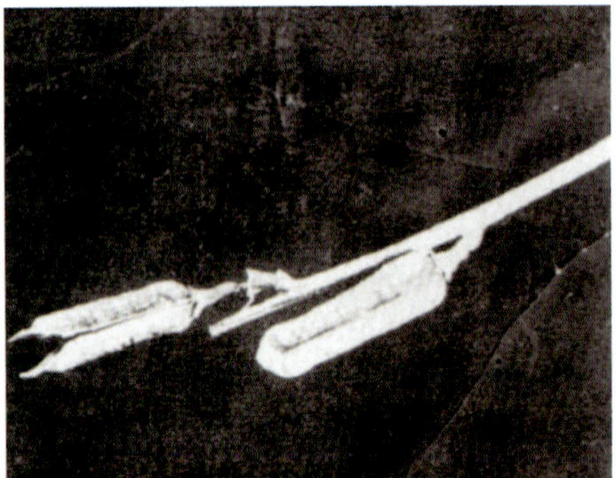

图58 吐鲁番出土的唐代芝麻

图59 吐鲁番出土的唐代巴旦杏

出版说明

随着20世纪以来联系地、整体地看待世界和事物的系统科学理念的深入人心，人文社会学科也出现了整合的趋势，熔东北亚、北亚、中亚和中、东欧历史文化研究于一炉的内陆欧亚学于是应运而生。时至今日，内陆欧亚学研究取得的成果已成为人类不可多得的宝贵财富。

当下，日益高涨的全球化和区域化呼声，既要求世界范围内的广泛合作，也强调区域内的协调发展。我国作为内陆欧亚的大国之一，加之20世纪末欧亚大陆桥再度开通，深入开展内陆欧亚历史文化的研究已是责无旁贷；而为改革开放的深入和中国特色社会主义建设创造有利周边环境的需要，亦使得内陆欧亚历史文化研究的现实意义更为突出和迫切。因此，将针对古代活动于内陆欧亚这一广泛区域的诸民族的历史文化研究成果呈现给广大的读者，不仅是实现当今该地区各国共赢的历史基础，也是这一地区各族人民共同进步与发展的需求。

甘肃作为古代西北丝绸之路的必经之地与重要组

成部分,历史上曾经是草原文明与农耕文明交汇的锋面,是多民族历史文化交融的历史舞台,世界几大文明(希腊—罗马文明、阿拉伯—波斯文明、印度文明和中华文明)在此交汇、碰撞,域内多民族文化在此融合。同时,甘肃也是现代欧亚大陆桥的必经之地与重要组成部分,是现代内陆欧亚商贸流通、文化交流的主要通道。

基于上述考虑,甘肃省新闻出版局将这套《欧亚历史文化文库》确定为2009—2012年重点出版项目,依此展开甘版图书的品牌建设,确实是既有眼光,亦有气魄的。

丛书主编余太山先生出于对自己耕耘了大半辈子的学科的热爱与执著,联络、组织这个领域国内外的知名专家和学者,把他们的研究成果呈现给了各位读者,其兢兢业业、如临如履的工作态度,令人感动。谨在此表示我们的谢意。

出版《欧亚历史文化文库》这样一套书,对于我们这样一个立足学术与教育出版的出版社来说,既是机遇,也是挑战。我们本着重点图书重点做的原则,严格于每一个环节和过程,力争不负作者、对得起读者。

我们更希望通过这套丛书的出版,使我们的学术出版在这个领域里与学界的发展相偕相伴,这是我们的理想,是我们的不懈追求。当然,我们最根本的目的,是向读者提交一份出色的答卷。

我们期待着读者的回声。

总序

本文库所称“欧亚”(Eurasia)是指内陆欧亚,这是一个地理概念。其范围大致东起黑龙江、松花江流域,西抵多瑙河、伏尔加河流域,具体而言除中欧和东欧外,主要包括我国东三省、内蒙古自治区、新疆维吾尔自治区,以及蒙古高原、西伯利亚、哈萨克斯坦、乌兹别克斯坦、吉尔吉斯斯坦、土库曼斯坦、塔吉克斯坦、阿富汗斯坦、巴基斯坦和西北印度。其核心地带即所谓欧亚草原(Eurasian Steppes)。

内陆欧亚历史文化研究的对象主要是历史上活动于欧亚草原及其周邻地区(我国甘肃、宁夏、青海、西藏,以及小亚、伊朗、阿拉伯、印度、日本、朝鲜乃至西欧、北非等地)的诸民族本身,及其与世界其他地区在经济、政治、文化各方面的交流和交涉。由于内陆欧亚自然地理环境的特殊性,其历史文化呈现出鲜明的特色。

内陆欧亚历史文化研究是世界历史文化研究中不可或缺的组成部分,东亚、西亚、南亚以及欧洲、美洲历史文化上的许多疑难问题,都必须通过加强内陆欧亚历史文化的研究,特别是将内陆欧亚历史文化视做一个整体加以研究,才能获得确解。

中国作为内陆欧亚的大国，其历史进程从一开始就和内陆欧亚有千丝万缕的联系。我们只要注意到历代王朝的创建者中有一半以上有内陆欧亚渊源就不难理解这一点了。可以说,今后中国史研究要有大的突破,在很大程度上有待于内陆欧亚史研究的进展。

古代内陆欧亚对于古代中外关系史的发展具有不同寻常的意义。古代中国与位于它东北、西北和北方，乃至西北次大陆的国家和地区的关系,无疑是古代中外关系史最主要的篇章,而只有通过研究内陆欧亚史,才能真正把握之。

内陆欧亚历史文化研究既饶有学术趣味,也是加深睦邻关系,为改革开放和建设有中国特色的社会主义创造有利周边环境的需要，因而亦具有重要的现实政治意义。由此可见,我国深入开展内陆欧亚历史文化的研究责无旁贷。

为了联合全国内陆欧亚学的研究力量，更好地建设和发展内陆欧亚学这一新学科,繁荣社会主义文化,适应打造学术精品的战略要求,在深思熟虑和广泛征求意见后,我们决定编辑出版这套《欧亚历史文化文库》。

本文库所收大别为三类:一,研究专著;二,译著;三,知识性丛书。其中,研究专著旨在收辑有关诸课题的各种研究成果;译著旨在介绍国外学术界高质量的研究专著;知识性丛书收辑有关的通俗读物。不言而喻,这三类著作对于一个学科的发展都是不可或缺的。

构建和发展中国的内陆欧亚学,任重道远。衷心希望全国各族学者共同努力,一起推进内陆欧亚研究的发展。愿本文库有蓬勃的生命力,拥有越来越多的作者和读者。

最后,甘肃省新闻出版局支持这一文库编辑出版,确实需要眼光和魄力,特此致敬、致谢。

余太山

2010年6月30日

前 言

俗话说:“民以食为天。”“开门七件事:柴、米、油、盐、酱、醋、茶。”这些无不说明饮食文化的重要性。饮食文化是认识、研究一个民族、一个地区、一个国家历史文化的重要环节。饮食文化研究亦具有重要的现实意义,如目前第三产业中的餐饮业、旅游业等已成为吸收劳动力、拉动社会经济的重要行业。挖掘古代饮食文化,可以为这些行业的发展提供文化资源及理论支撑。中国饮食文化,具有十分久远、优秀的传统,一向为世界关注、尊崇。孙中山先生曾在《建国方略》中明确指出了中国的烹调是宝贵的文化艺术。我国近代文明进化,大多落人之后,唯饮食一道之进步,至今尚为文明各国所不及。笔者曾阅读过由英国人罗伯茨先生所著的《东食西渐——西方人眼中的中国饮食文化》,该书序言题目为“中国人靠食物征服世界”,虽然中餐不是独一无二的全球化食品,但中餐在世界范围内的普及是饮食全球化的一个最引人注目的例子。但对中国饮食文化进行全面、深入的剖析、总结,进行历史的研究,却是近代才开始的。100 年来,不少中国学者(包括台湾、香港学者在内),在这一领域辛勤耕耘,多有建树。从汉文化圈这一角度观察,日本、韩国(尤其是日本),在中国饮食文化史的研究中,也有不少学者取得了令人关注的成果。

曾有人说:不到长城非好汉,不到新疆真遗憾!您到过新疆吗?您对丝绸之路有所了解吗?您听说过远古楼兰美女吗?您品尝过新疆的馕与烤肉串、葡萄与哈密瓜吗?那远古西域人的饮食生活面貌又会是怎样的呢?沧海变桑田,几多昔日繁华之城已成废墟,如果我们从饮食文化角度来透视环境变迁,又会得到什么启示呢?让我们以饮食文化作伴,穿越历史的时空,去神游古西域丰饶的绿洲、辽阔的草原、苍翠的森林、无垠的瀚海，享受美食与文化盛宴，感受神奇与魅力……

“西域”一名，一般著述多言其始见于《汉书·西域传》。历代沿用，一直到1884年新疆建省后才渐渐废弃。西域有广义、狭义之分。狭义的西域，一般即指天山以南，昆仑山以北，葱岭以东，玉门关以西的地域；广义的西域，则指当时中原王朝西部边界以西的所有地域，除包括狭义的西域外，还包括南亚、西亚，甚至北非和欧洲地区。

新疆古称西域，是丝绸古道上一颗璀璨的明珠。但“西域”作为一个地理概念，在不同的时代具有不同的内容。《西域图志》对清朝乾隆年间(1736—1795)西域的地理范围做了说明：“其地在肃州嘉峪关外，东南接肃州，东北直喀尔喀(蒙古)，西接葱岭，北抵俄罗斯，南接番藏(青海、西藏)，轮广二万余里。”即指今新疆包括巴尔喀什湖以东以南的广大地区。

“西域”，虽然在中国历史发展进程中曾具有不同的空间、政治文化内涵，但新疆大地，自公元前2世纪迄今，却总是中国“西域”大地上的核心处所。它居于亚欧内陆腹地，古代丝绸之路枢纽，向为(尤其是公元10世纪以前)我国与中亚西部、南亚、西亚交往、联络的孔道，在我国历史上的重要地位难以轻估。在这片土地上，居民种族多元，民族迁徙频繁，民族成分复杂。不同宗教、不同文化在这里碰撞、交流，绿洲农业、草原畜牧业在这里共生共荣……不论是物质经济生活，还是历史文化形态，呈现了特别丰富、复杂的面貌。自然，它们都在西域饮食文化上投射了或深或浅、或轻或重的印痕。

宋元以前，东西方文化交流主要是通过陆路。汉唐时期，是陆路丝绸之路最为兴旺、畅通的时期。张骞通使西域及其关于行程路线的报道，使丝绸之路全线开通并有了正式的记载，这也就成为丝绸之路最终形成的标志。魏晋南北朝时期是丝绸之路的发展时期。隋唐时期，丝绸之路的发展达到顶峰。作为陆路丝绸之路一站的西域(今新疆)占据着最重要的地位。有学者指出，我们现在所说的到达两端的东西文化，都是经过了西域人民或多或少改造过了的。在距今4000年左右的时代，西域已经有了自己的文明史。西域最繁荣的时期，应是汉—唐这一历史时期。汉唐西域饮食文化史是西域饮食文化史上一个极其重要的发展阶段，是汉唐时期西域历史文化的重要组成部分，它与这一时期的政治、经济、社会、文化和民族关系乃至中外关系的发展都有着密切的联系。汉晋是西域饮食文化的发展时期；唐，既是西域饮食文化融合发展的高潮阶段，又是西域因宗教、民族变化发展而饮食总体风貌逐渐发生变化的分水岭。研究汉唐西域饮食文化对于全面、深刻认识这一阶段的历史文化是必不可少的。因为本人学识、时间和精力的有限，故本书所述时间段为史前时期至唐，重点则在论述汉唐时期西域饮食文化。

总之，本书所指的西域饮食文化即指古代新疆饮食文化，并以清朝乾隆年间西域的地理范围为基础，上溯唐之前的新疆饮食文化。凡是在这个地理范围活动过的民族，包括已经消失了的古代民族，他们的饮食文化，都是本书关注的内容。

西域饮食文化，是以西域各族人民为创造主体，依凭西域特定的自然地理环境、交通位置等，在长期的饮食实践中充分发挥主观能动性创造出来的物质文化和精神文化的总和。它与政治、经济、宗教、文化密切关联，植根于西域历史文化的土壤，是在西域文化漫长的发展过程中逐渐形成的，凝聚着西域文化乃至中华文化的精神和特点。西域饮食文化的内涵包含三个层面，即：物质层面、制度层面及观念层面。西域饮食文化是一个相对稳定而又充满活力、不断发展着的机体。

不论作为研究中国饮食文化史的重要一环，还是从研究西域民族民俗、历史文化角度着眼，不必怀疑：西域饮食文化研究都具有相当（或者说十分）重要的理论价值、现实意义，不容轻忽。那我们怎样从总体上把握西域饮食文化呢？也就是说西域饮食文化的定位是什么呢？西域饮食文化又有什么基本特点呢？

一、西域饮食文化的定位

（一）西域饮食文化是中华饮食文化的重要组成部分

笔者赞同赵荣光先生曾提出的饮食文化圈理论，认为西域饮食文化应属于西北饮食文化圈，且是其核心组成部分。西域饮食文化吸取了中华饮食文化中其他地区饮食文化的一些因素，反过来又因其特性丰富和发展了中华饮食文化乃至世界饮食文化的内涵。

（二）西域饮食文化是西域文化不可或缺、不能轻忽的重要一环

饮食文化既能反映物质文化内涵，又能体现精神文化的一些特质。传统文化的许多特征都在饮食文化中有所反映，如“天人合一”说、“阴阳五行”说、“中和为美”说，以及重“道”轻“器”、注重领悟忽视实证等都渗透在饮食心态、进食习俗、烹饪原则之中。西域饮食文化在某种程度上可以看成是具体而微的西域文化，西域文化的许多特征都在饮食文化中有所体现。

（三）西域饮食文化是西域各族人民共同创造的物质和精神财富，是一种处于东西方文化交汇的多源发生、多维发展的中国地域文化

西域饮食文化不仅是西域各民族饮食文化交融的结果，而且是与祖国内地及中亚、波斯等地区饮食文化相互交流的结果。西域是丝绸之路上东西文化融合的地区。中国、印度、波斯、北非、希腊五大古代文明曾在这片土地上碰撞交融，这使西域得以广泛吸收其他国家、其他民族的优秀文化，最终导致新文明产生，西域饮食文化也因此独树一帜。

（四）西域饮食文化的发展与繁荣程度在一定程度上由该地区食生产力的发展水平决定

西域特定的食生产方式孕育了其特定的饮食文化。汉唐时期，天山以南特定的食生产方式孕育特定的绿洲农耕饮食文化：绿洲农业在食生产中占据主导地位；园艺业在食生产中占有特殊地位；畜牧业及家庭饲养业在食生产中占有重要地位。而在天山以北草原诸族的食生产中，虽然牧业经济占据主导地位，但其经济类型不是单一的，采集、狩猎始终是其补充食源的重要方式。有的游牧民族还存在一定的农耕生产。

何谓食生产力、食生产方式？还未见有人对此进行专门的论述，希望本书在此的讨论能达到抛砖引玉的效果。

生产力是人们解决社会同自然矛盾的实际能力,是人类征服和改造自然使其适应社会需要的客观物质力量。生产力是标志人类征服自然、改造自然的实际程度和实际能力的哲学范畴。生产力是在劳动中形成的,劳动对象、劳动资料和劳动者因此构成了生产力的基本因素。何谓食生产力?食生产力是生产力的一个方面,是生产力的重要组成部分。食生产力与生产力相比,前者的劳动对象、劳动资料范畴缩小,其限定范围仅与饮食文化相关。食生产力包括生产、加工、保藏、保鲜食物等能力。食生产力的状况是由既定的客观历史条件和社会条件决定的,不以人的主观愿望为转移,因而是客观的物质力量。人们不能自由选择食生产力,而只能在既定的、现存的食生产力基础上进行食生产和食消费。如在电还没发明的古代社会,古人就不可能使用现代通用的碾米机进行谷物加工。食生产力是前人饮食实践活动的客观结果,是既得的,是不能自由选择的;是当代人饮食实践活动的物质基础和出发点;是由各种客观物质要素如饮食原料、饮食器具等构成的,是一种社会的、客观的物质力量。

饮食文化与食生产力的辩证关系:一方面,饮食文化无疑会受到食生产力乃至社会生产力发展程度的制约,食生产力的发展程度在一定程度上决定饮食文化的发展程度。食生产力向前发展了,客观上为饮食文化的发展提供了更好的物质基础。俗话说,“巧妇难为无米之炊”,饮食文化的发展需要一定的物质基础。如果食不果腹,就提不上饮食方面的讲究,从而也影响对饮食文化的追求。食生产力的提高使人类可攫取食物的食环境进一步扩大,从而进一步丰富饮食资源,为饮食文化的发展提供物质资源。食物原料的生产、加工、贮藏、保鲜能力亦可随食生产力的提高而提高。但并不是说,食生产力发展了,饮食文化就随之发展,有时会出现饮食文化发展进程与食生产力发展进程不一致的现象。饮食文化发展的原因是综合的。虽然一个国家、地区或民族生产力的发展是其饮食文化发展的物质基础,但良好的民族素质、民族饮食心理及社会风尚亦是饮食文化健康发展的重要条件。如前所述,饮食文化内涵丰富,具有三个层面:物质层面、制度层面及观念层面，而后两者相对具有较强的稳定性。在饮食实践中逐渐形成的各种饮食行为规范；人际交往中约定俗成的以礼俗、民俗、风俗等形态表现出来的饮食行为模式；在饮食实践和意识活动中孕育出来的价值观念、审美情趣等主观因素如饮食心理、饮食观念等在很大程度上具有稳定性，不一定随食生产力的发展而发展。另一方面，饮食文化在一定程度上反映食生产力发展水平，并反作用于食生产力乃至生产力，健康、适宜、可持续发展的饮食文化可以促进食生产力乃至生产力的发展，而不科学、不合理、不切生产力实际情况的食生产及过度超前、造成浪费的食消费活动，会在一定程度上浪费、破坏食物资源、自然资源乃至社会资源，从而阻碍食生产力乃至生产力的发展。

那食生产方式又是指什么呢？食生产方式，是生产方式的重要组成部分，只是其范畴相对后者缩小，仅限于生产目的是为获取食物的生产方式。在原始社会初期，食生产方式几乎等于生产方式，因为当时人类劳动的主要目的就是获得食物，维持生存。

食生产力与食生产方式的辩证关系：食生产力可在一定程度上决定食生产方式，如食物原料的生产、加工、贮藏、保鲜方式可随食生产力的提高而改变乃至提高。食科技在饮食器具方面的提高亦可促进食物烹饪方式的变革，但影响食生产方式的因素很多，如特定自然地理环境制约和影响食生产方式，特别是在生产力相对较低的古代。而有些食生产方式、一些食物的烹饪方式源于多种原因而具有稳定性，有时历经千年不变。食生产方式亦可反作用于食生产力。科学的、进步的食生产方式的发展可促进食生产能力的提高；反之，不科学的，特别是片面追求一时的物质利益而以破坏环境为代价的食生产方式，会对食生产力的长远发展起阻碍作用。

饮食文化与食生产方式的辩证关系：一方面，饮食文化的面貌和发展程度在一定程度上由食生产方式决定。一个国家、地区或民族特定的食生产方式可决定随之出现特定的食物原料、饮食结构及肴馔风格，特别是在生产力相对低下、交通闭塞的地区，但也存在食生产方式未变，而饮食文化却向前发展的现象。因为即使一个地区的饮食原料、饮食结构基本未变，但其食物加工、烹制及食物的贮藏方式等都可向前发展。且随着该地区对外文化交流的加强，外来新食源、新食品也会不断传入，从而丰富和发展该区域的饮食文化。另一方面，饮食文化的发展与繁荣在一定程度上可促进食生产方式的变革与改进，促进食物原料的生产、加工、贮藏、保鲜方式等不断得以改进、提升并日益趋向科学。也就是说，饮食文化的发展与繁荣亦可成为食生产方式不断发展的动力。

二、西域饮食文化的基本特点

(一)多元性与趋同性相结合

西域饮食文化五彩斑斓，凸显多元性特征。首先，西域饮食文化兼有农耕型、游牧型、渔猎型等多种饮食文化特点。其次，有些食品可以说是中西合璧，含有多种文化元素。再次，西域饮食文化既蕴含丰富多彩的少数民族饮食文化，少数民族风味食品琳琅满目，同时又可见汉族的饮食文化。最后，多种宗教信仰饮食在西域饮食文化史上交相辉映。

西域饮食文化的多元性，可主要从内部因素及外部因素两方面来分析。

西域饮食文化的多元性，十分重要的一点，是由新疆特殊的地理环境导致多元的生产方式决定的。新疆的地势、地貌特点，按一般通俗、形象的说法，是“三山夹两盆”：三山，指横亘于北部、中部和南部的阿尔泰山、天山和昆仑山；两盆，指阿尔泰山与天山之间的准噶尔盆地，天山与昆仑山之间的塔里木盆地。新疆东部则有阿尔金山，西南有号称“世界屋脊”的帕米尔高原。昆仑山、天山和阿尔泰山环抱着塔里木盆地和准噶尔盆地。横亘于中部的天山将新疆分为南北两大不同地理环境，即人们习称的“南疆”与“北疆”。南北不同的地理环境，孕育了不同的生产方式。南部绿洲以农耕经济为主，而北部草原的生产方式主要是游牧经济。当然，这种以地理环境不同而各异的生产方式也不是绝对的，在南部以绿洲经济为主的农业区仍有牧业经济成分，而在北疆草原游牧带同样存在农耕生产方式。不同的经济方式决定了不同的食物来源,这就决定了北疆与南疆的饮食风格会存在差异,但又有交叉。西域饮食文化带有浓厚的游牧民族的特点,又有农耕民族的一些特点,其原因除本土的绿洲农耕经济外,还有一个重要原因即屯垦事业在西域的发展。

西域饮食文化是西域文化的一部分,而西域文化的多元性又决定了西域饮食文化的多元性。西域的文化类型可以分为南部绿洲农耕文化和北部草原游牧文化及屯垦文化三大类型。受不同文化类型熏陶的人们在饮食心理、饮食礼仪等方面是存在差异的。也就是说,西域文化的多元性在一定程度上通过饮食文化体现出来。

同时,多种宗教的存在也是导致西域饮食文化多元性的因素之一。学术界认为,新疆的古代和现代都不是一个单一宗教分布的地区,尽管某一时期可能会以某一宗教为主,但多种宗教并存、在碰撞中发展的格局一直是新疆宗教发展的特点。新疆的宗教经历了四个发展阶段,即原始宗教向多种宗教并存过渡阶段、以佛教为主的多种宗教并存阶段、以佛教和伊斯兰教为主的多种宗教并存阶段、以伊斯兰教为主的多种宗教并存阶段。不同宗教教义、教规要求信奉者遵守的食物禁忌、进食礼仪等不同,这也导致在新疆大地上宗教信仰饮食形态不一。

新疆自古以来就是多个民族共同生活的大家园,新疆民族的发展史是一部多民族迁徙流动、融合的历史。由于不同民族的历史文化差异,各民族一般会在饮食上保持自身特性,这也就在一定程度上决定了西域饮食文化的多元性。新疆自古就是一个多民族活动的地区,种族多源,民族纷杂。至汉代以来,活动在新疆地区的民族,见诸文献记录的就有塞人、月氏人、乌孙、羌人、匈奴人和汉人。魏晋南北朝时期,新疆地区的民族在原有基础上又增加了鲜卑、柔然、高车、吐谷浑等新成员。隋唐时期加入到新疆民族之列的主要有突厥人、吐蕃人、回纥人等。五代、宋、辽、金、元时期,回鹘、契丹、蒙古纷纷活跃在西域历史舞台上。五代、宋、辽、金时期是新疆各民族内部大融合的时期,塔里木盆地周围居民出现了回鹘化的趋向,同时又迁入了新成员契丹。元明时期是新成员迁入新疆的又一个高潮时期。伴随着大量蒙古人的进入,新疆的居民开始了大规模的迁徙。清代是新疆民族的定性时期,并最终形成了以维吾尔族为主的多民族聚居分布的格局。

以上讲的几点都是从内部因素来分析的。从外部因素来看,西域饮食文化的多元性主要源于新疆特殊的地理位置,使其成为周边几大古代文明的荟萃、碰撞之地。新疆,地处欧亚大陆腹地,正处于印度、波斯、地中海与中国之间,西域成为古代丝绸之路的重要通道,华夏、希腊、罗马、古波斯、古印度等文明在此彼此碰撞、交融。新疆各族人民以开放的姿态面向外来文化,此外来文化既包括祖国内地东来的,又包括从中亚、波斯等地区西来的饮食文化。西域饮食文化在本土饮食文化的基础上不断融合外来饮食文化,并加以创新,形成了绚丽多彩的地域饮食文化。

西域饮食文化具有多元性,但又具有趋同性。如前所述,西域饮食文化是西域各民族饮食文化交融的结果,是与祖国内地及中亚、波斯等地区饮食文化相互交流的结果。纵观整个西域历史,西域各族的饮食文化几乎都在不断吸收其他民族的饮食文化,特别是随着汉文化的西渐,受汉族饮食文化影响也比较多。新疆农耕民族的餐桌上有各种肉食的存在,而农作物产品也早已丰富了游牧民族的饮食生活,只是从事农业的民族,日常饮食多以粮食为主,而从事畜牧业的民族,主要以肉、奶和奶制品为食。各民族饮食文化在相互学习时,也不是简单的照搬,而是依本民族情况进行适当的改良和创新。如农耕民族在制作类似于一些游牧民族的水煮肉时,通常会加上一些萝卜等农产品。新疆地广人稀,加上以前交通不发达,外出要获得所需食物较为困难,而馕类食品(馕类食品在汉唐时期早已出现于西域,胡饼即是馕,只是当时不叫“馕”,关于此,将在后文论述)的出现解决了这个问题。因为馕类食品水分少,易于携带,耐贮存。传说玄奘在西行取经途中的主要食品便是馕类食品。馕类食品,最初只是从事农耕的民族的口中之物,后来才逐渐进入游牧民族的饮食生活当中,其可能归源于游牧民族有淀粉类食物的内在需要,而馕类食品的特性又能适应游牧民族的经济生产方式。当然,游牧民族在加工用具方面,又为适应其游牧为主的生产方式做了变通。在现代化的今天,馕还是新疆的一种独特食品,并且是维吾尔族等多个少数民族生活中的主食。

中唐之后,茶文化逐渐发展,中原与西域贸易逐渐出现茶马贸易。茶文化,虽是由中国南方开始传播,但西域的农耕民族、游牧民族都普遍接受了汉族的茶俗,不过形成地方或民族特色罢了。像南部绿洲居民,除奶茶外,还喜欢饮清茶、盐茶、糖茶,而北部草原居民善饮奶茶。长期生活在西域的汉族居民也入乡随俗,适应了少数民族的饮食习俗。

总的来说,西域饮食文化多元性与趋同性相结合,只是多元性相对更为明显,而趋同性还需我们进一步归纳总结。

(二)传承性与动态性相结合

文化具有传承性,饮食文化也如此。即使是在现代化的当今,我们仍能在日常生活中多少看到祖先饮食文化的痕迹。西域饮食文化更是如此。现在生活在古代丝绸之路经过地区的不同民族,程度不同的都与历史上的民族有直接或间接的渊源关系。他们的口传历史、生活习俗,往往保存着许多历史上的社会生活信息。早在秦汉时期,西域城郭诸国以农业为主的居民在饮食上多以麦、粟、黍、菽等为主,兼食各种奶和奶制品;游牧地区的居民以肉和奶、奶制品为主,也吃少量的粮食。食物已有烤饼、馍馍、稀粥等。蔬菜和各种水果,如葡萄、杏、梨、石榴、桑葚、瓜等,也是人们常用的食品。而今天南疆地区居民的主要饮食结构与几千年前该地区居民的饮食结构有诸多相似之处。

西域饮食文化具有传承性,同时又具有动态性。从民俗学角度来说,文化是一种动态的过程,是人们的生活方式和表达方式的总和。之所以如此,有学者认为,文化的传承是以家庭、宗教、政治、教育、经济活动、日常生活和生产过程以及人与人之间面对面的交流活动为媒介的。继承和获取文化的过程也就是人们被塑造成为文化意义上的人的过程。文化永远都不是静态的,而是活动的。文化一直处于变化发展之中。其变化发展的动力,一方面来自内部的发展变化,如科技进步以及由此带来的生产和生活方式的改变，观念的更新和意识形态的变化等；另一方面还来自于外来文化的冲击和干扰。饮食文化是物质文化的一项重要内容，又是精神文化的载体，从某种角度上说，一个民族的饮食文化可以说是该民族文化的核心。随着民族的变化，民族精神的发展，饮食文化成为一种动态的过程，甚至在很多情况下成为一个民族文化变化发展的外在表现。以西域饮食文化为例，一方面，随着社会的不断进步，科技的不断发展，西域的生产和生活方式的不断改变，由此带来饮食品种的日益丰富及饮食观念的不断更新等；另一方面，西域饮食文化在来自于外来文化的冲击和干扰，如新的宗教思想的到来和战争的影响方面更为明显。如在伊斯兰教被喀拉汗王朝立为国教后，伊斯兰教的宗教信仰不仅影响到该国人们的饮食生活，而且随着其对于阗"圣战"的发动及于阗的被征服，伊斯兰教的宗教信仰对于阗地区人们的饮食生活也日益产生着影响。

（三）与其他区域饮食文化的交流是其突出特点

由于西域所处地理位置的特殊性及其复杂的历史，导致其自古就是中西交通的通道、中西文化交流的枢纽。丝绸之路文化积淀深厚，在西域这片热土上进行的饮食文化交流也是琳琅满目。西域饮食文化在史前就应该与祖国内地及西方的饮食文化存在交流。如在小河墓地发现的物品中，权杖、小麦来自西方，并通过新疆传入内地，而粟则源于中原。另据相关研究，在畜牧业动物和农作物方面，西域地区与其东西两方存在相似或相近因素。这些相同或相似因素应该是相互文化交往和联系的反映。西域地区的很多遗址和墓葬中都发现有马、牛、羊骨，有的还有狗骨和骆驼骨，而有些遗址或墓葬如兰州湾子、石人子、盐池、新塔拉、哈拉墩等遗址和孔雀河古墓沟、五堡水库、群巴克、山普拉等墓葬中都发现有小麦、大麦、粟、小米饼等，而在南西伯利亚的安德罗诺沃文化中也见有小麦和马、牛、羊，在阿凡纳羡沃文化、卡拉苏克文化和塔加尔文化中均有马、牛、羊。在我国甘青地区的马家窑类型文化、半山类型文化、马厂类型文化、齐家文化、火烧沟类型文化、沙井文化中也见有粟和牛、羊、马、狗，而在马家窑类型文化和诺木洪文化中又有小麦或麦类作物,诺木洪文化中除有马、牛、羊外,还见有骆驼。

西域饮食文化具有极强的扩散性。中国饮食史上发生的几次“胡食风潮”中,西域饮食就是主力军。如在唐代,西域饮食文化极大地丰富和发展了长安饮食文化。饮食文化专家赵荣光先生曾指出:西北少数民族的“胡饼”——中原汉人所谓“胡人”的炉烤饼,也即今天主要流行于新疆等地区的馕的早期形态,汉代时便对黄河流域农耕民众的食生活产生了重要影响。早在张骞通西域前,西域的动植物品种就已进入中原,如狮子、小麦;张骞通西域后,西域有更多的动植物品种引进中原,如葡萄、苜蓿就是其中的典型例子。

在一定程度上,西域饮食文化史即各种饮食文化相互传播、碰撞、融合和不断创新的历史,其不仅包括西域土著居民的本土文化间的融合和创新,而且包括与东来饮食文化及西来饮食文化间的融合和创新。

(四)受宗教信仰影响较大

宗教是一种意识形态,也是一种文化现象,与人类社会政治、经济、文化活动的关系十分密切。新疆自古以来就是多民族聚居、多宗教信仰并存的地区。除自然崇拜和萨满教外,道教、佛教、祆教、摩尼教、景教、天主教和伊斯兰教等都曾程度不等地流行于新疆地区。其中佛教和伊斯兰教传播时间最长、范围最广、影响最深。在新疆,宗教比较盛行、宗教问题比较复杂、宗教演变有其自身特点,宗教信仰有着广泛的群众基础,宗教在人们社会生活中的地位和影响相对更加突出,更加重要。而各教义、教规对教民思想、行为规范具体和严格的规定以及教规对教民实际生活的约束力,使得信奉者遵守相对严格的食物禁忌、进食礼仪,保持着特有的食生活观念和食文化风格。如自从伊斯兰教传入新疆大地并逐渐占主导地位以来,伊斯兰风情的饮食文化就一直绵延至今。

(五)蕴含丰富的生态文化

人类食料的获得与生态环境有关,反过来人类的生活方式也影响到生态环境的变迁。西域古文明,特别是西域饮食文化与西域生态环境的关系十分密切。在考察西域历史的过程中,会看到很多关于限水、节约用水的文书，在农业生产中有专门机构管理用水，既有保护环境，节约自然资源的思想在内，又是面对日益恶化的生态环境做出的无奈之举。在新疆地区出土的一种古代少数民族文字——佉卢文中，据有关考释、研究，有一件文书的内容直接关系到森林保护工作。有关的条文是：禁止随便砍伐树木，“连根砍树者，不管是谁都罚马一匹”，在树木的生长期，应防止砍伐。如果砍伐树木大枝，则“罚牝牛一头”。这大概要算是我国最早的森林保护法了。这是汉晋时期的一个古代小王国——鄯善王国制定的法律。鄯善王国的国境最盛时经罗布淖尔地区直到民丰县北。而目前的罗布淖尔地区，已成为一个历史的概念，实际成了一个滴水不存的广阔盐盆。这可以说明，在人类活动的历史时期内，人类活动实际是生态环境变化、发展的最有力的因素之一。保护好我们的生态环境，主要必须依凭人类的自觉努力。而西域的人们为此认识付出了沉重的代价！王炳华先生曾这样记载：“考察小河五号墓地，笔者发掘了的古墓沟，可以得到的最主要的结论之一，是墓葬主人极其严重地对生态环境的破坏。小河五号墓地，面积2300～2400平方米，其上，至今仍是密密麻麻竖立的木杆、木墙，遍地是已经暴露在地表的船形棺木。其上密植的高高挺立的列木，天晴时，4公里外用望远镜即可清楚看到。这类木材，粗粗估计至少在千棵以上，真可以说数量惊人。在古墓沟墓地，有六座男性墓葬。墓穴周围，是自小到大七圈圆形木圈，圆形木圈外是呈放射状展开的列木。整个造型，形如光芒四射的太阳，导致一些见到墓地列木造型的人们称呼它是‘太阳墓’。笔者曾经统计过这些墓葬的用木数量，一座如此造型的墓葬，使用的大小树材达690多棵。一座男性墓用如此多树材，当年孔雀河下游青铜时代居民群落，在这样的观念驱使下，会砍伐、破坏多少林木？我们今天虽然无法得到准确的数字，但它是一个惊人的、环境无法承受的压力，是绝不会错的。”[1]环境恶化，自然使人们逐渐失掉了赖以生产、获取食物的土地、农田。

当今，人类面临全球变暖带来气候异常的巨大挑战。臭氧层耗损、

---

[1]王炳华：《“小河”考察断想》，《西域研究》，2001年，第2期，第55－56页。

有害废弃物扩散、生物多样性锐减、水土流失与森林破坏严重，这些生态危机互相叠加影响，几乎导致足以危及人类生存的严峻形势，如何修复和重建人与自然的和谐显得尤为重要。深掘西域饮食文化，可以为开展全民生态道德教育，特别是青少年生态道德教育提供典型的有关“吃与自然”课题的历史教材。

目录

1　追寻远古西域饮食文化

汉唐饮食文化，是对传统饮食文化的继承和发展。因此，论及汉唐饮食文化，不能不对早期饮食文化有一个简短回顾。汉之前，西域人们的饮食生活面貌是怎样的呢？让我们穿越时间隧道，去追寻远古西域的饮食文化。

西域史前考古所获得的信息和资料，是研究公元前2世纪之前西域人类活动最重要、最可靠的依据。斯塔夫里阿诺斯先生早就指出："人类学家近来将研究重点聚焦在我们史前祖先的社会组织形式上和食物上，其中一个特别的原因就是他们以前吃什么对我们今天有借鉴意义。"[1]我们可依据西域史前考古发现来探讨史前西域古代居民的饮食文化。但由于诸多原因，目前对西域史前文化的认识和看法是非常初步的。本章对汉之前西域古代居民的饮食文化只是一个粗略的概述，不到之处，肯定在所难免。

1.1　西域饮食文化源头的开启

新疆大地，应该很早就存在古代人类的活动。只是受考古工作的局限，迄止目前，我们还没有发现旧石器时代的人类化石。

史前时代一般经历由攫取经济逐渐向食物生产经济过渡的历程。人类在很长一段时间通过采集植物，如采摘野果、挖掘植物块根，狩猎动物或有时结合捕鱼以收集自然界中的可食物为生。太古之初，人类生活非常艰辛。三国·蜀谯周《古史考》曰："太古之初，人吮露精，食

[1]〔美〕斯塔夫里阿诺斯著，董书慧等译：《全球通史：从史前史到21世纪》，北京大学出版社，2005年，第9页。

草木食，穴居野处。山居则食禽兽，衣其羽毛，饮血茹毛。”随着人类历史步伐的前进，人们认识和改造自然的能力逐步提高，社会生产力逐渐向前发展，人们开始通过种植、畜牧而获得食物，即依赖生产的食物而生存。

新疆古人应也经历了从食物攫取者向食物生产者的转化过程。在吐鲁番盆地内交河故城西南台地、乌鲁木齐市东南柴窝堡东侧旧石器地点这两个遗址均发现各类石器标本，如圆盘状石刀、各类刮削器及不规则形状的石片、石叶等。人们用这些简单的石器工具，进行狩猎、采集等生产活动，从而获得重要的生活资料。在阿尔泰山西段哈巴河境内别列泽河谷的多尕特，考古工作者曾发现了7处岩洞。岩洞中留存赭红色彩图画。其中一处洞窟，绘画猎人以投枪、长矛狩猎牛、马等食草类大畜。可以推断新疆远古居民获得食物的方式同样是采集和渔猎。植物果实、块根、兽肉等应是维持古人生命及人类自身繁衍的重要食物。当时人类获取食物最主要的目的是为维持生命，并且经常是食不果腹，还谈不上饮食文化。

从生食向熟食的转化是人类发展史上一个重要的里程碑，是人类与动物相区别的显著标志之一，也可以说是人类饮食文化的起点。从考古发现新疆饮食文化应开始于旧石器时代，虽然新疆史前饮食应一直处于蒙昧状态，即新疆旧石器时代开启了其饮食文化的源头。此可从新疆有关用火遗迹的考古发现来得到证明。

我国古代有燧人氏钻木取火的传说。考古发现北京周口店人不仅用火，而且能控制火。考古亦发现西域古人用火的痕迹。塔什库尔干河谷吉日尕勒旧石器时代遗存，主要是一处人工用火遗迹。三个烧火堆残迹上下分布，其上下界相距50多厘米。灰烬中还发现少量烧骨，周围砂土中有零星的动物肢骨碎片发现。烧火堆的上下分布有较大的间距，表明了古人类曾在此地区陆陆续续生活了相当长的时间。在此遗址还发现了一件打制石器及若干碎石块。打制石器为砍砸器，最大长140毫米，宽90毫米，最厚者为85毫米。从文化遗存的产状推测，远古西域人充分发挥自己的聪明才智，用不规则块状石英砾石加工成砍砸器，在此打猎后即燃起篝火来烧烤食物，吃后的骨头有的抛入火堆，以后变成烧骨；有的则随手抛在周围，即现在考古工作者在清理时发现的股骨残片。

虽可肯定此人工用火遗存是去今1万年以前早期人类的生活遗迹，但没发现更多的人类文化信息。而可为早期细石器时代遗址代表的哈密地区七角井似乎更有说服力。考古人员在七角井遗址内相当广泛地发现了保留至今的烧火灰烬、炭粒。这种迹象表明：七角井人已经了解火的特点，有使用火的能力，使熟食成为现实。能使用火，使人们开始改变茹毛饮血、生吞活剥的饮食习惯。而经常吃熟的食物，不仅扩大了食物的种类和来源，而且有利于增强人的体魄，使其能更好地适应并进而改造自然。

总之，旧石器时代开启了西域饮食文化的源头。

1.2　西域饮食文化的缓慢发展

细石器文化既是畜牧业又是农业产生的重要来源。西域细石器文化既是西域畜牧业又是西域农业产生的重要来源，西域饮食文化得以缓慢发展。在原始社会，新疆畜牧业、农业就已经出现。一般而言，新石器时代有三个基本特征：开始制造和使用磨制石器；发明了陶器；出现了农业和养畜业。新疆发现的细石器遗存是研究西域古代居民经济生活的一批重要资料。进入新石器时代，新疆地区最主要的表现形式为细石器文化遗存。考古学家指出，迄至目前，已见细石器文化遗址五十多处，分布地域遍及新疆各处，从帕米尔高原东麓及于罗布淖尔荒原、阿尔金山腹地、昆仑山山前地带、天山南麓及准噶尔盆地周缘，哈密、吐鲁番地区，都曾发现过细石器文化遗存。这些细石器遗址，多分布在荒原、草原、山前地带，绿洲地区少见。表明当年人们的经济生活是以狩猎为主，辅以采集，在这一基础上，逐步发展出了早期畜牧业。新疆主要使用细石器工具，与环境有关。细石器中的石矛箭镞、石刀、刮削器、小雕刻器、石核等，都是狩猎经济高度发展的产物，作为复合工具，用于狩猎动物，切割兽肉、兽皮都是很锐利的生产工具。张玉忠先生亦曾指出，总的看来，新疆细石器遗存主要还是一种代表狩猎、游牧生活的考古文化。从这个意义上讲，新疆的畜牧业历史要较农业更为悠久。以狩猎、游牧为主体的细石器文化孕育着新疆畜牧业的萌芽，在经历了漫长的发展后，随着被驯化的野兽种类和数量的积累，以放牧为主的畜牧业逐渐形成了。在早期，人们的食生产方式都是以狩猎为主，采集也是经常性的活动。但在木垒河、阿斯塔那、罗布淖尔等处的细石器遗存中，发现有石磨盘、磨棒和陶器等。这说明到了晚期，除狩猎、采集外，可能已有了农业生产。

1.3 西域饮食文化的多元发展

青铜时代以来，西域饮食文化的基本特点之一即多元的饮食文化。以山地、高原等环境下的畜牧、游牧经济为代表的文化类型和以绿洲环境中的农业经济为代表的文化类型的长期并存使西域各地的饮食文化存在一定的差别，体现饮食文化多元性的特点。

1.3.1 食生产方式多元

西域史前饮食文化多元，是由多种经济生产方式而产生多种文化类型所决定的。如考古学家们指出：从考古发现来说，新石器时代大致可分为三大类型。第一类是一种出土大量细石器为特征的新石器时代文化，这类遗址均处于天山南北麓或天山中的小盆地上。从包含文化遗物看，又可区分为两种类型。如三道岭、七角井遗址是一类；而如阿斯塔那和木垒遗址是另一类。前者似以狩猎、游牧经济为主，后者则可能存在着某种原始的农业。第二类，是一种以比较大型的磨制石器为主要特征的新石器时代文化，如阿克塔拉等处遗址，其经济生活以农业为主体。第三类，是一种以出土彩陶器为重要特征的新石器时代文化，其下限可到战国秦汉。

青铜时代以来，西域食生产方式多元，而多元食生产方式的出现和发展主要源于新疆特殊的地理环境。天山将新疆分成南北两大不同的地理环境，并导致各地不同的经济生活。而且由于各种原因，各地生产力发展水平不一致。学术界很早就认为，大约距今 3000 年左右，新疆的经济发生了显著变化。从遗址可以看出，当时北疆广大地区仍以畜牧业为主，兼营狩猎；南疆有相当一部分出现了以农业为主、以畜牧业为辅的经济；在河湖集中、水草丰美的地区，除农业外，渔猎仍占重要地位。以农业为主的遗址，在塔里木盆地各主要绿洲，如焉耆、库车、新和、拜城、皮山、和田、且末等地，在东疆的巴里坤、哈密、吐鲁番等地，在伊犁河流域，都有发现。也就是说，农业和畜牧业这两种主要的经济形态在地域上各有所侧重，但同时也存在相互交叉的现象。而在史前，不同地区游牧和农业因素所占的比重各不相同，这主要与它们各自的自然、地理环境有密切关系。

当然，狩猎业还在食生产中占有一定比重，如木垒县四道沟遗址，它的时代相当于西周—战国时期。在遗址所处时期，随着生产工具的改进，生产力的发展，在经济上也逐步由采集、狩猎过渡到相对定居的聚落生活。遗址出土大量的农业生产工具和相当数量的石球、陶弹丸、细石器石核以及马、牛、羊、狗等动物骨骼等，说明当时狩猎业可能与农业居于同等重要的地位。

一地的饮食，归根结底与当地的出产有直接关系，在交通不发达的古代尤其如此。不同的食生产方式决定了不同的食物来源，这就决定了汉之前西域各地的饮食风格存在一定的差异。

古代西域民族成分纷杂，曾见之于古文献的民族就有羌、塞人、月氏、姑师、秦人等。各民族饮食一般各有其特色，这也使西域饮食文化在一定程度上呈现多元性。以羌人及车师人的饮食为例。羌人，是新疆地区十分古老的民族。《汉书·西域传》记载：羌“西与且末接，随畜逐水草，不田作，仰鄯善、且末谷”。西域的羌族主要从事畜牧业和狩猎业，羌人的食生产方式决定了羌族的基本饮食特点为“养牦牛、羊、猪以供食，不知稼穑”。此外，还要饮奶、食酪，或食飞禽、野畜肉。部分羌族也吃粮食，主要依靠邻近的农业区供给。姑师，即车师。《史记·大宛列传》云：“楼兰、姑师邑有城郭，临盐泽。”《汉书·西域传》称：姑师王治交河城。汉代以前车师人就已开始相对稳定的定居生活了。考古资料证明，车师人早在春秋前后就已生活在新疆东部地区，吐鲁番盆地是他们的活动中心，其东界邻今哈密，西达今玛纳斯一带，与汉代乌孙为邻。复杂的自然环境对车师人的食生产方式是有一定制约的。在吐鲁番盆地，以发展农业为主，也重视对畜牧业的经营；在天山山区，以畜牧业为主，农耕经济处在辅助地位；在其西部的乌鲁木齐一带，农业和畜牧业是同时并存的两大经济部类。车师人的饮食文化多元，他们为适应特定的地理环境而拥有特定的食生产方式。一般而言，各地肉食与粮食在饮食生活中的比重由各地畜牧业与农业在生产中的比重所决定。

1.3.2 部分居民以肉食、乳品等为主食

西域部分地区以畜牧业为主的社会经济生活决定了该区居民以肉食、乳品等为主食。

任何风俗的形成，都在一定程度上由生产力发展水平和经济类型决定，而风俗又反映了生产方式和经济类型。饮食风俗也如此。克由木先生的《新疆北部的岩画》一文曾指出：在北疆，考古工作者发现了很多岩画，主要分布在昭苏、特克斯、托里、巩留、霍城、温泉、尼勒克、额敏、裕民等县。这些岩画的年代应在秦汉以前，在裕民县发现的一处岩画中，岩石上刻有一牧人，四周有牛、羊、马等动物，不远处还有一个形如棚圈的房子，栅栏内有一条狗（或许是狼），较远处有一骑马人。这处岩画表现了当时北疆居民畜牧业生产活动的情景。新疆社会科学院考古研究所在孔雀河古墓沟发现古墓沟人饲养的牲畜主要是羊（包括山羊和绵羊）和牛，墓内殉葬的牛、羊角最多可达26支，这一切都说明，古墓沟人的饮食以肉食为主，饲养绵羊、山羊、牛、骆驼，吃食它们的肉乳，且猎马鹿、野羊、禽鸟，捞取河鱼，作为其日常生活的补充。国内曾采用ICP—AES法首次对新疆罗布淖尔古墓沟青铜时代人骨中的微量元素锶（Sr）、锌（Zn）、钙（Ca）、磷（P）、铜（Cu）、镁（Mg）、铁（Fe）、钡（Ba）、锰（Mn）共计9种微量元素进行了测定和初步研究，结果表明：罗布淖尔古代居民的食谱中以动物类食物为主，植物类食物为辅。牛羊肉、奶制品和鱼类是动物类食物的主要来源，而植物类食物的摄入可能来源于小麦等谷类植物。国内也曾对新疆尼勒克县穷科克一

号墓地出土人骨中的C、N同位素的比值进行了测定，结果显示，该墓地古代居民的饮食结构中以肉食类为主，植物类食物中以C_3类植物为主。其他新石器时代和铜石并用时代考古遗存内发现的兽骨亦表明，当时饲养的牲畜有牛、羊和狗等。如木垒县四道沟遗址曾出土陶狗头，残高3厘米。器形较小，赭红色，造型粗犷。嘴微张、竖耳，形象生动。

烤羊肉串在新疆是有名的民族风味小吃，并且可以说是风靡全国很久的一种小吃，在全国很多的城乡、街头和集市上随处可见，受到广大群众的青睐。那最早的烤羊肉串出现于什么时候呢？从考古资料看，早在1800年前，中国内地就已有了烤羊肉串。《汉代画像》全集中就有烤羊肉串的石刻图像。马王堆一号汉墓还出土过烤肉用的扇子。20世纪七八十年代，山东出土了一批东汉年间的画像石，有多幅"庖厨图"，其中就有烤肉串的场面。考古专家在鲁南临沂市内五里堡村出土的一座东汉晚期画像石残墓中发现两方刻有烤肉串的画像石，经研究发现这两幅画中所见的人物形象皆汉人，他们烤的肉串是牛羊肉串。两方画像石均有烤肉串形象，二者又都有是用两根叉的专用工具串肉，放在鼎上烧烤，并用扇子扇火，类似今天新疆人的烤羊肉串。这两幅"庖厨图"反映出约1800年前的鲁南民间饮食风俗。如前所述，西域远古居民早已使用火，有了火，就会有烤肉。但关于西域古代先民肉食的烹饪方法，几乎不见记载。所幸在考古发现中出土了烤肉食物，为红柳串羊排（见图版1），时间应为公元前800年，通长58~52厘米，1985年自且末扎滚鲁克墓葬出土。出土两串，羊排串在红柳枝上。其一所串羊肋骨长18厘米、宽13厘米，由10根组成，红柳枝长58厘米；其二有5根肋骨，长18厘米、宽5厘米，所串红柳枝长52厘米。这是目前所见最早的烤肉食物。

新疆维吾尔民间传统的串烤肉，既是街头的风味快餐，又是可以上席待客的美味佳肴。据介绍，正宗的串烤肉也和烤全羊一样色泽焦黄油亮，味道微辣中带着鲜香，不腻不膻，肉嫩可口。用料的讲究不似烤全羊那样严格，二者的区别在于烤制规模的大小和具体方法。串烤肉，首先将净肉剔下来切成薄片，每一片有瘦有肥最好。然后将它们肥瘦搭配，一一穿在铁钎子上。过去，做串烤肉用的钎子都是用红柳的细条截削而成的木钎。现在，这种原始的木钎不容易看到了。把肉穿好之后，便将它们疏密均匀地排放在燃着无烟煤的槽形铁皮烤肉炉子上，一边扇风烘烤，一边撒上精盐、孜然和辣椒面，上下翻烤数分钟即可食用。近年来，在墨玉、库车和乌鲁木齐二道桥市场等地出现了串烤肉的另一种形式，民间称它为"米特尔喀瓦普"，意为"1 米长的串烤肉"。这种串烤肉确实名符其实，钎子有 70 ~ 80 厘米长，肉块儿也大，立在馕坑里烘烤，一次可烤出十几串，味道鲜嫩可口，吃起来更为过瘾，因为这一大串可顶那小的 7 ~ 8 串烤肉。还有一种炒烤肉，就是用上述那些调料用锅炒出来的羊肉片。

在中国，用烧烤的方法做肉食品的历史非常悠久。有学者指出据考古发现证明，大约在距今 60 万年前，北京周口店人就已经学会用柴火烧烤肉食品了。降至商周时期，烧烤肉食品的实践活动更加普遍了。有关的记载很多，如《诗经》里有一首诗叫《瓠叶》载："有兔斯首，炮之燔之，有兔斯道，燔之炙之。"这里对兔子的吃法，具体谈了三种方法即："炮"、"燔"和"炙"。汉代学者毛亨在注解中说："将毛曰炮，加火曰燔，抗火曰炙。"意思是说，带毛烧（是将带有皮毛的兽肉，裹上泥放在火上烧烤，）叫做"炮"；放在火上烧叫做"燔"；举在火上烧叫做"炙"。据孔颖达的疏解中说，就是"以物贯之而举于火上以炙之"。

曾有学者认为西域地区自古以来是重要的畜牧区，诸民族以肉为食，上列三种烤肉方法应该为新疆远古居民所用。但关于烤肉方法，究竟是内地影响西域，还是西域影响内地，目前难以定论。

《释名 · 释饮食》："貊炙，全体炙之，各自以刀割，出于胡貊之为也。"这种烹饪方式十分古朴，不需要炊具，大概起源于渔猎经济时代，在草原游牧民族中十分流行。《齐民要术》没有记载"貊炙"法，但所载"炙豚法"当系取法于"貊炙"，其法，用吃奶的极肥的仔猪，雄的雌的都可以。煺治一如"白瀹豚"的方法，擦洗，剃刮，要极洁净。小穴剖开腹腔，掏去内脏，再洗洁净。用茅草塞进腹腔里，塞得满满的，用柞木棒穿贯猪身，在缓火上放远些烤，急急不停地旋转着。旋转是要让仔猪全身都烤到，不这样，有的面上就会偏焦了。拿清酒多次地涂在炙面上，让它发出红黄色。颜色够浓了便停止。又拿极白净的新鲜熟猪油不停地涂抹，如果没有新鲜猪油，用洁净的大麻油也可以。烤熟的乳猪颜色同琥珀一样，又像真金。吃到口里就消融，像冰雪一样，含着浆汁，油滑滋润，和平常的肉食特别不同。貊是指我国古代居住在东北部的民族。“貊炙”应出自东北民族，很多人认为是指古代东胡人留传下来的烤全羊。羊是西域的主要肉食来源之一，烧烤是古代西域人们的主要烹饪方式，烤全羊列入远古西域人们的食谱应是没问题的。当然，远古西域人烤全羊的方式应是十分古朴而简单的。

由此可见，西域烧烤文化历史悠久，烧烤曾是远古西域人的主要烹饪方式之一。如据哈密五堡墓地考古挖掘主要负责人王炳华先生告知，在哈密五堡发现的小米饼全是烤制的。很多人认为，这种独特的饮食文化的形成与西域特定的地理环境、气候条件以及西域人们的生活习惯有着密切联系。在古时候，大多西域游牧民族逐水草而居，他们没有固定的居所，迁徙是生活中常有的事，对他们而言，不可能带着太多的生产生活资料迁来迁去，更不可能随身携带一大堆锅碗瓢盆、餐桌餐椅。所以，这种生活状态决定了烧烤食品是他们的首选食品。而对于定居于绿洲的农业居民而言，在交通不便利的年代里，各个绿洲之间的距离是很远的。即使是在现代化的今天，如果在新疆境内旅游，很大部分的时间是要花在坐车上面的，当然在车上仍然可以享受窗外具有新疆特色的各种风景。普通食品在新疆干热的气候条件下极易变质，无法作为途中的干粮，而烤制食品的优势就体现出来了，它耐贮存，不易变质。直至现代化的今天，烧烤食物还是新疆各族人民都十分喜爱的美食。随着社会的发展，新疆烤食文化得到日益丰富和发展，常见的烤制食品有烤肉、烤鱼、烤鸡、烤馕、烤包子、烤鸡蛋、烤南瓜……塔里木烤鱼可谓新疆烤食文化中的精品。在塔里木河边，人们将捕上来的鱼用一根削尖的潮湿有韧性的红柳棍划开肚皮，用流动的河水洗净内膛，再将一根细长红柳条从鱼头直穿到鱼尾，燃一堆篝火烧烤插成一圈的鱼串，将鱼串烧烤得皮色金黄、肉质香嫩，鲜美得无须加任何佐料，即可大饱口福，这实在是人生难得的享受。

现代很多新疆美食体现了远古西域美食的遗风，如“肚子烤肉”。何谓“肚子烤肉”呢？据介绍，就是把羊肚子洗净后，把羊肉剔下来塞进肚子里，再倒进些盐水把肉块拌匀，然后把口系牢，埋进用篝火烧热的沙子里烤熟的肉。烧烤的只是那羊肚子，而羊肚子在这里真正成了“饭锅子”。人们尝了这种烤肉后都赞不绝口，说只有吃到这种肉时，才能享受到羊肉特有的、天然的鲜嫩香味，那独特的滋味是任何其他方法烹制而成的肉食所无法替代的，或许，这就是最原始、传之最久远的食俗之一吧！另外，当今新疆一些民族食俗也反映了古朴的食风。如对于哈萨克族来说，在招待贵客和外出狩猎时一般食用烤肉。贵客光临后，哈萨克人就宰杀肥羊，取出其内脏，不剥皮，用火烤全羊。猎人们在野外打猎，常把碎肉装进野生动物的肚子，放在火堆上烤熟后食用；牧民在野外放牧，砍几根木棍，上端削尖串上切成薄片的野生动物肉，放在火上烤熟吃，也别有风味。

除了烤食方式，另一种可以推想的简单烹饪方式即“煮”。每当我们讲到游牧民族的佳肴时，常会联想到“羌煮貊炙”。其中“羌煮”常被认为是羌族的发明，而羌人是新疆地区十分古老的民族。直到汉代，塔里木盆地周缘的一些绿洲还有羌人的活动。20 世纪 60 年代，在天山南麓沙雅绿洲还曾发现过一枚“汉归义羌长”的铜印。《晋书》卷 27《五行志(上)》记载：“泰始之后，中国相尚用胡床貊盘，及为羌煮貊炙，贵人富室，必畜其器，吉享嘉会，皆以为先。”那什么是“羌煮”？《太平御览》卷 859 饮食部“羌煮”条引《搜神记》之文，所引内容亦笼统而不具体，使人难知其详情。所幸《齐民要术》卷 8《羹臛法第 76》有相关记载：“羌煮法：好鹿头，纯煮令熟，着水中洗，治作脔，如两指大。猪肉，琢，作臛。下葱白，长二寸一虎口。细琢姜及橘皮各半合，椒少许；下苦酒、盐、豉适口。一鹿头，用二斤猪肉作臛。”将其用今天的话讲，就是说羌煮的做法：将好的鹿头单独煮熟后，在水中洗净，整治后切成脔，像两个手指大的块。另将猪肉斩碎，煮成臛。下二寸长的葱白一虎口，斩细的生姜和橘皮各半合，少量的花椒，连臛带鹿肉一起再煮。再下苦酒、盐、豆豉,调味到适口。一只鹿头,用两斤猪肉作臛。这种加入了多种调料细煮的工艺,应是相对较晚才出现的,但其中可能保留有古代羌民煮肉的方法。

部分西域远古居民以畜牧业为主的社会经济生活,决定了羊、牛、马以及部分狩猎物的乳汁应是西域居民古老而营养又很丰富的饮料,直至今天,新疆的饮食生活中仍少不了奶。孔雀河古墓沟发现"在草篓内有糊干的白色浆状物",也可能是乳酪类干结的遗留。与远古农业民族相对而言,食肉饮酪,这是部分远古西域人民饮食生活一个突出的特色。

但远古西域人们的饮食结构应是较为单调的。张全超、朱泓先生曾对新疆鄯善洋海出土的61例(成年个体45例,未成年个体16例)遗骸进行了眶顶板筛孔样病变的观察。在被调查的成年个体中眶顶板筛孔样病变的患病率为44.4%,未成年个体的患病率为75%,且成年个体眶顶板筛孔样病变的患病率性别差异显著。这种病变的高频率现象,很可能与当时单一的饮食结构、低营养水平及不良卫生状况等因素所诱发的缺铁性贫血有关。考古发掘资料表明,新疆鄯善洋海青铜时代居民以畜牧业为主,其食物结构以肉类为主,而很少进食蔬菜,即维生素C摄入较少,不利于铁的吸收。受这种生活习惯的长期影响,加之卫生条件较差,导致了该组居民眶顶板筛孔样病变较高的出现率。古墓沟所掘的42座墓葬中,婴幼儿、未成年人的墓葬有13座,竟占约四分之一。这一数字说明古墓沟人死亡率较高,平均寿命较低,而此与其饮食结构不无关系。

另外,根据《新疆察吾乎——大型氏族墓地发掘报告》统计察吾乎四号墓地骨架年龄级别,501个个体,死亡年龄在20~40岁之间的247个,死亡年龄在10~50岁间的个体370个,合计超过了能鉴定年龄个体总数的75%,而死于50岁以上者仅61个,占12%。这一统计表明了当时的生活条件之艰辛,绝大多数人都中年早逝了。10岁以下儿童的死亡人数为70人,其中婴儿更少,约占全部个体数的7%。由上所述,由于当时生活条件极为艰辛,人们的平均寿命很低,儿童的死亡率也一定很高，而7%这个比例明显偏低，所以这个数字并不能反映当时儿童死亡的客观情况。

1.3.3 部分居民以小麦、粟、黍等粮食作物为主食

农业的出现丰富了西域古代先民的饮食生活，西域部分地区以农业生产为主的经济生活决定了该区居民以小麦、粟、黍等粮食作物为主食。

在过去相关的论著中，不是把新疆地区早期考古文化整个列入所谓以狩猎、游牧为主的细石器文化带内，就是把农业生产的时代估计较晚，概念上也有含混不清之处。考古学家指出，早到距今4000年上下，从昆仑山北麓到天山南北麓，在相当广阔的一片地域内，在山前、河谷台地一带，已经有了农业生产；它们开始的时间，当会较此更早。在原始社会阶段的古遗址或墓地内，能明确见到农业生产方面的有关材料。如喀什地区疏附县乌帕尔公社乌布拉提大队内的阿克塔拉，温古洛克、德沃勒克、库鲁克塔拉等几处新石器时代遗址。它们地处帕米尔东麓的山前地带，目前已沦为沙石荒漠，但在遗址中却见到明显与农业生产有关的石镰、石砍锄，多量无孔半月形石刀、马鞍形石磨盘等，经济生活"已经以农业生产为主"。阿克苏县喀拉玉衮遗址与此具有相同的特色。罗布淖尔地区，孔雀河下游原始社会公共墓地，出土了木质生产工具及小麦。哈密地区哈密县五堡公社氏族社会墓地，墓葬内不仅出土了小米饼、青稞穗壳，而且发现了三角形木质挖土器、木耜，其时代，据碳十四测定，距今为2960～3200年左右。库尔勒地区和硕县新塔拉遗址，文化层堆积厚达5米以上，遗址内见彩陶、磨制石器，不仅农业存在，而且曾经长期定居。[1]

大量陶器的相继发现也间接证明了农业生产方式的存在。在吐鲁番地区的阿斯塔那细石器遗址采集到陶片111片，陶胎全为砂质。考古专家认为其显示那里的居民已经掌握了制作陶器的技术。他们选取合适的泥土，掺入一定比例的粗沙，用手捏塑出盆、钵、罐等器形。

---

〔1〕王炳华：《新疆农业考古概述》，《农业考古》，1983年，第1期，第102页。

烧制的火候不高，外表灰褐，间杂红褐色，斑驳不均。部分陶器，表面还打印、划刻了篦纹、划纹。这类陶器，今天看去是很粗糙的，烧制工艺比较原始，但它们却是一个新的历史阶段的标志。这时，可能已经有了简单的农业生产。谷类食品和肉食不同，是不能直接在火上烧烤的，必须借助陶器来煮食。因此，在农业生产出现后，往往必须使用陶器。反过来看，陶器的普遍使用，也大概总是表示了古代农业的存在。且陶器易碎，肯定不是单纯的变动不定的狩猎、采集经济所合适的，其预示人民已开始从事原始的定居农业生产。

农业的出现丰富了西域古代先民的饮食生活，当时可考的粮食作物主要有麦、粟、黍等。

近 4000 年前，我国新疆东部地区，已有纯一的普通小麦和普通圆锥小麦群的存在。在罗布淖尔地区孔雀河下游发掘的一批古墓葬中出土了小麦籽粒和木质生产工具。考古专家发现大部分麦粒呈深褐色，形态完整，麦胚保持完好，麦粒顶端的毛簇尚清楚可见。据四川农学院颜济教授鉴定，它们分属普通小麦和圆锥小麦。这些普通小麦和圆锥小麦，是我国所见最早的小麦实物标本。我国古代黄河中、下游，主要栽培小米，而小麦最早则可能在新疆种植。从随殉的小麦只 10 数粒至 100 多粒分析，足见小麦之十分珍贵。

另在和硕新塔拉遗址，在相当于第三层堆积的地层中发现有小麦籽粒。这一文化层的绝对年代距今 3500 年左右。同层还出土了加工谷物的大型石磨盘和绘有麦穗图案的彩陶器件。东疆天山北麓巴里坤县石人子、奎苏、冉家渠等处的早期遗址、墓葬，曾出土过炭化麦粒和大型磨谷器。此炭化麦粒较孔雀河下游古墓出土的麦粒稍大且饱满。据测定遗址年代距今 2800 年左右，相当于我国西周晚期到春秋初期。上述情况说明，新疆在距今 4000 年前的原始社会时期，在有了农业生产的同时就有了小麦栽培。而且迄今为止，小麦是新疆已知古作物中最古老的栽培作物。

粟，即小米。是我国古代农业生产中的重要作物品种，起源于我国黄河流域。我国至今还是主要的粟类生产国。由于粟具有高度的抗旱能力，生长季节较短，耐储藏，因此，它也是新疆地区古代栽种比较多的一种粮食作物。最早的粟类标本，见于距今3000年左右的哈密五堡古墓地。主要是一种小米饼，出土颇多。考古发现在该墓地M151的盖木与穴壁间的缝隙中填塞有谷秆；在一墓葬盖木上铺有一层麦草，在填土中还兼大麦穗和谷穗各1节。在另一墓葬墓底尸体身旁还见随葬的已朽蚀的糜饼。

黍，一年生草本植物，子实叫黍子，碾成米叫黄米，性粘，可酿酒。在广阔无垠的塔克拉玛干大沙漠，在诡异的罗布泊，在孔雀河下游的一条小小的支流附近，传说中有一个叫伊比利斯的魔鬼守着一千口棺材的小山，它就是充满了神秘而又带有恐怖色彩的小河墓地。小河墓地是罗布泊地区史前考古文化中最具代表性的墓地，其随葬品多数较有规律，每墓必在斗篷外右侧置一草编篓，有的在死者身上、身下散置黍粒、麦粒，粟和黍颗粒，于肉眼观察易于混淆，小河墓地原被认为是"粟"的作物，后经中国科学院植物研究所蒋洪恩博士鉴定为"黍"。如曾在一墓女尸胸腹部发现共重约25.3克的黍与植物籽，黍颗粒饱满，呈紫黑色和棕红色。植物籽，颗粒非常小，呈咖啡色。另外，曾在一墓葬草篓内发现有盛干结的食物、黍及麦粒。

新疆师范大学于喜凤同志曾对察吾乎古墓出土陶容器内的块状物或粉状物进行了初步研究鉴定。其鉴定结果表明，块状物为古代小麦、小米和大麦的淀粉粒。这些农作物淀粉粒的鉴定结果，说明了新疆和静县栽培种植小麦、大麦、谷子至少也有2800年至3000年的历史。

高粱。五堡墓地曾出土高粱秆。整秆两端已残。残长100厘米，保存有3节，秆径1.7厘米，呈深褐色。另外，在五堡墓地还出土了一草帘，用芨芨草秆和大叶白麻外皮搓成的小绳编成，这些大叶白麻可能也是当时的一种农作物。

另外，哈密县五堡公社氏族社会墓地墓葬内曾出土青稞。至于油料作物，在天山阿拉沟古墓地内曾发现胡麻籽，籽粒卵圆形而稍扁，暗褐色，表面光泽。胡麻至今仍是新疆地区普遍栽培的油料作物之一。

谷类加工工具。关于石器加工器，在喀什疏附县的阿克塔拉、温古洛克、库鲁克塔拉等几处新石器时代遗址发现了马鞍形石磨盘；在巴里坤县石人子、奎苏、冉家渠等处，亦发现了大型磨谷器。这种大型磨谷器，最大长达114、宽50、厚20～30厘米，一般也都长80、宽50厘米左右。张成安先生亦曾指出：青铜时代的哈密居民，加工谷类所用的工具主要是石磨盘和石磨棒，及石臼和石杵。这种石器发现较多，说明当时的人们已普遍使用。这些石器多以砂岩、花岗岩为材质，采用自然较方正的石块稍加修整即可使用。石磨盘一般呈马鞍状，两端翘起，一面长期使用，较光滑，呈凹状，有明显使用过的痕迹。把谷物放在石磨上，用长条形石棒在上面来回滚动，除去谷物外壳。石磨在五堡墓地、焉不拉克城址和墓地出土较多，一般长约30厘米，宽约17厘米，厚约7厘米左右。石臼一般为圆形，中间为一圆形凹坑，通体光滑。石杵多圆柱状，上粗下细，顶端浑圆、光滑，磨制，把谷物放入圆槽内，用石杵捣砸，再去除谷物外壳。

食物烹饪方式。除了前面提到的烤制食物，我们还可推断，人们逐渐会制造陶器并把它们当炊具使用后，会把食物与水混合在一起煮着吃，因为这是最简单的烹饪方法。粥，系用粮食煮成的半流质食物。粥状食物应已进入西域人们的食单。考古发现在罗布泊地区的墓葬中曾发现过粥。贝格曼发掘的5A墓棺由2张带毛的牛皮覆盖，墓内葬一青年男子，其臀部围一条窄毛布。头戴毡帽，脚穿牛皮鞋，整个尸体被羊毛织的斗篷包裹，仅露面部和双脚。在斗篷的右上角系一只盛麦粒的小袋，在斗篷包裹的右大腿外侧有一草编小篮，内有一些干了的黍米粥。5F墓棺也有牛皮覆盖，干尸头已不见，尸体裹粗糙的灰色斗篷。在斗篷外臀部右下附近有一只盛过小米粥的小篮。

粮食贮存情况，以哈密为例。张成安先生指出，到目前为止，哈密尚未发现青铜时代专门用来贮存粮食的窖穴址，只是在有些墓葬内发现随葬的陶罐内储存有谷物或面粉。五堡出土的陶釜直口、高颈、鼓腹、敛底，口径39厘米，腹径47厘米，底径9厘米，高31厘米。焉不拉克出土的灰陶罐敞口、高颈、鼓腹、收底，口径22.2厘米，高31.3厘米，底径11.8厘米。这些大型陶器可能是用来盛贮粮食的。墓葬中的这种现象是古人灵魂不死观念的体现，他们认为，即使人去世后仍可享用到这些珍贵的粮食或面粉。现实生活中，人们把生产出来的粮食除一部分加工成食物外，大部分贮存在陶器、木器或其他盛器内。

1.4 小结

1.4.1 汉之前饮食文化相对单薄却有其自身特点

与同时期中原地区的饮食文化相比，西域汉之前饮食文化相对单薄。如谈及我国青铜时代文化，一般会马上想到"司母戊"大方鼎，鼎是青铜器的最重要器种之一，是用以烹煮肉和盛贮肉类的器具。三代及秦汉延续两千多年，鼎一直是最常见和最神秘的礼器。"司母戊"大方鼎是商代晚期的青铜鼎，长方、四足，高 133 厘米，重 875 公斤，是现存最大的商代青铜器。鼎腹内有"司母戊"三字，是商王为祭祀他的母亲戊而铸造的。大型的食器、礼器和乐器见证了中原地区青铜时代的殷商时期经济文化的繁荣。西域青铜时代的绝对年代大约为公元前 2000 年至前 1000 年间，与世界其他各地相比，基本是同步的。在这个时代，按目前已知资料，东疆区和南疆区人类活动是比较频繁的。他们已经普遍制造和使用青铜器，不过这些铜器基本上都是小件工具和装饰品，少见或根本不见较大型的食器、礼器和乐器，这一点与我国中原地区青铜时代的殷商时期相比有些相形见绌，然而这可能正是西域青铜时代文化的一个特点。甚至有学者认为各地的新石器文化中都会有一套原始农业工具，如松土器具（石铲）、收割工具（一般是石镰）、加工粮食的器具（石磨盘和石磨棒）。然而在新疆发现的青铜时代以前的早期文化中，缺少这些东西。生活用具包括陶器、石器等，新疆发现的早期文化中缺少用于炊煮粮食的陶器，而发现的用于炊煮的陶器几乎都可以在新疆之外的青铜文化中找到原形。西域有些青铜时代遗址，如孔雀河古墓沟确实没有发现陶器，但如前所述，阿斯塔那细石器遗址曾采集到陶片，说明西域有炊煮粮食的陶器，只是相对较少而已。

但西域饮食文化也有其特色，如特色饮食器具，同时其也体现出了远古西域人的精神追求。

炊具,是饮食文化的重要内容之一。炊具的使用标志着西域古代人民已步入饮食文明时代。与同时期中原大地饮食器具相比,西域饮食器具具有自身特色。试以罗布泊地区古代居民所使用的特色饮食器具为例。

战国时期,燕国相国子之暴政,大将子被、太子平率兵讨伐,国内大乱。齐宣王趁机出兵攻打燕国并控制了大部分领土,燕国老百姓用箪送吃的,用壶装喝的欢迎齐军。这就是成语"箪食壶浆"的由来。箪就是指古代盛饭的圆形竹器。百姓用箪盛饭,用壶盛汤来欢迎他们爱戴的军队,形容军队受到群众热烈拥护和欢迎的情况。《公羊传·昭公二十五年》亦记载:"高子执箪食与四脡脯,国子执壶浆,曰:'吾寡君闻君在外,馂饔未就,敢致糗于从者。'"这些颇可说明用竹、苇、草编器作为食具、盛具,曾是我国古代一种比较普遍的做法。直至现代化的今天,在湖南农村还存在用竹编器盛放食物的食俗。文献的记载引起我们对类似食具的无穷遐想,但在很长的一段时期内,考古发现中并未见到以草编器作食具的实物。

在罗布泊地区孔雀河古墓沟发掘的 42 座古墓中,没有出土一件陶器。那当时的人们以什么为食具呢?考古发现揭开了谜底:史前罗布泊居民以草编器、木器、角器等作为食具(见图版 2)。草篓,是孔雀河古墓沟墓区普遍出土的文物,人具一篓,用为盛器。它是用韧皮纤维如麻类以及芨芨草等为原料编制而成,形制通常是平口鼓腹圆底或小平底,高一般在 15 厘米上下。少数编制精巧的不仅平整细密,而且利用纬向材料光泽程度的不同而显示"之"字、波纹、几何形折曲纹饰等,富有装饰效果。从部分篓中盛小麦、白色糊状物看,可能与食具有关。由于不知制造陶器,日用器皿除草编器外,木、角器是人们不可或缺的日用器具。水盆、木杯等木质用器,系取粗细不等的一小段木料,中部掏空,器表稍经刮削、修整,造型可能与用料有关,很不规一。角杯,只是把尖端切断,堵塞以木块,利用髓腔,即为用器。铁板河古楼兰人墓地在文化上与古墓沟非常相似,皆以木器和草编盛器为主,不见陶器。

小河墓地的发掘显示草、木、皮、毛可能是当年这里生活的主要依赖。木棺中沉睡的逝者只带着简单的随葬品。但是除随身的衣帽、项饰、腕饰外,每个墓里必有一个草编的小篓,小篓用植物的茎秆、根茎纤维密实绞编而成,有鼓腹形、圆柱状,有圆底、有尖底,形态各异。每只小篓上都有提梁,提示着小篓始终提在小河人的手上。当年的人们巧妙地利用草的不同光泽和质地,编出明暗相间的三角纹、阶梯纹。最为神奇的是这些最易腐朽的草编制品,却历经几千年而崭新如初。小篓内通常都有麦粒、粟粒等干结的食物。考古学家贝格曼在他的著述中这样惊叹:"制作这些小篓需要相当的技巧,他们对形状与比例的掌握值得钦佩,完全可与那些在这里出土的所有木桩上面雕刻的花纹相媲美。"

新疆文物考古所于2002年在小河墓地也曾采集到草编篓11件。据考古调查与发掘报告,从小河墓地发掘的墓葬看,草编篓是每座墓葬都必备的随葬品,内盛食品,现已干结,应是当时人们普遍使用的食具。它以植物茎秆为经,以草和植物柔韧的根茎纤维为纬,采用古老的绞编技法编制而成。具体方法:首先将5至12根不等的两组经草正交固定,其间空隙随时加入新的经草填满。纬草以平纹规律一上一下编结。在草编篓近底部和口沿处利用三根为一组的纬草以二上一下方式各斜绞出一条绳纹条带。篓壁上附加带有光泽的纬草,绞转编结出精致的装饰性花纹,常见有水平条纹、三角纹、阶梯纹等。所有草编篓都有一道毛绳提梁。如MC:22草编篓保存完好,篓壁较直,向上略直,圆底。表面编结出条纹、连续的三角纹、阶梯纹。口沿处和近底部各有一道绳纹条带,分别宽0.6厘米、1厘米。篓口盖一层灰毡,外扎十余道灰毛绳。一条合股的灰毛绳提梁穿过口沿下方两侧,提梁被灰毡压在下面。篓高16.6厘米,最大径12厘米。另如M2:11草编篓,以植物茎秆、根茎纤维为原料绞编而成。圆底,篓壁较直,近圆柱形。用带光泽的草附加在纬草上,以一上一下平纹规律绞转编结出水平条带、连续三角纹、阶梯纹。靠篓口处和近底部各有一道宽1厘米的稍凸起的绳纹带,采用二上一下方式斜绞而成。篓口处盖一层灰白毡,两根合股的灰白毛绳穿在近口沿处两侧,作为提梁。篓内存少许干结食物。篓高 14 厘米,最大直径 12.5 厘米。

但到汉晋时期的营盘墓地,草编器已几乎不见。

史前罗布泊地区古代居民所使用的特色饮食器具是其在生产力低下的条件下适应环境,充分发挥创造力的具体体现。当时的古墓沟人们还不会制陶,而人们生活又客观需要饮食器具的存在,芨芨草是当时随处可见的,人们就地取材,草编器由此应运而生。

特色饮食器具体现远古西域人的精神追求。当人类艰难地迈向物质文明的时候,在精神领域也从来没有停止过奋进。人类在饮食生活上的精神追求主要体现在审美意识的觉醒上。原始人不仅具有审美追求,并且还具备了美的创造能力。原始人为什么要装饰、美化他们的炊具和食器呢?有学者认为这恐怕不仅具有宗教意义,也说明了他们把进餐看作是一种享受,是在经历了繁重劳动和艰辛奋斗之后肌体和精神上的双重放松。史前新疆古代居民饮食生活上的精神追求主要表现在新疆古代居民装饰、美化他们的炊具和食器上。考古学家认为新疆青铜时代考古文化中,有一个显著的文化特征,就是比较普遍地使用彩陶器。日常生活饮、食器皿,炊煮器等,都装饰简单的彩纹。如这时的罗布淖尔居民虽生活在自然环境相当严酷的罗布荒原上,但却不忘美化自己的生活方式。罗布淖尔居民还没有文字,刻木是他们记事的手段。他们富有艺术情操,将普通的禽骨、显现花纹的小卵石稍经加工,就成为了美丽的佩饰。普普通通的骨、木椎,柄部造型不同,刻画上各种各样的几何形纹后,就成了颇有特色的小艺术品。上述孔雀河古墓沟墓区编制精巧并带有装饰效果的几何形折曲纹饰等的食具草编器,就充分体现了其在饮食生活上的精神追求。

1.4.2 汉之前已存在饮食文化交流

饮食文化交流是文化交流的重要内容。西域史前文化与祖国内地的文化联系广泛而久远。考古资料表明,很早以前新疆就和中原地区存在着密切的经济、文化联系,并且这种经济、文化联系还不断发展着。早在去今近 4000 年前,新疆大地就与祖国东部地区存在交通联系。1934 年,贝格曼在罗布淖尔孔雀河下游调查发掘小河墓地时采集到近500粒白色小珠子,后经分析发现其所用材料为海菊类贝壳,而这种海菊贝却是只见于我国东南沿海海域。而在河南安阳殷墟的妇好墓中发掘出土的玉器,有力地揭示出新疆,尤其是和田地区玉石已经远销中原腹地的殷商王国。研究者还指出,新疆的以细石器为特征的遗址同青海、甘肃、宁夏、内蒙古、东北北部等省区的同一类型的遗址,在地域上是连成一片的,这表明新疆在原始社会时期与这些地区有着一定的联系。新石器时代的社会组织是母系氏族公社。新疆各地发现的母系氏族的遗址及文物表明,这类公社的生产和生活方式以至造型艺术等,同陕西、甘肃、青海等地的母系氏族公社有着明显的联系。而且,哈密地区考古调查、寒气沟墓葬发掘,也清楚地显示着哈密地区早期考古文化与邻境的甘肃、青海关系密切。

西域史前文化与西方的文化联系也是广泛而久远的。如巴泽雷克古墓中发现古波斯毛织物资料,说明西亚与阿尔泰地区的联系。另如1990年发掘的塔城卫校青铜时代墓葬及遗址、托里萨孜村竖穴石室墓,与邻境的安德罗诺沃文化关系密切。

上述情况说明,远古新疆从来就不是一块孤立、封闭的土地。古代的黄河流域文明,与南亚印度河流域文明、西亚早期波斯文明、两河流域文明及希腊文明的交往联系开拓得很早。而新疆大地正是承担了这一交往联系使命的陆桥,其在古代历史上发挥过无法替代的作用。

“我食故我在”,饮食是人们的基本需求。西域史前饮食文化是新疆史前文化的重要组成部分,特别是在生产力极为低下,物质资料极为缺乏时,前者对于后者来说,意义更为重大。

古墓沟发现小麦籽粒。现代的小麦、燕麦、裸麦和大麦,亦即山羊、绵羊、牛、猪等物种均起源于中东。虽然对于农业在各地区间传播的详细情况现在还了解得很不够。但如本文在前指出的:我国古代黄河中、下游,主要栽培小米,而小麦,最早可能在新疆种植。在此暂且不论小麦到底最早是在哪里栽培的,但可以肯定的一点是,小麦的传播过程也是饮食文化交流的过程。

1934年4月,瑞典探险家贝格曼来新疆进行科学考察时,在一次偶然的探险过程中发现的小河墓地，位于罗布泊地区孔雀河下游河谷南约60公里的罗布沙漠中，东距楼兰古城遗址175公里，西南距阿拉干镇36公里。该墓地拥有宏大的规模、奇特的葬制、数量众多的干尸、丰富的罗布泊早期文明信息。而小河墓地考古发现亦证实了汉之前西域与东西方存在饮食文化交流。小河发现的权杖、小麦来自西方，并通过新疆传入内地，发现的粟则源于中原，等等。这些也将为汉之前西域饮食文化交流的研究带来新的契机。

当然，西域史前饮食文化由于受地理阻隔及当时交通条件等因素的影响，其与外界交流的融合性，相对土著性来说应是处于支流的。

2 一山之隔食不同

特殊的自然、地理环境导致从史前开始西域饮食文化就出现了区系性、多元性和复杂性的特点，汉唐时期这些特点继续存在并发展。

横亘于新疆中部的天山山脉，将新疆一分为二，习称南、北疆。而天山南北自然、地理环境的不同导致主要的生计方式不同，从而出现不同的饮食风貌。在天山以南，绿洲农耕文化是具有代表性的民族文化主体，而天山以北是以草原游牧文化为主体。因此，本章将西域饮食文化区分为“天山以南绿洲农耕饮食文化”及“天山以北草原诸族饮食文化”两大块进行论述。当然，两大地区的经济类型并不是绝对单一的，各区内的农牧业也有交叉。

2.1 汉唐天山以南绿洲农耕饮食文化

何谓绿洲呢？有学者指出，绿洲的内涵应包括四个方面：绿洲位于荒漠区；水是绿洲存在的基础；茂盛的植被是绿洲的主体景观；地貌部位及人类活动对绿洲发展与演变起着重要作用。西域绿洲具有绿洲共性，但又有其特性：首先，新疆具有特定的地理形势。“三山夹两盆”的地形、地貌特征，加上远离海洋，使新疆形成封闭性的大陆性气候，降雨量很少，气候干旱，且其绝大部分河流是内陆水系。这使得西域的绿洲农业主要是灌溉农业，农业依靠引高山雪水和地下水灌溉。此在西域诗中也有所反映。如纪昀《风土二十三首》载：“山田龙口引泉浇，泉水唯凭积雪消。头白农夫年八十，不知春雨长禾苗(注：岁或不雨，雨亦仅一两次，唯资水灌田。故不患无田，而患无水，水所不至，皆弃地也。其引水出山之处，俗谓之龙口)。”故历代重视对水的管理及渠道疏浚，如伊循、精绝、高昌等地相关情况即是很好的例证。其次，西域人们面对的自然地理条件是严酷的，生态环境是脆弱的。人类活动受制于自然，但任何一项活动又随时在改变着自然。西域绿洲农业生产，受自然（特别是水资源）制约较大，环境容量相对较小，耕地不能无限度地扩大。这就决定了人们的食生产方式绝不能是单一的农业生产。总之，西域绿洲特定的自然地理环境决定了其特定的食生产方式，而特定的食生产方式孕育了特定的西域绿洲诸国饮食文化。

2.1.1 食生产方式孕育特定的绿洲诸国饮食文化

（1）绿洲农业在食生产中占据主导地位

天山以南的塔里木盆地周缘适宜主要发展绿洲农业。由于上空水气稀少，全年降水量近同于无，不少地区终年无雨，是十分典型的干旱环境。适宜于人类生产、生活的绿洲面积约13.6万平方公里，仅占全疆总面积的8.2%。这有限的绿洲，主要分布于阿尔金山、昆仑山、帕米尔、天山山前一些有冰川雪水流淌的河谷地带以及山前扇缘低地、河流三角洲及湖泊湿地，它们分散展布，不相连续，形如颗颗串珠。这些绿洲，因为有比较稳定的冰川雪水，加上塔里木盆地光热资源丰富，年均气温在10℃以上，无霜期达200～220天，特别适宜于农业生产，尤其是灌溉农业发展的理想天地。如是地理条件，自然很早就成了人类聚集、进行农业垦殖的舞台。

①城郭诸国绿洲农业的发展概况

《汉书·西域传（上）》记载“西域诸国大率土著，有城郭田畜”，“自且末以往皆种五谷，土地草木，畜产作兵，略与汉同”。《汉书·西域传（下）》记载桑弘羊等曾认为轮台以东捷枝、渠犁皆故国，“地广，饶水草，有溉田五千顷以上，处温和，田美，可益通沟渠，种五谷，与中国同时熟”。考古发现与文献记载情况相吻合。如营盘是塔里木河下游大三角洲西北缘、孔雀河中游一处地理位置十分重要的古代遗址群，这里分布有古城、佛寺、烽火台、古代墓葬群以及大面积古代农田。据相关研究，汉晋时期城郭诸国的农业生产主要集中在塔里木盆地周围大大小小的绿洲和山前台地上。大体上分为三个区域：一是塔克拉玛干沙漠南缘及西部地区，以尼雅、于阗、莎车、疏勒为中心。二是以楼兰为中心的罗布淖尔地区。三是天山南麓、塔克拉玛干沙漠北缘地区的龟兹、渠犁、轮台、焉耆。

在一定程度上，我们可从文献记载窥见汉晋之后西域绿洲的农业发展情况。《周书·异域传（下）》记载焉耆国，"气候寒，土田良沃。谷有稻粟菽麦。"《隋书·西域传》记载龟兹，"土多稻、粟、菽、麦"。疏勒国，"土多稻、粟、麻、麦、铜、铁、锦、雌黄，每岁常供送于突厥"。于阗，"土多麻、麦、粟、稻、五果，多园林，山多美玉"。除正史外，其他文献记载亦在一定程度上反映了隋唐时期西域绿洲诸国的农业生产情况。如《大唐西域记》卷1记载阿耆尼国（焉耆）"泉流交带，引水为田，土宜糜、黍、宿麦、香枣、葡萄、梨、柰诸果"。

西域的农业发展史，实际上也就是一部水利建设的发展史。历代西域政府重视对水利的经营管理。如夏合吐尔遗址中就出有修水利、管水浇地的文献资料，为经营龟兹屯田的研究提供了具体的记录，其中有些文书反映了安西府之下设有专门管理渠堰的"掏拓所"以及负责管理的"掏拓使"。张广达先生曾指出大谷收集品中有一件出自都勒都尔阿护尔的文书，以具体事例显示当地的居民在掏拓所管理之下所完成的各项水利劳务。文书清楚地展示了灌溉网的结构：由干渠大母渠供给次级水渠，后者次第灌溉各片屯田。这件文书也说明掏拓使监督大母渠上的工作并不是自作主张，而是处于上一级官员的直接监管之下，关系到整个水利网的重要决定还是要由上级官员作出。这件文书也透露出另一个保证水渠顺利运作的必要措施，即大量征发劳力。这些劳力似乎是由官府决定征调，也似乎是听命于陶拓使而对水渠、堤堰等施工的。[1]

水利建设发展的程度亦体现了西域农业生产发展的程度。下面以米兰古灌溉渠道为例。古灌溉渠道系统分布在米兰遗址区内，研究者指出它是由一条总干渠、7条支渠和许多斗渠、毛渠所组成，呈一扇形南北展开，所灌溉范围东西约6公里，南北约5公里。总干渠高大、

---

〔1〕张广达：《文书、典籍与西域史地》，广西师范大学出版社，2008年，第74－75页。

笔直、整齐，长约 8 公里，宽约 10 ~ 20 米，高约 10 米左右。其上端开口于古米兰河东支故道，渠首已被今米兰河冲毁，下端接支渠。7 条支渠蜿蜒伸展，各宽约 3 ~ 5 米，高约 2 ~ 4 米，其长度自西向东分别约为 3、4、4.5、4.5、5、5 和 4.5 公里。除西面第一支渠外，其余几条支渠均在总干渠末端集中分水。发现表明当时已经普遍使用犁耕技术，而小麦则是主要的农作物。因为在有些低端的土壤剖面发现有犁沟痕迹，同时还见有麦草和麦穗。

但直至清代，西域人们还未能很好掌握用水规律。如纪昀《风土二十三首》曾记载："良田易得水难求，水到秋深却漫流。我欲开渠建官闸，人言沙堰不能收（注：四五月需水之时，水多不至。秋月山雪消尽，水乃大来。余欲建闸蓄水，咸言沙堰浅溢，闸之水必溢，若深浚其渠，又田高于水，水不能上。余又欲浚渠建闸，而多造龙骨车引之入田，众以为庶几。未及议，而余已东还矣）。"

西域绿洲农业生产方式主要是粗放型的。在发掘山普拉古墓过程中，发现有的墓圹周围填以麦秸，说明粮食作物由本地生产。山普拉出土的主要是裸大麦。大麦粒常见于干瘪颗粒，这可能反映了自然灌溉生产技术落后的一面。清代屯田是历史上规模最大、持续时间最长的屯田，其掀起了第三次开发西域的高潮，极大地促进了西域生产力的发展，但生产方式仍是粗放型的。如纪昀《民俗三十八首》曾记云："界画棋枰绿几层，一年一度换新塍。风流都似林和靖，担粪从来谢不能（注：塞外之田，更番换种，以息地力，从无粪田之说）。""辛勤十指捋烟芜，带月何曾解荷锄。怪底将军求手铲，吏人只道旧时芜（注：田唯拔草，不知锄治，伊犁将军牒取手铲，一时不知何物，转于内地取之）。"林则徐《回疆竹枝词二十四首》中也曾记云："不解芸锄不粪田，一经撒种便由天。幸多旷土凭人择，歇两年来种一年。"

但总的来看，汉唐西域农业生产还是有了一定发展的。汉唐时期，虽然西域的农业种植有一定发展，但采集经济仍然存在。如于阗国民的采集经济也是食物的来源之一。山普拉出土大麦、谷等农作物，还发现不少的薏苡籽。薏苡籽应该是野生植物，属禾本科，颖果呈椭圆形珠状，淡褐色，含淀粉，可供食用。它是山普拉居民的主要粮食采集作物。

②农作物的主要品种

据介绍，当前新疆粮食作物以小麦、玉米、水稻为大宗，播种面积占粮食作物总面积的90%以上。伊犁谷地气候温和，雨水较多，土地肥沃，更宜谷麦生长，素有“新疆粮仓”之称。新疆的水稻在20世纪50年代以后有很大发展，阿克苏、米泉等地的优质大米洁如玑珠，质细味美。在新疆的粮食作物中，还有高粱、大麦、谷子、黄豆、豌豆等等。那么汉唐时期，塔里木盆地周缘的人们主要种植哪些农作物呢？

麦类。早在青铜时代，新疆地区就已开始了小麦的种植与食用，如孔雀河古墓沟小麦的发现。轮台群巴克古墓葬第一次发掘在一墓葬封土中发现有麦草，其中夹杂有麦穗和麦粒，系小麦。麦穗最大者残长3厘米，麦粒长0.6厘米，与现在的麦穗基本一样。在另一墓中还发现有谷糠类食物。

两汉以后，随着农业文明的不断发展，小麦逐渐成为当地居民主要的栽培作物之一。在轮台县克子尔河畔着果特沁古城，曾发现一处汉代粮仓遗迹，遗址里发现了大量的青稞和麦粒。新疆社会科学院考古研究所曾组织了考古调查队，对楼兰古遗迹进行考古调查。据介绍，经试掘清理获得了古代粮食作物中的糜子、大麦等实物标本，并提请四川农学院颜济教授、杨俊良副教授鉴定。他们在标本鉴定中又发现了一颗迄至目前为止在世界上保存得最古老最完好的小麦花。从这一朵花的外部形态观察，它的无芸的颖，其脊一直延伸至基部的特征表明，应属于圆锥小麦。在这一朵小麦花中，比较发育的子房顶端上的刷状毛仍清晰可见，两片鳞被依然保持着，位于子房基部的正常位置，但由于失水而成为半透明的膜状结构，其上部边缘的纤维毛状裂片还很完整；花器上柔软的羽毛状柱头也保持其分枝。

在焉耆县唐代古城“唐王城”内，发现过小麦及磨得很细的面粉。若羌县米兰吐蕃族古戍堡中发掘到唐代的小麦，在同时出土的吐蕃文木简中也涉及分占耕地、种植小麦的内容。另外，米兰古城一坑内藏有已干朽的小米、小麦。

在楼兰故城中，考古工作者还发现裸大麦，也就是青稞。其中一粒裸大麦长6.80毫米，宽3.12毫米，高2.36毫米，颜色赤黄。大麦与糜子同属一年生早播草本植物，土壤解冻后播种。大麦生长后期需要较高的温度，需要水量亦少。位于罗布淖尔地区的营盘，6、7月份气温较高，孔雀河流水量减少，很适合大麦的生长和成熟。营盘也曾出土麦子，麦穗残长5.6厘米，麦芒保存完好。麦穗和麦芒通长7.7厘米。麦粒呈褐色，长0.6厘米，同现在的麦穗基本一样。麦子出土数量仅次于糜子。

新疆农科院研究所的程祖璇教授曾对山普拉墓葬出土的粟和大麦进行过鉴定。大麦分皮大麦和裸大麦，裸大麦又称作青稞。山普拉出土的主要是裸大麦。

巴楚县脱库孜沙来古城曾出土过不少农作物和水果等，在属于北朝时期的文化层内就有麦粒和麦穗。在唐代，南疆仍种植青稞，如若羌米兰出土的青稞，并且首次发现有完整的大麦穗。

粟。粟的遗迹在天山南北都有发现，以天山以南为多。塔里木盆地南缘故吐火罗城发现汉代的谷粒；轮台拉依苏发现北朝的粟；新和县同古孜巴西古城发现唐代的谷秆。另外，轮台县拉依苏烽隧戍堡遗址属于南北朝时期的文化层出土朽粟壳；焉耆唐王城发现了谷子。

有些地方谷物的种植甚至远远超过大麦。如山普拉出土的作物有大麦、谷，食品则以谷为主，说明谷物的种植要远远超过大麦。

黍，即俗称的糜子。它和粟类似，籽实呈球形，是生长季短、性耐干旱的一种农作物，新塔拉石器时代文化遗址中，见到了多量碳化的糜粒。这是新疆所见最早的糜类标本。这种作物至今在新疆各地仍有种植，农民称之为黄米。

糜子耐碱性强，生长期短，耐旱，对杂草竞争力强，很适合我国半干旱黄土区及高寒地区种植。营盘土壤中含碱严重，营盘出土糜粒呈深褐色，从其形态观察与现代栽培种植的品种特征相同。糜子出土数量表明，它是当地主要农作物之一。楼兰故城亦曾发现糜子堆积层。

汉代萨尔墩遗址中，有许多直径大小不一的圆形坑穴，小者约1米左右，坑内均为粮食，有的已经腐朽，变成土块，但是可以清楚地看到黄米、高粱等农作物。有学者推测其可能是汉代危须国储存粮食的地方。

高粱。高粱，性喜温暖，抗旱耐涝。这种作物不仅耐旱，而且能适应盐渍较重的土壤。在焉耆西北萨尔墩发现汉代的高粱；在焉耆唐王城、萨尔墩古城发现唐代的高粱。

水稻。至于水稻在西域的栽培，本书作者拟在“饮食文化变迁”篇中具体论述。

豆类。据考古发掘中出土的实物统计，新疆古代种植的豆类作物有蚕豆、黑豆，均见于吐鲁番（其他地方未见，当系发掘工作的局限），时代为高昌至唐。蚕豆粒椭圆扁平，不大。所谓“黑豆”，细审实物，籽粒不大，呈椭圆形或长椭圆形，当为赤豆之一种，只是外表黑色，故也俗称“黑豆”。这种黑豆，西北地区栽培颇多，因为它耐旱，生长期短，成熟期要求干燥，对于新疆地区的气候条件来讲，是颇为适宜的。[1]

胡麻。胡麻至今仍是新疆地区普遍栽培的油料作物之一。在天山阿拉沟古墓地内曾发现胡麻籽，籽粒卵圆形而稍扁，暗褐色，表面光泽。焉耆唐王城内也都见过胡麻籽实。

从以上主要农作物品种，可看出西域绿洲农业特定的作物结构为粟麦并重。西域特定的自然地理环境决定了应有特定的作物结构与其相适应，占主要比重的农作物应适合在干旱环境下生长，耐干旱，生长期相对较短。西域人民最早种植的农作物是粟类和麦类。绿洲区粟麦为主的作物结构始于史前时代，虽然历代作物不断增益，但粟黍和麦类主体地位全区范围无大改变。

③粮食的贮存方式

粮食的贮存方式，考古中多有发现。如楼兰古城曾发现汉代的粮仓。有研究者亦指出，新和县通古孜巴什古城及周缘屯堡遗址的戍堡内普遍出土铁农具、粟、麦、油菜子等农作物，以及储藏谷物的陶瓮和窖穴。窖穴呈圆形，直径约100、深约130厘米。陶瓮一般为平唇、敞口、直颈、鼓腹、平底。一般通高159、口径37、底径36厘米；有通高126、口

〔1〕王炳华：《新疆农业考古概述》，《农业考古》，1983年，第1期，第105页。

径 37、底径 36 厘米；又有通高 124、口径 37、底径 36、胎厚 2～3 厘米。出土时陶瓮内尚存碳化的粟或麦粒，应是盛储粮食为主的大型陶器。戍堡附近和周围均保留有田埂、垦殖的遗迹，以及古河道、人工渠、壕沟的遗存。安西唐代遗址中，如龟兹故城、乌垒州城、通古孜巴什古城，渭干河口东岸的库木吐拉等遗址都发现贮存谷物的粮仓遗迹，乔拉克海尔戍堡内贮粮的窖穴或盛储谷物的大量陶瓮，反映出多种形式的贮粮方式。

至于食物的加工及烹制，拟在后文结合吐鲁番地区饮食文化加以说明。

（2）园艺业在食生产中占有特殊地位

新疆素有“瓜果之乡”的美称。这里瓜果之多，品种质量之优良，在我国甚至在亚洲都是名列前茅的。追本溯源，早在汉唐时期，园艺业已在食生产中占有特殊的地位。

①园艺业在食生产中占有特殊地位的主要原因

天山以南地区拥有特定的自然地理环境及气候条件，有利于园艺业的发展。新疆拥有沙壤土，气候干燥，阳光充足，日照时间长，昼夜温差大、光合作用充分，有利于瓜果糖分的积累和分解，有利于瓜果作物的生长。此为园艺业的发展提供了优越的自然条件，各种果木具有生长速度快、病虫害少、糖分积累多、品质优良等特点。新疆很多水果，历来是向中原王朝进贡的贡品。新疆地区瓜果资源非常丰富，素有“瓜果之乡”的美称。

西域地处亚欧大陆的中心，是典型的大陆性气候，干燥少雨，但高山冰雪融水非常丰富，有利于灌溉农业、灌溉园艺业的发展。西域用水不靠降水，主要利用冰川融水。西域人们可以在一定程度上掌握灌溉用水，这也为园艺业的发展提供了较好条件。

汉唐时期，饮食文化交流频繁，有力地促进了西域园艺业的发展。大唐盛世，塔里木盆地各绿洲城国，园艺业呈现出前所未有的兴盛。如关于 6 世纪后半叶至 7 世纪前半叶的情况，《隋书·西域传》卷 83“于阗国”条写道：“土多麻、麦、粟、稻、五果，多园林。”到了 7 世纪，玄奘

《大唐西域记》卷12“瞿萨旦那国条”述及此地时称：“宜谷稼，多众果。”“佉沙国条”言及喀什地区时则说：“稿稼殷盛，花果繁茂。”

②主要水果种类

葡萄。葡萄是南疆普遍种植的果品，在绿洲诸国人民生活中占有重要地位。据考古资料表明，公元前5世纪，吐鲁番已见葡萄植株。葡萄种植，远早于文献记录。《汉书·西域传》记载，汉代新疆且末诸地有“蒲陶诸果”。魏晋南北朝时期，天山以南诸绿洲城国，园艺业特别是葡萄的种植已获得普遍推广。晋太元九年(384)吕光率兵西进龟兹时，该地富户“厚于养生，家有蒲桃酒，或至千斛，经十年不败”。《旧唐书》记载龟兹国，“有城郭屋宇，耕田畜牧为业。……有良马、封牛。饶蒲萄酒，富室至数百石。”《新唐书》记载龟兹，“土宜麻、麦、秔稻、蒲陶，出黄金”。玄奘在《大唐西域记》述及库车时称：“宜穈、麦，有粳稻；出蒲萄、石榴，多梨、柰、桃、杏。”《周书》、《北史》记载焉耆国，“俗尚蒲桃酒，兼爱音乐”。《旧唐书》记载焉耆国，“其地良沃，多蒲萄，颇有鱼盐之利”。《新唐书》记载焉耆国，“逗渠溉田，土宜黍、蒲陶，有鱼盐利”。《大唐西域记》卷1记载阿耆尼国(焉耆)“泉流交带，引水为田，土宜穈、黍、宿麦、香枣、葡萄、梨、柰诸果”。《梁书》“于阗国”条曾载：“气温，宜稻、麦、蒲桃。”

考古中也曾发现干葡萄串。如巴楚县脱库孜沙来遗址的唐文化层内就出土了干葡萄串。

除葡萄外，还有其他果品。如在山普拉遗址发现了桃、杏、核桃和沙枣等主要果种。《唐于阗神山某寺支用历》记载的果品有干葡萄、枣、澡豆、杏仁、榅桲、梅子等。下面分别予以简单说明。

杏是我国内地种植较早的果树之一，《管子》中就有“五沃之土，其木多杏”的记载。从考古材料看，两汉时期新疆一些地方已有杏树。若羌瓦什峡古城亦都发现过杏核。1959年自巴楚县脱库孜沙来遗址出土唐代杏核(见图版3)，杏核一般长约2.7厘米、宽2厘米左右，呈椭圆形，为褐色。可见杏在新疆的栽培有着悠久的历史。

核桃，古称胡桃。巴楚脱库孜沙来北朝文化层和吐鲁番的唐墓里都出过核桃或核桃壳，说明南北朝时新疆一些地方就已经出产核桃了。出土文书的记载亦反映核桃是古代新疆人们所食用的水果。于阗北麻扎塔格遗址曾出土一件《唐果物帐》，上有“胡桃贰阡（仟）颗”的记载。

桃。楼兰故城、民丰尼雅遗址，以及若羌县瓦什峡古城（该城使用的时间较长，其上限在汉代，下限到唐、宋时期）均曾发现过桃核。

酸梅。在若羌瓦什峡古城见到了酸梅。

沙枣。英国考古探险家斯坦因在楼兰故城遗址里的一处规模较大的果园遗存里就曾发现过已干枯的沙枣树。除此之外，他在和田地区进行探险时，在热瓦克遗址周围也发现一排已干枯的沙枣树。新疆文物考古研究所等单位，1990年在鄯善县三个桥战国—晋唐墓葬的清理发掘中，也曾发现长圆形干枣，黑褐色，其中一枚长径1.5、短径1.2厘米。

桑葚。桑树的果实。新疆所产桑葚品种多，产地广。黑桑桑葚，黑紫色，以和田地区各县和喀什地区的叶城、莎车等地最多；大白桑桑葚，白色，果大、味甜、汁多，主产于喀什、和田、阿克苏、库尔勒等地；粉桑桑葚，粉红或紫红色，主产于洛浦、叶城、伊宁等地；药桑（又名毛桑）桑葚，紫黑色，味如杨梅，晚熟种，主产于和田、阿克苏等地。有关专家指出桑葚还可入药，其入药始载于唐朝《唐本草》，其药性温和，具有补肝益肾、养血生津，安魂镇神等功效。现代药理学研究表明，桑葚主要药用成分为白藜芦醇、桑黄酮（花青素）等，具有抗肿瘤、抗氧化、延缓衰老、增强免疫力等作用。桑葚具有口感好、营养丰富、保健作用强的特点，可成为天然风味最佳饮品，还可加工成保健系列食品，经济效益不可低估。桑葚饮料市场前景可观。南疆气候温暖，至今桑树栽培较为普遍，而追本溯源，其应早到汉唐时期。斯坦因曾在楼兰故城遗址里发现干枯的桑树。中国是世界上栽桑、养蚕、丝织最早的国家。中国是蚕桑生产的发源地，栽桑养蚕是我国古代劳动人民的一项伟大发明，至今已有5500多年的悠久历史。那蚕种最早是什么时候来到西域的呢？据说从前西域于阗国未知蚕桑，听说东国有之，命使者求之。时东国君秘而不赐,严敕关防,无令桑蚕出也。于阗王乃卑辞下礼,求婚东国。国君有怀远之志,遂允其请。于阗王命使迎妇,而诫曰:“尔致辞东国君女,我国素无丝锦桑蚕之种,可以持来,自为裳服。”公主闻其言,密求其种,以桑蚕之子,置帽絮中,既至关防,主者遍索,唯王女帽不敢以验。遂入于阗国,止麻射伽蓝故地,方备仪礼,奉迎入宫,以桑种留于此地。斯坦因在和田东北部塔克拉玛干沙漠深处的丹丹乌里克发现了《传丝公主》图。据介绍,画板中央绘一盛妆贵妇居于其间,头戴高冠,有女郎跪于两旁,长方形画板的一端有一篮,其中充满形同果实之物,又一端有一多面形东西。左边的侍女左手指着贵妇人高冠,冠下就是公主藏着从中国私偷来的蚕种,画板一端的篮中所盛的即是茧,又一端则是纺丝用的纺车。

梨。中国人吃梨子的历史十分久远,古代称为蜜父、快果、玉乳等,并有“百果之宗”的美称。我国自古就有“孔融让梨”和“推梨让枣”的典故,也有“寻芳尚忆琼为树,蠲渴因知玉有浆”的《咏梨》佳句。《西京杂记》载“有瀚海梨,出瀚海北,耐寒不枯”。瀚海泛指大沙漠,特指塔克拉玛干大沙漠。新疆早就有梨的栽培。吐鲁番晋、唐墓葬出土多量梨干,研究人员曾对唐代墓葬出土的梨干进行了分析鉴定:“果实如梨形,淡黄色,梗细曲,长于果径两倍,无梗洼;萼宿存,开张,基部相连,无萼洼;果心小,石细胞多,果心近萼端,是典型的新疆梨。”王炳华先生进一步推断:新疆梨的双亲——中国梨和西欧梨在新疆地区的栽培历史肯定早在唐代以前。[1]

梨文化在当今新疆饮食文化中经久不衰。如当今的库尔勒香梨,维吾尔语叫“奶西姆提”。其特点是香味浓郁、皮薄、肉细、汁多甜酥、清爽可口,为新疆各种梨之上品。

柰。有学者指出,柰是与林檎即花红同种,蔷薇科,落叶小乔木,叶卵形或椭圆形,春夏之交开花,果实秋季成熟。绵苹果为其变种之一。柰在汉代中原已有栽培,司马相如在《上林赋》中曾经提及。唐时塔里木绿洲广泛种植。于阗汉文文书中称果子,至今亦是。《大唐西域记》

〔1〕王炳华:《新疆农业考古概述》,《农业考古》,1983年,第1期,第106页。

中亦记载阿耆尼国(焉耆):泉流交带,引水为田。土宜糜、黍、宿麦、香枣、蒲萄、梨、柰诸果;屈支国(库车):宜糜麦,有粳稻,出蒲萄、石榴,多梨、柰、桃、杏;斫句迦国(叶城):临带两河,颇以耕植,蒲萄、梨、柰,其果实繁。

石榴,亦称安石榴。原为波斯及其邻近地带所产,史前已有种植。汉晋时期通过西域向中原传播,劳费尔先生认为它最初来到中国似乎是3世纪后半叶。[1] 唐代塔里木盆地栽培已较广泛,在《唐于阗神山某寺支用历》中,称为柘留,曾屡次出现。不过价格昂贵,只有在节日供斋或招待官僚时食用。按当时于阗市场价,一颗柘留十五文,相当于三升干葡萄、十五颗榅桲、一斗粟,非一般平民所能常食。石榴,是一种集生态、经济、社会效益、观赏价值与保健功能于一身的优良果种。石榴果实酸甜爽口,不仅可生食,还可以加工成石榴果汁、石榴提取物、果酱、果冻、浓缩石榴汁、糖浆,甚至石榴酒和马丁尼酒。石榴叶片还可以加工成石榴茶。石榴果实富含对人体有益的抗氧化剂和营养成分,具有极高的保健作用。近几年来国内外对石榴及其加工产品在抗癌、抗心血管疾病、抗胃病、抗糖尿病等方面的研究进展很快,石榴的营养成分如富含抗氧化剂和保健功能如抗癌作用等近年来已经成为国际上科学家的研究热点。由于独特的地理条件,至今新疆叶城、和田诸地盛产石榴,果实与籽粒均大,味甜多汁,且易于久存。许多人都称赞说:“吐鲁番的葡萄哈密的瓜,库尔勒的香梨人人夸,叶城的石榴顶呱呱。”

巴旦杏。《新唐书·地理志》载,安西土贡“偏桃人”。《酉阳杂俎》载:“偏桃,出波斯国,波斯呼为婆淡。树长而形偏,故谓之偏桃。其肉苦涩不可噉,核中仁甘甜,西域诸国并珍之。”

榅桲。《唐于阗神山某寺支用历》中有“榅桲叁拾颗”的记载。

无花果,果树雌雄异花,花隐于囊状花托内,外观只见果而不见花,故名。果形扁圆,果皮黄色,果肉细软,营养丰富,果味甘甜如蜜。现维吾尔语名安吉尔,原产于波斯等西亚国家,唐代前后通过西域传入中原。《酉阳杂俎》称:“‘阿驿’,波斯国呼为阿驿,拂林呼为底珍。树长

〔1〕〔美〕劳费尔著,林筠因译:《中国伊朗编》,商务印书馆,1964年,第101页。

四五丈(或丈四五),枝叶繁茂。叶有五出,似木卑麻,无花而实。实赤色,类木卑子,味似干柿……”无花果是人类最早栽培的果树树种之一。在地中海沿岸国家的古老传说中,无花果被称为“圣果”,作祭祀用果品。传说古罗马时代有一株神圣的无花果树,因为它曾庇护过罗马创立者罗募路斯王子躲过了凶残的妖婆和啄木鸟的追赶,所以这株无花果后来被命名为“守护之神”。无花果属浆果树种,可食率高达92%以上,果实皮薄无核,肉质松软,口味甘甜,具有很高的营养价值和药用价值,栽培无花果具有很高的经济、生态和社会效益。现代研究成果表明,无花果具有很高的营养价值,它的果实富含糖、蛋白质、氨基酸、维生素和矿质元素。无花果亦具有极高的药用价值。无花果的果实、叶片、枝干乃至全株均可入药。果实除了开胃、助消化之外,还能止腹泻、治咽喉痛。在浴盆中放入干燥的无花果叶片,有暖身和防治神经痛与痔瘘、肿痛的效果,同时还具有润滑皮肤的美容作用。无花果最重要的药用作用表现在对癌症的显著抑制作用方面,它的抗癌功效也得到世界各国的公认,被誉为“21世纪人类健康的守护神”。无花果中含有多种抗癌物质,是研究抗癌药物的重要原料。现在天山以南各绿洲地带仍普遍种植无花果,塔里木盆地大量栽培,以阿图什种植最多,年产果子二百多亩。其时果甘甜多汁,味芳香,除鲜果入市外,还可做果干和果酱。果实除食用外,还可健胃清肠,消肿解毒。

关于水果的食用与加工,鲜食是最普通的了。由于瓜果丰富,加上西域天气干燥,把鲜果制成干果应是很自然的。据《唐[开元九年?(721?)]于阗某寺支出簿》记载,在塔里木盆地南缘的干葡萄(即我们现在所说的葡萄干)已成为人们日常重要的副食品,一个规模不大的寺院4个月内即购进干葡萄3石3升。直至现代化的今天,新疆干果类仍然是人们所钟爱的美食。如上述无花果的果实极为鲜嫩,不易保存和运输,当地人民多用以晒制果干,运销外地。据介绍,新疆的所有干果都是纯天然晾制而成,没有加入任何添加剂,是真正意义上的百分之百的绿色食品。所以新疆的干果在保存时特别注意以下几点:一定要放在阴凉、干燥、通风的地方存放,不得放在强阳光底下暴晒,同时保存的时候也不要放在密封的容器中，更不能放在塑料袋中，最好的保存方法是放在冰柜冷藏，如果没有冰箱，建议一定要放阴凉、干燥通风的地方，这样可以保持干果的新鲜美味。如果保存恰当，新疆的干果类一般都能存储一年时间之久都不会变质。当然，汉唐时期，另外还有一种情况是把鲜果作为果子酒的主要原料，如葡萄酒。

园艺业的主要作用体现在以下几个方面：第一，补充农产品不足，特别是青黄不接的时候。明人李时珍在《本草纲目》卷29《果部序》中充分说明了果品的使用价值。他说："木实曰果，草实曰蓏，熟则可食，干则可脯，丰俭可以济时，疫苦可以备药，辅助粒食，以养死生。"据研究，在塔里木绿洲各地，葡萄生产居于果品首位。特别是干葡萄与枣、核桃等干果，生产量大，消耗量亦大，为人们生活中不可或缺的副食品。《唐于阗神山某寺支用历》记载冬季4个月中，一个约30人的小寺即购进干葡萄3石3升、大枣2石4斗7升。当地居民平日吃蔬菜不多，而果品却不可缺，这是历史传统。至今新疆兄弟民族如维吾尔族还有喜食瓜果的习惯，"以瓜果代饭菜"成为维吾尔族饮食习惯的一大特色。第二，起环境保护作用。西域风沙大，夏天气候炎热干燥。庭院里及房子周围栽培果树有利于防蔽风沙及抵挡酷暑。

西域饮食文化的特色之一即以灌溉绿洲农业为基础的特有的具有诗情画意的田园生活。夏天在葡萄架下乘凉，果实唾手可得，此格调从古至今都未有太大变化。当今新疆仍是中国的水果之乡。我们也可从当今南疆维吾尔族的庭院经济生活来追寻远古西域人们的生活。虽然南疆的自然条件比较恶劣，但如果走进维吾尔族老乡的家中，就会发现他们的院子十分整洁，房子设计布置得也很美观，院子里面大多种植着葡萄、果树、花草等植物。在房前屋后栽种大量果树，发展庭院经济，既美化了环境，又增加了收入。

园艺业在现代新疆饮食文化中仍然占有特殊地位。据调查，目前新疆是我国水果种植面积较大，品种和品质均居前列的地区，年产各类鲜果数万担。新疆常见的瓜果有葡萄、甜瓜（哈密瓜）、西瓜、苹果、香梨、杏、桃、石榴、樱桃、无花果、核桃、巴旦杏等，优良品种达数百种之多。其中吐鲁番的无核白葡萄，鄯善的哈密瓜，库尔勒的香梨，库车的白杏，阿图什的无花果，喀什的樱桃、核桃、光皮桃，叶城的石榴、旗盘梨，和田的蜜桃，伊犁的苹果等，均享有美誉。新疆葡萄干、哈密瓜、香梨更是国际市场的畅销品。曾有人认为新疆有十八怪，其中十六怪为“甜瓜果吃不败”，并云：吐鲁番葡萄哈密的瓜，叶城的石榴人人夸，库尔勒的香梨甲天下，伊犁苹果顶呱呱，阿图什的无花果名声大，下野地的西瓜甜又沙，喀什樱桃赛珍珠，伽师甜瓜甜掉牙，和田的薄皮核桃不用敲，库车白杏味最佳。一年四季有瓜果，来到新疆不想家。

(3)畜牧业及家庭饲养业在食生产中占有重要地位

新疆是我国四大牧区之一，经营畜牧业已有很长的历史。全疆有草原面积约5733.3万公顷，居全国第二。在天山南北4800万公顷的天然牧场上，大小牲畜漫山遍野，最多的是绵羊，其次是牛、马、山羊、驴、骆驼、骡、牦牛等。新疆的牲畜品种驰名全国的有新疆细毛羊、阿勒泰大尾羊、新疆白猪和伊犁乳肉兼用牛等。近年来，新疆各地不断改良、选育并引进新的牲畜优良品种，一些指标居全国领先地位，牧业生产有了较快的发展。除满足本区需要外，每年都有大批的牛、羊、马、毛驴运往内地。发达的畜牧业，为人们提供了大量的毛、绒、肠衣、奶油、酥油、奶粉等畜产品，许多价廉物美的畜产品及其加工产品畅销国内外市场。在汉唐时期，畜牧业及家庭饲养业在西域食生产中占有极其重要的地位。

相关文献的记载，在一定程度上反映了西域绿洲诸国畜牧业发展的情况。《汉书·西域传》曰：城郭诸国“大率土著，有城郭田畜”。婼羌，“随畜逐水草，不田作，仰鄯善、且末谷”。鄯善国，“民随畜牧逐水草，有驴马，多橐驼”。“西夜国，……蒲犁及依耐、无雷国皆西夜类也。西夜与胡异，其种类羌氐行国，随畜逐水草往来”。史书记载汉和帝永元六年(公元94年)班超发龟兹、鄯善等八国兵讨焉耆时，获生口万五千人，马畜牛羊三十余万头，更立元孟为焉耆王。《魏书·西域传》载于阗“有好马、驼、骡”，焉耆“畜有驼马”，龟兹有“良马、犎牛等”。该书还记载北魏将军万度归讨伐焉耆，获“橐驼马牛杂畜巨万”。殷晴先生曾认为其数字都可能有些夸大，但这些绿洲城国农牧并重的格局是显而易见的。《周书》记载焉耆国，“畜有驼马牛羊”。龟兹国，“婚姻、丧葬、风俗、物产与焉支略同，唯气候少温为异。又出细毡、麖皮、氍毹、铙（多）〔沙〕、盐绿、雌黄、胡粉及良马、封牛等。”《旧唐书》亦记载“龟兹国，有城郭屋宇，耕田畜牧为业。……有良马、封牛”。可见，汉唐时期，畜牧业及家庭饲养业在食生产中占有重要地位并有一定发展。

系列考古发现印证了相关文献记载。考古发现轮台群巴克古墓葬中常见小铁刀与羊脊椎骨放在一起，还见有较多的小石锥，这种小石锥在今天新疆一些从事畜牧业的牧民手中还可以见到，它是一种随身携带的小工具，专门用以脱解拴系牲口的绳扣。这说明当时畜牧经济仍占有一定地位。

畜牧经济在山普拉居民生活中占有重要地位。考古发现山普拉居民生活中常用品许多都和羊发生关系，比如穿衣、房屋布置（这里主要指铺地毡）、祭祀和肉食等。山普拉居民中存在着畜牧经济，但不应是最主要的经济，在这周围存在着较发达的牧业经济居民，他们可以供给毛织品的商业生产。

山普拉墓葬随葬品中有大量肉食和动物骨骼，那当时的山普拉人们饲养的主要畜种究竟又有哪些呢？据相关研究显示，羊，是当时人们饲养的主要畜种。墓葬中随葬肉食中，几乎全是羊肉，而且有整羊随葬。羊肉一般放在木盘上。除了绵羊外，人们还饲养山羊，并且知道抓取山羊绒。马，也是人们饲养的主要畜种。除了供人乘骑外，肉可食用。墓葬中出土有马的骨骼，并发现两座殉马坑，马背上还备有鞍具等。牛，也是人们饲养的重要牲畜。墓葬中出土了许多牛角质品，牛除了供人食用外，还是人们重要的运输工具。它的角则被做成刀柄、梳子、勺子、针等器物或其附件。同时，牛皮可制作皮革。鸡，作为重要的家禽，鸡肉和蛋都是最好的食物。一座墓葬中曾出土一个鸡蛋，证实当时的人们已知道饲养鸡。另外，考古发现山普拉人还饲养驴、骆驼。

考古发现古代营盘人们的食生产方式不是单一的，营盘的地理位置、自然环境，使当地居民形成了农牧并举、兼营狩猎的食生产方式。

考古发现农牧并重的格局在墓葬中表现得极其明显，如墓室内普遍殉葬羊骨，包裹尸体的毛毯、毛毡、毛布衣服、皮鞋等取自羊毛、羊绒和皮张。随葬品中还有与畜牧经济有关的生产、生活用具，如铁刀、弓箭、弓弭、铁镞等，由此亦可推定羊是古营盘人饲养的主要牲畜。羊肉是人们日常生活中主要食物品种之一，皮毛又是服饰的主要原料。

除了农业、畜牧业、园艺业外，汉唐时期，天山以南还存在一定程度的渔猎经济。如斯文·赫定曾指出：大量鱼骨的发现足以证明楼兰的居民从事捕鱼业。进而可以肯定，他们拥有渔船。而捕鱼为生的人就住在湖边的临时性茅屋中。楼兰遗址发现的木雕中，有两块带有鱼的图案，其腮裂及靠近尾部的鳞片特别清晰。鱼与藤蔓式花纹交织在一起。如果这一地区没有鱼，并且鱼没有在当地居民的生活中扮演一个非常重要的角色，人们绝不会将鱼作为其装饰品的一个基本主题。因此，从某种意义上讲，这些手工雕刻品是一些“类化石”。鱼骨和以鱼为内容的艺术品的发现，清楚地证明了当地居民的生活在很大程度上依赖鱼，并且以鱼作为食物，就像今天罗布里克人那样。显然，楼兰人与罗布里克人的唯一不同之处在于，罗布里克人将鱼作为主要食物，而在楼兰人的生活中，农业及畜牧业比渔业更重要。[1] 另如《汉书》记载焉耆国：“近海水多鱼。”《魏书》卷102记载焉耆：“有鱼盐蒲苇之饶。”由此可见，捕鱼肯定是这些地区居民获得食物的重要来源之一。

狩猎经济还占有一席之地。如在经济方面，洛浦县山普拉古墓反映出的信息主要有农业和畜牧业，其次是较发达的木器加工业，另外还存在一定的园林、狩猎、商品贸易。古墓早期墓葬出土了狩猎工具石球、投石器和木弓、木箭（铁箭或许是兵器）等，说明传统的狩猎经济在山普拉居民中还有一席之地。

西域农业、园艺业、畜牧业及家庭饲养业的发展是西域饮食文化繁荣和发展的一个重要原因。考古学家指出，隋唐考古充分展示了西域大地物质文明高度发展的面貌，形象地揭示了丝路经济、文化的空

〔1〕〔瑞典〕斯文·赫定著，王安洪，崔延虎译：《罗布泊探秘》，新疆人民出版社，1997年，第818–819页。

前繁荣。大量出土的各类农作物以及蔬菜、干果,干旱内陆西域的农业、园艺生产情况,历历在目。比较繁荣的农业生产支持了丝路运行,是丝路交通的基础和保障。

(4)从尼雅遗址小窥绿洲诸国饮食文化

众所周知,庞贝城是亚平宁半岛西南角坎佩尼亚地区一座历史悠久的古城,是一座背山面海的避暑胜地。早在公元前8世纪,依托于地中海天然良港的这座小渔村庞贝,逐渐发展为城市。几百年之后,它商贾云集,成为仅次于意大利古罗马的第二大城市。但千年古城一夜消失。1901年,在新疆塔克拉玛干大沙漠的南缘尼雅河畔,一个叫斯坦因的英国人发现了一座古城遗址,并从这里挖掘出封存了千年的各种珍贵文物12箱之多。当这些文物被带回英国时,令西方学者大为震惊,这就是被称为东方"庞贝城"的尼雅遗址。尼雅遗址是塔克拉玛干沙漠现存最重要的古代遗址之一,遗址规模之大,保存状况之良好,内涵之丰富,学术价值之高,在塔克拉玛干地区首屈一指。尼雅遗址是汉晋时期精绝国的遗址,位于民丰县城以北150千米的尼雅河尾闾,塔克拉玛干大沙漠的腹心地区。古遗址以佛塔为中心,散布于南北长25公里,东西宽5~7公里的区域内。遗址内发现有房屋、场院、墓地、佛塔、佛寺、田地、果园、畜圈、河渠、陶窑、冶炼遗址等遗迹;出土有木器、铜器、铁器、陶器、石器、毛织品、钱币、木简等遗物;此外,还发现了当时炼铁遗留下来的烧结物和炭渣。尼雅遗址在塔克拉玛干诸遗址中具有突出的代表性和典型性。尼雅人在认识和改造世界的过程中,创造了丰富多彩的饮食文化。初步探讨尼雅饮食文化,可以小窥天山以南绿洲诸国的饮食文化。

①农、牧、园艺业兼营,同时狩猎业仍然存在

A.农业

尼雅人较早从事农业。考古学家指出,尼雅河古河道尾闾地带,这里地势开阔宜于垦殖,早在青铜时代,古代尼雅人就曾在这里进行早期的农业作业。

在新疆境内的汉朝遗址中,曾发现一些印章,其中最著名的有两

方,一是“汉归义羌长”印,一是“司禾府印”。据介绍,“司禾府印”是1959年在新疆民丰县发现的。炭精制,方印,通高1.7厘米,边长2厘米。印文为篆文,阴刻,分两行:一行“司禾”,一行“府印”。印纽为桥纽。从字体和纽式,可确认是汉朝时期的印章(见图版4)。“司禾府印”在尼雅的发现,说明汉代在尼雅设有“司禾府”,专司屯田事务。史树青先生曾认为,从尼雅遗址历次出土的文物看来,在两汉魏晋时期,这里的农业、畜牧业都相当发达。1959年2月,这里曾发现汉代冶铁遗址,并发现铁制生产工具铁斧、铁铲等。冶铁技术和铁制生产工具的使用,可能是从内地传来的。由于铁制生产工具的使用,促使农业有了一定的发展。1959年两次调查,在居住遗址内都发现了麦粒、青稞(燕麦)、糜谷、干蔓菁等农作物遗存。后来的考古发现尼雅遗址中遗留众多的引水渠、储水涝坝、田畦遗痕。人们种植大麦、小麦、黍糜等谷物,在一畜栏中发现有厚30~40厘米的麦秆层;棺墓四周往往填塞大量麦秆和糜秆,有的上面仍有麦粒和糜子粒。

佉卢文最早起源于古代犍陀罗,是公元前3世纪印度孔雀王朝的阿育王时期的文字,全称“佉卢虱底文”,最早在印度西北部和今巴基斯坦一带使用,公元1—2世纪时在中亚地区广泛传播。公元4世纪中叶随着贵霜王朝的灭亡,佉卢文也随之消失了。18世纪末佉卢文早已经成了一种无人可识的死文字,直至1837年才被英国学者普林谢普探明了佉卢文的奥秘。考古发现佉卢文是尼雅人曾使用的文字。尼雅遗址历史上曾有过大片的耕地,佉卢文木简中大量土地买卖的契约文书就予以了很好的说明。

佉卢文书[1]中大量“谷物”的记载,亦在一定程度上体现了农业的存在和发展。

谷物的记载。多件佉卢文书中记载有“谷物”。文书中多件籍账亦记载有“谷物”。文书中亦有一扈从有多少口粮数的记载,如文书25是太侯鸠那所写的一封信,信中告知“一名扈从之薪俸为三弥里码,其

〔1〕探讨尼雅饮食文化时所涉及文书指佉卢文书,本书所引佉卢文书源自林梅村:《沙海古卷——中国所佉卢文书(初集)》,文物出版社,1988年。

口粮为一弥里码十硒谷物。”文书中还有很多与谷物有关,但不能确认是何种谷物,如文书 559 中记载有“vaka 谷物”。

佉卢文书记载体现了谷物与尼雅人经济生活密切相关,谷物可用来支付佣金,如文书 532 记载:“彼等却雇佣此人,支付 Sikh 谷物作彼之佣金。”

贷放谷物的记载。文书 140 记载:“林苏之手中有汝贷放之谷物若干。”

谷物市场化的记载,表明农业生产有了一定的发展。文书 307 记载:“兹至函如下:以前,余之领地诸人由汝照料。现仍全部由汝照料。税收在汝处征收。若谷物须用酒类购买,就请购买。请务必告诉司税和税吏,绝不可短两缺斤,务必当司税和税吏之面点清。”另外,亦有粮食的记载。文书 142 记载:“黎贝耶曾借粮食一弥里码一硒。按惯例借一还二,务必按此方式将粮食还给税监黎贝耶。”

但农业生产方式存在粗放现象,新疆文物考古研究所考古发现尼雅 95 墓地 4 号墓应为东汉前后的遗存。墓穴中木棺的四周塞满了芦苇并夹杂了少量小麦秆。考古工作者认为这些小麦秆可能是从农田里割来的,而且割口整齐,显然是铁镰所为。这从另一个侧面说明了当时“草比苗多”、“广种多收”的情形。

B. 畜牧业

考古发现尼雅的畜牧业生产,以牛羊马驼为主,遗址内的许多房屋地面,用麦草、羊粪等和泥铺墁。在一处贵族的厨房,还曾发现了干羊肉、羊蹄、雁爪等物。在一处住宅附近,还发现了牛、驼的鼻栓和马绊。

佉卢文书中也有很多记载体现畜牧业的存在。如文书 5 底牍正面记载:“黎贝耶此子业已作为使者外出,秋天理应由黎贝耶随畜群放牧。待汝接到此楔形泥封木牍时,务必即刻对此事详加审理。”

国家保护畜牧业的发展。文书 156 记载:“有人前往此地狩猎,将马和牝马打伤,致跛,不能驮物。打伤马和牝马系非法行为,彼等不得伤害 Kisana 和 segani。当汝接到此楔形泥封木牍时,须禁止人们狩猎,不得伤害马及牝马。”文书13底牍正面记载:“布伽上奏本廷,彼之牧场内有骡马牲畜,竟然有人于此地狩猎,杀伤骡马。牧场内还遗失了酥油。当汝接到此楔形泥封木牍时,务必立即对此项争讼和誓约,证人一起亲自详细审理,依法作出判决,禁止人们再去狩猎。”

国家重视对畜牧业的管理,文书记载体现了国家制定了专门的放牧法规。文书743记载:“乌波格耶给畜群增添一头橐驼。据放牧法规,春天还要从畜群中放走一头橐驼。当汝接到此楔形泥封木牍时,应即刻……(残)”文书中亦有依法对代人放牧的人给与报酬的记载。如文书19记载:“倘若驮摩施耶那确实替代夷陀色那随畜群放牧,依据原有国法,应给予其衣食及薪俸。”

皇室拥有畜群。文书55是关于“黎贝耶和皇家畜群之事”,文书记载“务必由皇家驼群途经各城镇提供饲料和饮水。无论其在何处病倒,都要由当地给予照料”。

皇室所拥有畜群,种类有驼、牛、羊。文书248记载有“皇家橐驼”。文书中籍账180是“皇家橐驼之账目登记”。文书439有“王妃之母牛”、“皇家母牛”的记载。文书725有“皇家牛群和羊群”的记载。

文书记载有专人放养皇室畜群的牧人,此类牧人曾被予以优待,能配备卫兵,估计他们在畜牧业方面有一技之长,超越常人。文书182记载:“今有甘阇伽上奏本廷,彼系皇家驼群之牧人。以前,一直由州给皇家驼群之牧人配备卫兵。”“现在彼等不再给这些人配备卫兵。以前,皇家驼群一直于第四日……”

为了确保皇室所拥有畜群的发展,精绝国设立了专门的官职——皇家厩吏。文书524记载:“据税监苏遮摩上奏,彼听吉臣说‘余之主人确系皇家厩吏。彼等靠皇家牝马才得以谋利。彼等将其到处出售。善喜之父苏怙陀用皇家饲料喂马,百户长……以致许多牝马死亡’。”此文书亦说明当时存在损公肥私的腐败现象。

私人亦重视畜牧业的发展。文书164信函曰:“关于庄园之事,请认真对待。畜群亦请适当照料,精心喂以食物及水。”

C.园艺业

尼雅人在发展农牧业的同时也发展了具有特色的园圃业。在果树种植方面,1959 年 2 月,考古工作者在居住遗址曾发现成堆的桃核、杏核和葫芦残片。有一个杏核被磨掉了上端,大概是儿童制作的口哨,有考古专家用嘴吹了一下,还能发出清脆的响声。

尼雅葡萄种植业兴旺发达,反映了园艺业的发展情况。佉卢文文书记载反映了耕地及葡萄园民间可以自由买卖;葡萄园作为私有财产随时都可以买卖;葡萄园及耕地作为私有财产可以合法抵押;田园、葡萄园、耕地作为祖业遗产可以继承;僧人与僧人之间也可以买卖葡萄园等。如文书 473 记载"沙门众吉将彼之一座葡萄园和一块耕地抵押给他人","该葡萄园和耕地为私有财产,彼应规还"。《新疆出土佉卢文残卷译文集》的 418 号文书为:"阿塔莫之两子……愿将 4 Apoira 之葡萄园一所及另一块……地出卖,总共为五块地……付地价金币一枚。"581 号文书为:"……该达摩阇愿将内共有 7avacira 之葡萄园一所卖给司书罗没索蹉……"

考古发现过葡萄园的遗址。考古发现尼雅遗址中有一座古桥,古桥西侧有一处房址,其东北有一葡萄园遗址,该葡萄园长 50 米,宽 30 米,周边用篱笆墙相围。葡萄园遗址清晰可辨,现存 9 行已干化的葡萄根及当时用于搭架的木桩,规划整齐。在其他房屋遗址周围的坡地及其他地方,亦可见到葡萄藤及其他已干化的果木。另外,在发掘和清理一房屋遗址时,在厨房里还发现了用葡萄藤编织而成,形状呈圆形,用于放置锅具的器皿。

早在 19 世纪初,斯坦因在尼雅遗址就曾发现巨大果园一座,各种果树同葡萄架的行列都很整齐。斯坦因在《西域考古记》里述及尼雅果园时说:"那些沿道种植的杨树以及桃、苹果、梅、杏、桑树之类的果木,都是他们家中常见之物。"另据 1996 年中日尼雅遗迹学术考察队介绍,在今新疆民丰县北尼雅遗址所发现的果树园中,规模最大的为东西 122 米,南北最大处 68.50 米,园子完全不是正方形,东面有些凹陷,葡萄株呈东西向平行,等距离排列着。作为添加树木,还种着胡杨和沙枣小树,且园子中央埋着一个大瓮(口径 60 厘米)。

另外,狩猎业在经济生活中仍然存在。如尼雅95墓地4号墓应为东汉前后的遗存。考古发现墓内男性随葬弓箭、钻木取火器;女性随葬纺轮、铁镰,表明了当时“男猎女织,男猎女耕”的社会情况。在尼雅遗址范围内的一幢房舍的一室内,除发现了“干羊肉”、“羊蹄”外,还发现了“雁爪”。由于雁爪的发现,我们可以想像,骑马射雁是这里居民的狩猎活动之一。佉卢文文书的记载也体现了狩猎业的存在。如文书505记载:“借给人猎鹿,以致该牝马死亡。当汝接到此楔形泥封木牍时,应即刻对此案亲自详细审理,确认是否如此。”

尼雅到底以农业为主还是以牧业发展为主?目前虽无法明确推定它们在经济生活中的具体比重,但农、牧、园艺业兼营,同时狩猎业仍然存在却是不可否认的事实。考古发现予以多次证明。如95尼雅一号墓地是尼雅遗址西北部规模最为宏伟的遗址之一,曾被评为1995年中国十大考古发现之一。考古发现其入棺供死后食用的物品,有糜谷饼、糜谷籽粒、羊腿、羊胸肋(与小铁刀共存)及梨、葡萄等(见图版5)。精绝王国当年农、牧、园艺业兼营的生产情况,与遗址所显示的景象是统一的。

②主要食源及其制品

A.粮食

在尼雅遗址范围内的几处房舍内,曾发现了一些食物,其中有麦子、青稞(燕麦)、糜谷等。后来又发现的谷物有麦和粟,并采集到一根较完整的麦穗。佉卢文书中也有大麦、小麦的记载,如文书703就曾提到“粟种”。

相对而言,小麦应是主要的粮食品种。文书记载体现了当时的尼雅人非常重视小麦种植。文书83记载:“至于农耕、大麦、小麦和ad'imi之事,请汝等精心关照。”文书中籍账72是关于何人小麦灌溉两三次的记载,体现了对小麦种植的重视。被登记的人中包括州长、督军、探长、曹长以及所谓的“贵人”和“埃卡罗侯”等,还有大量的普通人,看来小麦在当时的播种量是比较大的。

如前所述,佉卢文中有很多谷物的记载。据相关研究,“谷物”是一个普遍使用的词汇，但是又有着多种多样名称的谷物，说明这个用语是一个通称。有一些文书中直接使用“谷物”这个用语，一般表示的是一种概念性的说法，因为还有很多个具体的用语，专门用来表示具体种类的谷物或与谷物有关的称谓。有些用语虽然难以还原，但可以确定属于与某种谷物有关。如 Kuvana 作为一种谷物在文书中得到了明确的说明，在一般情况下它都被当作征税的对象。但是 236 号文书提到了“皇室 kuvana 谷物”，看来与税收不同的是，这种谷物应当属于王室在地方（精绝）产业中的产品，即王室在地方的封邑中种植的谷物。谷物至少在名称上存在多样性，足以说明植物环境的复杂。尼雅遗址古代植物志的状况，表明当时人类已经生活在一个高度驯化的植物环境之中了。[1]其同时也体现尼雅人已不再是完全被动地适应大自然，而是在不断创造和提升自己的饮食文化。

尼雅人已经会加工粮食，考古人员在尼雅遗址调查时发现有铁镰刀、磨石、磨谷石等。

面粉。文书 214 有“面粉”的记载。文书 358 记载：“应发给彼子及随从人员四瓦查厘面粉和粗粉当口粮。”据相关研究，在这段文字中所谓“粗粉”与“面粉”相提并论，表明二者之间存在着差别。大约“粗粉”属于一种磨制得比较粗糙的面粉，亦即面粉研磨过程当中最后筛选出的部分；但也有可能是指称粮食品质分类的用语，亦即所谓“粗粮”、“细粮”之谓。

食物成品：饼、粥。尼雅 95 一号墓地 3 号墓随葬食品有糜面饼、糜子粥。

考古工作者称在尼雅曾发现“烤饼的馕坑”。“馕”这个名称是波斯语，汉唐时候还没有这个名称。上述“烤饼的馕坑”应是指形似当今馕坑的烤饼炉。

B. 肉食

考古发现及文书记载发现尼雅人们饲养羊、马、牛、骆驼等。

羊，是主要的肉食来源。羊羔肉，是食品中的上乘食物。尼雅 95

[1]刘文锁：《尼雅遗址古代植物志》，《农业考古》，2002 年，第 1 期，第 63－66 页。

一号墓地3号墓随葬食品有羊羔腿、羊腿等。佉卢文书中籍账115是关于羊的记载。

尼雅的羊还有不同品种,如:

绵羊。佉卢文书中籍账131记载:"阿波尼耶和卢特罗耶之(谷物)份额三弥里码。阿波尼耶绵羊二头,酥油三硒;卢特罗耶绵羊三头、酥油三硒。阿般那之(谷物)份额三弥里码、绵羊二头、酥油三硒……"

山羊。佉卢文书519为一信函,曰:"余已为绵羊之事发出书信五六封,但迄今未获回音。余去该地将八只绵羊及羊羔交汝左施格耶和叶波怙并将六头牲畜送去。此事距今已有三年之久。伏卢楚克罗后又带来十头小畜,均系山羊。"山羊还一度成为商品。佉卢文书633记载"还应购买山羊","汝若能买到更多的山羊,应将山羊交给苏克摩那带来"。

奶羊。佉卢文书中籍账151记载:"曹长阿波尼耶之吉兰耶羊三头,奶羊三头　卢达罗耶之吉兰耶羊三头,奶羊三头　支因伽之吉兰耶羊一头,奶羊一头",其体现了奶羊不是一般的羊。奶羊应该不只供肉食之用,其最大功用是提供羊奶。佉卢文书264也有"牟格耶欠奶羊二头"的记载。

另外还有一些不知为何品种的羊的记载,如吉兰耶羊。文书中记载有"吉兰耶羊"。

当时的人们还用羊来纳税,文书中有"税羊"的记载即证明了这一点。

牛。佉卢文书中籍账117是关于牛的记载。尼雅有主要供乳的乳牛,如佉卢文书315封牍背面记载:"对生产酥油的小牛和乳牛也应作详细检查,汝处到底有多少,务必全部送来。"文书中有牛被宰食的记载。文书记载有一个名叫黎贝耶的人来告状,称其两头牛被莎阇士卒抢走,一头已经送还,另一头却被他们宰掉吃了。在农业社会中,牛是重要的生产工具,故一般来说,牛的食用量不会很大。

牛羊还用于祭祀,成为当时的人贿赂神的重要礼品。佉卢文书

157 底牍正面记载："人皆爱慕、美名流芳之爱兄、州长车摩耶、书吏特迦左和探长苏左摩诸大人，税监黎贝耶再拜稽首，谨祝福体健康，万寿无疆，并至函如下：吾妻前曾患病在此，托汝等之福，现已康复。余还在此听说，汝等已在该处将水截流，余甚为欣喜。汝来信提及已带数人来此。当这些人到汝处时，要在泉边将祭牛一头奉献给贤善天神。据贵人昆格耶说'余曾得一梦，梦见天神未接受该泉边之祭牛。'贵人昆格耶还说，在尼壤之乌宾陀之牛栏中有一头两岁之牛。彼要将这头两岁之牛作为奉献贤善天神之祭品。贵人昆格耶还说，该祭祀须在埃卡罗侯牟特格耶之庄园进行。关于这头两岁之牛之事，汝不可玩忽职守，应速派祭司林苏前去，由彼和贵人左摩将牛带来。不得留难。"该文书底牍背面"贵人昆格耶还作过一梦，梦见三位曹长得一只五岁之羊在布尼和累弥那作为祭品。务必从速处理此事，认真办理。"

橐驼。佉卢文书 342 是关于橐驼账目的记载。文书 4、22、23 中也有"橐驼"的记载。

文书记载体现橐驼被用于赋税，如佉卢文书 16 记载：

> "……之处，年逾十三岁之橐驼不得带去。当汝接到此楔形泥封木牍时，务必立即……""……申明，禁止拿这等年齿之橐驼赋税。"〔1〕

文书记载了橐驼被用于出租，文书 52 记载："朕未曾租到驮物之橐驼。该黎贝耶已被朕、伟大的国王宽恕，免于追究租金。"文书 359 记载："彼还起诉说，楚格色罗曾租用一头橐驼，租金已全部付清，该橐驼由伐尔比带回，于途中死亡。现彼要求赔偿，应对此事作出判决。"

尼雅应存在一套关于牲畜登记、管理的制度。文书中有关于橐驼被登记的记载。如文书中籍账 132 明确记载"摩信那诸橐驼已于 30 年 9 月 5 日登记"。

马。佉卢文书 24 有"马"的记载。马除了用于运输工具和交通工

〔1〕林梅村：《河海古卷——中国所出佉卢文书（初集）》，文物出版社，1988 年，第 41 页。

具,还被用来食用。如文书681“兹于4月……日……谷物、食品和橐驼已登记如下:……彼等吃掉的马和谷物”。

狗、驴。曾在一处未被盗掘的房舍清理时发现大房中间原有大木柱下的柱础旁边有一具完整的狗骨架。据《尼雅考古资料》,民丰县尼雅遗址出土汉代的驴鞍、驼鼻栓及狗骨。

鸡。尼雅95墓地4号墓内随葬一只完整的公鸡。

鹿、牦牛。佉卢文书585提到“鹿角一个、毛牛一条”。

您看过卡通片《猫和老鼠》吗?其中的老鼠Jerry与猫Tom给世界带来了欢笑。有学者指出,佛教与鼠有缘,可以举多闻天王为证。多闻天王即毗沙门天,一作昆沙门天,汉译多闻天,原为古印度施福之神,佛教奉为四天王之一,为北方守护之神。多闻天王的一个重要标志,是手上托着一只鼠鼬。鼠作为多闻天王的表征,又是他的化身。西域鼠国是中国鼠文化的一道独特风景。西域鼠国带有浓厚的传奇色彩,西域鼠害之烈使鼠国的传奇性历千年而不减。在我国历史上,鼠所受到的礼遇,恐怕没有比西域鼠国更高、更隆重的了。据说在西域鼠国,鼠被尊为王,出入有随从;鼠被奉为神,对之建祠设祭;上自君王,下至黎民百姓,无不恭敬从命;经过鼠穴,必须下马致敬,设供祈赛。在寺院里,鼠出现在神殿之中,与众佛共享祭祀。那传说中的西域鼠国又在哪里呢?人们为什么要尊鼠为神?《大唐西域记》中有一则奇妙的神话故事《鼠壤坟传说》,据说于阗国都西郊有一座沙包称鼠壤坟。当地居民说此处有大如刺猬的老鼠,其中有毛呈金银色彩的巨鼠为群鼠首领。有一次,匈奴数十万大军侵犯于阗,就在鼠壤坟旁屯军驻扎。当时于阗国王只率数万兵力,难以抵挡和取胜。国王虽然素知沙漠有神鼠,但并未礼拜过。值此大敌当前,君臣惊恐不知所措时,姑且摆设祭品,焚香求救于神鼠之神力。夜里国王梦见一大鼠说:敬欲相助,愿早治兵,旦日合战,当必克胜。国王得知有神鼠灵佑,便命将士天亮前出发,长驱直入袭击敌人,匈奴军队大惊失色,正想骑马穿甲迎战,不料马鞍、军服、弓弦、甲链和系带均被老鼠咬断,匈奴军队失去了战斗力,只有束手就擒。于阗军队势如破竹,大捷告终。国王感激神鼠大恩,就建造神祠来祭祀,以求福佑。许多历史文献都有“于阗王锦帽金鼠冠”,“西域有鼠国,大者如犬,中者如兔,小者如常”,“于阗西有沙碛,鼠大如猬,色类金,出入群鼠为从”的记载。这些记载与《大唐西域记》的记载相吻合。不管西域鼠国究竟纯属虚构,还是有某种真实的历史地理民俗背景为依据,但尼雅存在鼠患是真实的。捕鼠夹的出现,体现人们为保存食物而做出的努力,同时老鼠也可能是穷苦老百姓获得肉食的来源之一。新疆维吾尔自治区博物馆考古队曾在遗址中发现很多捕夹鼠,几乎每屋都有,大小不一,一般长 30 ~ 40、最宽处 10 厘米左右。在民丰民雅 59MNM001 及尼雅 N · xix. 2 都曾发现过汉代的捕鼠夹。

酥油。文书 15 记载了“酥油被盗案”。文书 42 也记载了“酥油税应预先从速送至”。文书中籍账 76 是有关“酥油”账目的记载。

有一文书明确提到“牛群所产酥油”,同时其体现酥油应是皇廷必需之物。文书 159 封牍正面记载:“人皆爱慕的亲爱的兄长州长檀阇伽和税监黎贝耶亲启(印章)。”文书上记载:“现送上发自皇廷之谕令书一份,令云,来自莎阇之皇家牛群所产酥油,应从精绝之牲畜上卸下来。”封牍背面记载:“从彼处,余未听到任何关于汝及诸大夫的情况。为此事余现已委托百户长柯利沙送上两瓦查厘(酥油?),一瓦查厘送往莎阇,另一瓦查厘送往精绝。当彼将其拿到汝处时,应即刻将一瓦查厘从速送往精绝。今年有多少酥油?应从速上报,以便使余了解情况。无论何月何日,只要关于酥油之谕令书一到汝处,是时务必即刻将酥油送至本皇廷。汝办此事不可有任何疏忽,此信件经多人辗转而来,不必介意所奉礼品。”

酥油还一度成为商品。文书 633 记载:“该地之粗地毯、地毯及酥油均应购买。”

除酒之外,羊奶、牛奶亦是尼雅人们的饮品。如前所述,佉卢文文书记载有“奶羊”及“乳牛”,那么羊奶及牛奶是人们补充营养的饮品之一当毫无疑问。

新疆维吾尔自治区博物馆考古队曾在民丰县尼雅遗址采集和清理的木器遗物中发现有搅拌杆 1 根。头部呈半弧形,有长期使用的痕迹，长40、头部宽8、厚1.5厘米。另外，还采集到搅拌杆的头部3个，都有使用痕迹，大小相同。这种搅拌杆和现在牧区人民搅拌"马奶子"的木杆形状一样，但发现者认为古代人民是否也用作搅拌器，尚待研究。

从佉卢文书中得知，尼雅古人重视畜牧业，养牛养羊，马匹也多，墓葬中多见羊腿和牛骨、马骨。可见他们平日多以羊、牛、马的乳汁为饮料，煮肉时也喝肉汤。内地晋时已盛行饮茶，但在尼雅没有发现茶已成为人们的饮品。

C. 蔬菜

蔓菁。在尼雅遗址范围内的一幢房舍的一室内，史树青先生曾记载发现了麦子、青稞（燕麦）、糜谷、干羊肉、羊蹄、雁爪、干蔓菁以及铁斧、木箸、木匕、苇制炊帚等。

葫芦，原产印度，后引入我国，嫩果可作蔬菜，老果可作盛器。如前所述，考古发现了葫芦残片。

D. 水果

葡萄。如前所述，葡萄种植业在尼雅盛行。尼雅人们经过长期实践，掌握了播种及翻耕葡萄园的时令及有关支架、折架、剪枝等栽培技术，这在佉卢文文书里皆有所反映。现在为让葡萄爬藤，大范围地支葡萄架，而在尼雅，是在葡萄株旁种一些其他树木来发挥葡萄架的作用。

正由于葡萄在人们生活中占有重要地位，葡萄甚至成为人们精神寄托的物品，并以其他形式予以表现，葡萄纹样毛织物就是具体的例子。考古工作者曾发现毛织品三种残片，一种是人兽葡萄纹彩罽，系以彩色纬线起花，由两组黄色经线和两组黄绿色纬线交织而成的纬二重组织。图案中有深目高鼻人像及虎、鹿等动物头形，有成串的葡萄、叶藤和小花丛纹饰，出土时图案清晰。

石榴。文书295底牍正面第2条记载："（残）和以前一样，税收为一瓶一硒之石榴，故现在须要此税。"文书617是关于某人欠石榴的记载，如"是时寿友家所欠石榴皆已登记。跛特罗欠石榴二瓦查厘。"

蒟酱。《现代汉语词典》将其解释为"蔓生木本植物，夏天开花，绿色。果实像桑葚，可以吃"，并对蒟酱有两种解释：第一，蒌叶。常绿木本植物，茎蔓生，叶子椭圆形，花绿色。果实有辣味，可以用来制酱。第二，用蒌叶果实做的酱，有辣味，供食用。文书77记载："余等已将蒟酱送出。"文书721记载"判长皮特耶现奉上蒟酱一袋"。蒟酱是从西南和岭南地区传入中原地区的。《汉书·西南夷传》记载"南粤食蒙蜀枸酱"，后"蒙归至长安，问蜀贾人，独蜀出枸酱，多持窃出市夜郎"。由文书可见，随着尼雅与中原地区经济文化联系的日益加强，蒟酱已成为尼雅人的美食之一。

梨、苹果、沙枣。尼雅95一号墓地3号墓随葬水果有梨、苹果、葡萄、沙枣等。葡萄、苹果、梨是传统水果。沙枣树耐干旱盐碱，既可御风沙、美环境，果实又可食用，是当年精绝人重点栽培的林木之一。

桃、杏、桑葚。斯坦因曾经注意到尼雅遗址残存下来的一些果树树种标本，大致有桃、杏、桑、沙枣树等。如前所述，史树青先生记载，1959年2月，在居住遗址曾发现成堆的桃核、杏核和葫芦残片。

考古发现尼雅佛寺遗址群中，台地北部为一组房屋建筑，西侧的房址为一间寝室，门板犹存，屋内有灶、土坯床、木桶和装盐的红陶罐等。考古发现装盐的红陶罐，说明盐已经成为尼雅人生活中的重要调料。

另外，Sidha盐作为礼品相送，到底为何物，无法知晓。文书109是一人给爱子林苏的信件，其中提及"余已送给父母aridi各一个，送给苏耆陀Sidha盐，……送给勤爱宝珠一串，送给金爱宝珠一串，请勿担心礼品之事。"

文书702底牍背面记载："……达尼、胡椒三达尼，姜一德拉克麦、胡椒二德拉克麦、tvaca一达克、小豆蔻一达尼、糖四sadera。"[1]姜，多年生草本植物，地下茎黄色，味辣，可供调味用，也可入药。豆蔻，草本植物，形似姜。种子暗棕色，有香味，可入药。可见，此文书中的记载，tvaca与姜、胡椒、小豆蔻、糖可能都是作为药用的。

至于尼雅酒文化，将在后文具体论述。

---

[1]林梅村：《沙海古卷——中国所出佉卢文书（初集）》，文物出版社，1988年，第314页。

尼雅遗址的饮食文化相对当时的中原王朝饮食文化来说，是简朴和贫乏的。墓主人逝世后的安排，是人们现实生活的写照。从随葬品来看，95尼雅一号墓地M3墓的主人应是社会上层统治集团的人物。该墓葬随葬食品有糜面饼、糜子粥、羊羔腿、羊腿、梨、苹果、葡萄、沙枣等。它们是本地的传统物产，大概也是人们习惯、喜好的食品。贵为社会上层人物，生活也只能如是简朴。

2.1.2 晋唐吐鲁番地区饮食文化

吐鲁番地区古称高昌，其中心区在吐鲁番盆地，处于天山以东，大的范围与塔里木结为一体，但毕竟是两个盆地。同时，由于特定的政治历史，高昌居民以汉人为主体，人种和文化上别为一域，入唐后已改置为西州，成为编户齐民的郡县化地区。汉唐时期，西域以汉人为主的饮食文化圈可以高昌为代表。吐鲁番是西域历史、文化和自然的博物馆。吐鲁番是东西方文化和宗教错综交织与相互融合的交汇地，是我国丝路遗址最为丰富的地区。吐鲁番还是西域独特自然生态环境与绿洲文明的典型代表。吐鲁番古老的历史文化遗产，多姿多彩的多元文化，独特的自然生态环境与民风民俗，无论从哪个方面看，都可以说是西域的一个缩影。且由于吐鲁番地区考古工作做得较多，出土文物较为丰富，其相当程度上可以作为一个典型，透显同一时段内西域饮食文化的实际面目。故本节将吐鲁番地区饮食文化作为典型，重点展开论述。

吐鲁番地理环境独特，其地形周围高，越到中间越低，最低处是在海拔以下。吐鲁番盆地南半部广布冲积土、洪积土，厚达数十米，较利于农业、园艺业的发展，而盆地四周的低山、山谷、山前地带植被又较适合于畜牧业的生产。盆地的自然环境独特：其一，酷热和干燥是吐鲁番地区引人注目的气候特点之一。吐鲁番盆地夏天高温、炎热，夏季酷热之时，气温往往在摄氏40度左右，年降雨量仅有18毫米，素有“火洲”之称。炎夏，横亘于盆地北部的火焰山，赭色的砂岩，在烈日映照下，红光耀目，烟云蒸腾，远远望去，颇似熊熊燃烧的火山。我国古典名著《西游记》讲到：唐僧师徒西去途中，遇火焰山受阻。那山“有八百里火焰,周围寸草不生”。谁要过山,“就是铜脑盖、铁身躯,也得化成汁”。这火只有靠铁扇公主的芭蕉扇才得熄灭。于是孙悟空使尽了浑身本领,最后巧施计策,钻进铁扇公主的肚子里造反,大战牛魔王,才算制服了铁扇公主和牛魔王,借得扇子,将800里大火熄灭,师徒得以继续西去。这里讲的虽然是神话故事,但也从一个侧面反映出了火焰山在夏季的酷热难当。其二,积聚的热能极其丰富,居全国之冠。其三,风沙大,每年春、夏季都有对流风。吐鲁番属独特的暖温带大陆性干旱荒漠气候,有日照长、气温高、昼夜温差大、降水少、风力强五大特点,素有“火洲”、“风库”之称。其四,盆地内河流短小,地表径流匮乏;其五,盆地周围山脉山口谷道多,故自古以来这里就是东西和南北交通的十字路口,是古代丝绸之路上四通八达的重要交通枢纽。吐鲁番被誉为东西方文明的交汇地,多民族、多宗教文化曾在这里共荣共存。其在文化上呈现出来的多样性为世人瞩目。近些年来,吐鲁番地委、行署对吐鲁番旅游形象战略作出了新的定位:世界四大文化体系的交汇点、华夏灿烂文明进程的活化石、西域丝路精妙绝伦的博物馆、人与自然和谐生存的欢乐园。

吐鲁番大地曾为古车师人的天堂。交河故城(见图版6)就是公元前2世纪至5世纪由车师人开创和建造的,其位于吐鲁番市以西13公里的一座岛形台地上。因河水分流绕城而下,故称交河。西汉时,这里曾是西域三十六国之一的“车师前国”的都城。公元前104年,西汉贰师将军李广利西征大宛,进入吐鲁番盆地后,为安顿军中伤病者建立了“高昌壁”。后来,以此为中心,人口逐渐增多,成为汉政府设置在西域的戊己校尉屯驻之地。魏晋时期,高昌仍是戊己校尉驻地,长期隶属于敦煌郡,后逐渐成为中央政府在西域的政治中心。东汉末年、三国时期、西晋之初,内地许多汉族为避中原战乱移居高昌。他们与车师族和其他族共同构成了高昌的社会基础。鉴于这里的居民及其生产方式和生活习惯与内地相同,前凉王张骏在此设高昌郡,这是西域首次推行郡县乡里制。从公元460年至640年吐鲁番地区便进入到高昌王朝时期,这里先后有阚、张、马、麴四姓相继为王,其中以麴氏高昌立国最久,约计140年。其曾与北魏交好,又曾先后为突厥汗国及西突厥汗国的附庸,其后又归附隋朝。公元640年,唐军平定高昌,于此置西州,由唐王朝直接管辖。840年,漠北回鹘汗国灭亡,大批回鹘人分支迁往西域、河西,其中一支主力以吐鲁番盆地为中心建立了高昌回鹘王国(见图版7)。

吐鲁番地区先民创造了绚烂多彩的饮食文化。本文在此主要探讨晋唐(下限为回鹘西迁之前)时期吐鲁番地区饮食文化。晋唐时期,吐鲁番地区拥有特定的食生产方式:在食生产活动中,绿洲农业占据主导地位;园艺业占有特殊地位;畜牧业及家庭饲养业占有重要地位。特定的食生产方式决定了吐鲁番地区特定的食物原料及饮食结构。

(1)食物原料

①粮食

洋海墓地位于火焰山南麓的荒漠戈壁中,北距鄯善县吐峪沟乡5公里,东南距洋海村四组2公里。墓地中的墓室埋藏较浅,墓穴所在的砾石层透气性能良好,陪葬品在极其干燥的环境下可迅速脱水。因此,洋海墓地就是一个巨大的天然博物馆,保存了丰富的植物遗存,为研究史前土著居民的生产、生活方式提供了丰富的材料。国内曾有专家首次对吐鲁番洋海墓地出土的植物遗存进行了系统研究,并鉴定出三种粮食作物:黍、青稞和普通小麦。这些粮食作物均为当地生产。其中,黍可能是古代洋海人的主要粮食作物。通过植物遗存分析,可知2800年前吐鲁番洋海地区的古气候应该比较适合农业生产。晋唐时期,吐鲁番地区的粮食作物,仍主要以旱地作物为主,但种类有所增多。高昌粮食作物的种植,主要包括小麦、大麦、粟、黑豆、青稞、麻子等七种。下面就主要粮食作物进行论述:

A. 麦类

小麦。《隋书》记载高昌:“地多石碛,气候温暖,谷麦再熟,宜蚕,多五果。”吐鲁番盆地是个聚宝盆,不断出土古代文物和文书。吐鲁番县的火焰山下,在高昌故城北面约两公里处,曾发现哈拉和卓、阿斯塔那两大古墓群(见图版8)。考古工作者在这两大古墓群中发现了大批古代文书,学术界称之为"吐鲁番出土文书"。吐鲁番出土文书中,一部分为随葬文书(如"衣物疏"、"功德录"、"告身"以及部分契约),比较完整;但大部分的文书,都被作为剪裁的原料,制成各类纸鞋、纸帽、纸腰带、纸被褥及部分俑的纸手臂等等,甚至还有一件纸做的棺材。出土文书包括有契约、籍、官府文书、私人信札、古籍抄本和随葬衣物等,内容涉及政治、经济、军事以及社会生活的各个方面。故出土文书亦成为我们研究西域饮食文化,特别是吐鲁番地区饮食文化的重要资料。

出土文书中亦有不少关于小麦租赋、借贷等的文契。如《高昌延昌二十八年(588)王幼谦夏镇家麦田券》记载"夏镇家细中部麦田贰拾仵亩,亩与夏价麦贰斛七斗,租在夏价中",《唐侯菜园子等户佃田簿》记载"亩价小麦未给","合徵大麦拾贰硕肆","小麦五硕五斗"。考古实物发现也证实了小麦在该地区的种植,吐鲁番阿斯塔那古墓曾出土晋代、十六国、西凉时的小麦;高昌时期的小麦、麦穗及饺子;唐代的大麦、小麦、青稞、麦面饼。如阿斯塔那214号墓出土的唐代麦子,麦子呈土黄色,为椭圆形、颗粒饱满(见图版9-1、2)。近年在阿斯塔那第十次发掘中也发现了属于西州时期的小麦。

小麦是吐鲁番地区种植广泛的作物。据相关研究,隋代的吐鲁番地区仍大量进行小麦等农业生产;7世纪中叶吐鲁番地区的小麦生产是相当广泛的;7世纪后半叶吐鲁番地区的小麦生产仍很广泛。

青稞。考古发现吐鲁番晋唐古墓中出土过不少青稞籽实。值得一提的还有在这里出土的一份唐天宝十二至十四年的马料账,逐日登记了马料消耗情况,所用饲料均称"麦"或"青麦"。"青麦"一词,从冬日马料账上仍然使用分析,可能就是"青稞"的俗称。从这份马料账可以看到,当时的青稞消耗量是十分巨大的,栽种面积必甚广。

B. 黍(糜子)

鄯善县苏贝希墓群三号墓地的时代相当于中原的战国到西汉。考古发现这里的人们生前过着定居生活,住多开间半地穴式房屋,经营农业,种植糜子、黄豆和葡萄,同时采集野生之植物种子食用或做装饰品。食谱中主要是烹烤的羊肉、糜粥和饼。吐鲁番晋唐时期古墓中均见过不少糜子籽实。如阿斯塔那古墓曾出土麴氏高昌国时期的糜、菜子(见图版10),出土时装在布袋内。糜子呈金黄色,颗粒饱满,内杂有菜子,现藏吐鲁番博物馆。

另外,出土文书中也屡见"床"的记载。如《高昌义和三年(616)张相熹夏床田券》记载"夏部床田壹亩,到十月内偿□斛床",《高昌义和三年(616)汜马儿夏床田券》记载"闰五月十九日,汜马儿从无艮跋子边夏旧业部田三亩,亩亩与夏价床伍匚"。实际上是"糜"之俗字。"床"即穄,又叫糜子。《说文·段注》:此谓黍之不黏者也。床同麦是高昌地区的主要的粮食作物。床、麦均为陆田作物。据相关研究,从十六国时期吐鲁番文书所反映的整体情况来看,高昌以陆田为业,陆田又以种麦、床为主。我们还从一些契券文书中得知,床、麦不仅是田间种植的粮食作物,并最终成为人们的食物,在公私受授及交换方面,床、麦亦显得相当活跃,而这恰恰说明床、麦作为一种地产在当地的大量而普遍的存在。

C. 粟

根据考古发现,粟应早已是吐鲁番地区先民的主食。鄯善县苏贝希墓群三号墓地出土一个陶碗,内装有带草渣的粟米饼。考古发现吐鲁番阿斯塔那383号墓出土北凉时期的谷物糠皮;十六国时期的粟;高昌时期的谷秸绳及唐代谷草人。考古专家指出,考古实物中亦发现有粟米饭,出土时见于灰陶罐及陶碗中。灰陶罐中满盛粟米蒸饭,罐外有烟炱,说明这类粟米饭是将粟米、水,同置于陶罐,直接放置于火上煮熟的。另外还见过陶甑,这是源自中原的一种烹蒸器皿。从这一形式看,唐代以前,粟仍是居民主食。

谷子,唐(618—907),1960年自吐鲁番阿斯塔那70号墓出土(见图版11)。该谷子出土时除部分发黑外,基本微黄色,呈小球形,颗粒饱满。

吐鲁番县晋唐时期古墓内,更见到多量瓶装、小五谷袋装小米以及"付麦、粟账"文书残纸,从陶碗内盛着的小米饭等可见,小米与小麦一样,是这里人们的主要粮食。出土文书亦显示,在唐代,粟仍为吐鲁番地区先民的主食，如《唐苏海愿等家□给粮三月帐》、《唐张赤头等家□给粮三月帐》、《唐汜父师等家□给粮三月帐》及《唐龙还相等家□给粮三月帐》中所记粮全是粟就是明证。

D. 水稻

《唐用粮帐》文书两件均提到"白米"，《延寿十七年(640)前僧众粮食帐》提到"丸米"、"细米"及"中虋米"，加上吐鲁番草编粽子的被发现，晋唐时期吐鲁番地区部分人们曾食用稻米，应是没问题的。

但该地区是否栽培过水稻？目前学术界对此问题也存在争议。笔者认为吐鲁番地区不可能种植水稻，该地区水资源有限，其供水满足不了水稻种植的要求。该地区考古亦未见水稻种植遗迹。直至现在，吐鲁番也没有水稻种植。至于水稻是否在西域栽培，将在后文论述。

E. 豆类

蚕豆、黑豆。如前所述，吐鲁番出土的豆类作物有蚕豆、黑豆，时代为高昌至唐。阿斯塔那北区墓葬就曾出土黑豆。在阿斯塔那古墓第十次发掘中，曾出土高昌郡时期的黑豆，且发现属于西州时期的黑豆14克。

豌豆。吐鲁番出土文书中还多次出现豌豆。

绿豆。绿豆又叫青小豆，古名菉豆、植豆，具有粮食、蔬菜、绿肥和医药等用途，是我国人民的传统豆类食物。绿豆蛋白质的含量几乎是粳米的3倍，其所含的多种维生素、钙、磷、铁等无机盐都比粳米多。因此，它不但具有良好的食用价值，还具有非常好的药用价值，有"济世之食谷"之说。在炎炎夏日，绿豆汤更是老百姓最喜欢的消暑饮料。吐鲁番有"火洲"之称，夏天十分炎热，曾有过49.6℃的高温，而中午时的地表温度更是可达80℃以上，当地有"沙里煮鸡蛋，墙上烙大饼"之说。那么，绿豆是否已经出现于晋唐时期的吐鲁番人民的生活当中了呢？考古发现揭开了此谜底。出土文书《唐食料计钱帐》记载"绿豆子三升"。《食料计残帐文书》中亦有"绿豆子三升"的记载。

黄豆。黄豆有"豆中之王"之称，被人们叫做"植物肉"、"绿色的乳牛"，营养价值最丰富。干黄豆中含高品质的蛋白质约40%，为其他粮食之冠。现代营养学研究表明,一斤黄豆相当于两斤多瘦猪肉,或3斤鸡蛋,或12斤牛奶的蛋白质含量。脂肪含量也在豆类中占首位,出油率达20%;此外,还含有维生素A、B、D、E及钙、磷、铁等矿物质。中华医学认为,服食黄豆可令人长肌肤,益颜色,填精髓,增力气,补虚开胃,是适宜虚弱者使用的补益食品,具有益气养血、健脾宽中、健身宁心、下利大肠、润燥消水的功效。如前所述,鄯善县苏贝希墓群三号墓地的人们生前种植糜子、黄豆和葡萄,那营养丰富的黄豆肯定成为当时人民的食物之一。

另外,有学者认为,根据古藏文《翻译名义大集》,唐代西域不但有了豆腐,还有了粉条、粉丝。至于唐代高昌有无豆腐,笔者目前未见到相关佐证资料。

F. 麻子

有学者指出,麻子当是大麻子仁。我国古代将大麻分为供取纤维的枲(牡麻,即雄株)与供取种子的苴(雌株),前者用为纺织原料,后者供食用。我国南北朝时,麻子仍充食用。晚近吐鲁番地区虽不种大麻,但古代肯定是种植的。出土文书也证实了这一点,《高昌传供酒食帐》记载"麻子饭伍斗"。

②肉食

如前所述,吐鲁番地区在一定程度上拥有适宜于畜牧业发展的自然地理条件。晋唐时期,高昌地区一方面与中原王朝保持着密切联系,另一方面又不断地受到高车、柔然、铁勒、突厥等游牧民族势力的影响,甚至在一定时期内为其所属。因此,当地的政治、经济、文化曾被打上游牧民族的烙印,畜牧业的发展也肯定受其影响。

对饲料作物的栽培、种植,古代曾给予了很大的重视,其在一定程度上体现了畜牧业的发展情况。苜蓿可以入药,其嫩茎叶还可以作为蔬菜,但其主要还是作为饲料。吐鲁番地区曾出土过一件北凉时期的文书,文内提到所有在学的儿童要从役"芟刈苜蓿"。另如高昌古城(原书称喀拉和卓古城)中出土的《伊吾军屯田残籍》,其中有"……苜蓿烽地五亩近屯"字样,诚如黄文弼先生所说:"苜蓿烽为一地名,盖因种苜蓿而得名。”

学术界曾主要根据吐鲁番出土文书，并结合相关的文献资料对古代高昌地区畜牧业的发展规模、牲畜种类、畜养方式及官方相应的管理制度作了探讨和分析，并认为古代高昌地区的畜牧业代代相承。历代高昌地区的统治者都比较重视畜牧业的发展，到了麹氏高昌和唐代西州时期，畜牧业生产已相当普遍。从吐鲁番出土资料反映的情况来看，家庭或寺院的圈养已成为主要的畜牧方式，规模虽不是很大，但却出现了雇人放牧的情况。同时我们也看到畜牧业已成为这一时期寺院、道观经济的重要组成部分。特别在官方，随着畜牧业的发展已形成了一整套严格的关于牲畜登记、管理的制度，尤其是对牲畜的选种、繁育情况进行登记，以利于保护幼畜和培育优良品种。另外，与畜牧业发展相适应的畜产品加工和牧草种植也有了不同程度的发展。

A. 羊肉

考古发现羊肉是苏贝希人的主要肉食。在苏贝希墓群三号墓地的居住遗址 F1，大量随葬羊肉和羊皮衣、羊毛衣，以及鞬櫜、弓和箭。人们食谱中主要是烹烤的羊肉、糜粥和饼，可见当时已有一定规模的畜牧业和狩猎业。晋唐时期，羊肉仍是吐鲁番地区人们的主要肉食。《梁书 · 诸夷传》记载高昌“备植九谷，人多噉麨及羊牛肉”。羊是高昌地区的主要食用肉类，包括肝、肺等内脏和头等部位都在可食用之列。《高昌重光三年(622)条列康鸦问等传供食及作坊用物帐》中记载“次传肉十节，肝肺二，羊头一，供康禅师舍用”。

羊也用于祭祀，作为沟通人神的主要象征物，如《高昌章和五年(535)取牛羊供祀帐》列祭祀供品，一项用牛，八项用羊。《高昌买羊供祀文书》亦记载“ □□文半，买羊一口，平估肉九十九斤，供祀诸神”。《高昌永平元年(549)十二月廿九日祀部班示为明正一日知祀人上名及谪罚事》记参加祭祀人员犯规，处罚多为“谪羊”。另外，阿斯塔那古墓群第十一次发掘时，在属于麴氏高昌时期的墓葬中发现羊骨 9 根。

牧羊业中甚至出现了雇佣。如《高昌午岁武城诸人雇赵沙弥放羊券》及《高昌延寿元年(624)张寺主明真雇人放羊券》就是明证，其在一定程度上体现了牧羊业的兴盛。

B. 牛肉

出土文书中可见《唐人写牛疫方》，疗牛方，反映了唐代治疗家畜疾病方面的一些情况。《康乾元二年(759)康奴子卖牛契》反映了牛进入市场，成为交易的对象。阿斯塔那古墓群第十次发掘中，在属于高昌郡时期的墓葬发现木牛1件，四肢直立，躯干、四肢和角分别削制。牛角插入头部挖成的圆孔内，凿击鼻孔系一麻绳。全身用黄泥抹塑，再彩绘，以墨线勾勒眼、鼻，通高19.3厘米。另外在属于唐西州时期的墓葬中发现牛俑1件。卧式，卷尾搭于体侧。体宽13、体长23.6厘米。

牛既可用于耕地，也可用于载重。古代吐鲁番地区牛的数量应是相对较少的，又因人民生活离不开牛，于是成为当地居民十分珍视的家畜。一出土文书记载翟某因拖欠"偿麦"，被对方把家里的耕牛牵走，仅仅4天已让翟某家中的生活陷入困境。《高昌牛簿》体现了高昌存在一套关于牛的登记、管理的制度。加上唐律禁宰牛，牛肉食用不会普遍，除非牛必须淘汰或生活极其需要时才会作为食品的来源。

C. 猪肉

吐鲁番阿斯塔那墓葬内曾发现唐西州时期的猪俑1件，高11厘米。阿斯塔那古墓群第十一次发掘时，在属于麴氏高昌时期的同一墓葬中发现猪肩胛骨1块，长20厘米，高11厘米。另还发现猪前肢骨2根，长19厘米，宽14.5厘米；在另一墓中亦发现猪骨3根。阿斯塔那古墓群，是古代高昌王国城乡官民的公共墓地，考古发现阿斯塔那古墓以葬汉人为主。汉人传统饮食中脂肪和蛋白质的摄取主要来自吃猪肉，高昌前期的情况的确如此：食肉以猪为主，羊、牛次之。文书也证实了猪肉在高昌人们生活中肉类的比重，如《唐何好忍等匠人名籍》文书第二件中记有"杀猪匠"，其体现了杀猪已成为一种专门的行业。

D. 其他动物肉

斯坦因所获九区六号墓文书中见《唐总章二年(669)至咸亨元年(670)西州长行坊死马价及皮价帐》文书，该文书中见卖死马肉、肉弃不收及皮肉并弃不收的记载。莫尼克·玛雅尔先生也认为这一地区食马肉的习惯相当古老,因为在阿斯塔那发现的文物中,有一张关于唐代皇家官府驿站马的表,当人们把一些死马带到那里去的时候,便以额头接近死马,完全如同吃肉一样(马伯乐:《斯坦因发掘到的汉文文书》第298号,阿斯塔那5.02.03)。[1]《宋史》卷490亦记载太宗遣供奉官王延德、殿前承旨白勋使高昌,见高昌"贵人食马,余食羊及凫雁"。

至于骆驼,杜甫诗曰"紫驼之峰出翠釜"。但除了盛产骆驼的地区和胡风盛行的地区之外,炖驼肉或烧驼肉可能并不是中国北方烹饪中常见的一种菜肴。岑参是唐代著名的边塞诗人,与高适并称"高岑"。749年(天宝八载),充安西四镇节度使高仙芝幕府书记,赴安西,751年回长安。754年又作安西北庭节度使封常清的判官,再度出塞。安史之乱后,757年(至德二载)才回朝。前后两次在边塞共6年。岑参两度出塞,久佐戎幕,因而对鞍马劳顿的征战生活,对冰天雪地的塞外风光以及对当地的饮食生活肯定有长期的观察与体会。岑参有诗云:"琵琶长笛曲相和,羌儿胡雏齐唱歌。浑炙犁牛烹野驼,交河美酒金叵罗。"由此可见,野驼应是部分吐鲁番人,特别是部分上层人士的美味。众所周知,骆驼、马在古代人们生活中的重要性,故其在通常情况下是不会食用的,除非是其必须淘汰或已经死去。

狗是重要的家畜。阿斯塔那古墓群第十一次发掘时,在属于唐西州时期的墓葬中发现泥塑狗俑。狗呈站立状,双耳直立,通体桔红色,高9厘米。据相关专家介绍,吐鲁番曾出土壁画"庄园生活图",在画面的中部是庄园饲养的家畜,自上而下依次是骆驼、狗和山羊。

驴肉。《唐典高信贞申报供使人食料帐历牒》文书第二件记载:"壹合,用面充　柒合,分用钱贰　酱壹升伍合　贰勺,用钱贰分　杂菜叁分　韭贰拾分 ……驴脚壹节　用钱叁文伍分　酒陆升用钱　面壹……"其反映了在当时的市场上有驴脚出售。

鸡肉,吐鲁番出土的"庄园生活图"中,一架磨盘的旁边绘有一只

[1] [法]莫尼克·玛雅尔著,耿昇译:《古代高昌王国物质文明史》,中华书局,1995年,第186页。

鸡,表示鸡在啄食散落的粮食。说明鸡、鸡蛋曾是吐鲁番地区人们日常的食品之一。

另外,阿斯塔那多个墓葬出现木鸭,如1959年发掘的吐鲁番县阿斯塔那墓葬中发现木鸭一件,通长12、头部高4.6厘米。眼部、嘴部染红,遍体绿色,似浮游水面,出自303墓。后在属于麴氏高昌时期(6世纪—640年)的墓葬内发现"木鸭7件";在属于唐西州时期(640年—8世纪中叶)的阿斯塔那古墓群第二次发掘时,墓葬内出现木鸭3件。鸭子习性喜水,故高昌地区似乎并不适合于养鸭。另在和田地区4世纪的墓葬中曾见到不少手工制作的鸭子,甚至还有金鸭子。突厥墓葬内也曾见过鸭子。在干旱区的西域出土这么多"鸭子",此现象是否与饮食文化有关联,目前难以定论。

③蔬菜

出土文书中有瓜的记载,如《前凉升平十四年(370)残券》文书中有"瓜地二亩"的记载,《田亩籍》文书中亦记载"瓜一亩半"等。《北凉承平年间(443—460)高昌郡高昌县赀簿》中亦有"瓜地二亩半"的记载。这些瓜在大田之中与其他作物并列,可能为菜瓜而非果瓜。"瓜地"的记载在一定程度上反映了吐鲁番地区蔬菜种植情况,说明早在前凉升平年间,已有人在高昌开辟专门的土地种瓜,并把其称作"瓜地"。

那么,晋唐时期吐鲁番地区究竟又有哪些蔬菜种类呢?晋唐时期,吐鲁番地区蔬菜种类多样。出土文书中明确反映的有葱、蒜、韭、芥、蔓菁、荠、萝卜、胡瓜(黄瓜)、兰香、荏等,如据《高昌重光四年(623)孟阿养夏菜园券》,可见"夏葱"和"夏韭"。但从其他资料来看,还有葫芦、白菜等多种蔬菜。考古发现数量相对较多的是葫芦。如阿斯塔那第十次发掘中从随葬品中发现属于麴氏高昌时期的葫芦片。中古时期吐鲁番地区的蔬菜加工大致分为两种:一种是加工成腌菜,二是晾晒成干菜。腌菜一般有两个种类,即酸菜和咸菜。蔬菜作为日常生活之需,通常也在市场上交换和买卖。

胡萝卜,是一种质脆味美、营养丰富的家常蔬菜,素有"小人参"之称。胡萝卜富含糖类、脂肪、挥发油、胡萝卜素、维生素 A、维生素 B1、维生素 B2、花青素、钙、铁等营养成分。美国科学家研究证实:每天吃两根胡萝卜,可使血中胆固醇降低 10% ~20%;每天吃三根胡萝卜,有助于预防心脏疾病和肿瘤。现在的新疆居民普遍食用胡萝卜。其实,西域人民,包括古代吐鲁番人民早已食用胡萝卜。有学者认为现在新疆居民普遍食用的胡萝卜,系元代从西方传入并达中原。其实,胡萝卜早在宋代已为我国人民所熟悉了。人们对新生事物的认识总有一个从陌生到熟悉的渐进过程,这就导致一种外来植物从引进到被载入书籍,其间总要经历一个漫长的时期。胡萝卜的引进史似乎还应往上推才合乎情理,其应该在汉代已由西域传入我国内地。

中古时期的吐鲁番地区不但有较多种类的蔬菜种植,而且相当普遍,官府、寺院、私人等都拥有规模不等的菜园地。菜园也常被作为租佃对象,如《唐大历三年(768)僧法英佃菜园契》,《唐孙玄参租菜园契》。另据《唐龙朔元年(661)左憧熹夏菜园契》记有左憧熹向人"夏(租)菜园肆拾步壹园","即日交　钱捌文"。菜园的经济收益应该很大。有学者推算高昌国麴氏王朝以 240 步为一亩,40 步为 1/6 亩,偌小的菜园,一年的租价为银钱 8 文,一亩菜园的年租价高达银钱 48 文。

④水果

吐鲁番地区日照充分,昼夜温差大,热量丰富,使该地水果果实含糖量高,适合于园艺业的发展。吐鲁番地区人民所食用的水果品种主要有:

葡萄。在新疆流传着这样一些话:不到新疆不知祖国之大,不到伊犁不知新疆之美,不到喀什就不算到过新疆。同样,如果您到新疆没有去吐鲁番品尝葡萄,那真是一大遗憾!葡萄是新疆地区有名的特产,吐鲁番地区又居全疆之冠。吐鲁番地区土地肥沃、气候温和、日照充足,有着适合葡萄栽培的优良的地理、气候环境,吐鲁番又处在丝绸之路的要冲,商业经济的兴盛在一定程度上带动了当地农业经济及园艺业的繁荣。这里的葡萄,除供鲜食外,制干、酿酒也都是佳品。由于吐鲁番地区独特的气候特点,在 21 世纪的今天,这里盛产葡萄、西瓜等果品，是闻名遐迩的“葡萄城”，新疆吐鲁番的葡萄干仍是驰名中外的上品。其中吐鲁番无核白葡萄闻名国内外，用它晾制的葡萄干以含糖高及维生素 C 高等为特点，在世界葡萄干品种里堪称珍品。

吐鲁番地区栽种葡萄的历史悠久。1992 年新疆考古工作者在鄯善县的苏贝希墓地（公元前 5—公元前 3 世纪）曾发现葡萄籽种 130 余粒，2003 年鄯善县洋海墓葬曾发现公元前 1 世纪即汉代以前的葡萄藤标本，扁圆状，褐色，长 115 厘米、扁宽 2.3 厘米，属于圆果紫葡萄植株，是至今发现最早的葡萄藤标本。说明至迟在战国时期吐鲁番地区已有这种日后名扬海内的特产出现。考古专家推断，出土葡萄藤的洋海古墓墓主有可能是最早掌握葡萄栽培技术的“园艺师”。

发展到晋、唐时期，葡萄在当时的人们日常生活中占据重要地位，成为人们珍视的果品，墓葬壁画中绘有葡萄园，出土文书中有“卖”、“租”葡萄园的契纸，还有有关葡萄酒的记录等。墓葬中，也有以葡萄入殉的（如图版 12），另如在阿斯塔那古墓群第十次发掘中，在属于高昌郡时期的墓葬就发现葡萄，已干枯，仅存葡萄枝。同时，还发现属于麴氏高昌时期的葡萄及西州时期的葡萄。另外还发掘出“海兽葡萄纹刺绣”，用平针绣法绣出大幅的葡萄纹，中间填以瑞兽，可惜残破严重，图案不完整，但仍保存藏蓝的染缬被缘 1.5 ×6.5 平方厘米。

葡萄在吐鲁番社会中具有重要的经济地位，因为葡萄园能产生较好的经济收益。在吐鲁番阿斯塔那墓中出土的《唐乾封元年（666）左憧熹夏葡萄园契》记有左憧熹以“银钱叁拾伍文”，“夏（租）□□渠蒲桃（葡萄）壹园”。有学者认为此葡萄园在“壹园”前未另标步数，可见应为一亩。一亩葡萄园的年租金为银钱 35 文，略低于菜园的租金，比种谷物的田地租金要高得多，可见葡萄园的经济收益也不低。在吐鲁番地区，官府、寺院、官吏、地主、商人、普通农户都拥有程度不同、面积大小不等的葡萄园。葡萄种植在吐鲁番地区社会经济生活中的重要地位，葡萄的种植及相关的经营活动成了人们生产、生活中强有力的补充。当今的吐鲁番以“最热、最低、最甜”而居全国之冠，这其中的“最甜”自然包括了葡萄的天然美味。

葡萄很早就成为高昌的主要贡品，大同年间高昌王麴坚遣使朝贡，贡献葡萄、盐枕、良马等给梁武帝萧衍。《新唐书》卷40记载："西州交河郡，……天宝元年为郡，土贡：丝、叠毛 布、毡、刺蜜、蒲萄五物酒浆煎皱干。"美国谢弗先生指出："蒲萄五物，酒、浆、煎、皱、干。"这就是指葡萄的五种产品，即葡萄酒、葡萄浆、"煎"、"皱"、"干"三个品种的葡萄干。"干"、"皱"、"煎"是葡萄干的三个不同的种类。[1]

《唐会要》曾记载唐朝开元期间，李隆基曾特别作出一条规定，西州每年必须给李唐王室进贡一定数量的"干葡萄"。莫尼克·玛雅尔也曾记载："在唐军于640年进入之后，天朝皇帝就要求吐鲁番地区用葡萄和葡萄酒纳贡。向天朝纳贡的葡萄必须是'干的'或'弯的'，这种水果的处理方法一直延续到19世纪初叶。"[2]这里的"干的"或"弯的"显然指的是葡萄干。

葡萄的果实可通过在日光下晒干或在阴影下凉干等方法制成葡萄干。在日光下晒干的葡萄干容易发酸，质量最好的是阴干。做葡萄干的果实必须是成熟的果实，葡萄干内的含水量只有15%～25%，其果糖的含量高达60%，因此它非常甜。葡萄干可以保存很久，葡萄干可以被作为点心直接食用或放在糕点中，一些地方的烹调也用葡萄干作调料。吐鲁番葡萄干的制作历史悠久，其很可能在葡萄开始种植后不久，便随之兴起了。吐鲁番向以酷热干燥出名，植株上未采净的葡萄，在秋季干热的气候条件下，往往自然干燥成葡萄干，此种现象一定会启发古人学会了制干方法。至于制作方法，考古足迹遍布吐鲁番盆地的考古学家王炳华先生认为：制作葡萄干，以及因应吐鲁番盆地特殊的干热特点而设计的晾房，是地地道道的吐鲁番特色。这种制造葡萄干的方法，一不利用阳光曝晒，二不利用人工加温，而放入晾房中自然风干，当然这离不开吐鲁番炎热而干燥的气候。其方法是很简单的：选地势稍高，比较开阔、通风的地段，用块块土坯错落叠砌成四面有孔、

〔1〕〔美〕谢弗著，吴玉贵译：《唐代外来文明》，中国社会科学出版社，1995年，第310页。

〔2〕〔法〕莫尼克·玛雅尔著，耿昇译：《古代高昌王国物质文明史》，中华书局，1995年，第158页。

通风透气,形如火柴盒式的土房。秋天葡萄成熟,一串串采摘下来,悬挂在晾房中的树枝架上。吐鲁番盆地中特殊的干热风,很快就吸尽了鲜葡萄中的水分,而形成嫩绿喜人、甘甜适口的葡萄干。从李隆基当年对西州干葡萄的喜好看,在吐鲁番地区,利用这种特殊晾房来阴干葡萄,已是有相当长的时间了。[1] 如前古文中所说的"蒲萄五物,酒、浆、煎、皱、干",所谓"干",大概是指直接用阳光晒成的黑葡萄干,"皱"是指放在晾房中让热风吹干的绿葡萄干,"煎"是指用烤炉烤成的蜜色葡萄干。《唐(开元九年?[721年?])于阗某寺支出簿》载:"出钱贰阡伍伯文、粜僧惠干蒲萄两硕(斗别五十文)"、"粜干蒲萄壹硕参胜(胜别五文)"、"烟熏蒲萄壹胜(十文)",可见在于阗地区有"干蒲萄"和"烟熏蒲萄"的区别。曾有学者指出,以西州干葡萄价格"壹胜拾陆文"与于阗干葡萄壹胜5文、"烟熏蒲萄壹胜(十文)"比较,西州干葡萄或可视为烟熏葡萄。虽不排除西州干葡萄有为烟熏葡萄的可能,因为葡萄的制干方法应不是单一的,但老百姓日常使用最多的方法应是通过晾房来制作干葡萄。当今,吐鲁番亦矗立座座葡萄干晾房,成为代表该地区特色饮食文化的一道道亮丽风景,而吐鲁番的无核葡萄制成的葡萄干也是最有名的。吐鲁番葡萄经久不衰,如今已发展到六百多种。吐鲁番的葡萄以品种多、产量高、含糖足而有名,其中一些佳品更是享誉世界。

枣。枣是鼠李科落叶灌木或小乔木植物枣树,也是枣树的成熟果实。原产于中国,在中国南北各地都有分布。其花小多蜜,是一种蜜源植物。果实枣呈长圆形,未成熟时黄色,成熟后褐红色。可鲜食也可制成干果或蜜饯果脯等。营养丰富,富含铁元素和维生素。枣的品种繁多,大小不一,果皮和种仁药用,果皮能健脾,种仁能镇静安神;果肉可提取维生素C及酿酒;核壳可制活性炭。枣在我国的文字记载就有三千多年。关于枣的最古老的著述大概出现于《诗经》,在《诗·豳风·七月》中有"八月剥枣,十月获稻"之句。枣在新疆地区的栽培历史也很悠久。在吐鲁番文书中,枣是与粟等粮食同时出现较多的果品,说明

[1]王炳华:《吐鲁番的古代文明》,新疆人民出版社,1992年,第133–134页。

其是重要的补充食料。枣除鲜食外,还可干食,并被加工成枣脯。枣还是用作祭祀的供品,《高昌乙酉丙戌岁某寺条列日用斛斗帐历》记载"枣伍升,祀天"。枣亦是重要的待客果品,如《唐有客须葡萄枣文书》中记载:"郎守住,今日缘有客,须蒲桃(葡萄)、枣,要须将来。"

枣也是吐鲁番盆地中常见的一种随葬果品。如1969年自吐鲁番阿斯塔那128号墓曾出土殉葬的红枣(见图版13),时间约为唐(618—907)。出土时因已脱水干化,大多已残损,但果实饱满,呈圆球状,已基本变为黑色,从大小来看,应为小红枣。吐鲁番阿斯塔那墓葬出土的小红枣表明,最晚在唐代红枣可能开始在新疆地区进行栽培。

阿斯塔那古墓群第十次发掘中,曾发现属于西州时期的枣。后来第十一次发掘时,在属于唐西州时期的墓葬中也发现了枣。

出土文书中有"枣"及"洿林枣"的区分。《高昌传供酒食帐》记载:"吴尚书得白罗面三斛,□粟细米一斛、炉饼一斛,洿林枣一斛,匚麻子饭伍斗、香□一斗,酱二斗,细面□斛,粟米一斛。"可见,洿林枣应是枣中上品。有学者认为:以出土文献记载而论,吴尚书是高昌国最尊贵的客人,否则不会在推翻政变政权、复辟回国不久以后,与作客高昌的突厥高官平起平坐,也不会劳驾世子亲自为其送去所需之物。看来,洿林枣这些高昌的特产只有在接待尊贵的客人时才被请上餐桌。

李。吐鲁番墓地出土颇多,果实近圆形,黑褐色。从出土较多看,自高昌迄唐,它在这里并不是很稀少的果品。

梨。如前所述,吐鲁番晋唐墓中出土多量梨干。如阿斯塔那第十次发掘的随葬品中发现属于麴氏高昌时期的梨49枚。早在第二次发掘中,就已在属于麴氏高昌时期(6世纪—640年)的墓葬内发现梨干2件,糜子1包。梨身均已剖开,呈椭圆形,带柄。阿斯塔那墓亦出土唐西州时期干梨,带柄长5.8厘米。淡黄色,脱水、干缩、起皱。现藏吐鲁番博物馆(见图版14)。

杏。杏是我国北方的主要栽培果树品种之一,以果实早熟、色泽鲜艳、果肉多汁、口味酸甜为特色,在春夏之交的果品市场上占有重要位置,深受人们的喜爱。吐鲁番古墓地内也曾见到杏核。从阿斯塔那随葬品中发现属于唐西州时期杏干22件,残。杏果实营养丰富,含有多种有机成分和人体所必需的维生素及无机盐类,是一种营养价值较高的水果。杏仁的营养更丰富,含蛋白质23%~27%、粗脂肪50%~60%、糖类10%,还含有磷、铁、钾等无机盐类及多种维生素,是滋补佳品。杏果有良好的医疗作用,在中草药中居重要地位,主治风寒肺病,生津止渴,润肺化痰,清热解毒。出土文书《古写本医方一》中也有"杏人"(应是杏仁)入药的记载。

甜瓜。吐鲁番古墓内见过甜瓜子、甜瓜皮。较之其他瓜果,发现数量不算多。吐鲁番阿斯塔那北部古墓葬区1972—1973年清理发掘出土物品中,有干枣、核桃、干葡萄、甜瓜皮等各种随殉果品。

1959年自吐鲁番阿斯塔那211号墓出土唐代甜瓜皮(见图版15),长5厘米、宽0.7厘米,出土时已脱水干化,但网纹清晰,色泽鲜明。此甜瓜皮的发现,说明很可能在唐代吐鲁番地区的居民就已经开始种植甜瓜并食用。莫尼克·玛雅尔先生认为:在阿斯塔那古墓葬中发现了供奉食物,祭器中盛有小米粒、黑豆、食油和水果等,从水果中分辨出了李子和葡萄。另外,绘画中有许多场面就是女供养人们手执盛满水果供品的盘子。我们从中可区别出梨、甜瓜、葡萄等。[1]

核桃。在吐鲁番古墓中出土较多,最多时一墓至达数十枚。果核较小。1972年自吐鲁番阿斯塔那195号墓出土唐代核桃(见图版16),吐鲁番发现的核桃虽为壳,但说明最晚在唐代核桃在这里可能已栽培,并为人们所食用。

酸梅。吐鲁番墓地出土颇多,果实近圆形,黑褐色。从出土较多看,自高昌迄唐,它在这里并不是稀少的果品。梅树喜欢温暖、湿润的环境,对吐鲁番地区的气候条件并不适宜。所以,它究竟是本地所产还是他处运来,还要进一步研究。目前新疆地区,伊犁、喀什有少量出产,吐鲁番地区则未见生产。

巴旦杏。古代巴旦杏,可能是从西亚先传到疏勒、龟兹,然后才传

---

〔1〕〔法〕莫尼克·玛雅尔著,耿昇译:《古代高昌王国物质文明史》,中华书局,1995年,第184页。

入高昌的。由于其有很高的药用价值和营养价值，在古代是一种非常珍贵的贡品。据新疆博物馆陈列的文物，唐代吐鲁番地区还出土了芝麻、巴旦杏。张玉忠先生亦记载在吐鲁番的晋唐古墓里还出土过巴旦杏。

桃。桃在汉晋时期的楼兰城遗址内以及吐鲁番晋唐古墓中均见，汉代尼雅遗址中亦见。出土物均是桃核。可见，桃应是吐鲁番人口中的美味之一。

阿月浑子。阿月浑子，又名胡榛子，原产于波斯等西亚国家，后传入西域以至中原。《酉阳杂俎》称："胡榛子，阿月生西国，蕃人言与胡榛子同树，一年胡榛子，二年阿月。"据考古资料可知，当时的唐西州市场已有出售。

柿子。阿斯塔那古墓群第十一次发掘时，在属于唐西州时期的墓葬中发现柿子1个，长2.4厘米，宽2厘米。但至今为止，柿子并未在吐鲁番地区栽培。墓中发现的柿子应该不是本地所产，而是来自其他地方。

值得一提的是，除葡萄制品有葡萄干外，其他水果应也有干制品。

另外，吐鲁番地区还有一种重要特产值得介绍，它就是刺蜜。《周书》记载高昌"有草曰羊刺，其上生蜜焉"。《隋书》亦记载高昌"有草名为羊刺，其上生蜜，而味甚佳"。出土文书《唐食料计残帐》中也有"刺蜜"的记载。

自汉、晋以来，"刺蜜"一直作为吐鲁番地区的特产，入贡于中原王朝。"刺蜜"是一种重要的草药资源。陈藏器是记述西域交河出产"刺蜜"的唯一的唐朝药学家。他说："交河沙中有草，头上有毛，毛中生蜜，胡人名为'给勃罗'。""给勃罗"，即"羊羔刺"。劳费尔先生在论及"甘露蜜"时也曾对"刺蜜"有所探讨。"从语言学和历史观点看也可以证明'羊刺'和中国的'给勃罗'都代表骆驼刺种的植物。"[1]刺蜜入药，可主治"骨蒸发热痰咳，暴痢下血，可止胃血除烦。"王炳华先生认为：这种"刺蜜"，在吐鲁番盆地中，实际是处处可见，并不稀奇的。它

---

〔1〕[美]劳费尔著，林筠因译：《中国伊朗编》，商务印书馆，1964年，第172页。

是沙生植物骆驼刺上的一种分泌物,颜色有如琥珀,成颗粒状,似蜜而微甜。大概因为骆驼刺的突厥语称是“羊塔克”,于是在中原地区被讹传而称为“羊刺”,而产自羊刺的如蜜状物,自然就有了“刺蜜”的大号。又因为甘甜如糖,所以也可以称之为“刺糖”。据一位维吾尔族老农介绍,在吐鲁番县,最好的刺蜜在艾丁湖附近的沙碛中。岑参的《与独孤渐道别长句兼呈严八侍御》云:“桂林葡萄新吐蔓,武城刺蜜未可餐。”此处提到的武城,当是唐朝高昌县下的武城乡,根据考古发掘资料证实,地点就在高昌城西不远处。岑参在诗中将葡萄与刺蜜并称,看来都是当年吐鲁番地区的名产。而且,刺蜜好像并不单纯作药用,平日还可作为糖类的食品。采收刺蜜的季节,是在秋末。这时的刺蜜,已干结成实。籽实小的如高粱米粒,较大的如小葡萄。色如琥珀,望之引人。采摘时,要先在骆驼刺草下铺一块干净的布单,而后晃动骆驼刺,刺蜜即纷纷坠落在布单之上。据说,一颗刺草,最多时可采得刺蜜 0.1 公斤。特别高大的骆驼刺,也有收获更多的。点点滴滴的刺蜜,就这样集聚成袋成车,远销万里之外。这般辛苦,也真不是一般人所能想象、所能了解的。[1]

(2)加工与烹制

①粮食加工

米谷加工工具有碓、臼杵、簸箕等。

《高昌延昌二十三年(583)张阿恢取婆致垣四壁用碓券》记载了加工粮食的工具有舂粟用的碓。《唐□尾尾等杂器物帐》文书中记载“大鏊一”、“粟臼一”、“簸箕”。

磨也是主要的粮食加工工具。从一件麹氏高昌末年的物单中,可以看到有“小磨、中磨及打用的工具磨槌(锻磨)”。从阿斯塔那随葬品中也曾发现属于西州时期的泥磨盘 1 架,直径 15、高 12.1 厘米,完整。

面粉加工工具应主要是磨。高昌人应普遍使用水磨来加工粮食作物。高昌人已知利用水力资源来做动力,日常生活中出现了水利机

---

〔1〕有关“刺蜜”,参考王炳华:《吐鲁番的古代文明》,新疆人民出版社,1992 年,第 134 – 136 页。

械——水磨。《唐杂物牲畜帐》中有“水磨钏”及“水磨”的记载。《宋史·高昌传》亦载有:“有水,源出金岭,导之周围国城,以溉田园,作水磑。”

我们可从后世使用磨的情况来追寻古人加工粮食的场景。据相关研究,南疆地区传统使用的加工工具主要有加工小麦、玉米的手磨、水磨,加工油料的油榨和加工棉花的轧车和纺车等。手磨,维语称“牙各恰克”,是农民家庭加工少量玉米或小麦的工具。由直径50厘米、厚10厘米的两片石板相合而成,磨齿粗糙。一人手摇,每小时加工面粉2.5千克。水磨是南疆地区使用最普遍的粮食加工工具,民国以后水磨成为南疆地区最重要的小麦加工工具。《1938年南疆农业考察报告》中详细记述了南疆的水磨房:其生产是在很多不大的古老的土磨房中进行。土磨即是用两块石头一上一下的放着,其间提上提下的有一个轴,磨上的石头随此转动。臼石上有一个小箱:谷粒经过小箱由小孔落入臼石,谷粒是用木棍调转的,以免臼石磨得不匀。所有这个生产系统,或以水力转动水轮,或以畜力拉动。以水力转动的平素叫土古满,而用畜力的叫做磨房。磨房生产量都很低,水磨的生产力一昼夜不超过三公担,而磨房一昼夜一公担。因为需要倒多次谷粒在磨子上,因此这样磨出来的面质量低。

加工工具还有百师(佰师)。出土文书屡有其记载,如《唐杂物牲畜帐》中记载“伍斗盛伯师壹”。敦煌文书中亦有“伯师”的记载。有专家指出,在吐鲁番出土文书中,“百”、“佰”、“伯”、“白”、“帛”音近相通,“百师”即帛筛,筛子;“佰师”同“百师”;今临近陕西的川北仪陇话中依然广泛使用“罗筛”一词,其乃是用丝做成的、筛滤精细面的工具,可能即“百师”。《高昌重光三年(622)条列虎牙氾某等传供食帐一》记载:“传,白罗麹贰斗,市肉三节,胡瓜子三升,作汤饼供世子夫人食。”《高昌重光三年(622)条列虎牙氾某等传供食帐二》亦记载:“次传,肉二节,白罗一斗,供镇军摩顿。”“白罗”即“帛罗”,帛质筛子或用帛质筛子筛过;“白罗麹”即用帛质筛子筛过的面,是一种高级精细面粉或面食。

同时，一些纸画和墓壁画或多或少地体现了晋唐时期吐鲁番地区的粮食加工工具。1964 年吐鲁番出土一张纸绘的墓葬主人生活图，部分地表现了当时农村的日常生活。图中有水田，有果园，有草叉、耙等农具，有碓、磨等谷物加工工具。耙作长柄多齿之状，碓是用足踏动的，磨是连着长杆由人在后转动的。这些工具的形制甚至和近代内地农村所用者完全相同。据新疆博物馆考古队的《吐鲁番哈拉和卓古墓群发掘简报》，75TKM96 号墓壁画，由五个画面组成，其中从左到右，第一个画面，画有舂臼，钵。第四个画面，左上部为矮几，上置陶盆，盆内有一长柄勺，另置两个器皿（器型辨识不清）；下部画一仆人，其前为三脚炉灶，上有一陶盆，盆内也有一长柄勺；右上角画有一个推磨。另据李肖先生介绍：吐鲁番出土一壁画中，家畜的左侧是一幅汲水图，一个人正站在井边用绳系的陶罐汲水；其下方是一个人用脚踏的臼杵舂粮食；再向下是一人用磨盘磨面。

②米食与面点

A. 米食类（主要有饼、饭、羹、粥等）

饼。西域的食饼传统历史悠久。如前所述，早在史前，粟米饼即已出现于西域人的餐桌之上，如哈密五堡出土的小米饼。另如扎洪鲁克墓地出土物中发现有白色羊毛小口袋，红毛线扎口，内装 6 只小圆饼，似为粟米粉加工烤制，其大小略有差异，径约 6 厘米、厚约 2.5 厘米，色黄褐。另一袋内装 7 只，形如圆柱条。1998 年扎洪鲁克第三期文化墓葬出土食品 1 件，可能是饼，已成片状的碎渣，原形状不清，残留有厚度不超过 0.2 厘米的 1 块饼片。

再如，山普拉出土粮食有大麦、大麦饼、黍、黍米饼、黍米粥等。山普拉出土食品共 19 件。其中黍饼 8 件，黍面多粗糙，含有黍壳，呈颗粒状。有的加工去壳干净，呈粉状。黍饼均手工擀制，大都已破碎，形状不清。其中，有 6 个较完整的黍饼，呈圆形。黍饼存放在兽皮口袋内，袋呈锥体状，所以黍饼也大小不一。最大的直径 6.5、小径 5、厚 1 厘米。有一黍饼残，残长 5、宽 3.5、厚 2.5 ~ 3 厘米。出土黍球 1 件，球形，直径 4.5 厘米。

在吐鲁番地区,苏贝希墓地出土物品典型地体现了古代车师居民的日常饮食。据王炳华先生介绍,在该墓地中曾出土饼,有大、小两种。小饼直径约5厘米,大饼直径约7厘米,手制,规格不一。厚不足1厘米,饼之中心压成圆窝状。成分为研磨比较细的粟米粉。另外,1959年发掘的吐鲁番县阿斯塔那墓葬中出土泥饼,304墓出土三十余件,直径约2厘米。《高昌僧众粮食帐》第四件中亦有“米饼壹分”的记载。黍、粟一度是饼的主要原料,但后来随着小麦在西域人们饮食原料中的比重的增大,小麦逐渐成为饼的主要原料。有学者亦指出:隋唐时期塔里木城邦诸国在饮食方面,仍以烤饼、羊肉、干果、生菜、葡萄酒合成的食品结构为主,但烤饼的原料不再以黍而是以小麦为主,且已推广了发酵面粉的使用。

饭。刘熙《释名》:“饭,分也,使其粒各自分也。”文书中记载有“麦饭”、“麻子饭”,如《唐祭诸鬼文》文书的第四件记载“麦饭”;《高昌传供酒食帐》中记载“麻子饭”。另外,考古还出土了粟米饭。《高昌乙酉丙戌岁某寺条列月用斛斗帐历》中亦记载“粟五斗,作饭。”

抓饭是否在汉唐时期已经出现了呢?抓饭是当今新疆维吾尔、乌孜别克等民族喜欢吃的一种饭食。抓饭的主要原料有大米、连骨羊肉、胡萝卜、洋葱和清油(植物油)、精盐等。虽然抓饭的很多原料至少在唐代西域已具备,但未曾见关于抓饭的记载和考古发现。

羹。从《高昌僧众粮食帐》中可见米区分为“丸米”、“细米”、“中羹米”。《高昌乙酉丙戌岁某寺条列月用斛斗帐历》中记载“买落。粟伍斗,作饭。床叁斗作羹尽,供七月七日食。”《高昌重光三年(622)条列康鸦问等传供食及作坊用物帐》记载“次传,肉一脚,供襄邑夫人用作糜。次传,廿五节,麺二斛五斗(糜米一斗,麺一斗,作羹)”。

粥。考古发现山普拉出土的十多件食具里面保存着黍粥残羹,黍粥已变干,残羹痕迹还比较明显。粥,制作方法简便,且易于补给养分,促进消化。对于天气十分干燥的吐鲁番地区来说,应是比较适宜乃至大众化的食品。苏贝希墓群三号墓地人们的食谱中主要是烹烤的羊肉、糜粥和饼。晋唐时期,粥仍是吐鲁番人们的日常食品。如粟,在古代高昌也为主食之一。大致分为粗、细二种，但吃法似乎不多，主要就是做饭熬粥（糜）。

B.面食类

面食是高昌人民食物的主要品种。《南史》记载高昌："备植九谷，人多噉面及牛羊肉。出良马、蒲桃酒、石盐。"高昌盛产小麦，自然以面食为主，面的品种有面、细面之分。如前所述，"白罗麵"即用帛质筛子筛过的面，是一种高级精细面粉或面食。

晋唐时期，吐鲁番地区的面食种类主要有麨、饼等。

麨。《梁书·诸夷传》载高昌："人多噉麨。"《高昌众保等传供粮食账》中有"麨五斗"，"麨七斛五斗"，"面五斗、麨二斛"等记载。

麨，麨既可干食，也可以乳冲食，耐保存，食用方法较为简单易行，随身携带方便。按《本草拾遗》：河东人以麦为之，北人以粟为之，东人以粳米为之，炒干饭磨成也。麨的食用是西域人们顺应环境发挥主观能动性的体现。高昌的麨是一种用麦炒熟后磨成粉的干粮，《延寿二年(625)十月末至延寿三年(626)九月初某寺条列月用斛斗帐历》屡次提到"麦伍斗，作麨麦"；"麦壹斛，作麨麦"；"麦贰斛伍斗，作麨"；"麦叁斛，作麨"。麨应为当时主食之一，而非补充食物。文书中关于麨的记载与《梁书·高昌传》中"人多噉麨"的记载相印证。

炒面，是对麨的传承和发展。吴震先生在分析《高昌某寺月用斛斗帐历》时也曾注意到"以麦为麨"，最初认为此"即干粮、炒面"，并"似主要用于作、使餐外的补充食物"，后来认为该账历"凡单称'麦'者皆为大麦的省称"，而此麨麦指"经蒸或炒熟之后磨粉，犹今之'炒面'"。[1] 一些维吾尔族学者认为：炒面为古老的食品之一，是将谷物类作物经研磨成面粉，在锅里放入少量的羊油或牛油经烧热后，把面粉放入锅内用微火炒较长时间而做成的一种面食。由于炒面具有一般不易变质，可存放较长时间，而且在任何条件下均可以食用之特点，因而古时的人们在征战或进行长途旅行时，一般都要准备路上食用的

[1] 吴震：《7世纪前后吐鲁番地区农业生产的特色——高昌寺院经济管窥》，引自殷晴主编：《新疆经济开发史研究》（上册），新疆人民出版社，1992年，第56页。

炒面。因为在旅途中只要将水烧热，把炒面放入碗里，倒上开水即可食用。这种食品既可以充饥，也可以解渴，而且其做法极为简单。该食品因非常适合游牧状态下的生活，所以在牧区食用得较为广泛。炒面在新疆地区的食用历史也极为悠久，譬如：从和田洛浦山普拉古墓中出土的一件羊皮口袋里发现了炒面。另外，著名学者马赫穆德·喀什噶里在《突厥语大词典》中，将"qatturdi"用"u talqanga yag qatturdi"（指在面粉里放入油）一句给予了解释。上述的考古资料和文献记载，表明了这种食品的古老性。[1]

饼，亦是西域人民乃至晋唐时期吐鲁番地区居民面食的重要形式。

考察西域特定的自然地理环境，西域固有的农业基础，西域考古出土实物，结合考察饼，特别是烤饼所具有加工方便、耐保存、易携带等诸多特点以及当今新疆的饮食民俗，不必怀疑：西域饼式面食文化历史悠久，并经久不衰。

去今4000年前，新疆已经种植小麦。如早期遗址中，无处不见的磨石；汉代以后，多有所见的锯齿纹圆形石磨，可以透见小麦面粉，即是新疆各族人民日常食品的主要材料。而饼，在诸多种类的面食中，又是最重要、最常见的一种食品。淀粉类的材料，简单和水后，火烤加工成饼，工艺简单，而且好消化，便于携带，易于保存。诸多优点，自然使烤饼类食物在新疆为人们所广泛接受，成为一种人们喜好的、日常生活中经常食用的食品。烤饼的制作工艺和品种也不断得到发展。

饼，自然也是晋唐时期吐鲁番地区人们喜好的一种食品。在阿斯塔那201号唐墓中出土"劳作女泥俑群"，体现了粮食加工、烙饼的过程（见图版17）。劳作女俑群，约制作于唐代（618—907），高9.7～16厘米，女俑四人，梳高髻，涂腮红，身着襦衫长裙。她们正低首劳作，分别在簸粮、舂捣、推磨和擀面烙饼。擀面女子身旁还放置一饼鏊，上烙大饼，极富生活气息。女俑们的表情十分愉快，动作轻松，形象地说明

---

〔1〕伊斯拉菲尔·玉苏甫、安尼瓦尔·哈斯木：《从考古发现揭示新疆古代先民的饮食文化》，引自伊斯拉菲尔·玉苏甫主编：《新疆维吾尔自治区博物馆论文集》，新疆大学出版社，2005年，第70页。

了饼食是人们的喜好、追求，生前常食，死后也不能没有这种食物伴随。从这一侧面，显示了饼食在新疆各族人民生活中不可轻忽、不能取代的地位。

直到今天，在新疆各处城镇、游牧民族聚落之中，还是处处可见烤饼类食物的存在，如馕、油馕、肉馕、烤包子等。新疆少数民族一天都不能离开馕。馕，不仅是维吾尔族的主食，而且被赋予了深刻的文化涵义。有维吾尔族学者指出：馕与维吾尔族人的生活和民俗密切相关，从一个维吾尔族人生下来到死，馕作为一个必不可缺的特殊的精神信仰相伴着维吾尔族人的一生。馕参与了维吾尔民族的一切民俗活动，与此同时也成为维吾尔族民俗的见证者和主宰者。从维吾尔族民俗观念中来看馕文化："馕就是生命"，"馕就是信仰"，这是维吾尔族对馕的认识和理解，也是他们崇馕观念的直接体现。在当今新疆，随时随地可以见到馕饼，甚至在乌鲁木齐机场、火车站的地方特色售品中，都有不同规格、花式的馕饼出售，成为人们新疆一行中的亮点之一。没有吃到馕，就等于没到过新疆。由此不仅可以看到这类烤制面饼在新疆人民生活中的地位（他们以此为骄傲），而且可以感受到这类烤饼受到各方人士喜爱的情形。

顾名思义，胡饼的发明者是胡人，其制作之法出于胡地，胡饼冠名以"胡"而区别于内地汉人传统的饼。目前虽还无法确定胡饼的最先起源地是在古代新疆，还是在新疆以西的地方。但不管胡饼的最终起源地在何处，相对中原来说，古代新疆都是胡饼传播过程中的重要一站。

毫无疑问，胡饼是汉唐时期西域人们常食的食品。入唐后，西域农业大发展。学术界认为，在粮食作物中，小麦、大麦（青稞）、燕麦、稻米，粳米、小米（粟）、黄米（糜黍）等品种齐全，尤以小麦为主粮。面粉制品的种类繁多，成为西域农耕诸族的共同主食，其中尤以胡饼为代表。除魏晋南北朝时期常见的普通胡饼之外，已出土了唐朝发酵的胡饼，说明"起面"技术已开始推广。

胡饼作为胡食，早已传入中原。由于新疆在丝绸之路上的枢纽地位，自汉及唐，东来西往的使者、商旅、戍边的士兵，可以说是不绝于道。在长途跋涉中，他们不可能不在新疆大地品尝到胡饼的鲜美可口，也不可能不在长途旅行中感受到它们耐储、便于携带的优点。这些都给了我们一个强烈的启示：在历代文人关于胡饼的记载中，可以追寻西域饼食文化。关于胡饼在中原的流传，多有著述，在此不再重复。

古代的胡饼与今天的任何一种饼，其形制和方法都有一定的区别。那胡饼是什么样的？

胡饼的烹饪方式应主要是烤制的。

烤是西域人民的主要烹饪方式，此种烹饪方式简便，且满足干旱区人民适应环境及饮食上的需求。从饮食方式上来讲，一般条件下，干旱地区的民族常以烤制食品为主。烤制食品具有抗干燥，耐收藏，易保存，便于携带等特点。考古证明：在西域不仅烤肉历史悠久（如曾在扎洪鲁克墓葬出土了公元前 800 年的红柳串羊排），而且饼的出现也很早，且考古发现的几乎全是烤制的。另外，早在距今 3000 年左右的哈密五堡古墓地小米饼就出土颇多，且是烤制的小米饼。扎洪鲁克墓地出土似为粟米粉加工烤制的小圆饼；山普拉亦出土黍饼。出土实物中甚至出现烤面饼串。在阿斯塔那古墓群第三次发掘中，在属于唐西州时期（640 年—8 世纪中叶）的墓葬中发现面饼两串。出土时木串上的面饼已残碎，仅剩木棍，木棍一端加工尖而细，另一端较粗且有烧烤痕迹，截面圆形。长 35.6、直径 0.1 ~ 0.8 厘米。

如前所述，在吐鲁番地区的苏贝希墓地出土的饼食也是烤制的。饼是晋唐时期吐鲁番地区人民的主要食品。文书中亦有饼的记载，如前述《高昌僧众粮食帐》第四件中记有“米饼壹分”；《唐杂物牲畜帐》中提到“铁调量麺称壹。量饼称壹”，意为量饼的秤一杆，这或许能说明，饼在满足人们日常食用之外，已作为一种商品已在市场上买卖了。

《高昌传供酒食帐》中有“炉饼一斛”的记载。《唐毡褶等器物杂帐》中亦记载“卢饼”，其亦当指炉饼。那何谓炉饼呢？《清异录》中“五福饼”条曾记：“汤悦逢士人于舍，士人揖食，其中一物是炉饼各五事，细味之馅料互不同，以问士人，叹曰：‘此五福饼！’”可见炉饼是有馅料的,且可以加不同馅料。宋张师正《倦游杂录》也曾说:"得非熟于炉而食者呼为炉饼,宜矣。"宋代黄朝英的《靖康缃素杂记》亦曰:"有鬻胡饼者不晓名之所谓,易其名曰炉饼,以为胡人所啖,故曰胡饼也。"当今也有学者认为炉中烤出的是胡饼,加工胡饼的方法是炽炉,大约是把胡饼炉用木炭烧热,使炉体内壁发红。所以,古籍中多次提到"胡饼"也可以叫做"炉饼"。

古人曾明确提到"胡饼炉",如北齐贾思勰《齐民要术》卷 9 中《髓饼法》:"以髓脂、蜜合,和面厚四五分,广六七寸,便著胡饼炉中,令熟,勿令反覆,饼肥美可经久。"《太平广记》卷 452《任氏》亦记载"门旁有胡人鬻饼之舍,方张灯炽炉,郑子憩其帘下,坐以候鼓。"

形似今在新疆到处可见的馕坑的烤饼炉也早有出土。1958 年新疆维吾尔自治区博物馆文物队在今民丰县的尼雅遗址曾发现有烤饼炉,形似今在新疆到处可见的馕坑。后来在亦属和田地区的洛浦县山普拉遗址汉晋时期的墓地里,发现有粟面饼,小者约 1 厘米厚,圆形,直径 7 厘米,面粉粗糙仍含有粟粒。大者为薄饼,粟面较细,约 0.5 厘米厚,直径 20 厘米左右,如现在新疆居民所食的馕一样大小,上亦划有格纹。据王炳华先生介绍,在吐鲁番地区苏贝希墓地出土的烤制饼食,观察饼底,不见焦煳痕,似乎不是在过热或导热迅速的金属器上烤成,成分为研磨比较细的粟米粉。这类烤制饼食,至今仍长盛不衰,它们可视为新疆大地上目前十分流行的烤馕类食品的滥觞。

我们也可从当今新疆人民主要面食制品的烹饪方式来追寻胡饼的制作方式。馕,以面粉为原料,大都以发酵的面饼烤,放盐而不放碱和苏打。维吾尔族做馕除了用面粉外,还分别选用油、糖、鸡蛋、羊肉、牛奶、洋葱、芝麻、孜亚旦(黑草籽)和盐等做调料,所以还有油馕、糖馕、肉馕、芝麻馕等,这些馕大小不一,花样繁多,味道各有千秋。馕大都在馕坑里烤成,馕坑的燃料可用无烟煤或柴火,等馕坑烤热,烟黑消尽,洒上盐水,便可烘烤。新疆人把烤馕叫"打馕"。无论是在农村还是在集镇,几乎家家都有烤馕的馕坑,妇女个个都会打馕。馕坑就设在庭院或家门口,它是用和入麦草或羊毛的黏土做成的烤炉,形状很像一口倒扣的宽肚大水缸。烤馕时,先将干柴放在坑内燃烧,把坑壁烧得烫热,然后将擀好的饼形面坯贴在坑壁上。擀面时可以根据需要擀出像圆凳子面大小的薄馕坯,也可以擀出像碗口大的小馕坯。馕坯上可以抹点食油,撒些芝麻、葱花,烤出的馕更脆更香。据报道,2004 年 4 月 20 日,号称"世界上最大的馕坑"在吐鲁番市葡萄沟瓦孜风情园内建成。这个馕坑建在山坡上,直径为 10 米,高 8 米,看上去有一间房子大小,不仅能打馕,还能同时烤制一匹骆驼、两头牛和十只羊,可供上百人同时进餐。

故笔者认为在胡人式烤炉中烤制的饼是胡饼。

胡饼本是北方少数民族的食品,传入中原以后便逐渐流行,并且其做法也不断翻新。汉代,饼作为敦煌人的食品已被敦煌汉简所证明。最迟在南北朝时期,胡饼就已流行在中原。隋唐时,在胡风大盛的背景下,胡饼也盛行于长安等内地。胡饼是唐代很流行的一种胡食,唐朝人食用的胡饼主要有素饼、油饼、肉饼、芝麻饼等不同的种类。胡饼上着胡麻,在炉中烤制而成,又可称麻饼,或胡麻饼,也叫炉饼,饼中还可以放馅,称作芝麻馅饼,我们今天常见的芝麻饼就是由胡饼演变而来的。但是否加芝麻不应是判断胡饼为何物的主要标准,因为一种食物的制作会因个人喜好及制作条件的改变而有所变通,胡饼的制作花色和品种也会随着历史的进程而不断发展和创新。敦煌饮食文化专家高启安先生亦认为,从敦煌大量用来造胡饼的面油破历中来看,除了"油胡饼"特别注明外,几乎没有同时支用黄麻的记载,这说明造胡饼时已不再加胡麻,因而与早先的胡饼已有了一定的区别。

简而言之,胡饼是指源于胡地,在胡人式烤炉中烤制的饼。那胡饼是馕吗?

出土文书中未见馕的记载。馕与胡饼是极为相似的,二者到底有何关系呢?笔者认为馕就是胡饼。馕类食品在新疆早已出现,只是以前名字不叫馕。而"馕"此名称的出现应是后来受波斯文化影响的结果。为什么这么说呢?可从以下几方面进行推测:

第一,制作馕的原料的客观存在。在青铜时代,西域农业已有一定程度的发展。我国所见最早的小麦实物标本就出土于罗布淖尔地区孔雀河下游发掘的一批古墓葬中。属干旱区的地理环境又决定了西域粟麦并重的农作物结构，麦是古代新疆主要的农作物之一，且其种植比重日益上升。

第二，馕类食物的出现和发展，在新疆有其客观需要。古代新疆气候干燥，交通不便，且要从一个绿洲赶往另一个绿洲，路途遥远。此特定环境客观上需要一种水分少、便于携带、容易保存的食品，而馕类食品正是具备上述优点的食品。

第三，馕这种形式的饼食是古老的，新疆出土唐代类似馕的饼，即是例证。很多考古工作者认为晋唐吐鲁番阿斯塔那已经出土馕。吐鲁番阿斯塔那北部古墓葬区 1972—1973 年清理发掘出土品中，有麦、谷、黑豆、蚕茧，还有一批花色面食点心，尤其是其中同饺子一批出土的有一块馕，制作形式和现在维吾尔族人民的主要食品馕完全一样。王炳华先生也曾这样描述 1973 年出土的一件馕的完整标本："直径约 17 厘米、厚不足 1 厘米。其上压印小花。在薄面胚上压打花印，既美观，也可助于受热，便于烘烤成熟。这种形式的烤馕与现在新疆地区通行的馕类食品造型、制法已无大差异。"王先生还进一步推论"这种馕，从更大范围观察，颇与风行全球的意大利比萨饼形式相类。馕出现的土壤，只能在干燥地区。因此，颇疑意式比萨饼之造型、工艺，是通过中世纪相当便宜的'丝绸之路'，而走到地中海之滨的。当然，比萨饼之于馕，饼形虽一样，烤制方法、用料已经完全异趣，更为丰富多彩了"，"如果推论可以成立，则不仅可以说明饮食之交流，也可视为吐鲁番食品对人类文明之一大贡献。"〔1〕

《〈新疆维吾尔自治区博物馆〉画册》中也有"馕"的图文介绍：馕（见图版 18），唐（618—907），直径 19.5 厘米，1972 年自吐鲁番阿斯塔那墓葬出土。呈圆形，出土时碎为 12 块，土黄色，已脱水干化，原料为小麦粉，是在馕坑中烤成的。其中心薄，边沿厚，中央戳有花纹，形状与制作形式与目前新疆地区各民族日常食用的馕完全一样。馕是农耕

〔1〕王炳华：《吐鲁番古代饮食文化初探》，《吐鲁番学研究》，2001 年，第 2 期，第 78 页。

文化的结晶，在吐鲁番地区的发现，不仅说明在唐代时生活在该地区的人们普遍食用馕，而且也是进一步研究当时人们饮食构成的重要实物。小油馕（见图版19），唐（618—907），直径3.9厘米，1973年自吐鲁番阿斯塔那191号墓出土。以小麦粉为原料，手工捏制，做工细致，比例协调。圆形，中央凹，表面粘附芝麻，在馕坑中经烘烤而成。因在唐代不可能出现“馕”这个名称，故将图版18命名为“吐鲁番阿斯塔那墓葬出土饼，其形似馕”；将图版19命名为“吐鲁番阿斯塔那191号墓出土饼，其形似小油馕”。

第四，以今鉴古，我们可从馕在当今新疆人们饮食生活中的重要地位来追寻馕与胡饼的关系。当今，馕已经成为新疆的名片。新疆的维吾尔族、哈萨克族等许多民族都喜欢吃馕。维吾尔族一日三餐都离不开馕，他们外出开会、学习、劳动或旅行都要带上馕，在参加婚礼和其他喜事时，还常常带上馕作为礼品赠送给主人。维吾尔人宁可一日无米饭，而不可一日无馕。当地有句民谣：一天不吃馕，心里就发慌；两天不吃馕，腿子如筛糠；三天不吃馕，敢骂老达当（爹）；四天不吃馕，准备拆房梁；五天不吃馕，就拜麻扎（坟墓）王。由此可见馕在维族人心目中的地位是十分重要的。馕不仅在维吾尔族饮食生活中占有非常重要的地位，而且在曾是游牧民族的哈萨克族饮食生活中也占有一席之地。据当今民族村落调查资料显示，馕是巴扎尔湖勒村哈萨克族日常最常见的主食，村里大部分人家里都有用土垒成的长约150厘米、高约80厘米的馕坑，或在灶上有专门的抽屉式烤箱，用于烤馕。烤馕时，将经过发酵的面团在宽30厘米、长40厘米、高5厘米的铁制烤盘中摊开，用扎花工具在生面上扎出花纹，上面撒上芝麻或小米，然后送入馕坑，烤制30分钟左右，待馕松软膨胀，呈金黄色时即可取出食用。馕可以放较长时间而不变质，因此巴扎尔湖勒村的主妇往往一个星期烤制一次，每次制作5～7个作为全家一个星期的主食，农忙和接羔时，许多人家一天三顿都是吃馕和喝奶茶。

第五，从目前学术界的相关研究成果来看，大部分学者认同胡饼就是馕的观点。限于篇幅，不一一列举。

在第三届吐鲁番学国际学术研讨会暨欧亚游牧民族的起源与迁徙国际学术研讨会上,薛宗正先生认为胡饼就是馕,但是当时肯定不叫馕,馕在唐朝是不存在的,馕这个名称应是后代的维语叫法。

关于"馕",本书作者曾请教新疆社会科学院历史研究所的艾力·吾甫尔先生。艾力先生认为:现在馕的名称是波斯语,但其应是本土饮食文化,名称并不能代表文化的根源。艾力先生曾去过中亚,发现波斯地区的馕的含义与当今新疆馕的含义不一样。在波斯地区,他们的馕只有一种,是椭圆形。波斯语中馕的含义为:"在石头上烤制的面食。"其馕坑的形状与新疆的不一样,像砖窑一样。中亚考古中未见馕,而在新疆考古中却发现了馕。那为什么新疆的此种食物叫馕?此源于波斯文化对新疆的影响。伊斯兰教传入新疆时,首先接触的是波斯文化,其影响涉及宗教、文学、语言等。13、14 世纪之交,新疆出现一种特定文化现象和心态,甚至当时作家写诗、写书都用波斯文,感觉用波斯文才显得学问高一些。另外,艾力先生建议应去喀什、和田看看制作炉子的过程,其做的原料、泥巴、形状与中亚的都不一样。当地的人是从盐碱地里取出盐疙瘩,选择最好的弄成泥巴做成炉子。用盐疙瘩做的炉子保持温度较久,否则,如果火不大,风就把火吹灭了。打薄馕、烤包子等要求的温度各不一样。

总之,古代新疆饼食文化传统悠久,当今馕是古代饼食文化的体现。《突厥语大词典》蕴含丰富的饮食文化,其论及的馕的种类有很多。饮食文化具有一定的延续性,从中亦可看出汉唐饮食文化的痕迹。不同时代、不同地点、遗存中的烤饼,到今天新疆各族人民生活中须臾不可离开的馕,其中传承、发展的线索是十分清楚的,不可轻视,这是应予以认真总结、分析的传统。

饼,并不是少数民族的专利。宋代高承认为:"饼有胡汉之异矣。"饼也曾是汉族的传统食品。中原地区先秦时期的文献早就有饼的记载。"饼"这个字最早见于《墨子·耕柱篇》,文中有"见人之作饼"之句,后《韩非子》一书中也提到过"饼"。

晋唐吐鲁番地区以汉族为主体民族,应盛行汉族传统食品式的烙饼。如1975年在吐鲁番县火焰山公社哈拉和卓地区水库内的古墓墓葬中发现有三件陶平盘，类似现在烙饼用的平底锅。《唐翟建折等杂器物帐文书》记载“翟建折铛一口”，而铛即一种烙饼用的平底锅。

鏊。《唐□尾：等杂器物帐》文书中记载有“大鏊一”。[1]《广韵·去声》号韵云：“鏊，饼鏊。”鏊，《现代汉语词典》注解为：鏊子，烙饼的器具。如前所述，由铛或鏊烙制而成的食品，或许是汉族传统食品。莫尼克·玛雅尔亦曾记载“斯坦因发掘到的一个平底锅与中国汉代墓中所陪葬的那种锅也完全一样”。[2] 山东曾是中原所在地，该区居民主要是汉族。当今山东德州夏津县还将一种烙面食的器具叫做鏊。此种器具为平底锅，但底中间坡度稍高于其他地方，两边有耳。

南疆人们也曾食用烙烤面饼。中国科学院塔克拉玛干沙漠综考队考古组在于田县玛勒克遗址曾发现陶制平底锅，夹砂红陶、轮制、素面敷陶衣，敞口圆唇，平底。径23.3、高2.8、厚1.2厘米。此器内外面均光洁，唯底面极粗糙，满底嵌有一层黑褐色炼渣，渣粒约0.5～1.5厘米不等，排列稀疏无规则，可见使用时，有烧烤痕迹。此次共采得21件不同的残片，有的断面中心夹灰色，质粗疏。但形制均同，唯口径大小，锅的深浅有差异。陶制平底锅，其形制具有明显的地方特点，用途亦与众不同。如果说釜（锅）的出现是人类食品加工的一大进步，那么平底锅的出现则又是面食加工的创新。在20世纪90年代，此类形状的器物仅见尼雅遗址调查报告中有所提及，当时被认为是陶砚，却又打了问号。若单以器形而论，用以做砚也是可以的，但是在玛勒克这个不太大的遗址出土这么多的陶砚，似乎不大可能，所以发现者认为此器是专门为烙烤面饼的炊具。细审其物，其特点是浅而圆呈圆盘状，底部厚实，夹砂较粗，底部嵌有炼渣或碎石，符合耐烧烤、传热快的技术要求，适合于烙烤面饼。而且有的器底泛红，器面有焦末，显见使用迹象，更证明了发现者们的推断。

---

〔1〕唐长孺主编、国家文物局古文献研究室等编：《吐鲁番出土文物》，第六册，文物出版社，1985年，第56页。

〔2〕〔法〕莫尼克·玛雅尔著，耿昇译：《古代高昌王国物质文明史》，中华书局，1995年，第181页。

由上可见,西域饼的原料多样,有粟、黍、面,还有高粱面饼。在吐鲁番阿斯塔那唐墓内出土了用高粱面做成的饼,另有肉饼。《高昌重光三年(622)条列虎牙氾某等传供食帐一》记载“次传细面伍升,作饼,市肉壹节,供襄邑夫人前白元相食”。而《高昌重光三年(622)条列虎牙氾某等传供食帐二》中亦记载“次传,肉三节,细面一斗,作饼,用开帐窗食。”由此可见,除单用面作的饼外,还有用肉和面做成的肉饼。当然,其只是少数富贵之人所享用的美味。唐代豪家富室时兴一种称为“古楼子”的胡饼,具体做法是将一斤羊肉馅用牛油搅拌好,一层层地铺在巨大的胡饼中,层与层之间用椒豉相隔,然后放在炉中烧烤,等肉在半熟时,就拿出来吃。这种胡饼的特点是味浓而肉鲜(见《唐语林校证》卷6“补遗”条),从做法看,其就是肉饼的升级版本之一。

虽然馕就是胡饼,但如前所述,饼并不是少数民族的专利,饼也曾是汉族的传统食品。晋唐吐鲁番地区以汉族为主体民族,作为汉族传统食品之一的烙饼应盛行。由此可见,吐鲁番文书中记载的饼,其中有一部分,即胡饼应与当今的馕没有多少区别。

汤饼,水煮的面食。西晋束皙的《饼赋》曾说:“玄冬猛寒……充虚解战,汤饼为最。”汤饼乃径直以手捏面下锅而成的汤食。最初的汤饼似乎是肉汤中下捏面片,其后出现水引、馎饦的分化。《齐民要术》记水引乃“细绢筛面以成……挼如箸大,一尺一断,……挼令薄如韭汁,逐汤沸”,亦即今之薄皮拉面,馎饦则乃“挼(捏)如大指许,二寸一断……盆中浸,宜以手向盆旁挼,使极薄,急水逐汤熟煮,滑美非常”。汤饼应即今新疆之揪片子,由此又进一步演变为压制而成,再切成条状的面条。据考古资料可知,汤饼已入晋唐时期吐鲁番地区人们的食单。《高昌重光三年(622)条列虎牙氾某等传供食帐一》中提到:“传,白罗面贰斗,市肉三节,胡瓜子三升,作汤饼供世子夫人食。”此文书中汤饼为肉汤中的捏面片。1968 年吐鲁番阿斯塔那编号为 68TAM104 号墓出土了一件木碗,内有汤饼的残迹。

面条是新疆古代先民饮食构成中不可或缺的一部分。1959 年发掘的吐鲁番县阿斯塔那墓葬中即发现面条。一些维吾尔族学者认为:

面条为切成各种形状或揪成面片，同各类蔬菜、肉和调料等一起在汤里煮熟之食品的总称。这种食品作为长期以来生活在新疆的古代居民的传统饮食，具有较长的历史。譬如：1992年，从鄯善县苏贝希一号墓地曾出土了一件盛有面条（为粟米面）的陶碗。面条的长度为8.5厘米，时代在公元前500—300年左右。1986年，在吐鲁番阿斯塔那墓地进行的考古发掘中，曾在出土的一件口径为18厘米、高6.3厘米的木碗里发现已干化的面条。自饭迹来看，面条较厚，切的也不太长，食用的面粉研磨得也很细。除此，在这一墓群的另一些墓中出土的陶碗和木碗里，也发现了类似面条的食品残留物。除考古发现外，从文献记载来看，在古时候面条就有许多种。譬如：马赫穆德·喀什噶里的《突厥语大词典》（维吾尔文版，新疆人民出版社，1981年）Ⅰ卷里就有"ugra"这种饭的名称，并指出此种饭是由擀制的面做成的。擀面的提及，也表明了擀面条亦为当时人们食用的食物之一。我国古代汉文文献里对面条也有记述，即面条为西域胡食之一种的记载。[1]

饺子、馄饨。新疆维吾尔自治区博物馆1959年发掘的吐鲁番县阿斯塔那墓葬中301墓发现面制饺子3个，分盛于3个陶碗内。饺子长约5、中宽1.5厘米。301和302墓都出有面制龙形（?）残段，是用面皮捏合成的，外面压划文饰。另有面条、面饼之类，并有面制插座。墓中发现粮食，除粟、黑豆之外，还发现有紫穗麦。后来，新疆博物馆考古队在阿斯塔那古墓群第十次发掘时亦发现饺子5个。薄皮、内有馅，长4.5、宽2.2、厚1.1厘米。另外还发现面俑2件。新疆文物考古研究所等在新疆鄯善县三个桥古墓葬第三类Ⅱ型墓出土物中，亦发现食物，有饺子、枣、葡萄。饺子，3个均残，状同现代的一般饺子，其中一个高2.6、厚1.1、残长2.4厘米。《〈新疆维吾尔自治区博物馆〉画册》中也有"饺子"的图文介绍。此图介绍的饺子为阿斯塔那339号墓出土的唐代饺子（见图版20），制作时间为唐代（618—907），长6厘米、宽2.3厘米，为小麦面质，形如月牙，皮薄，内有馅，与现在的饺子无异。饺子

---

〔1〕伊斯拉菲尔·玉苏甫，安尼瓦尔·哈斯本：《从考古发现揭示新疆古代先民的饮食文化》，新疆大学出版社，2005年，第70－71页。

在当时称"水角"、"角子"或"牢丸"等。可见,饺子作为中华民族的传统美食之一,早在唐代就已成为了吐鲁番地区居民普遍食用的一种面食。

馄饨是否已成为唐代吐鲁番地区人们餐桌上的美味呢?北朝颜之推云:今之馄饨,形如偃月,天下通食也。可见北朝时已有"馄饨"之名称。唐人段成式《酉阳杂俎》中记:"有萧家馄饨,漉去肥汤,可以瀹茗。"另外,《逸史·李中回》载有"五般馄饨",《烧尾食单》记载"二十四馄饨"等。《食疗本草》中提到"姜末馄饨"、"艾叶馄饨"等,说明馄饨还被唐人纳入了食疗的范围。在新疆吐鲁番阿斯塔那唐墓中发现的唐代饺子和馄饨实物,形状与现代的同类食品几乎没有多少区别。故笔者认为馄饨已成为当时吐鲁番地区人们餐桌上的美味。《〈新疆维吾尔自治区博物馆〉画册》中有1969年自阿斯塔那117号墓出土的唐代馄饨(见图版21)的图文介绍,制作时间为唐代(618—907),长3厘米、宽2.5厘米,质为小麦面,形似耳朵,皮薄,内有馅,形状与饺子有着明显的区别。这表明最晚在唐代,馄饨与饺子在形状上已有了区别。

馒头。吐鲁番出土的实物中不仅已出现了扁食(饺子)、汤饼(肉汤中的捏面片),而且出现了发酵的面粉食品"馒头",即包子。藏文文献《翻译名义大集》中也出现了"馒头"和"蒸笼"二词。

油煎面食。考古发现古代吐鲁番人已经吃上了油煎面食。吐鲁番地区文管所考古人员在吐鲁番阿斯塔那古墓区一墓葬中曾发现面食两块。其中一块卷曲如杏皮状,色微黄,似小蚕茧形,表面上印有较规整的线条纹,可能是在编织物上搓擀时留下的。长2厘米、宽1厘米,置于死者右肩部。另一块,淡咖啡色,油煎食品,卷曲成筒状,长4厘米、宽1.4厘米,置于死者头顶右侧。

面制点心。在阿斯塔那古墓群第十次发掘中,在属于麴氏高昌时期的墓葬中发现面制品4件。其中面俑两件,点心两件,由面粉加工制成。其中一件外形为柱状,上端圆滑,中空。表皮呈凸棱状,泛黄色,残长15.2、宽5.2、厚0.7厘米。另在属于唐西州时期的墓葬中发现面食8件,分两类。其中点心4件,有一件点心外形呈麻花状,中间打一扣结。表皮泛黄色，长 8.8、宽 6、厚 0.8 厘米。另一件点心外形呈莲花状，实心，中间贯穿一小孔，表皮泛黄色，直径 3.8、厚 2.2 厘米。还有一件点心的外形呈柱状，上端圆滑，空心，表皮泛黄色，长 14.4、最大宽 6.2、厚 0.6 厘米。阿斯塔那古墓群第十一次发掘时，在属于唐西州时期的墓葬中发现面制点心 11 件。其中有一件是用面粉加工模压，镂空，成形后油炸制成，通长 5.1、宽 4.5、厚 0.7 厘米。还有外形呈扇形的一件点心，长 3.3、宽 3.9、厚 1.5 厘米。其中有一件稍残，外形呈三角形，制法类似花卷，层层环绕组成，长 4.9、宽 2.9、厚 0.1 厘米。还有一件点心外呈圆柱状，实心，表皮泛黄色，通长 4.4、厚 2.2 厘米。

新疆维吾尔自治区博物馆馆藏各种各样的面制点心，充分体现了晋唐时期吐鲁番地区人们在饮食文化方面的创造和追求。试以该馆画册上所介绍的几种面制点心为具体例子：

唐代叶形面点（见图版 22），长 9.5 厘米、宽 5.3 厘米，1972 年吐鲁番阿斯塔那 187 号墓出土。质为小麦粉，模压制成，其上树叶之纹路刻画得非常清晰，且栩栩如生，这说明吐鲁番地区的古代居民，不仅用面粉制作各种食物，而且在模仿植物的造型上也已具有了较高的技能。

唐代花式点心（见图版 23），直径约 3～6 厘米，1960—1973 年间吐鲁番阿斯塔那墓葬出土。点心以小麦粉为原料，经捏制或模压成型，再烘烤而成。种类有梅花型、菊花型、六瓣花型或对称的四瓣花型，制作极为精致，不论是捏制还是模压均达到很高的工艺水准。尤其是梅花和菊花都是生长在祖国南方的乔木和草本植物，其出现在古代吐鲁番居民的面点之中，这不仅说明当地人民在模仿植物造型上富有较高的技能，而且表明了新疆地区与祖国内地在经济文化上也存在着许多共同之处。

唐代环形面点（见图版 24），长 8 厘米、宽 5.3 厘米，1973 年吐鲁番阿斯塔那 191 号墓出土。此面点以小麦粉为原料捏制成型后，烘烤而成。呈土黄色，为两个圆环相连，连接部位有一结。面点的圆环比例匀称，做工精致，充分体现了当时的面点制作与加工技艺。

面卷（见图版 25），制作时间为唐代（618—907），长 16 厘米，1960

年自吐鲁番阿斯塔那337号墓出土。以小麦粉为原料，将揉好的面擀开并卷成空心圆柱状，在油锅中炸制而成，类似现在的蛋卷。该食品不仅进一步揭示了当时的面食制作水平的发展与提高状况，而且也表明了人们的饮食构成。

苏贝希古墓地亦出土了各类食物（见图版26）。

除吐鲁番地区外，其他地方亦发现了做工精致的食品。如新疆且末扎洪鲁克一号墓地第三期文化属于公元1—6世纪，其墓葬中出土了食品、谷物。食品出土时在一漆案上面，有油炸的菊花饼、麻花、桃皮形小油饼、薄饼、葡萄干及连骨肉等，其中：第一，菊花饼5个。圆形，面上是浮雕的小菊花，底内凹。直径7.4～8.4厘米。第二，麻花3个。面条扭制，长9～9.5厘米。第三，桃皮形小油饼3个。第四，薄饼，残。已成为碎块，较薄。另外还发现谷物，为谷子颗粒。保存较好，和杂草、棉花一起出土。

但普通民众的食物加工应相对粗糙。如在山普拉出土的一件食物中发现了沙枣核，说明沙枣可以作为主食的补充粮源。食品的加工，除个别的去壳较干净外，大都比较粗糙，食物中存在沙枣核则说明有的食品加工还相当的粗糙。

③肉食的主要烹制方式

煮，吐鲁番汜部文书中多次见到"杀牲煮肉"的记载。《高昌永平元年（549）十二月廿九日祀部班示为明正一日知祀人上名及谪罚事》亦记载"诸祀所煮肉"，"煮肉，谪羊一口"。

在现代新疆人们的食谱中，煮仍是肉食的重要烹饪方式。如清炖羊肉，是维吾尔族最具原始风味的传统饮食之一。据介绍，清炖羊肉是将新鲜羊肉剁成大块，下锅炖，水沸后去浮沫，一般只放一些盐和洋葱，不放其他佐料。为了增加口味，有时也放一些黄萝卜、恰马古、西红柿以及芫荽等，这样炖的肉，汤更加鲜美。通常维吾尔族群众在吃完羊肉后，还要喝上一碗肉汤，以佐消化。再如清炖羊头、羊蹄，其以风味独特深受新疆各族群众的喜爱，在新疆广大城乡到处可见到这种小吃。清炖羊肉的制作方法十分简单，取新鲜羊头、羊蹄，烧去全部羊毛，洗干净，去掉羊角和羊蹄壳后，放入锅内不加任何佐料煮，熟后蘸盐吃。

另外还有手抓肉。新疆少数民族均以手抓羊肉为待客宴宾的上品，手抓羊肉亦是维吾尔人十分喜爱的家常菜肴。据介绍，具体做法是将羊宰杀洗净后分解为较大的块，放入大锅中加适量清水和香料，先用猛火将水烧沸，然后用文火慢慢煮熟。当羊肉煮熟后，主人先将羊头端上餐桌，请在座的年纪最长或级别最高的客人用小刀割一块羊颊肉食用，以表示对所有客人的尊敬，然后才用大盘将大块羊肉端上来，宾主共同动手用刀子随意割食。吃肉时当然要以酒助兴，大块的吃肉，大杯的饮酒，这夸张的美食佐以粗犷的吃法，让人吃得酣畅淋漓，顿生豪迈之气。手抓肉，也应是吐鲁番地区居民日常生活中的美味之一，只是当时是否有上述饮食礼仪，尚无从考证。

讲到肉料佳肴时，不仅联想到“羌煮貊炙”。晋唐时期，吐鲁番地区存在野生动物鹿，猪也是重要的家畜，葱、苦酒、盐、豉俱已存在，估计在吐鲁番上层人士中，类似“羌煮”的美味已存在。其实，考古发现在苏贝希古墓中出土的几件陶釜中残存着整只小羊的骨骼，可见当时陶釜内可烹全羊。

面肺子、米肠子是维吾尔族人民喜欢的传统风味小吃，也是待客的佳品。维吾尔族群众不仅能用牛羊肉做出种类繁多的风味食品，而且还能以羊的内脏做原料，烹制出鲜香异常的美味来，面肺子、米肠子就是代表。面肺子是先将羊肺和羊肺内的血水全部洗净，直至羊肺白净透明，然后在经过洗去面筋后的面糊中放入油和佐料，由羊肺上端气管徐徐灌入，放入锅中煮熟即成。食用时切成片或块状，其色白莹如玉，食时香软可口。这种食品历史上也曾流入内地。如元代忽思慧《饮膳正要》曾记载一种叫“河西肺”的食品，做法是：“羊肺一个；韭六斤，取汁；面二斤，打糊；酥油半斤；胡椒二两；生姜二合。右件，用盐调和匀，灌肺煮熟。用汁浇食之。”那么，此类美食当时是否已经出现于西域了呢？有维吾尔族学者曾指出：面肺子与米肠子是生活在新疆的维吾尔等民族的传统饮食之一，具有悠久的历史。在麴氏高昌国时期，生活在吐鲁番地区的居民们，在祭祀活动中不仅主要食用面食、羊肉和酒，而且还用羊头与面肺子、米肠子（汉文文献里称“糜胃”）。除此，这种食品在《突厥语大词典》中亦有提及，尤其对米肠子的制作有较详细的介绍，文中指出“soqtu”为米肠子之一种，一般是将羊肝、肉和调料调制好后放入肠子里再煮熟的一种食品。到现在为止，维吾尔等民族在加工制作米肠子时，除大米外，还是与传统的方法一样往里面灌羊肝等，可谓其传统性是一致的。[1]

烤，是西域人们传统的烹饪方式之一。如前所述，新疆“烤肉”的历史源远流长。考古发掘者曾记载在新疆且末扎洪鲁克一号墓地第二期文化的墓葬中出土羊排骨串和羊排骨 14 串。作为食品随葬，羊排骨是相连的三、四条羊肋骨，羊排骨串是将羊排骨用木棍串起来，与现代的烤肉形式十分相似。1984 年，在和田地区洛浦县山普拉古墓地出土一件木柄毛布面扇。一些维吾尔族学者认为该扇虽然制作得非常简单，但是其形状与维吾尔族在烤制烤肉时用的扇子基本一致，这有可能是当时在烤制烤肉时使用的扇子。后来随着人类对饮食所赋予的要求越来越高，烤肉的种类也愈发增多，以至于出现了钎子（木棍等）烤肉、放入羊肚子里焖烤的烤肉、馕坑烤肉、烤羊排、炒烤肉等许多种。维吾尔族将烤肉称为“喀瓦普”。维吾尔族烤肉的种类很多，主要有“孜合喀瓦普”（烤肉串）、“吐努尔喀瓦甫”（馕炕烤肉）、“塔瓦喀瓦甫”（馕托肉）。其中烤羊肉串是维吾尔族最富有特色的传统风味小吃之一，既是街头的风味快餐，也是维吾尔族待客的美味佳肴。

《释名》卷 4 曰：“炙，炙也，炙如火上也。脯炙，以饧蜜豉汁淹之脯，脯，脯然也。釜炙，于釜汁中和熟之也，脂衔也，衔炙细密肉，和以姜椒盐豉已，乃以肉衔，裹其表而炙之也。貊炙，全体炙之，各自以刀割出，于胡貊之为也。”羊是高昌地区的重要肉食来源，前面讲到面饼都用来烧烤，烤全羊的出现应是很自然的。

现在，烤全羊是维吾尔族人招待贵客的佳肴，也是高档宴席中不可缺少的一道风味菜。烤全羊是一道极其考究的大菜，其色、形、味俱

---

〔1〕伊斯拉菲尔·玉苏甫，安尼瓦尔·哈斯木：《从考古发现揭示新疆古代先民的饮食文化》，新疆大学出版社，2005 年，第 77 页。

佳。据介绍,烤全羊选用原料十分严格,必须选用年龄小而肉质鲜嫩的上等羯羊,现宰现用。将宰杀去毛的羊除去蹄角和内脏,用一根特制的木棒从尾至头穿入羊的体内,把羊脖子固定在木棒的铁钉上,为的是防止羊体滑动。然后将调制好的糊汁状调料(包括鸡蛋黄、盐、黄姜、孜然粉、胡椒粉、面粉等)均匀地涂抹在羊身上。最后将羊头朝下放入馕坑内、用木炭火焖烤一个小时左右即可。烤全羊上桌前,还要先在羊头上系上红绸布,在羊嘴里含上青菜加以点缀。烤熟的整羊,形状完整,外观呈褐黄色,外层羊皮香脆,内里的羊肉鲜嫩,口味浓香,味道极佳。

《说文解字》言:"炮,毛炙肉也。"《广韵》言:"炮,裹物烧也。"元代陈肱曰:"此珍主于涂而烧之,故以炮名。""炮"是人们在长期饮食实践中摸索出来的烹饪方法。《齐民要术》卷8记载了"胡炮肉法",即胡炮肉的做法:把生下满一周岁的肥白羊杀死,趁新鲜切成细条,羊脂也这样切。加上整颗的豆豉、盐、掰开的葱白、生姜、花椒、荜拨、胡椒,调和到口味合适。将羊肚洗洁净,翻转来,把切好的羊肉和羊脂装进肚里,到快要装满时为限,再缝好羊肚口。掘出一个中空的烧火坑,用火把坑烧红,拿掉灰和火。将羊肚放进坑里,依旧盖上灰火,再在上面烧火,烧到炊熟一石米那样的时间,便熟了。吃起来非常香美,不是一般的煮肉或烤肉可以相比的。《齐民要术》卷9专列有《炙法》,其中有灌肠法:"取羊盘肠,净洗治。细剉羊肉,令如笼肉,细切葱白,盐、豉汁、姜、椒末调和,令咸淡适口,以灌肠。两条夹而炙之,割食,甚香美。"用现在的话来说就是:取羊肠,洗涤整治洁净。将羊肉斩细碎,像馅子肉一样,和进切细的葱白,及盐、豉汁、生姜、椒末调和,让咸淡合口味,拿来灌进肠里。两条肠并排夹起来烤。割来吃,很香很美。吐鲁番地区,畜牧业及家庭饲养业在食生产中占有重要地位,该地区的羊肉及羊肠资源丰富,在长期的饮食实践中,该地区居民逐渐摸索出上述食法应不是难事,只是调料可能没这么丰富,制作相对粗糙。

《齐民要术》卷8还载有蒸羊肉的方法:切成条的羊肉一斤,用豉汁调和,加上一升葱白,一起蒸。晋唐时期,内地釜、甑已西传至吐鲁番地区,且该地区居民以汉人为主,可以说吐鲁番地区人们对蒸食应该是不陌生的。而当时吐鲁番地区也有豉及葱,羊肉更是日常的主要肉食,所以说,上述《齐民要术》记载的"蒸羊法"应是吐鲁番地区人们的肉食烹饪方法之一。

干制肉脯。吐鲁番地区炎热,在生活中摸索出干制肉脯的方法应不是很困难的事。

④主要调味品

盐。《北史》载高昌:"出赤盐,其味甚美。复有白盐,其形如玉,高昌人取以为枕,贡之中国。"《梁书》载高昌:"出良马、蒲陶酒、石盐。"白盐主要用于食用。《梁四公传》对其美形、美味大加赞赏:"高昌国烧羊山出盐,大者如斗,状如白玉。月望收者,其文理粗,明彻如水;非月望收者,其文理密。金楼子云:胡中白盐,产于崖,映月光明洞彻如水晶。胡人以供国厨,名君王盐,亦名玉华盐。"焉耆亦产盐,《隋书》记载焉耆"有鱼盐蒲苇之利"。

油料作物:胡麻。胡麻至今仍是新疆地区普遍栽培的油料作物之一。在天山阿拉沟古墓地内曾发现胡麻籽,籽粒卵圆形而稍扁,暗褐色,表面光泽。出土后曾请新疆农科院进行鉴定。此外,在吐鲁番晋唐古墓地,焉耆唐王城内也都见过胡麻籽实。关于胡麻,文书中也有记载,如《高昌乙酉丙戌岁某寺条列日用斛斗帐历》记载"买胡麻子伍斛,供佛明"。另有多件文书中出现有关"绝胡麻索"头数的记载。

芝麻。如前所述,唐代吐鲁番地区出土了芝麻、巴旦杏。吴震先生也曾记载在阿斯塔那高昌时期的古墓中曾发现芝麻蒴果皮壳(收藏于新疆维吾尔自治区博物馆,1963 年曾公开展出)。今吐鲁番地区仍有芝麻种植。

《唐杂物牲畜帐》中记载有"石押(轧)油槃壹",证明当年的吐鲁番人已掌握了榨取植物油的办法,主要是从油料作物胡麻的籽实中提取食品油,或供照明之用。唐代,还出现了以榨油为职业的匠人,如《唐何好忍等匠人名籍》文书第二件中记有"油匠"。

专门储存油的仓库业已出现,如《唐西州都督府诸司厅、仓、库等配役名籍》第六件中有“桃库”、“油库”的记载。《高昌乙酉丙戌岁某寺条列日用斛斗帐历》记载“麦伍斗,用买油,用作佛饼”,表明油在麴氏高昌时期就已成为商品交换物。

我们可从南疆地区加工油料的传统工具——油榨来追寻古代西域人榨油的场景。张合旺先生曾对南疆地区传统农具进行过研究,他指出:油榨,维语称“居尕子”。由木臼、木杆、V形配重木桩和石块组成。木臼高约200厘米,一半埋入地下,地上部分高约90至100厘米,距地面20厘米以上部分内部挖空。木杆插入臼中与油料摩擦,配重木桩将木杆拉向倾斜方向。木杆和V形配重木桩皆用比重较大的木材制作。配重木桩上放置200千克重的扁平石块。榨油时,将3.5~4千克胡麻籽或其他原料投入到木臼中,一头牲畜拉动木杆转动,倾斜的木杆顺着臼的内壁压榨胡麻籽,将油挤出。为了增加摩擦力,榨油时需要向木臼内加水。压榨油菜子时还要加盐,去除菜子油的辣味。1~1.5小时榨完1臼原料,出油1千克。南疆地区棉籽、菜子、胡麻籽、红花籽和葵花籽等油料都用油榨加工。胡麻籽的出油率为30%,棉籽的出油率为13%。

酢和酱。《齐民要术》卷8“作酢法”条注云:“酢,今醋也。”如《高昌延寿九年(632)四月一日范阿僚举钱作酱券》记载“范阿僚从道人元□□□取银钱贰拾文,到十月,槽头与甜酱拾陆斛五斗,与酢叁斛,与糟壹斛。甜酱曲霉,瓮子中取。到十月,槽头甜酱不毕,酱壹斗转为苦酒壹斗。”新获吐鲁番出土文献中收录了同类文书——《麴氏高昌某年作酱券》。《高昌传供酒食帐》也曾提到“酱二斗”。在《斯坦因第三次中亚探险所获甘肃新疆出土汉文文书——未经马斯伯乐刊布的部分》中收录了《弟嘉良等领物帐》一文,文书的背面有“饼饭酱菜”的记载。

酱用发酵后的粮食所酿,味咸,体积小。酱,乃古代屯田之兵必备食品,边防军亦携酱佐餐。魏晋后期简牍中即有此食品,唐代规定士兵必有酱佐餐,并出现了酱油与酢(醋)。在高昌的酱应至少有两种,一种用粮食制成,另一种用蔬菜或水果,特别是葡萄制成。如《高昌夏某寺葡萄园券》中记载“甜酱”。据王素先生研究,高昌的酿酒业,可以说是葡萄种植业的副业。高昌的制酢、制酱业,也可以说是酿酒业的副业。醋在高昌,称为酢或苦酒。醋用酒或酒糟发酵制成,苦而又有酒味,故又称为苦酒。酱亦用蔬果或粮食发酵制成。所谓甜酱,实际也就是葡萄酱。制醋、制酱业与葡萄种植及酿酒业关系密切,葡萄种植及酿酒业兴盛的地区,制醋、制酱业自然也就兴盛。

豉。也就是豆豉,一种用黄豆或黑豆泡透蒸(煮)熟后发酵制成的食品。《唐典高信贞申报供使人食料帐历牒》文书的第四件中记载“豉壹合”。

糖。季羡林先生的《新疆的甘蔗种植和砂糖应用》专门论及糖,认为新疆雪峰插天,沙漠辽阔,地理条件和气候条件都不宜于甘蔗的种植。但是,根据古籍记载,新疆确实能种植甘蔗。日本学者池田温所著的《中国古代籍帐研究》中有一段文字提及砂糖作为商品在交河市场上出卖。在吐鲁番地区,糖用于点心的制作。王炳华先生曾记载在考古中发现了各式花样点心:主要为圆形,直径6厘米左右,厚约1厘米。以面粉、植物油为料,用各式花模压制成型,烘烤成熟,中部凹陷,镶嵌不同果品,或辅以糖料,造型相当美观。时代为唐,出土时仍保存完整。齐万良先生也认为高昌人烤制各种花色点心,而以加入砂糖的甜点最受欢迎。

石蜜。石蜜,《唐本草》始著录,云系用水牛乳、米粉煎成块,作饼坚重,西戎来者佳。李时珍《本草纲目》卷23引万震《凉州异物志》云,实乃甘蔗汁煎而曝之,凝如石而体甚轻,故谓之石蜜。据陶弘景《本草注》:“石蜜即岩蜜也,在高山岩石间作之,色青,味小酸,食之心烦,其蜂黑色似虻。”《艺文类聚》卷87“甘蔗”条引《南中八郡志》:“交趾有甘蔗,围数寸,长丈余,颇似竹,断而食之,甚甘。笮取汁曝数时,成饴,入口消释,彼人谓之石蜜。”季羡林先生认为,汉代末年文献中常常出现“石蜜”这个词儿,什么“西极石蜜”、“西国石蜜”,可见石蜜不是中国东西,石蜜不是冰糖。中国古代有所谓“西极石蜜”这种东西,指的是印度、伊朗传进来的乳糖。[1] 蔡鸿生先生认为在古代亚洲，石蜜可分为三类：第一，岩蜜，即天然石蜜。第二，饴糖。不过，西亚一带的石蜜，其性状却与饴糖大异。第三，西极石蜜。九姓胡人入贡的石蜜，既排除了前两种可能性，那就只能假定，它也是西极石蜜。[2]

《新唐书·康国传》记载粟特人“生儿以石蜜啖之。置胶于掌，欲长而甘言，持宝若黏云。”由此可见，石蜜在粟特人的日常生活中及民族心理上都占有一定地位。荣新江先生的《新获吐鲁番文书所见的粟特》一文根据对新出吐鲁番文书的初步整理成果，简要介绍了其中有关粟特的内容，并认为古代高昌是粟特人东来的必经之地。粟特人应当早在5世纪前半叶即已进入高昌，其聚落的位置很可能是在高昌故城东部。姜伯勤先生的《敦煌吐鲁番文书与丝绸之路》（文物出版社，1994年）一书研究了高昌粟特人及其活动情况，认定高昌也存在粟特人聚落；这些粟特人分为入籍和未入籍两种，他们各自有不同的义务和权利；他们都对东西贸易和文化交流起了巨大的中介作用，对敦煌、吐鲁番和粟特地区货币的演进也起了很大作用。那么，高昌人曾使用石蜜是无疑的。对此，古代文书也有相关记载。《高昌内藏奏得称价钱帐》第一件中提到“34 □买香八百斤、石蜜卅一斤□”。[3]《唐人写疗眼方》文书中记有“ □一铢　白石蜜一铢　甲伤少多　已上三色研　决明子十颗”，“ □ 眼上运　忌冷水　忌光　忌酢　忌酪”。[4] 从以上文书看，石蜜是被作为药用的。

石蜜既可作为药品，亦可作为食品。《唐代的外来文明》一书也曾对糖乃至石蜜有专门论述。其认为唐朝有一种形制像糕点或者面包形状的糖，这种糖通行的名称叫“石蜜”，它是为了日常消费而制作的。在唐代时，有好几个城市都能够制作“石蜜”，虽然在各地配制的石蜜

[1]季羡林：《一张有关印度制糖法传入中国的敦煌残卷》，《历史研究》，1982年，第1期，第125页。

[2]蔡鸿生：《唐代九姓胡与突厥文化》，中华书局，2001年，第67页。

[3]唐长孺主编，国家文物局古文献研究室等编：《吐鲁番出土文书》，第三册，文物出版社，1981年，第321页。

[4]唐长孺主编，国家文物局古文献研究室等编：《吐鲁番出土文书》，第三册，文物出版社，1981年，第25页。

中，糖的来源因地而异，但是凡是石蜜都要掺入牛乳，估计石蜜也被纳入了西州人的食用范围。

至于饮品，酒应是晋唐吐鲁番地区较为普通的饮品之一。关于此，将在西域酒文化篇幅中论述。另有乳酪。由于畜牧业在晋唐吐鲁番地区占有重要地位，同时受周边游牧民族的影响，其居民也食肉饮酪。乳酪，系用牛、马、羊等乳浆炼制成的食品，有干湿两种。王利华先生曾对中古即魏晋南北朝隋唐时期中国乳品生产与消费情况作过考述。其指出：这一时期，我国已有相当成熟的畜乳生产与加工技术，出现了酪、酥、醍醐和乳腐等多种畜乳加工制品；在北方农耕地区，畜乳生产曾是重要的经济项目，乳制品已投放到市场成为交换商品。食用和饮用乳品在当时较为常见，特别是煮食煮饮酪和酪浆曾经相当流行；以乳品作烹饪食品的配料也甚多见；当时的医家养生家非常重视乳品的食疗营养价值，对各种乳品的性味、食疗功效和饮食禁忌多有论述。中古时期的畜乳有牛、马、羊和驴乳，但以羊乳为主，与当今以牛乳为主的情况明显不同。对于畜牧业及家庭饲养业在食生产中占有重要地位的吐鲁番地区来说，其乳文化应该比北方农耕地区的乳文化更为丰富。

晋唐时期，酪也已成为吐鲁番地区市场的商品之一，《高昌乙酉丙戌岁某寺条列月用斛斗帐历》中记载"麦二斛七斗，得钱三文，麦一斛五斗，作面，麦□斗买落（酪）。""酪"应是游牧民族的传统食品。元代著名的维吾尔族农学家鲁明善在所著的《农桑衣食撮要》中提到造酪的方法，如谓："五月，晒干酪。将奶酪于锅内，慢火熬，令稠，去其清水，摊于板上，晒成小块，候极干收贮。"

关于晋唐时期（公元3至9世纪）屡有所见的食品文物，王炳华先生认为其说明了以下几个问题：首先，这一阶段，人们的食品构成，较前有了很大的进步、提高。其次，食品种类的丰富，明显得之于与邻近地区间交流的收获，饺子、馄饨、各式点心，可以清楚地见出中原大地的影响。最后，传统的烤饼，发展成了其形似馕的饼。这不仅只是体积大小、形式的变化。其形似馕的饼体变得较大而薄，烘烤后可以基本脱水，这会更利于保存，便于长途旅行，极好地适应了丝绸之路交通中戈壁、沙漠梗阻，获取食品不易时的需要。[1]

(3)饮食市场

随着农业生产有了相当的发展，有较多的农产品进入了市场，特别是为市场提供社会所需的商品粮食。《高昌乙酉丙戌岁某寺条列月用斛斗帐历》中可见该寺用于购买生产、生活用品以及缴纳官府的各种“剂”钱，几乎都是由出售粮食所得。货币交易体现了商品经济的进一步发展。如《唐家用帐》中记载“买菜用九文”。“五日，六十粜面，卅买酱，十八买酢”。在吐鲁番阿斯塔那第4号墓中，总共出土了23件社会经济文书，其中有两件《唐支用钱练帐》，其中一件体现了唐代吐鲁番用货币购买麦、米、麨、肉等现象，同时也存在物物交换(即用实物，如白练购买米)的现象。有研究者曾把《唐支用钱练帐》两件文书中有关账目体现的物价与阿斯塔那214号墓出土两件唐和籴青稞账所体现的物价对照，得出货币与一些实物的比价，并推算出：一斗麦约值银钱1文或0.8文；一斗麨值银钱1.3至1.5文，一石麨值银钱13至15文；一只大羊值银钱10文；一斗米约值银钱1.5文至1.8文。

有关饮食的手工业专门作坊的出现，如制盐业、酿酒业(附制醋、制酱业)等的出现体现了社会分工的进一步扩大，以及饮食市场经济的发展。作坊除寺院、官府所有的之外，还有私人作坊。在《延寿九年(632)范阿僚举钱作酱券》中，这位名叫范阿僚的人是酿造酱、酢的作坊主。他曾从道人元某举银钱20文，可能是用于扩大生产，并定期以生产实物偿付，其所造酱醋并非为自家食用，而是为市场上提供食品。

商品经济的发展促使很多有关饮食的行业专业化。如文书《唐枣贩残书牍》体现唐代已经出现专门卖枣的商人。另外，《唐何好忍等匠人名籍》第二件中记有“油匠”、“杀猪匠”。

买卖饮食的市和行的出现。市和行的出现是商品经济发展到一定程度的结果。唐朝在西域的州县设有市。《唐开元廿一年(733)正月西州百姓石染典买马契》说：“马一匹骝敦六岁”；“开元廿一年正月五日，西州百姓石染典交用大练十八”，“匹，今于西州市，买康思礼边

[1]王炳华：《吐鲁番古代饮食文化初探》，《吐鲁番学研究》，2001年，第2期，第79页。

上件马。(后略)”出土文书不仅说明西州有市,而且还记载了西州市的许多行名。据日本学者统计,西州市有不少的行,如果子行、彩帛行、铛釜行、米面行、菜子行、帛练行等。市上各行出售的商品有布帛类、酢类、畜类、皮制品、食物、干果、粮食、菜种、药物、香料、化妆品、器具、炭草及大粪等。行是商业活动中的一种组织形式,也是各行业专门化的社会分工。西州出现了如此多的行,这是前所未有的事,反映了当时商业经济的发达。由此可见,西州至少已出现了饮食原料市场,且已经达到了一定的水平。随着社会的进步以及分工的逐渐发展和交通条件的改善,进入流通领域的商品,已在一定程度上突破了奢侈品的范围,逐渐扩大到有关国计民生的广大群众生产、生活中的必需品上。交河郡的农牧业已经突破了小农生产自给自足的樊篱,成为商品经济的一个组成部分。

大唐盛世,丝路贸易繁盛。特别是处于中西交通枢纽的西州,商品经济发达,处于全国前列,可谓是物资集散中心的国际市场。有学者认为,高昌移民小社会以宽容的胸怀、开放的姿态,构筑起一个国际贸易网络中理想的平台,创造有序的贸易环境。其接纳来自西亚的、中亚的和东边的商人客户,包容各个民族、不同群体的社会风格和生活习惯,甚至为手工工匠试制适应市场新产品创造条件。高昌以自身社会为基础,以地理位置为条件,创造出一个理想的货物集散地、商品市场、商业中心,并将其辐射到周边地区,形成一个以高昌为中心的区域大环境。而此,必然会促进饮食市场的进一步发展。

(4)食俗

《北史》记载高昌“风俗政令,与华夏略同”。魏晋南北朝时期,罗布淖尔地区的楼兰故城,吐鲁番地区的高昌一时成了“汉魏遗黎”的偏安之处,通行汉文、汉学经典教育、行政管理制度、丧葬等习俗都同于中原大地。考古文化显示,中原文明是这一时段、这片地区占统治地位的文化形态。西州时期,随着吐鲁番地区与中原王朝政治经济联系的进一步加强,其民俗习惯已多同于内地了。陈国灿先生曾用吐鲁番出土的大量高昌国文献,对正史中诸《高昌传》所记“兼用胡书”、“皆为胡语”、“俗事天神，兼信佛法”等作了分析和校正，认为这些记载不符合高昌王国实际。并指出，根据对出土的高昌国时期文书的考察，可以清楚地看到，高昌国并非化外的异域，而是华夏之邦，尽管她在形式上是一个独立的政权，并具有某些地域性的特征，但她却是中国的一个部分。无论是语言文字、生活习俗，还是文化传承及宗教信仰，都与中原内地息息相通，具有一体性。

① 节日礼仪食俗

下面仅择取几个节日进行说明。

元日，农历正月初一。王安石曾有诗篇《元日》曰：“爆竹声中一岁除，春风送暖入屠苏。千门万户曈曈日，总把新桃换旧符。”元日，为岁首立春之节。据相关研究，西州存在元日祭祖之风是肯定无疑的。早在高昌时期就由国家举行杀牲大祭，仅从吐鲁番出土文书中就可发现大祭时间发生于元旦者已有下列数种，皆由祠部主祭：第一，祭风伯。杀牲煮肉；第二，西涧神。杀牲煮肉；第三，长堞。杀牲煮肉；第四，西门。杀牲煮肉。这种杀牲煮肉的祭祀方式显然是传统的汉文化特征。元旦又是始耕节，届时都会举行盛大的庆祝仪式。至于一般百姓，则以此日祭祖。此风一直延续至吐蕃统治时期而长盛不衰。

寒食。寒食节亦名禁烟节，时间在清明的前一天或前两天。这一天，民间禁绝烟火，只吃冷食。寒食的形成源于周代仲春之末的禁火习俗及春秋时晋国故地山西一带祭奠介子推的习俗。在寒食节的形成及传承过程中，后一源头的影响越来越大。《后汉书·周举传》称：“太原一郡，旧俗以介子推焚骸，有龙忌之禁。至其亡月，咸言神灵不乐举火，由是士民每冬中辄一月寒食，莫敢烟炊，老小不堪，岁多死者。”后唐人卢象曾感慨道：“子推言避世，山火遂焚身；四海同寒食，千秋为一人。”春秋时期，传说子推辅保晋公子重耳流亡列国，曾在断粮之时割股肉给重耳充饥。重耳归国当上晋文公后，大封功臣，而子推却隐居绵山（今山西介休）不愿邀宠。晋文公三请不至，便放火烧山逼他出来。子推舍身保节，抱树而死。为了悼念他，晋文公下令这一天全国禁火，后相沿成习。从先秦以迄隋唐，寒食节均为一个大节日。隋唐五代时期,无论贵贱贫富,对过寒食节都是非常重视的。后来的寒食节中又加入了扫墓之俗。白居易有诗一首,令人怅然:“乌啼鹊噪昏乔木,清明寒食谁家哭?风吹旷野低钱飞,古墓累累春草绿。棠梨花映白杨树,尽是死生离别处。冥漠重泉哭不闻,萧萧暮雨人归去。”

吐鲁番出土唐课钱账历共41件,其中第34件记有“张三便二百文,许过寒食五日内分付了”,说明唐吐鲁番也过寒食节。直至高昌回鹘时,该地仍过寒食。《宋史》卷490记载太宗遣供奉官王延德、殿前承旨白勋使高昌,见高昌“用开元七年历,以三月九日为寒食,余二社、冬至亦然”。

那汉唐时寒食节的传统食品又有哪些呢?据姚伟均先生考证,饧大麦粥应是其中之一。《荆楚岁时记》云:寒食“禁火三日,造饧大麦粥”。有专家指出,饧大麦粥,从其制法来看,并非只是将大麦熬粥加糖,而是先将大麦熬成麦浆,煮熟,再将捣碎的杏仁拌入,冷凝后切成块状,食时浇上糖稀,正如《玉烛宝典》云:“今人寒食悉为大麦粥,研杏仁为酪,引饧以沃之。”后世又将此食品称为麦糕,其中的原料大麦也可以粳米代替。还有一种名叫干粥的食品,亦称作糗,即炒熟的麦、粟、米粉,食用时,加水调成糊状,也可直接食用。魏晋时出现一种耐贮存、适于冷食、又酥香脆美的“寒具”成为上层社会寒食节的节日美食。北魏贾思勰《齐民要术》对其制法作了介绍,其中说:“环饼一名‘寒具’……以蜜调水溲(和)面”,然后油炸,是极为酥脆精美的食品。《齐民要术》称它“入口即碎,脆如凌雪”,所以有人将它取名为“馓子”。宋人庄季裕在《鸡肋编》云:“馓子,又名环饼,即古之寒具。”唐人制作寒具时还喜欢粘上一些黑芝麻,使之更香,并取名为“巨胜奴”,“巨胜”即黑芝麻。汉唐时期寒食节的节令食品还有煮鸡蛋、盐醋拌生菜之类。如唐代寒食节吃煮鸡蛋就是必不可少的主食之一,更有好事者,在鸡蛋上雕刻各种花纹图案,并染上色彩,增加鸡蛋的外观美感,久之,遂形成了一种传统习俗,这就是唐人所说的“镂鸡子”。然后,人们又把镂刻成形的鸡蛋拿出来相互比试,即斗鸡卵之俗,意在体现食品雕刻的技能。元稹《寒食夜》云:“红染桃花雪压梨,玲珑鸡子斗赢时。今年不是明寒食,暗地秋千别有期。”根据高昌物产,以上几种食品均有可能出现于该区寒食节的食单上。

端午。端午节是中国古老而重要的节日,起源中国并传承至今,并由此形成一系列丰富的节日文化。中国的端午节主要纪念的是伟大诗人屈原,并在全国各地有着丰富多样的内容和形式,可谓普遍性与地方特异性并存。端午节最主要的节令食品是粽子。相传粽子始于汉代,是端午节投向水中祭屈原的供品。南朝梁人吴均《续齐谐记》载:“屈原五月五日投汨罗而死,楚人哀之,每至此日竹筒贮米,投水祭之。汉建武中,长沙区曲白日忽见一人,自称三间大夫,谓曰:‘君当见祭,甚善。但常所遗,苦为蛟龙所窃。今若所惠,可以楝树叶塞其上,以五采丝缚之。此二物蛟龙所惮也。’曲依其言。世人作粽并带五色丝及楝叶,皆泊罗之遗风也。”在南北朝时,粽子的名称已逐渐代替了角黍,其制作原料也由黍米改为主要用大米了,而且粽子也成为夏至和端午两个节日的节令食品。汉代至魏晋是端午节初步形成的阶段,而南北朝至隋唐则是端午节定型化、成熟化的阶段。几千年来,这一民间习俗被广泛地流传,每逢端午,凡炎黄子孙,几乎都在沿袭用之。

旅顺博物馆工作人员在整理拣选新疆(吐鲁番)出土的唐代文书碎片时,曾发现了混入于文书纸屑中的一件草编粽子(见图版27)。[1]据介绍,粽子是采用草备篾编制而成,大小共有5枚,均呈等腰三角形,与今日北方部分地区民间所食用的粽子的形状如出一辙。经测量大者底长1.37厘米,高1.35厘米;小者底长1.1厘米,高1.01厘米。5枚粽子由一根手捻棉线穿挂于一起,线的一端打有一结。经肉眼仔细观察,工作人员发现该粽子系类似于麦秸秆这样一种植物。从中剖开后,用赶角盛压的方式编制而成的,因此在其表面仍保留有草秸秆的光泽。粽子虽小,但其编制工艺可谓精细,且非常逼真。从这件草编粽子的形式看,其应是悬挂于儿童身上的饰物。其实时至如今,在端午节这一天还是有很多人要用五彩线编成的小粽子挂在孩子们的胸前以

〔1〕王珍仁,孙慧珍:《吐鲁番出土的草编粽子》,《西域研究》,1995年,第1期,第116-117页。

讨个喜庆和吉利，而旅顺博物馆所收藏的吐鲁番出土的古尸中也恰恰有一具儿童干尸，这或许可以从中得到印证。端午节吃粽子这一民俗事项是何时传入新疆地区已无据可查，但至迟在高昌时期就已经得以流传，应该是不会错的。

冬至，是我国农历中一个非常重要的节气，也是我国汉族的一个传统节日。冬至过节源于汉代，盛于唐宋，相沿至今。《清嘉录》甚至有"冬至大如年"之说。在我国古代对冬至很重视，而且有庆贺冬至的习俗。《汉书》中说："冬至阳气起，君道长，故贺。"《后汉书》中有这样的记载："冬至前后，君子安身静体，百官绝事，不听政，择吉辰而后省事。"唐、宋时期，冬至是祭天祭祖的日子，皇帝在这天要到郊外举行祭天大典，百姓在这一天要向父母尊长祭拜，现在仍有一些地方在冬至这天过节庆贺。北方地区有冬至宰羊、吃饺子、吃馄饨的习俗，南方地区在这一天则有吃冬至米团、冬至长线面的习惯。《高昌乙酉丙戌岁某寺条列月用斛斗帐历》中记载："□二斛五斗，尽，供冬至日用。"该记载表明，高昌人们也过冬至。

农历十二月初八，是我国汉族传统的腊八节，古代称为"腊日"，是腊月最重大的节日。从先秦起，腊八节都是用来祭祀祖先和神灵，祈求丰收和吉祥的。腊八节除祭祖敬神的活动外，人们还要逐疫。唐代诗人杜甫曾有诗《腊日》曰："腊日常年暖尚遥，今年腊日冻全消。侵凌雪色还萱草，漏泄春光有柳条。纵酒欲谋良夜醉，还家初散紫宸朝。口脂面药随恩泽，翠管银罂下九霄。"据说，佛教创始人释迦牟尼的成道之日也在农历十二月初八，因此腊八也是佛教徒的节日，又称"佛成道节"。腊八节，民间大都流行喝腊八粥。关于喝腊八粥的由来，民间还流传着许多故事。其中一种说法，认为腊八粥传自于印度。佛教的创始者释迦牟尼本是古印度北部迦毗罗卫国（今尼泊尔境内）净饭王的儿子，他见众生受生老病死等痛苦折磨，又不满当时婆罗门的神权统治，遂舍弃王位，出家修道。初无收获，后经6年苦行，于腊月八日在菩提树下悟道成佛。在这6年苦行中，每日仅食一麻一米。后人不忘他所受的苦难，于每年腊月初八吃粥以示纪念，每逢腊八各地佛寺作浴佛会,举行诵经,并效仿释迦牟尼成道前,牧女献乳糜的传说故事,用香谷、果实等煮粥供佛,称“腊八粥”。并将腊八粥赠送给门徒及善男信女们,以后便在民间相沿成俗。据说有的寺院于腊月初八以前由僧人手持钵盂,沿街化缘,将收集来的米、栗、枣、果仁等材料煮成腊八粥分发给穷人。传说吃了以后可以得到佛祖的保佑,所以穷人把它叫做“佛粥”。《高昌乙酉丙戌岁某寺条列月用斛斗帐历》中记载“四斗,得钱一文,买麻子。床 五斗,用作羹。尽,供腊日用。”“麦二斛四斗七升半,用上”“六升敛。粟四斛五斗,用买驮被毡一领。枣三斛,供腊日用。”[1]上述文书体现高昌某寺为过腊八,用床五斗做成羹(羹指有浓汁的食品),但至今相关资料尚未见腊八粥的明确记载。

三月三是汉族及多个少数民族的传统节日,时在农历三月初三。古时以三月第一个巳日为“上巳”,汉代定为节日。“是月上巳,官民皆絜(洁)于东流水上,曰洗濯祓除,去宿垢疢(病),为大絜”(《后汉书·礼仪志(上)》)。后又增加了临水宴宾、踏青的内容。三月三的晚上,家家户户在自己家里的每个房间放鞭炮炸鬼,传说这天鬼魂到处出没。三月三,汉族有吃地(荠)菜煮鸡蛋的习俗。汉族过三月三,除了祭祀之外,后期陆续发展为河畔嬉戏、男女相会、插柳赏花等民俗活动。三月三的习俗,唐宋时期仍在盛行。同时这个节日也是男男女女出游踏青的日子,唐代大诗人杜甫写有“三月三日气象新,长安水边多丽人”这样的诗句。三月三亦是高昌人们的节日,如《高昌乙酉丙戌岁某寺条列月用斛斗帐历》中记载“□□斗,供三月三日食”。

每年的农历七月七日是我们中华民族的传统节日——“七夕节”,民间亦称“乞巧日”。在《第一批国家级非物质文化遗产名录》中,七夕和春节、清明、端午、中秋、重阳并列为我国“六大”传统节日。由于牛郎织女的故事感天动地,现代人更把这一天当做“中国情侣节”。“纤云弄巧,飞星传恨,银汉迢迢暗度。金风玉露一相逢,便胜却人间无数。柔情似水,佳期如梦,忍顾鹊桥归路。两情若是久长时,又岂在朝朝暮

〔1〕唐长孺主编,国家文物局古文献研究室等编:《吐鲁番出土文书》,第三册,文物出版社,1981年,第226-231页。

暮。”这是宋代词人秦观的《鹊桥仙》,成为一首歌咏爱情的千古绝唱。七夕七月七,是传说中牛郎织女从鹊桥渡天河相会的日子。人们心中的织女是个勤劳善良、心灵手巧的天仙,所以七月七这天晚上,年轻的姑娘和少妇都要出来行拜祭的礼仪,并向织女乞巧,希望自己也能像织女一样有双灵巧的手,有颗聪慧的心,能过上幸福美满的生活。因为七夕节与女事关系密切,所以又叫“女儿节”,是中国传统节日中的妇女节。七夕节有吃巧甜食的风俗。巧食的内容有瓜果和各式各样的面点,各地风俗不一。各种巧食做成后,都要陈列到庭院中的几案上,好像要请天上的织女来品评。然后大家一面观赏着遥远的夜空,一面吃着各种巧食,认为这样会使人变得灵巧。汉代时,民间便开始向织女乞巧了。不但祈求心灵手巧,还祈求得到财富、早日有美满甜蜜的婚姻和生儿育女。《高昌乙酉丙戌岁某寺条列月用斛斗帐历》中记载:“祀天。麦二斛七斗,得钱三文,麦一斛五斗,作面,麦□斗买落。粟五斗,作饭,床 三斗,作爨,尽,供七月七日食。”上述文书的记载可见寺院对七月七是很重视的,这天的饮食很丰富,又是做面、买酪,又是做饭、做爨。但该寺院过其他节日的饮食,由于文书残缺,憾未见其全载。

总之,冬至、腊日、三月三、七月七是内地传统节日。文书记载体现高昌人民也过上述这些节日,就连寺院都不能免俗。

说到中秋节,就会联想到美味的月饼。那月饼是否已在唐代吐鲁番地区出现了呢?有学者认为,中秋的渊源是先秦时的秋祀和拜月习俗。但中秋节成为节日,大约始于唐代。在唐代,中秋赏月之俗已十分盛行。唐人在中秋赏月的同时,总要以酒食相伴,这样,与月亮有关的食物也就发展起来,其中最具有中秋节特点的食俗是吃月饼。月饼在唐代已经出现,据《洛中见闻》中说:唐僖宗在中秋吃月饼,味极美,他听说新科进士开宴,便赐给他们吃。不过,唐代还没有月饼这一名称,月饼之名,始于宋代。《清异录》卷4“张手爨家”记载洛阳有一处人称张手爨家的食肆,在这家食店的节日饮食中,中秋有“玩月爨”。唐人特别重视中秋赏月。隋唐五代史时,虽然已经有了特别的“玩月爨”这种专在赏月时享用的美食,但当时还没有出现月饼。

唐代吐鲁番地区以汉人为主体居民，且置西州于此，直辖于唐朝，与内地联系进一步加强，中原重视中秋节之风，肯定波及于此。类似“玩月羹”用来中秋赏月助兴的食物已出现，但还没有把相关食品称之为“月饼”。不过，《〈新疆维吾尔自治区博物馆〉画册》曾如此介绍一种面制点心：“宝相花纹月饼，唐(618—907)，直径 6.5 厘米，1972 年自吐鲁番阿斯塔那 230 号墓出土。以小麦粉为原料，模压成型，烘烤制成。呈圆形，为土黄色，表面花纹轮廓清晰。中心为圆圈，由两组联珠纹组成，并环绕有一周连瓣纹；外侧装饰似松针纹。月饼制作精致，花纹图案搭配得错落有致，造型新颖别致，充分体现了当时人们高超的面点制作技艺。”(见图版 28)

笔者曾实地考察新疆维吾尔自治区博物馆，发现所谓月饼非常小，才有当今的 1 块小圆饼干大小。参照月饼的历史，其应该是点心而不是月饼。故将图版 28 命名为“阿斯塔那 230 号墓出土的唐代点心”。在第三届吐鲁番学国际学术研讨会暨欧亚游牧民族的起源与迁徙国际学术研讨会上，艾力·吾甫尔先生认为笔者上述观点是正确的，并建议去维吾尔族点心店进行实地考察。

②养生医疗食俗

新疆是长寿之乡，早在 1985 年 10 月底，国际自然医学会就在东京宣布我国新疆为世界长寿区。而在晋唐时期，该地区就呈现健康长寿的态势。如公元 5 世纪末—7 世纪初，高昌王国的人们大多健康长寿。从新中国成立到 1990 年前出土的吐鲁番墓志中已经刊布的墓表资料来看，有年龄依据者共 75 人，占全部人数的一半以上。如果将其中 50 岁以上的人分作 6 个年龄段，50～60 岁 12 人，占 16%；60～70 岁 10 人，占 13.3%；70～80 岁 18 人，占 24%；80～90 岁 8 人，占 10%；90～100 岁 4 人，占 5%；100 岁以上者 1 人，占 1.3%。有学者认为，即使依照现代人的标准，60 岁即可视作进入老年，换句话说，60 岁以上依然健在可以认为是长寿者。依此标准，60 岁以上的人群在高昌竟达 53.6%。若以“人生 70 古来稀”的观念来衡量的话，70 岁以上者的比例为 40.3%，生活在生存环境比现代要恶劣得多的 1500 年前一个偏远的小地方，高昌人的健康水平远远超出当时的普遍水准。直至高昌回鹘时期，王延德还称当地“人多寿考，率百余岁，绝无夭死”，此话虽然有点夸张，但反映了高昌居民长寿的客观情况。

本书作者认为，高昌人之所以高寿，主要源于以下几个方面：

A. 较为科学的膳食结构

高昌人的健康首先得益于他们良好的膳食结构和饮食习惯。《素问·脏气法时论》云：“五谷为养，五果为助，五畜为益，五菜为充，气味和而服之，以补益精气。”《高昌重光三年（622）条列虎牙汜某等传供食帐一》文书保存了若干张氏家族成员为主要消费者的供食账，记录了消费粮食和各类副食的品种及数额，品种主要有以下几大类：粮食类、蔬果类、肉类、豆类和杂类，从出现的频率看，粮食最多，肉类次之，豆类再次之，看得出以上述原料搭配起来的食谱，可谓五味俱全，堪称一份科学的膳食食谱。《素问·正气通天论》指出：“谨和五味，骨正筋柔，气血以流，臻理以密，如是则骨气以精，谨道以法，长有天命。”因此，有研究者指出，高昌人在饮食上不仅十分注重食物的粗细混食，干稀搭配，粮豆同吃，而且在主副食的多样化上也独具慧眼，例如对葡萄酒的饮用。他们从酒中获得可以被人体直接吸收的糖分和维生素 C、D，而且还获得了保护心脏的特殊妙处。由于食物的多样化和合理搭配，满足了人体对多种营养素的需要，从而为人体的健康奠定了物质基础。《中国居民膳食指南——平衡膳食，合理营养，促进健康》（1997 年 4 月 10 日中国营养学会常务理事会通过）认为人们在饮食生活中应注意：第二，食物多样，谷类为主。第二，多吃蔬菜、水果和薯类。第三，常吃奶类、豆类及其制品。第四，经常吃适量鱼、禽、蛋、瘦肉，少吃肥肉和荤油。第五，食量与体力活动要平衡，保持适宜体重。第六，吃清淡少盐的膳食。第七，饮酒应限量。第八，吃清洁卫生、不变质的食物。古今对比，可看出高昌人的膳食结构确实较为科学。

高昌人较为科学的膳食结构主要源于其特定的食生产方式。如前所述，在绿洲诸国的食生产方式中，绿洲农业在食生产中占据主导地位；园艺业在食生产中占有特殊地位；畜牧业及家庭饲养业在食生产中占有重要地位。

如前所述，新疆特定的自然地理环境及气候条件，有利于园艺业的发展。而局限于水的限制，单一的食生产方式满足不了西域人们的食物需求，客观上也要求人们利用尽可能利用的条件发展多元的食生产方式，包括园艺业。这就客观上使水果成为人们食谱中的重要组成部分，而多吃水果则有益于身体健康。如吐鲁番晋唐墓葬出土多量梨干，梨子是吐鲁番人们所食用的水果之一。梨子性味甘、微酸、微寒，可生津润燥、清热化痰、泻热止渴、润肺镇咳、养血生肌、润肠通便；也可用于热病伤阴、肺燥咳嗽、烦咳惊狂、咽干失音、反胃便秘等症。《本草纲目》称梨可以“润肺清心、消痰降火、解疮毒酒毒”。《本草通玄》说梨“生者清六腑之热，熟者滋五脏之阴”，用其清热安神功能，对缓解高血压、失眠、惊悸有辅助治疗作用。梨含有多种维生素、有机酸、钙、磷等多种矿物质；还含有天门冬素，对保护肾脏有益；含有的维生素 B1、B2，对调解神经系统、增加心脏活力、减轻疲劳有一定作用。高血压患者多吃梨，有清热、滋阴、镇咳功能，可缓解血压升高引起的口渴、头晕、烦闷、便秘症状。肺结核患者吃梨，可缓解肺阴虚引起的干咳、痰稠、咯血、五心烦热等表现。梨所含的果糖多，容易吸收，加之有多种维生素的配合，可增进食欲、帮助消化，对肝脏也具有保护作用。烤是汉唐时期西域人们的主要烹饪方式之一，烤制食物是西域人们所喜欢且日常常食之物。而据韩国人称，饭后吃一个梨有利于排出体内积存的致癌物，特别是在吃完烧烤的食品后，吃梨有利于防癌。肿瘤患者吃梨也有助益，可缓解消瘦、烦热、厌食等阴虚症状。梨含有大量维生素 C，对抑制致癌物亚硝胺在胃内的形成有帮助。头颈部的放射治疗常引起口干舌燥、味觉障碍等热毒伤阴症状，多吃梨也很有好处，可刺激口腔唾液的分泌。另外，不少干果具有促进人体健康的营养成分，而葡萄干所含的营养成分更是令营养学家赞叹不已。美国营养学家做过的一项研究表明，如果每天摄食相当于 400 卡热量的葡萄干，能有效降低胆固醇，同时还能抑制血中坏胆固醇的氧化。此外，葡萄干能改善直肠的健康，因为葡萄干含有纤维和酒石酸，能让排泄物快速通过直肠，减少污物在肠中停留的时间。更令人称奇的是,葡萄干中含有一种称为白藜芦醇的成分,它能有效地防止细胞恶变或抑制恶性肿瘤的增长,而且能阻止白血病细胞的分裂。另外,葡萄干中的纤维能防止果糖在血液中转化成三酸甘油酯———一种血液脂肪,从而降低罹患心脏病的危险。

B.厚于养生的饮食观念

吐鲁番多葡萄酒,其重要原因之一是西域人重视饮食养生。葡萄酒具有良好的营养和保健作用,长期适量饮用有益人体健康。《神农本草经》曾记载:"葡萄,主筋骨湿痹,益气倍力,强志可作酒";《滇南本草》称"葡萄大补气血、舒筋活络、泡酒服之";明代李时珍所著《本草纲目》中详述了葡萄酒的酿造方法及其药用功效,谓"葡萄酒……驻颜色、耐寒"。据现代有关专家研究,葡萄酒中含有24种氨基酸,特别是含有人体所必需的8种氨基酸,而且其含量与人体血液中这些氨基酸含量相当接近。葡萄酒中含有葡萄的天然成分和酿造过程中产生的多种成分,如糖、氨基酸、蛋白质、矿物质、维生素等,而这些物质都是人体必不可少的营养素,它们可以不经过消化,直接被人体吸收。葡萄酒中含有硫、钾、镁、锌、锰、钠、碘及铬等矿物质,还含有多种维生素,主要是B族维生素和维生素C。葡萄酒有补血养颜、强壮身体、延缓衰老、增进健康的功能,经常饮用葡萄酒,可以增进食欲,帮助消化。葡萄酒中不仅含有酒精,而且含有多种酸类、多酚类物质,所以葡萄酒具有杀菌能力,可防治心脑血管疾病,可防治肾结石和抑制脂肪吸收,降低死亡率。所以,法国微生物学家巴斯德认为,葡萄酒是最健康最卫生的饮料。《晋书》记载:吕光入龟兹城,"大飨将士,赋诗言志。见其宫室壮丽,命参军京兆段业著《龟兹宫赋》以讥之。胡人奢侈,厚于养生,家有蒲桃酒,或至千斛,经十年不败,士卒沦没酒藏者相继矣"。

C.不断积累有关饮食的科学知识

孙思邈主张常食乳酪酥,但同时也认为:"卒多食之,亦令胪胀泄利,渐渐自已";又引"黄帝云:食甜酪竟,即食大酢者,变作血瘕及尿血"(《备急千金药方》卷26《食治》)。《食疗本草》卷中、卷下曾称:患冷气人不宜牛乳,患冷人勿食羊乳酪,牛乳和酪不能与越瓜同食等等。

《唐人写疗眼方》文书中记有"□ 眼上运　忌冷水　忌光　忌酢　忌酪"。《唐人写疗眼方》又一次证明了唐人在认识畜乳及其制品的营养食疗价值的同时，已在一定程度上认识到食用畜乳及乳制品的禁忌。

D. 已知饮食疗法

新疆吐鲁番出土古文书中发现了数量极为可观的涉及祖国医药学内容的文书。在日本京都龙谷大学所保存的医药文书共有30余件，而旅顺博物馆截至目前发现的医药文书也有10余件之多。王珍仁、孙慧珍等曾将其主要的部分文书汇编并做分析和介绍。其中：

3526号医药文书为：1. □ 诃梨勒　白□□
2. □□　羊乳八升□
3866号文书为：1. □为丸和酸栖煎□□□
2. 此云陪酢石榴子□
74号医药文书为：1. 煎取五□
2. 牛乳一升□
3. 疗风黄腹□
75号医药文书为：1. □肆□
2. □ 一月月满更□　罗二雨
3. 石榴子　青莲花各等分
4. 　中经一月月满□
5. 　油每次吃粳　□
170号医药文书为：1. 着硒　□
2. 者不　□
3. 饮牛乳□
4. 　之　□[1]

《食疗本草》卷中认为：牛、羊乳及其乳酪、酥、醍醐和乳腐均可用于治疗多种疾病。羊乳，"补肺(肝?)肾气，和小肠；亦主消渴，治虚劳，

[1] 王珍仁，孙慧珍：《吐鲁番出土文书中所见祖国医药方研究》，《北京图书馆馆刊》，1997年，第4期，第93－99页。

益精气，合脂做羹食，补肾虚”；并可以治卒心痛、男女中风、蚰蜒入耳、小儿口中烂疮等诸种疾患；酪，“主热毒，止渴，除胃中热”；乌牛乳酪，“寒，主热毒，止渴，除胸中热”；酥，“除胸中热，补五藏，利肠胃”，其中“羊酥真者胜于牛酥”；醍醐，“主风邪，通润骨髓，性冷利，乃酥之本精液也”；乳腐，“微寒，润五藏，利大小便，益十二经脉，微动气。细切如豆，面拌，醋浆水煮二十余沸，治赤白痢。小儿患服之弥佳”。同书卷上认为将畜乳及乳制品配合其他药食，可以治疗多种病征，如将干柿合酥、蜜等煎，“每日空腹服三五枚，疗男子女人脾虚、腹肚薄、食不消化、面上黑点，久服甚良”。将梨或去核、或去皮、或捣汁，加酥、蜜等物，可以治疗咳嗽等症。将芜荑和马酪食用，治干癣；和沙牛酪食用，疗一切疮。从上述医药文书的内容可看出：畜乳及其制品的营养及食疗价值在一定程度上已被当时的吐鲁番人所认识，并在医疗养生实践中被运用。

在 72TAM153:34 出土文书中，存医方一件，前半部分断缺，仅存字三行“白梅皮二两　杏人（仁）二两　去皮　赤　大枣十五枚破之　以水六升取二升，绞去渣，适寒温，分为二服”。有学者认为，本方对药物炮制要求颇严，杏仁要除去赤皮，大枣破之去核，与《伤寒论》方中杏仁的去皮、尖，大枣（擘）若合符节。方末注明加水的多少，煎药的法度，服药的方法，一丝不苟，亦宗法于张仲景的方意。此说明早在李唐以前，高昌的医药状况和知识水平，已无异于内地。唐朝政府还曾在西域三个州设置了医博士或针博士的医学教育机构，向当地人民传授医技，为当地的人民治病。

粗略检索唐长孺先生主编的 10 册《吐鲁番出土文书》，陈国灿先生的《斯坦因所获吐鲁番文书研究》，柳洪亮先生所编写的《新出吐鲁番文书及其研究》及荣新江先生等主编的《新获吐鲁番出土文献》，均未见姜作为菜肴调料的记载。但是，文书却有以姜入药的记载。如《唐人写疗咳嗽等病药方》文书中记载“干姜三两”。另外，《残古医方》文书中有“姜一两半”的记载。

E. 良好的饮食心理

人的心理因素在很大程度上对人体的健康起到至关重要的作用。有学者认为可从高昌妇女的健康长寿看我国古代中医理论中的生物心理社会医学思想,如《张雄及其妻麴氏墓表》向我们展示了一位生活在高昌这样一个封建社会的世族妇女如何以她优秀的人格和健全的心理使自己保持了健康,立于不败的境地。在阿斯塔那206号夫妻合葬墓中出土高昌显贵张雄及其夫人麴氏的墓志铭,是现存内容最为详尽的碑铭之一。尽管它撰写于麴氏去世后的唐永昌元年(689),此时距张雄去世已有56年,但其中的主要内容是有关张雄的。张雄字太欢,祖籍河南南阳,世居高昌,出生于高昌王国一个权贵家庭,是高昌王麴文泰时的"左卫大将军"、"都管曹郎中",是一个"入筹帷幄,出总戎机,纬武经文,职兼二柄"的显要人物。张氏家族是高昌地区的望族,世与高昌王族麴氏互通婚姻。张雄的姑母是高昌王的"太妃",即高昌王麴文泰的生母。其妻麴氏出生于高昌王族,麴氏的祖、夫均是高昌王国的显贵。贞观之初,高昌王麴文泰"有偷安之望",妄想"阻漠凭沙",搞分裂割据、对抗唐朝中央政令的施行,而张雄积极主张统一,向麴文泰进行"规谏","规谏莫用",他便"殷忧起疾"而亡。对于麴氏来说,这是多大的打击啊！丈夫死后,麴氏将全部心血投入到对两个儿子的教养当中,她"广被断机之训,教子有方",苍天不负有心人,两个儿子均年轻有为,弱龄便袭居要职。然而,灾难再次降临,长子"机构才隆,盛年早卒"。但麴氏在遭受一连串的打击之后,并没有被击倒,而是坚强地活了下来,享年八十有二。《黄帝内经》阐发的中医发病的基本观点认为,单纯的风雨寒热等外来邪气并不能导致疾病而损害人的身体健康,必须同时具备外邪和内虚两个条件才可能发病。若形体强盛,气血充盈,外卫坚固,外邪就无从侵入,也就不会发病。只有在正气虚弱,抵抗力低下时,邪气才能乘虚而入。在导致人体发病的两个条件中,人体正气的强壮与否,远比外来邪气的作用大得多,这是关系到人体是否发病的决定性因素。命运没有厚待麴氏,但麴氏也没有被生活和命运所压垮,这不能不归功于她良好的心理素质和遇事不慌的心理状态。麴氏的遭遇和她一生的经历在高昌人中很有代表性,生活在1500

年前的高昌人，特别是其中的女性群体，其不同凡响的经历和终身的健康，是对以《黄帝内经》为代表的古代中医哲学思想的亲身实践和对古代中医学重视内在因素、自身正气的基本精神的发扬光大，是对我国中医理论关于生理、心理和社会因素共同影响人体健康的整体医学思想，即生理、心理、社会医学模式的全方位体现，为我国古代人民注重从心理方面关注健康，爱护生命提供了实证依据，从对我国古代传统中医哲学理论和医学思想的贡献来说，高昌人的经历堪称典范。[1]

另外，食俗还可论及吐鲁番地区的信仰食俗，相关内容将在后文论述。

(5)饮食文化与社会

①饮食文化与社会经济

民以食为天。食生产是经济生产的一个重要方面，食生产决定食消费的对象。人们所消费的食品，首先必须生产出来，否则就无从消费。从这个意义上说，食生产是食“源”。食生产在一定程度上决定食消费的质量和水平。吐鲁番出土点心系列，体现了吐鲁番先民生活精细的一面，其至少反映出他们中的一部分人的饮食生活已不单单是为了填饱肚子，而有了更高的精神追求，这在很大程度上得益于吐鲁番地区社会经济的发展。社会经济的发展在一定程度上取决于社会生产力的提高，特别是食生产力的逐渐提高。据相关研究，六七世纪最晚至高昌延寿年间(624—640)，吐鲁番盆地刨地翻土的铁制工具——镢已较普遍在使用，作为先进生产力标志的犁耕亦已常见。有学者计算出当时的年粮食产量每市亩已达1.5市石左右。唐西州时期人均耕地约2.1市亩，所以精耕细作、集约经营，已成为当地农业生产的主要方式。《新唐书》亦记载高昌“土沃，麦、禾皆再熟”。

食生产、食消费及如何处理二者关系应是饮食文化研究的重要内容。简而言之，食生产能促进食消费。食生产乃至社会经济的发展为饮食文化的发展提供了物质基础，从而促进人们对饮食生活的不断追

[1]以上参考宋阿棣：《从高昌妇女的健康长寿看我国古代中医理论中的生物心理社会医学思想》，《医学与哲学》，1999年，第20卷，第8期，第36－37页。

求。而食消费对食生产又起着重要的反作用,食消费是食生产的目的及动力。人们对饮食生活的不断追求,在一定程度上又会促进食生产行业乃至社会行业的分工,吐鲁番地区“杀猪匠”、“油匠”、“果子行”、“铛釜行”、“米面行”等的出现就是明证。其同时说明了饮食文化的发展反过来又在一定程度上促进了社会商品经济的发展。食消费还为食生产创造出新的劳动力。每一个人的劳动能力,无论是智力还是体力,都有一个形成过程。新生的、较高水平的饮食消费会提高劳动者的生产积极性和创造性,有利于提高劳动生产率,推动食生产的发展乃至社会的进步。上述理论同样适用于吐鲁番地区的食生产与食消费,并在一定程度上体现为饮食文化与社会经济的辩证关系。

晋唐中原王朝对西域的经营,促进了高昌经济文化的发展,是吐鲁番地区饮食文化向前发展的重要原因,特别是屯垦戍边政策的实施。“伊吾军纳粮牒”文书体现了唐代在西域的屯田。屯田不仅使先进的生产技术和工具西传,同时促进了边疆地区与中原地区的经济文化交流,甚至对经济生产格局产生了影响。如有学者指出,唐在西州的屯田设置多是在“隙地”,也就是在固有的农业生产区域之外从事新的开发。这种开发,扩大了农业生产的外延,可以说是最首要的开发,具有特殊意义。各类农作物如麦、粟、黍、青稞、豆、棉、桑、葡萄、蔬菜等得到普遍种植,促进了西州经济的发展。关于屯垦与西域饮食文化的关系,还将在后文论及。

同时,唐统一西域后,丝路畅通,对商胡采取优惠政策,有力地促进了东西经济文化交流,繁荣了丝路沿线城镇的市场,特别对西、庭、伊等州府经济发展带来了有利条件,进而为饮食文化的发展提供了契机。很多考古发现为此提供了实证。如考古学家指出目前保存完好的阿斯塔那古尸,张雄是身份最高的人物之一,遗体现在新疆博物馆古尸室。其出身权贵之家,自祖父以来一直居官。张雄祖籍河南白水,逝前是麹氏高昌王国的绾曹郎中(最高行政官员)、左卫大将军,负责兵部,实际上是麹氏高昌王朝末年最高的军政负责人。张雄曾保护麹伯雅出逃,复苦心经营,得以复国;他反对高昌割据,劝麹文泰归顺唐,但不为所听,遂在政治上失宠,后在痛苦中死去,在其死后7年,唐讨平高昌。张雄夫人逝世在唐垂拱四年(688),距丈夫弃世已经半个世纪,当时他们的次子张怀寂已成了唐王朝的将军。其母因子而贵,获封为永安太郡君,逝世后陪葬的衣物、彩俑极尽富贵荣华,与张雄当年随葬的简单木俑衣物置于同一墓室中,形成了强烈而鲜明的对比,折射出唐王朝统一,给高昌地区带来了经济、文化的高度繁荣。民以食为天,经济、文化的高度繁荣必然带来饮食文化发展的高潮,前述花样繁多的食物品种即是具体体现。

②饮食文化与社会政治

文化直接或间接受社会政治的影响,但一般是一个渐进的过程。新疆博物馆考古队在对阿斯塔那古墓群第十次发掘中的墓葬数量多,从高昌郡、麴氏高昌,到唐西州时期的墓葬俱有,从中我们可以看到:对照纪年墓葬序列,可见随葬品组合的差异与墓葬形制的变化有明显的阶段性。无论随葬器物或墓葬形制,第一期与以后的二、三期之间文化面貌对比强烈。就器物中的陶罐而言,第一期出现的素面陶罐到第二、三期均通体以黑色为底,绘仰俯莲纹样,色彩有白、绿、红、黄等。器形逐渐变小,且由第一期的实用器转变为第二、三期的明器。墓葬形制中墓室顶部亦由四角攒尖式或复斗式,或盝顶,渐趋平圆。这种文化面貌的较大变化发生时,正当高昌章和年间由高昌设郡转为高昌王国统治时期。第二期与第三期之间器物组合的差异不大。墓葬形制中则以墓室规模加大,四壁向外弧出更甚,或在甬道两侧凿壁龛,出现带天井墓道为显著变化。这种文化面貌的转变,恰与唐政权在高昌实现统治同时出现,而作为文化重要组成部分的饮食文化也必然与政治会有一定的联系。

晋唐时期,作为生活中必不可少的饮食文化,必会在吐鲁番地区的政治文化中有所体现:

A.政府重视并积极推进食生产

西域农业生产的历史就是一部水利建设的历史。重视水利及用水制度就是重视农业生产,而在吐鲁番地区,农业在食生产中占据主

导地位。其具体表现如下:

逐步建立了一整套比较完善而严密细致的水利灌溉管理制度。干旱是吐鲁番地区的主要自然灾害,水就显得特别珍贵,灌溉水在吐鲁番的农事活动中尤其重要。灌溉水的利用、保护都在政府的调配和掌握之中,自北凉以来,高昌郡管水的官有“行水”、“平水”。政府对水的管理很重视,且其管理具有一定的灵活性。如有学者指出,出任“行水”的官吏皆由郡府诸曹及属县抽调,可见“行水”并非常置,而是因时而置,主要是在集中用水之前,分赴各地疏通水渠及处理各类用水事宜。按汉魏以来,主簿、功曹史、五官掾等都是协助太守通掌郡府各曹事的主要僚属,通署诸曹文书,称作纲纪。而吐鲁番出土的关于任命行水的文书并无主簿、五官掾与功曹史联署,行水的任用由功曹史专管,可见高昌对水利灌溉的重视绝不在选用官吏之下。

严格用水与分配制度。从北凉开始高昌就有一个传统,即“引水溉田”时,由兵曹派人值夜守水。如文书记载:“——右八幢知中部屯。次屯之日。幢共校将一人,选兵十五人夜住。”“守水。残校将一人,将残兵,值狗还守。”“兵曹掾张预、史左法疆白。明当引水溉田。”[1]据相关研究,早在高昌郡、高昌国时期就已建设了完善的水渠网络,有严格的用水与分配制度,并设专职人员以司其事。入唐后这套制度更予继承和发展,以西州而论,其水源皆出自新兴谷口(今胜金口),由此建成一条长约20余里的主干渠,而后环绕城郭形成若干支渠,纵横交错。见于吐鲁番出土文书的渠名就不下几十个,如城北的榆林渠、胡麻井渠;城东的东渠、土门谷渠、屯头渠;城南的蒿渠、白地渠等,还有以姓氏命名、私家修筑的水渠,如城北之孔进渠、张渠,城东的宋渠、羊渠,城西的杜渠,城南的樊渠、白渠等行水时先干渠,后支渠,先后有序,主管官员称知水官,下设堰头、渠长,各司其段,并有水闸可以随时断水。即使水坑用水,也须由有威望的老人主持,“立一牌牓,水次到转牌,看名用

〔1〕唐长孺主编,国家文物局古文献研究室等编:《吐鲁番出土文书》第一册,文物出版社,1981年,第138页。

水,庶得无漏",可见用水制度十分完善。[1]

B. 政府参与重要饮食行业的生产与管理

如前所述,在吐鲁番地区,官府、寺院、官吏、地主、商人、普通农户都拥有程度不同、面积大小不等的葡萄园。官府直接插手葡萄及葡萄酒的生产,乃至消费市场。文书中有一般的官私出、用酒账,还有专门的官私(葡萄园)得、入酒账。北凉时期,官府还设有专门管酒的官吏,《北凉文书残稿》中残存有"藏吏"、"酒吏"及"财帛吏李"等记载。麴氏高昌王国亦曾经营管理葡萄种植经济以及租酒。

C. 政府重视宏观调控粮食

唐西州政府采取各种措施控制粮价,并以此作为控制物价的重要手段。唐代在西州即交河郡设置市司,市司设在郡城,即州郡治所的高昌故城内,属郡仓曹司领导。市司主管市场事务,首先是物价管理。为了稳定物价,保障人民正常生活,使商品交易顺利进行,唐政府从维护其统治秩序出发,防止不法商贩销售伪劣产品,哄抬物价,对市场价格动向随时进行调查研究,并按时向上级报告。贞观十四年(640)唐平高昌后,派军戍守,并成批移民,唐政府调拨大量丝织品运抵西北边陲,充当军需,并以之向当地群众和籴收购粮食。到天宝年间,编制市估案的时期,西州即交河郡经济繁荣,物价稳定,人民安居乐业。7 世纪中叶相当于麟德年间的《唐和籴青稞帐》中,西州每斗青稞合银钱 0.77 ~ 1 文,相当于铜钱 25 ~ 32 文,1 石青稞可换练 1 疋。而到 8 世纪中叶的天宝年间,据市估案价小麦每斗约 30 文,青稞价比麦价略低,以 90% 算为 27 文,时经百年粮价不仅没有上涨,而且略有下降,1 石 7 斗青稞才能换大练 1 疋。这一个世纪来,西州市场物价平稳,略有升降。所以能出现这样的大好局面,唐政府所采取的一系列市场管理措施起了积极的作用,而最根本的还是这一时期西州形势稳定,农业生产显著发展,商品流通畅达所致。[2]

政府下达贮粮状。藏粮于民,是我国的一项传统。在和平年代,可

---

〔1〕薛宗正:《唐代西域汉人的社会生活》,《西域研究》,1996 年,第 4 期,第 77 页。

〔2〕衡之:《唐代吐鲁番地区的物价管理》,《西域研究》,1997 年,第 4 期,第 92 - 94 页。

济丰歉；遇有战事、工程，亦便于官府调发。《新疆出土文物》图版88著录有唐代档案《高昌县为百姓按户等贮粮事下太平乡符》文一件。曾有学者对其进行考证，并认为该符文反映，高昌县将贮粮作为重大政事认真推行。贮（指“储存”）粮对象，是所有“百姓”。贮粮额度，则按不同户等，各处划定标准、开列数目，“准数”执行。对每户存贮是否足数，先由乡司考核，用器物测量。并加封盖印，由检量者注明数量。就粮食管理的实践看，当指用大木印（方形约二、三尺）盖于粮囤表面，以为信验。结束（“讫”）后，须将情况迅速上报，由县衙派员往来视察并考查（即符文所谓“巡检”）。可见程序之密、制度之严。县令（名“德”）批示中表示“即拟自巡检”，亦反映了高度重视的态度。另外，《永淳元年高昌县申太平乡贮粮状》是永淳元年（682）高昌县正式下达的贮粮状。据《资治通鉴》卷203《旧唐书》卷5《高宗本纪》推测，其背景当与此年大饥馑及西突厥阿史那车薄率十姓反叛事有关。这种粮，称为“别贮”，可见有别于正赋。

D. 高昌王国供奉客使制度中的供食标准

从吐鲁番出土文书资料可推测出，高昌王国建立了一整套供奉客使的制度，从迎接、安排客馆住宿、招待供食，到最后送行，都是有规矩可以遵循的。主客是麹氏高昌的一个重要部门，麹氏高昌当丝绸之路要冲，设立专理外国往来的主客曹是必需的。主客职掌，代表政府迎来送往，并对居住高昌的客人按规定进行供应和照顾。吐鲁番出土的高昌官文书中有一批客馆文书，最多的是供食账。孟宪实先生认为，从食账上我们可以看到，供食也是供粮食直接给客人，也就说并不提供熟食，或许是客人们自己动手造饭。客人自然有不同，级别不同者供食待遇似有不同。比如供肉，并不是所有客人都有资格享受。说明似已存在一套供食标准，其供食待遇因人而异，并带有封建等级制的印痕。

总的来说，吐鲁番地区饮食文化是曾经生活在这里的以汉族为主的各个民族在适应和改造特定的自然环境的过程中，发挥主观能动性共同创造的丰硕果实，是中华饮食文化圈的重要组成部分，为中华饮食文化增添了瑰丽的一页。但由于特定的地理环境、历史文化及交通位置，其在与中原汉人饮食文化存在千丝万缕联系的同时，又凸显其独特性。

2.2 汉唐天山以北草原诸族饮食文化

天山以北地理自然环境决定了其主要是游牧民族驰骋之所。西域是农耕文明与游牧文明荟萃之宝地。谈及西域饮食文化，不能不谈到天山以北草原诸族饮食文化。天山以北草原诸族饮食文化是西域饮食文化乃至中华饮食文化的重要组成部分，是草原诸族依据特定自然地理环境以及特定的生计方式，充分发挥主观能动性而创造出的一朵奇葩。根据我国史籍的记载，从战国至宋元，相继在北疆草原活动过的主要游牧民族就有塞、呼揭、乌孙、匈奴、鲜卑、铁勒、突厥、契丹、蒙古族等。他们生活的自然地理环境基本一致，决定了其主要饮食生产方式基本一致，所以他们的饮食文化面貌存在很大的共性。当然，源于宗教信仰、民族文化等的差异，他们的饮食文化也存在多元性的特点。故天山以北草原诸族饮食文化不再详细地逐一介绍，仅择取典型民族或其资料相对充实的民族进行论述。

2.2.1 以肉为食兮酪为浆

畜牧业为主的生计方式决定了天山以北草原诸族“以肉为食兮酪为浆”。

(1)天山以北草原诸族以肉为食

①塞人。《汉书·西域传》记载，塞人“随畜逐水草”。考古发现阿拉沟竖穴木椁墓中，见到了随葬的羊、牛、马骨。随葬木盆中，羊骨与小铁刀并陈，形象地说明了墓主人生前生活中肉食具有的重要地位。这可以说明畜牧业是当时社会生产的主体。

塞人的饮食文化对乌孙、车师等民族的饮食文化产生了一定的影响。马国荣先生曾对新疆古代塞人的社会生活进行研究并指出，塞人的饮食与所有的北方游牧民族相似。乌孙饮食方面的特点，实际上就是塞人饮食的延续，即“以肉为食兮酪为浆”。虽然肉类是日常食品，但主要以羊肉为最多。在塞人墓葬里发现，为死者陪葬文物的两端壁龛中，都有放置肉食的木盘。在特克斯、昭苏、新源一带的乌孙墓葬中，出土的羊骨往往都和一把小铁匕首共见。小铁匕首甚至穿插在羊骨中，形象地表现了当时人们为死者去到另一个世界时，安排的肉食资料。这种安排方式，在东部天山的车师人中也十分流行。在车师人的每座墓穴中，都可以看到一块羊排、羊腿，伴以一把小铜刀或小铁刀，甚至刀子就插在羊肉上，置于木盘或木盒之中，安放在死者头侧。饮食用具多为陶器和漆器。

②匈奴（在此所涉及匈奴的内容主要指匈奴帝国建立之后的时期）。《史记》记载“其俗，宽则随畜，因射猎禽兽为生业，急则人习战攻以侵伐，其天性也。……自君王以下，咸食畜肉”。牲畜是匈奴人的主要生活资料。牲畜有马、牛、羊，此外还有橐驼、驶 騠 、驴等。《汉书》记载丁零、乌桓、乌孙击匈奴时，“凡三国所杀数万级，马数万匹，牛羊甚众”。校尉常惠与乌孙兵至右谷蠡庭，“虏马牛羊驴骡橐驼七十余万”。

匈奴单于冒顿建立的匈奴国家扩张和强盛时期，匈奴足迹达到色楞格河。伊伏尔加古城被考古发掘，被认为是匈奴遗迹。索斯诺斯基认为伊伏尔加古城的年代在公元前1世纪—公元1世纪。在伊伏尔加古城的文化层和经济设施遗迹中发现的遗物中，动物骨骼超过一半。动物骨骼中主要的是家畜骨骼，有羊、牛、马、狗、猪等，占动物骨骼总数的92.5%，野生动物占7.5%。家畜中，绵羊占22%，牛占17%，猪占15%，马占12%，山羊占4%，骆驼和牦牛占1%，狗占29%，猪占15%，反映了城里居民的定居的生活。母牛与公牛类型接近蒙古牛，体形较小，适合在冬季食物贫乏的干旱牧场放牧。马与近代布里亚特和北雅库特的马接近，中等体形，带有发达而短的毛，适合干旱生活。犬有三种，莱卡狗（一种猎狗）、狼狗、短毛大猛狗。畜牧业为匈奴提供了肉乳食品、皮革、毛制品，在匈奴经济中占主要地位。城外的坡地现在仍是良好的牧场，冬季大雪封盖草原后，牲畜要靠城里的大型窖穴储存的饲料过冬。[1]

---

〔1〕冯恩学：《俄国东西伯利亚与远东考古》，吉林大学出版社，2002年，第468页。

狩猎品是日常生活的重要补充。史书记载匈奴人“儿能骑羊,引弓射鸟鼠;少长则射狐兔:用为食。”据冯恩学先生介绍,伊伏尔加古城出土的野畜骨骼较少,只占7.5%,说明狩猎业只是起到辅助作用。猎获的野畜骨骼有鹿、狍子、草原狐狸。在其他匈奴墓地中(伊利姆谷墓地、诺彦·乌拉墓地)发现的野生动物骨骼比例大于伊伏尔加古城的野生动物骨骼的比例。种类也较之丰富,还有野猪、山地绵羊、驼鹿、羚羊、兔子、大雷鸟。这些墓地的主人是游牧的匈奴人,与伊伏尔加古城的人在经济生产上存在一定差别。伊伏尔加古城城址位于色楞格河的岸边,捕鱼业也是居住者的重要经济来源。在窖穴和房子的地面上经常发现大量的鱼骨和鱼鳞。房子内的鱼骨和鱼鳞分布在灶的周围,有的是很厚的一层。文化层中也有鱼骨。鱼的品种有折乐鱼(Itucho)、细麟鱼(Brachymy stax ienok)、鳊鱼(Abramis brama)、茴鱼(Thymallus)、狗鱼(Esoidae),这些鱼在色楞格河中今天仍能捕捞到。捕鱼的工具发现有鱼钩和陶网坠。

③乌孙。我国历史上万里和亲的第一人是刘细君(公元前140年—前87年间在世),祖籍西汉沛(今江苏沛县),生于扬州。是西汉江都王刘建的女儿,史称“江都公主”。她是第一位嫁往乌孙的汉室公主,也称“乌孙公主”。汉武帝为了联合乌孙(居今伊犁河上流流域),抗击匈奴而于元封六年(公元前105年)封细君为公主,下嫁乌孙国王昆莫猎骄靡,以和乌孙结为友好之邦,共制匈奴。史书记载,细君公主出嫁时,汉武帝“赐乘舆服御物,为备官属侍御数百人,赠送其盛”。细君公主到达乌孙后,猎骄靡封她为右夫人,随从工匠为她建造了宫室。细君公主曾写《黄鹄歌》:“吾家嫁我兮天一方,远托异国兮乌孙王。穹庐为室兮旃为墙,以肉为食兮酪为浆。居常土思兮心内伤,愿为黄鹄兮归故乡。”其中远嫁乌孙“以肉为食兮酪为浆”的诗句,形象而概括地描绘出当时乌孙人的饮食特点。其他文献记载也与上述诗句反映内容相映证。《史记·大宛列传》记载乌孙“行国,随畜,与匈奴同俗”,“不田作种树,随畜逐水草,与匈奴同俗。国多马,富人至四五千匹”。乌孙昆莫媒聘汉朝细君公主时,“以马千匹”为礼。乌孙马品种

优良,被誉为“天马”,后改名为“西极马”。

考古发现乌孙的生计方式以畜牧业为主。鱼塘遗址是我国乌孙遗址的第一批发掘资料。遗址文化层、遗迹填土都出土了为数不少的牲畜骨及碎片,以及少量鞣制皮革的工具——骨刮刀、狗的下颌骨、纺轮等。墓葬随葬牲畜骨、纺轮、小铁刀,这些都共同反映了遗址畜牧经济为主的特点,与目前国内外已确认的乌孙经济面貌相同。通过分析特克斯县恰甫其海A区X号墓地墓葬中的出土材料,结合伊犁流域乌孙的考古收获以及当地现在的基本经济状况,其生产生活方式应是以畜牧业为主,冬季定居在特克斯河谷,春、夏、秋随牲畜而逐水草。

乌孙族的畜牧业不仅有马,还有羊、牛、骆驼、驴。新中国成立后,在昭苏、特克斯、新源一带发掘的乌孙墓葬中出土有马、牛、羊、狗等的骨殖,并以羊、马骨为最多。乌孙人食谱中的“肉食”,马、牛、羊肉都是有的,但羊居于主要地位。苏北海先生也认为乌孙族“以肉为食兮酪为浆”的游牧生活,虽然也吃牛、马、骆驼肉,但毕竟不占主要地位,主要的还是羊肉,其次是马肉。至于马肉,后来仍然被列入个别民族的食谱。考察当今民俗,虽然肉食中以羊肉为主是迄今哈萨克、蒙古、柯尔克孜各族相同的情况,而马肉却是以哈萨克族最为重视。现在蒙古、维吾尔、柯尔克孜等族中很少吃马肉,只有哈萨克族最为突出:在新中国成立以前的岁月里,只要宰得起马的人家,在冬天准要腌制马肉作为冬肉,马肠更是哈萨克族中的名贵食品,都是待客的上品,可知乌孙族的遗风犹在。

我们可以从当今哈萨克族的饮食风俗追寻乌孙等游牧民族的肉食方式。试以哈萨克族美食熏肉、马肠子、手抓羊肉、炒肉为例予以说明。熏肉和马肠子是哈萨克族最具特色的传统肉制品之一。据当今在新疆吉木乃县巴扎尔湖勒村调查研究的资料显示,熏肉(哈语称为“索合木”),是哈萨克族传统冬储食物的办法,每年秋末冬初进行冬宰时,择肥壮牲畜宰杀后,选精肉切为5厘米厚的长条,抹以盐和其他作料,搭在四周用土块围好的木架上,烧松柏枝起烟熏肉,熏干即可。平时将熏肉挂在灶的上方,由火烟继续熏烤,吃时煮熟即可。马肠子(哈语称为“须积克”)，在冬宰的时候，或在举行婚礼丧宴的时候，一般选3岁左右的马宰杀，将其肋条肉拌上盐和其他调料后塞进洗净的马肠子里，两头扎紧，任其风干，一个月左右即成，依马的肥壮程度依次分为三层马肠子、两层马肠子、“踏半”马肠子、“芯踏克马肠子”，可以久储，吃时或蒸或炸。也可用奶油拌匀幼畜肉，装进马肠里，蒸熟后食用，称为“金特”。此外，用牛肉、马肠也可同样做成牛肉灌肠，称为“克依玛依”。“手抓羊肉”是哈萨克族饮食中最为知名的一种菜式，也是招待客人时所必备的。具体做法是:选肥羊一头，宰杀剥皮，去五脏后，燎完羊头上的毛并洗净，和肉一块下锅煮。煮时用清水，不放任何作料，待肉快熟时放入适量盐。煮3~4小时后，将羊肉捞出装盘，撒入葱花、洋葱末后即可食用。也可将肉煮熟后切块，在肉汤里下一些薄面片，煮熟之后盛在大盘子里，上面放上肉块，浇上加盐的肉汤，再撒上洋葱末、胡椒等即可，这种食物被称为“那仁”。炒肉，哈语称为“胡吾尔达克”。即将肥瘦适宜的牛羊肉切成片，在平底锅或铁锅内用清油炒熟，稍后，放进少量的水，半小时后肉熟，味道鲜美。炒时油、盐都放得较多，可以放较长时间，巴扎尔湖勒村哈萨克族在吃面条时用以调味，也可在旅途中食用。

④鲜卑。鲜卑与乌桓同，而《后汉书·乌桓传》记载乌桓“俗善骑射，弋猎禽兽为事。随水草放牧，居无常处。以穹庐为舍，东开向日。食肉饮酪”。鲜卑以畜牧业为主，以射猎业为辅。分析满洲里扎赉诺尔墓群、额尔古纳右旗拉布达林墓群、新巴尔虎左旗伊和乌拉墓群、额尔古纳右旗七卡墓群、鄂温克自治旗孟根楚鲁孟北一号墓、鄂温克自治旗孟根楚鲁白云乌拉墓群及鄂伦春自治旗嘎仙洞遗址，可以看到虽然墓群的规模不等，遗存保存的状况也有所差异，但它们仍具有很多的共性。共性之一即殉牲十分普遍，多以头蹄象征整畜，以牛为主，马、羊为辅，偶见野猪、鹿等野生动物。殉牲，其内涵之一是为逝去之亲人、祖先准备的食物，故是鲜卑民族饮食文化的表现形式之一。

⑤吐谷浑。《魏书》记载吐谷浑人“逐水草，庐帐而居，以肉酪为粮”。吐谷浑主要以畜牧业为基本的生计来源，吐谷浑人畜养的牲畜

主要有马、羊和牦牛。畜养动物之外,吐谷浑人还取资于射猎的牦牛、野生羚羊等动物。德令哈市出土的郭里木墓葬棺板画展现了隋唐时期吐谷浑民族的生活场景和文化习俗。据柳春诚、程起骏先生介绍,棺板画从左向右展开,映入眼帘的第一组画为狩猎图。画面左下方有三只向西奔跑如飞的鹿,后面紧追一骑马的年轻猎人,手挽雕弓如满月,箭如流星穿长云。最下方的一只鹿已被射中左心窝,受伤之鹿踉跄而逃,欲倒未倒之态十分传神。左上为三位骑马的猎人正在追逐着两头狂奔的野牦牛。野牦牛凶悍无比,如两团掠地而起的黑云;猎人们身手矫健,如三只疾飞的鹰隼,紧追不舍。右边的一头野牛已被射中要害,故牛头做反顾之状。一只猎犬从旁跃起,拦住了伤牛的前路,前方还有一猎人在奔驰中返身而射。猎人们骑姿威武潇洒,神情专注而自信,看来这次围猎大获全胜已成定局。狩猎图占了全画1/4的"版面",并且放在了"十分突出"的位置,说明了狩猎在吐谷浑人心目中的地位是何等的重要。

⑥柔然。柔然的畜牧业以马、牛、羊、驼为主。一些史书的记载体现了柔然畜牧业的规模。《晋书》记载"蝚蠕大但遣使献马三千匹,羊万口"。阿那瑰长女嫁西魏文帝时,带来"马万匹,驼千头"。晋太元十年(385)刘眷伐柔然,一次"获牛羊数十万头"。柔然的饮食基本上以肉乳为食,《魏书》记载:"阿那瑰众号三十万,阴有异意,遂拘留孚,载以辒车,日给酪一升,肉一段。"《魏书》亦记载元孚所言:"皮服之人,未尝粒食,宜从俗因利,拯其所无……乞以牸牛产羊糊其口命。且畜牧繁息,是其所便,毛血之利,惠兼衣食。"

⑦突厥。《隋书》卷84《突厥传》记载"其俗畜牧为事,随逐水草,不恒厥处。穹庐毡帐,被发左衽,食肉饮酪,身衣裘褐"。《旧唐书》卷62《郑元璹传》记载"突厥兴亡,唯以羊马为准"。1961年,阿勒泰文物普查工作组,对阿勒泰地区进行了为时两个多月的文物调查,并由此对突厥民族的社会情况作出如下两点推测,其一为:墓葬主要分布在草原地带,很分散。部分墓葬虽较集中,但规模不大。这表明死者不是营城郭而生活的居民。又在克尔木齐墓址附近所见的岩画以及石人

腹部的动物刻形都是一些牛、马、羊等家畜;而在其刻画中马的形象比较多,反映了当时的经济基础是以畜牧业为主的、并过着逐水草而迁移的游牧或半游牧的生产方式。

狩猎业在突厥日常生活中仍占一席之地。如公元682年阿史那骨咄禄背叛唐朝,纠合700人,占领了黑沙城(今内蒙古呼和浩特市北),进行"后突厥"政权的复辟运动时,就是全靠打猎维持生活的。突厥文《暾欲谷碑》记载:"吾人住于总材谷及黑沙城。吾等居于彼处,以大兽及野兔为食,民众之口亦无所缺……(当时)吾人之境况若此。"[1]

很多考古发现证明畜牧业在天山以北的主导地位。如新源巩乃斯种羊场发现的石棺墓,这批墓葬的时代大致确定在汉代。石棺墓中普遍用羊骨随葬,以及出土骨镞和残铁剑、铁刀等,而陶器则甚少。反映了当时的经济生活是以游牧为主,畜牧业在经济生活中的比重是明显的。

再如岩画是游牧民族留下的宝贵文化遗产,其在一定程度上反映了游牧民族的食源。狩猎图、畜牧图主要分布在天山以北,反映生产方式以畜牧业为主,兼营狩猎。据有关学者初步统计,在阿勒泰岩刻画中出现的动物种类主要有:A. 牛科:黄羊、羚羊、北山羊、岩羊、盘羊、绵羊、野牛、家牛;B. 鹿科:马鹿、梅花鹿、麋鹿、驼鹿、驯鹿;C. 骆驼科:野骆驼、家骆驼;D. 马科:野马、家马;E. 猫科:虎、豹;F. 犬科:狗、狼、狐狸;G. 熊科:熊;H. 其他:鹰、鸨、龟、刺猬、鱼等。穷科克,蒙语,泛指岩画所在的一带地区。从古代来说,这里是牧业转场时的必经小道,岩画也就是古牧民辗转于此的遗留。穷科克岩画中有一岩画画有动物3只:1只大角羊,长60厘米,高50厘米;1只狗,1头牛。但除羊外,狗、牛的图像均甚模糊。有学者指出,从新疆和内蒙古已知的岩画动物题材来看,牛的入画是很罕见的,这也是当时尼勒克一带社会经济生活和家畜饲养情况的一种客观反映。

(2)天山以北草原诸族的奶文化

①奶文化在天山以北草原诸族饮食生活中具有重要地位

[1]汉译文见林幹编:《突厥与回纥历史论文集》(上册),中华书局,1987年,第499页。

以畜牧业为主的生计方式决定了畜乳是游牧民生活中常见的饮食原料。《史记》记载“匈奴之俗,人食畜肉,饮其汁”。如前所述,吐谷浑人“以肉酪为粮”。

史书记载草原民族随畜逐水草,然各有分地。牧业生产采取游牧的方式是由环境所决定的,而草场的载草量也是有限度的,这就决定了牲畜必须被经常更新。因为如果超过草场能供养牲畜的数量,就养不活多余的牲畜,牲畜或者被宰或者被卖。这就促使人们必须摸索出能更好地保存肉、奶的方法,使肉制品、乳制品种类日益丰富。草原诸族的肉食方法,除了鲜食之外,还有腌、风干等制作方法,这样人们就能较长时间的保存肉食,同时肉制品的种类也会日益丰富。乳类食物亦如此。当牲畜产乳季节时,产乳较多,一天消费不完,需要妥善处理。所以畜乳除了现吃之外,还得被储存,这就客观上要求人们必须想方设法把新鲜液态奶制成其他形态的相对不易变质、耐贮藏的食品,于是干奶酪、奶皮子、酥油、奶酒等应运而生。这些乳制品可以补充人们在牲畜无奶或少奶时节对畜乳的需求。总之,游牧的畜牧业为主的生产方式决定了对肉、奶资源必须科学合理地使用。

在游牧民族饮食生活中,除肉食外,畜乳是最重要的营养之源。

畜乳及乳制品营养价值高,可强体健身,具有滋补食疗价值。孙思邈在《千金方》中较详细地介绍了各种畜乳的性味及其滋补疗病价值,称:“马乳汁,味辛温无毒,止渴。牛乳汁,叶甘微寒,无毒,补虚羸,止渴;人生姜葱白,止小儿吐乳,补劳。羊乳汁,味甘微温,无毒。补寒冷虚乏,少血色,令人热中。驴乳,味酸寒,一云大寒,无毒,主大热、黄疸,止渴。马牛羊酪,味甘酸微寒,无毒,补肺藏,利大肠。……沙牛及白羊酥,味甘微寒,无毒,去胸中客气,利大小肠,治口疮。牦牛酥,味甘平,无毒,去诸风湿痹,除热,利大便,去宿食。醍醐,味甘平,无毒,补虚,去诸风痹,百练乃佳,甚去月蚀疮,添髓、补中、填骨,久服增年。”《备急千金药方》卷26《食治》又称:“乳酪酥等常食之,令人有筋力,胆干,肌体润泽。”《太平御览》卷858《饮食部》也曾记载:“武德二年,凉州刺史安修仁献百年酥,云‘饵之可延寿。’”

王利华先生曾对中古时期的乳品生产与消费进行研究，其认为中古文献所提到的酪浆和酪粥，多是羊乳酪。中古时期的奶酪加工的原料主要是羊乳，而羊乳生产的地位可能比牛乳生产更为重要。这一情况，与现代畜乳生产以牛乳为主、羊乳极少有很大的差别。事实上，单从食物生产的角度而言，中古时期北方地区养羊业的地位要高于其他家畜的牧养，羊乳的生产与消费量较大也是可以理解的。此种情况同样适用于天山以北草原诸族。

陶弘景说："羊乳实为补肾，故北方人食之多强健。"《本草纲目》中亦记载："羊乳性甘温，能补寒冷虚乏，润心肺，治消瘦，疗虚劳，益精气，和小肠气，利大肠，医小儿惊厥，干呕反胃。"据有关佉卢文记载，作为绿洲小国的尼雅已有山羊，那天山以北草原诸族当亦拥有山羊。据现代研究指出：山羊奶营养价值高，其含脂率高，脂肪球小。山羊奶的脂肪含量为3.6%～5.5%，它以脂肪球的形式存在于奶中，脂肪球直径一般在2微米左右，由于山羊奶脂肪球直径小，使其更容易被消化。山羊奶富含多种矿物质和维生素，有防治多种疾病的作用。山羊奶中的矿物质，如钙、磷、钾、镁、锰等绝对含量比牛奶高1%，相对含量高14%，钙、磷的含量是人奶的4～8倍，每100克山羊奶含钙180毫克，磷120毫克。维生素总含量比牛奶高11.29%，10种主要维生素（如维生素A、B1、B2、B12和维生素C等）的总量，每100克山羊奶中含量为780微克，而牛奶中的含量为700微克。山羊奶酸度低，pH值为7左右，酸度为12～15T，具有抗变态反应特性。山羊奶中含有多种磷酸盐类，是优良的缓冲剂，对胃酸过多或溃疡有一定的治疗作用。山羊奶中的核苷酸含量也较高，对婴幼儿发育有好处。[1]

如前所述，新疆吐鲁番出土古文书中发现了数量极为可观的涉及祖国医药学内容的文书。其中几件均提到"牛乳"，如74号医药文书中记载"牛乳一升"；170号医药文书记载"饮牛乳"。史书记载高车"婚姻用牛马纳以为荣"，鲜卑送马、牛、羊以为聘礼。由此可见，牛乳在草原诸族饮食中也应占有一定比重。牛乳亦具有丰富的营养价值。

---

〔1〕谢家麟，田子：《山羊奶营养价值高》，《肉品卫生》，2001年，第5期，第38页。

据现代研究指出：每100克牛乳的营养成分中，分别含有3.5克脂肪、3.2克蛋白质、4.6克乳糖、0.7克矿物质和88克生理盐水。牛乳脂肪是短链和中链脂肪酸，熔点仅为34.5℃。牛乳脂肪球颗粒细小，呈高度乳化状态，故容易被人体消化吸收。乳脂肪还含有人类所必需的脂肪酸和磷脂，是一种营养价值较高的脂肪。牛乳蛋白质含有人体生长发育所必需的氨基酸和其他氨基酸，其生物价为84，消化率达98%~100%。牛乳中的碳水化合物只有乳糖一种，乳糖在消化时产生的半乳糖，能促进脑苷脂类和粘多糖类的生成，这对幼儿智力发育是非常重要的。乳糖还能促进人类肠道内有益乳酸菌的生长，从而抑制肠内因异常发酵造成的中毒现象，有利于肠道健康。此外，在膳食中增加乳及乳制品，亦有利于钙的吸收，有助于预防小儿佝偻病和中老年人骨质疏松症。牛乳中有丰富的矿物质，如钙、磷、铁、锌、铜、锰、钼等，其中钙含量尤多，而且钙、磷比例合理，吸收率高，是人体钙最佳的来源。牛乳中含有所有已知的各种维生素，尤其是维生素A和B2含量比一般食物都要高，是人类维生素A和B2的重要来源。此外，牛乳中胆固醇含量较少，而且还含有能降低血胆固醇的羟—3甲基戊二酸及乳清酸，对中老年人尤为适宜。综上所述，除膳食纤维外，牛乳含有人体所需的全部营养物质。一般来说，一个成年人每日喝500毫升牛乳，即能获得15~17克优质蛋白质，可满足每天所需的必需氨基酸；亦可取得600毫克的钙，相当于每日需要量的80%；更可满足每日所需热量的11%。[1]

另外，值得重点介绍的是游牧民族的特色奶——马奶。与中原农耕民族相比，畜牧业为主的食生产方式决定了草原诸族拥有相对较多且品种优良的马。由此，马奶亦成为他们的优质食源。现代研究成果表明，马奶是一种白色稍带淡青色的稀薄液体，其组成成分相当复杂，至少含有上百种化学成分，主要有水、蛋白质、脂肪、乳糖、维生素和矿物质等。第一，马奶中蛋白质含量为1.7%~2.2%。牛奶中酪蛋白含

〔1〕宋昆冈：《乳(奶)的营养价值及其制品》，《中国食品工业》，1998年，第10期，第28－29页。

量比较高，人体不易吸收，而马奶中酪蛋白含量比较低，乳清蛋白含量和人乳相近。第二，乳糖是马奶干物质中含量最高的成分，其含量比较稳定，约为6.7%，接近于人奶（7.4%），是牛奶（4.7%）的1.5倍。因此，马奶比牛奶稍甜。马奶中的糖类几乎全部是乳糖，其他糖类含量很少，这很利于酸马奶酒的乳糖发酵。第三，乳脂肪是马奶中另一种重要成分，在乳中呈球形，直径为2～3μm，比牛奶脂肪小，但其质量优于牛奶。同时，马奶中的游离脂肪酸特别是不饱和脂肪酸含量较高，约为牛奶的4～5倍，尤其是人体亚油酸（C18:2）和亚麻油酸（C18:3）含量分别为17.6%和6.7%。第四，马奶中含有多种维生素，主要有维生素A、C、E、B1、B2、B12、泛酸等，其中维生素C的含量最高，为9.8～13.5mg/100mL，是牛奶的5～6倍，人奶的2～3倍。第五，马奶中含有许多对人体有益的矿物质，虽然含量较低，但其比例适当（Ca：P = 2:1），有利于人体的吸收利用。[1]

马奶的营养价值很高，经常饮用可增强抗病能力。经相关研究者分析研究表明，马奶总的营养成分最接近人奶，属白蛋白奶类。它有着低酸度（4.72°T），高乳糖（7.655%），合宜的钙磷比例（2.45:1），钾钠比例（4.07:1），铜锌比例（6.8:1），含镁（98.6PPm），铁（0.863PPm）高的特点。马奶属高度不饱和脂肪酸奶，短链的多（C2和C4组分为28.74%），人体必需脂肪酸含量高，尤其是能抵消饱脂肪酸影响的亚油酸C18:2组分特高（15.5%）。马奶中易被人体吸收的游离氨基酸质和量均优。维生素C含量高达12.27mg/100ml；维生素A、B1的含量与人奶相近。[2]

畜乳及乳制品不仅能消渴解饥，而且营养丰富，能使游牧民在辛苦劳累之后，较快恢复体力，故成为能在一定程度上满足人们客观需要的重要食品。

我们可从奶茶在当今哈萨克族人生活中的重要性来追寻畜乳的

---

〔1〕李星科，李开雄，邹圣东：《酸马奶酒》，《中国乳业》，2006年，第7期，第59页。

〔2〕侯文通，樊凌翰等：《关中马奶营养成分分析》，《西北农林科技大学学报》（自然科学版），1988年，第16卷，第3期，第75－79页。

重要性。如民俗调查发现吉木乃县巴扎尔湖勒村农忙和接羔时，许多人家一天三顿都是吃馕和喝奶茶。一天仅吃馕及奶茶，人体所需要的水、脂肪、盐分、蛋白质等基本得到解决。当然西域的茶文化是在中唐以后才逐渐发展起来的。但从古到今，乳制品的原料没变，人们只是在逐步掌握乳制品加工方法后，再以基本畜乳类为原料进行逐层加工。当然，现在的乳制品的加工工艺不断提高，种类日趋丰富，并日趋精致。

②奶制品的种类及加工

《齐民要术》中"做酪法"详细介绍了取乳的较佳时间及怎样才能取得更多乳汁的办法。其认为，牛生产过5天之后，羊生产过10天之后，羊羔和牛犊吃母乳身体强健，能够自己喝水吃草了，这时才可以挤奶。挤奶时，还必须细心地斟酌，就是三分奶中，该留下一分来给小羊羔小牛犊吃。假若挤奶太早，或者不留这一分奶，羊羔、牛犊就会瘦死。三月末到四月初，牛羊有青草吃得饱时，才可以开始挤奶作酪，以收其利，到八月底停止。九月初一以后，只可以小小地做些酪供自家食用，不可以多做，因为天冷草枯了，牛羊渐渐瘦了的缘故。大量做酪时，方法是：黄昏时，牛羊回家，就将母畜和羔犊隔离开来，圈在另外的地方，到凌晨趁早放出，还是将母畜和羔犊分开放出，到太阳转到东南角的时候，待牲畜吃饱了露水草，将母畜赶回来挤奶。挤好了，再放出去，让羔犊跟着母畜。到傍晚回来仍然隔离开来。这样做，得奶多，母牛母羊也不会瘦。如果不是凌晨放出去先吃露水草，而是在家里等到挤好了奶再放出去，太阳已经高了，露水也干了，吃的是干草，没有滋润，不但母畜会渐渐瘦下去，而且得奶也少。《齐民要术》还告诉人们一些应注意的事项，如牛产犊的这天，就将谷子粉碎得像米屑一样，多放些水煮成稀粥，等冷了再给母牛喝。母牛如果不喝，不要给它水，明天渴了，自然会喝。牛产犊的第三天，用绳子把牛颈项和脚胫都绑得紧紧的，使它遍身血脉发胀；倒地后再用绳子捆住，用手使劲地揉捏乳核，把乳核捏破，再用脚向乳房踢十几下，然后松绑放开。羊产羔后三天，也用手把乳核捏破，但不用脚踢。如果不这样捏破乳核，输乳管细小，牛羊只要身体紧缩一下，就闭住流不出奶了。乳核捏破之后，输乳管张大了，挤奶就容易出来了。已经捏破之后再生产的,就不必再这样处理了。上述记载说明,至少是在北魏时期,人们已掌握了一些重要的畜乳生产经验方法,知道过早和过多取乳,均不利于幼畜发育成长。按上述方法取乳,既能保证畜乳产量,获得较多的奶来满足人们的生活所需,同时又避免了杀鸡取卵的做法,不会使牲畜身心受损失。由于牲畜是天山以北草原诸族最主要的衣食之源,在其生活中占有重要地位,可以推测天山以北草原诸族应于更早时期就已摸索出并掌握类似上述方法的取乳法。

对畜乳的具体加工,是十分必要的。除鲜食外,畜乳还可以用来取奶油或者制酸奶、奶皮子、奶疙瘩等。

古代文献中亦有奶文化的记载。细君公主曰乌孙"以肉为食兮酪为浆"。诗歌中提到的"酪",是一种乳制品,体现了乌孙族的奶文化乃至饮食文化。但"酪"究竟是一种什么样的食品,研究者对此认识不一。有研究者指出:"酪"字含有多重含义。《礼运》篇曰:"以为醴酪。"这里的"酪"应指釀酒中的酸味成分,与奶和奶制品无涉。《汉书·食货志》曰:"教民煮木为酪。"三国时学者如淳注曰:"作杏酪之属也。"在此"酪"应指的是用果子或坚果仁制作的糊状食品。"酪"字的第三个本义即奶汁(所含的碳水化合物)经微生物发酵而制得的一种奶酒。至于"酥"和"醍醐"两种奶制品,可由"湩酪"而制作。而细君公主诗作中的"酪"应指的是奶酒,但不能排除另一种可能,即"酪"字的第四本义,也可能指的是某种发酵的乳制品。

《汉书》云:"驱橐驼,烧煨蠡。"颜师古注引张晏曰:煨蠡,干酪也,以为酵母,烧之坏,其养生之具也。洪光柱先生认为:中国古时的乳腐是一种类似干酪的食品,上述《汉书》的记载是其最初的记载。根据制作酸马乳的时间,先后制得的产品顺序是:酪制酥,酥制醐。醐又名醍醐,它是乳酪的精品。所以煨蠡应当就是乳酸菌类型的酪了。酥乳类制品在唐代甚至成了人们比喻美好事物的象征。《旧唐书·穆宁传》云:"质兄弟俱有令誉而和粹,世以'滋味'目之:赞俗而有格为酪,质美而多入为酥,员为醍醐,赏为乳腐。近代士大夫言家法者,以穆氏为高。”穆宁家法严整，四子在人生事业上都有所成就，而且兄弟间和睦相处，世人以“珍味”来比喻他们。长子穆赞少年时虽然看不出有多少过人的天分，但做事原则性强，被人喻为“酪”，次子穆质貌美而多文，被喻为“酥”，三子穆员为“醍醐”，四子穆赏为“乳腐”。酪、酥、醍醐和乳腐即均是以牛、马、羊等畜乳为原料而加工的食品。对于醍醐，《一切经音义》卷11《大宝积经卷五音义》中认为是“酥之精粹也，乳中精者名酥，酥中精者名醍醐”。如前所述，畜牧业在天山以北草原诸族的食生产中占据主导地位，畜乳是草原诸族生活中所常见的食物原料，在长期的饮食实践中，人们必会创造出品种多样的乳制品，从而日益丰富自己的饮食生活。故上述几种乳制品出现于天山以北草原诸族的饮食生活中应是没问题的。

我们也可以从当今哈萨克族日常制作和食用的乳制品中追寻汉唐时期天山以北草原诸族的奶文化。哈萨克族由于长期经营畜牧业，对制作乳制食品有非常丰富的经验，品种多样，营养丰富。据当今村落民俗调查资料显示，新疆吉木乃县巴扎尔湖勒村哈萨克族乳制食品的主要原料是牛奶、羊奶和马奶，区域内有养骆驼的村庄还有骆驼奶。乳制品是巴扎尔湖勒村哈萨克族饮食的重要组成部分，村民日常食用的乳制品主要有以下几种：第一，奶子。这是刚挤下的牛、羊奶，经过煮沸，也叫鲜奶子。第二，胶奶。牛、羊产后第一、二天挤的奶，奶浓稠，脂肪含量高，营养丰富，是很好的补品。第三，酸奶。鲜奶通过发酵后制成，味酸鲜可口，状浓稠。第四，奶皮子。奶皮子是鲜奶煮沸放凉后表面凝积的一层油脂。第五，奶豆腐。约用1/4的酸奶倒进3/4的甜奶内，经过煮沸后，奶子结成小块，用过滤袋挤去黄水，晾干，就成乳饼，形如豆腐干，味香甜。第六，酥油。制取乳饼后将黄水灌进盛有酸奶子的皮囊或帆布袋内，然后用捣奶杆在皮囊内上下搅动约1小时，囊内的奶和脂肪就会分离，脂肪漂在囊的上层，就叫酥油。打出后，加点盐，放在羊肚中保存。第七，酸奶疙瘩。将皮囊内的酸奶倒进甜奶内，加温煮沸后，再倒进皮囊，用纱布挤掉黄水，晒干呈白色，就叫酸奶疙瘩。第八，酥酪。打过了酥油，提取过了酸奶子，将剩下的黄水熬干，结成小块，呈黄色，味香甜。第九，奶酪。在奶子内加入发酵粉，使奶发酵，不提取奶皮子，然后放进大锅内文火慢煮，直至煮干，剩下的即成奶酪。第十，马奶酒。把马奶子倒进皮囊内，用捣奶杆上下搅动数小时，使之发酵。一般是今天挤的马奶，第二天才能饮用。[1] 马奶子略带咸酸、微喷酒香、清凉适口，沁人心脾。它不仅有助于消化肉食，牧民还用它治疗肺结核和一般胃病，亦有一定疗效。盛夏，在新疆牧区草原上，饲养马匹的牧户，都能自制马奶子，供日常饮用和款待宾客。

关于乳制品的做法，古人对此有所记载，如《齐民要术》介绍了作酪法、作干酪法、作漉酪法及抨酥法。

作酪的方法：牛乳、羊乳都可以作，也可单独作或者两样混合着做。挤完奶后，把奶倒进铛锅里用文火煎，火猛了会粘在锅底上焦坏。牧民们经常在正月、二月里预先收集牛羊干粪，用来煎奶。因为烧草会有灰飞起来落在奶汁里，烧柴火猛又容易焦，只有干粪的火力缓和，没有这两种毛病。煮五六个滚头便停止，倒在盆子里，不要马上就揭奶皮。等到稍微冷了之后，便可以揭起浮面的奶皮了，把它放在另外的容器里，准备作酥。拿树枝弯成一个圆圈，用来撑开生绢做成的袋子，通过袋子过滤熟奶到一个瓦瓶子里，保持合适的温度让它罨着。熟奶过滤完了之后，用预先做成的甜酪作为酵，大致一升熟奶，用半调羹的酵。先把酵放在勺子里，用调羹尽力搅捣使散开，然后倒进瓶中熟奶里，再用勺子搅拌均匀。瓶子外面用毡子或者棉絮之类包裹起来，经过一定时间的发酵时间酪就做成了。

《齐民要术》还介绍了作干酪的方法：作的时期在七八月份。在太阳底下炙酪，酪面上结出奶皮时，揭取奶皮；再炙，再揭；到乳脂结尽了，没有皮了，停止。取得一斗左右揭皮后的酪时，在锅里炒一会儿，就倒出来搁在盘子里，在太阳底下晒。晒到半干时，作成像梨子大小的团子再晒干。这样，可以保存几年而不坏，供给人们在出远门的时候食用。煮粥或者煮饮浆的时候，拿团子细细地削些下来，投入水中，烧开，便有

---

〔1〕王旭东，周亚成主编：《哈萨克族：新疆吉木乃县巴扎尔湖勒村调查》，云南大学出版社，2004年，第238-242页。

酪味。也有将整团的干酪扔入热汤中煮的，尝尝有了酪味，仍然捞出来，晒干。这样，一团可以煮上五次也不会破。

作沥水酪的方法：有八月里作。取淳浓的好酪，盛在生布袋子里，挂起来沥水。水滴尽了，放在铛锅里稍微炒一下盛在盘子里，在太阳底下晒。晒到半干时，作成梨子大小的团子。这样，也可以几年不坏。削些下来煮粥或煮饮浆，味道比干酪好。炒过虽然味道差些，不及生酪好，但是不炒会生虫，不能过夏。干酪和沥水酪，搁久了都有坏气味，不如每年作新的，当年就用完它。

抨酥的方法：用柍榆镟制成的木碗，改制成杷子，用来抨酥。作杷子的方法：把碗的上半圈割去，在下半圈的四面各挖出一个圆孔，孔的大小直径为一寸左右，然后在碗底正中装上一根长柄，形状像酒杷的样子。用这杷子来抨酥，所用的酪，甜酪、酸酪都可以用。酪多时用大瓮，酪少时用小瓮。把酪倒在瓮中让太阳晒一天，再动手抨酥，要使杷子一直搅到瓮底。搅一顿饭的时间之后，倒一些温水进瓮里。温水的分量是酪的一半。再动手抨击。待酥出来了，再加冷水。冷水的分量，和温水一样，又赶快抨击。在这时候，杷子不需要再直冲到瓮底，因为酥已经浮出来了。再下冷水，分量和上次一样。酥都已凝聚了，停止抨打。大盆盛着冷水放在瓮边，用手揭取浮在酪面上的酥，把手往冷水下面一沉，酥便浮出在冷水上面了。再揭再沉出，到酥揭尽为止。抨过酥的酪浆，可以调和酸浆饭和粥。

元人鲁明善《饮膳正要》所述的“酪之做法”，与以上的方法略有差异。照录原文如下：用乳半勺，锅内炒过，入余乳熬数十沸，频以勺纵横搅之，倾出，罐盛待冷，略取浮皮为酥，入旧酪少许，纸封贮即成酪。又干酪法，以酪就日，曝使结，掠去浮皮，再曝，至皮尽却入釜，炒少时，器盛，再曝作块，收用。

北魏时期的贾思勰，生活在一个胡汉杂居融合的时代，其鸿篇巨制《齐民要术》乃是“采掜经传，爰及歌谣，询之老成，验之行事”后所作，充分反映了当时整个黄河中下游流域人民的饮食生活状况。其体现了胡汉民族融合的特点，胡食即是其中的重要内容，乳酪制品是《齐民要术》中所记载的胡食的主要内容，其是对北方草原民族长期积累的经验的总结。有关记载当可反映当时乳品加工技术的基本面貌。天山以北草原诸族的生计方式与北方草原诸族的基本一致，这也决定了其主要食生产方式基本一致，所以他们的游牧文化乃至饮食文化面貌存在很大的共性。对于上述奶制品的制作工艺，天山以北草原诸族当不陌生。

总之，草原诸族主要食用肉、奶类食物。在古代游牧族看来，墓葬是来世之居所，作为生活必需品的食物往往成为随葬品。根据一些墓葬中随葬的食物残余也可推断游牧民族的饮食生活。如据前苏联的C.N.鲁金科先生介绍，根据阿尔泰“墓葬中随葬的食物残余推断，他们的食物是以家畜和野畜的肉以及奶制品为主的。发掘中曾多次发现干酪（凝乳块），这种食物在冻结的情况下，甚至连香味都还保存着”。[1]

2.2.2 粮食在饮食结构中占有一定比重

虽然汉唐天山以北草原诸族的饮食生活是食肉饮酪，但粮食在其饮食结构中占有一定比重。这主要源于以下原因：

（1）在有些民族的食生产中，存在一定的农业生产

塞人、匈奴、乌孙、柔然、铁勒、突厥等相继在天山以北“逐水草而居”，但在此并非单一的畜牧经济，农业在此地亦有一定的发展。

①塞人。苏北海先生曾认为“从事农业的塞种人耕植糜子、大麦和小麦，甚至从事牧业的塞种人也在冬牧场种地”。

②匈奴。根据文献记载，游牧的匈奴人在后期已经有了农业，而且受到一定的重视。《史记·卫将军骠骑列传》载，卫青军至“窴颜山赵信城，得匈奴积粟食军”，说明匈奴在赵信城储存有粟。《汉书》也记载卫律为单于谋：“穿井筑城，治楼以藏谷，与秦人守之。汉兵至，无奈我何。”“匈奴怨诸国共击车师，遣左右大将军各万骑，屯田右地，欲以侵

〔1〕〔前苏联〕C.N.鲁金科著，潘孟陶译：《论中国与阿尔泰部落的古代关系》，《考古学报》特约稿，1957年，第2期；引自新疆社会科学院考古研究所：《新疆考古三十年》，新疆人民出版社，1983年，第213页。

迫乌孙、西域”。汉匈五争车师，其间，宣帝元康中（公元前65—公元前61年），“匈奴遣兵击汉屯田车师者，不能下”。昭帝时，“匈奴复使四千骑田车师。宣帝即位，遣五将将兵击匈奴，车师田者惊去，车师复通于汉”。

西汉时期，有一个将领名叫李广利，是汉武帝宠妃李夫人之兄，昌邑哀王的舅舅。李夫人早卒，武帝曾以李广利为贰师将军，封海西侯。征和三年，李广利出征匈奴前与丞相密谋推立刘髆为太子，后事发，刘屈氂被杀，李广利投降匈奴。李广利投降匈奴虽换来一时的富贵，然好景不长。有一个叫卫律的，因嫉妒欲加害李广利。卫律趁单于母亲生病，遂买通巫师，让巫师谎称病因是由于去世的单于在发怒。因去世的单于过去出兵攻伐汉时，曾发誓一定要捉住贰师将军李广利用来祭神，现在李广利已在匈奴，为何不杀了祭神。先单于正发怒责问此事。单于对巫师的话信以为真，便将李广利杀掉，用以祭神。《汉书》卷94（上）《匈奴传上》也记载贰师将军在匈奴被屠以祠，其曾骂曰：“我死必灭匈奴。”“会连雨雪数月，畜产死，人民疫病，谷稼不熟，单于恐，为贰师立祠室”。颜师古曾注云：“北方早寒，虽不宜禾稷，匈奴中亦种黍穄。”冯恩学先生曾认为：《史记·匈奴列传》记匈奴“逐水草迁徙，毋城郭常处耕田之业，然亦各有分地”。匈奴的农耕史料与《史记》说匈奴无农耕相矛盾。匈奴是族称，也是匈奴国家的名称。《史记》的记载是匈奴族的族俗，没有城、定居点、农耕。在匈奴国家内有屯田，有农耕。但是，匈奴族（指匈奴本体）是不是在国家建立后而转向半游牧半农耕的，目前则缺乏可靠的证据。因为，文献记载有大量的汉人和长城地带的各民族被掠入或自愿投奔匈奴之地，所以屯田还可以理解为匈奴人防守戍边兼屯田管理，而汉人做具体的农耕之事。

在公元前3世纪以前，匈奴游牧经济中也出现农业，虽然这种农业生产规模不大，在匈奴社会生产中，并不产生重大影响。如在古代匈奴墓葬中“经常发现属于公元前7—公元前3世纪的石臼”，出土有属于公元前3世纪—公元前2世纪的“黑色的农作物种子”。另据冯恩学先生介绍，在匈奴遗迹伊伏尔加古城发掘出大量的与经济生活有关的建筑遗迹。主要是储存的窖穴、干栏式的架子、围沟、水井、炼铁炉等。总计发掘607个灰坑,大部分与经济生活有关。其中“第一类和第二类灰坑都是保存食物的窖穴,形式上有差别,与储存的食物种类有关。推测储存的食物有鱼、肉、谷类粮食和喂养牲畜的饲料”。在古城出土的城内还发现了很少的石器。如一件石制的小杯,椭圆形的口,带有把手。另有一些磨谷粒的石磨盘,板状,圆形或椭圆形,正面有磨凹的坑。田广金、郭素新也曾指出,伊沃尔加古城内发现了数量可观的农业工具,包括犁铧、铲头、锄、镰等。出土于14号房址地面的完整犁铧,长11厘米,宽8厘米,厚3.5厘米。类似的犁铧在外贝加尔地区已发现数十件,大部分出土于都连村附近遗址。这些犁铧的发现,说明当时已有牲畜牵引的木犁耕作,农业已发展到一定的水平。另外,在伊里莫瓦墓地的40、58和123号墓,伊沃尔加墓地40、41和48号墓,切列姆霍夫墓地40号墓,达尔汗山墓地2和4号墓,特布希乌拉墓地20号墓,以及诺音乌拉的两座大墓,均发现了粮食作物的遗留。说明匈奴境内确实有一部分居民从事农耕,以补充畜牧业的不足。

③乌孙。乌孙是两汉时期活动在北疆草原上的一个主体民族。考古发现乌孙存在定居生活,并有一定的农业生产。公元前1世纪农业已在乌孙社会生产中出现,虽然其生产规模很小,在整个社会生产中并不占重要地位。根据考古资料,在大约公元前1世纪及以后的乌孙墓葬群内,开始发现有谷物和农业劳动工具,如碾谷子用的石头碾子、磨盘、青铜镰刀、烧焦的谷物等。乌孙的基本经济部类是游牧业。然而巨大的木椁结构则鲜明地证明了定居生活的存在,铁犁铧的发现更是存在农业生产的确证。

④乌桓鲜卑人也有农业。《后汉书》卷90《乌桓传》载乌桓“其土地宜穄及东墙。东墙似蓬草,实如穄子,至十月而熟。见鸟兽孕乳,以别四节”。

⑤吐谷浑。吐谷浑后来逐渐掌握了农业技术。《魏书·吐谷浑传》谓其人“好射猎,以肉酪为粮。亦知种田,有大麦、粟、豆,然其北界气候多寒,唯得芜菁、大麦,故其俗贫多富少。”《梁书·河南传》亦云

“其地有麦无谷。”据研究，吐谷浑的农业发源于当地的羌族，其农作物品种主要有大麦（应即青稞）、粟、豆和蔓菁。吐谷浑人不仅“以肉酪为粮”，而且兼知“粒食”，并把二者巧妙地结合起来。据唐朝吐蕃藏文简犊反映，以乳油拌和熟青稞粉制成的糌粑已成为吐谷浑人的主要食品了。饮食生计方式不是一成不变的，特别在较当今而言生产力相对低下的古代，其随所处环境的不同而有所改变。如有学者认为吐谷浑部在徒河青山时，与其他慕容鲜卑部落一样，都从事畜牧业。吐谷浑西迁后，辽河流域的慕容鲜卑部落在5世纪时，已逐渐由牧业经济转向农业，或半农半牧。而吐谷浑的部落进入青海后，由于地区条件的限制，又由农业转入畜牧业。

⑥吐蕃。《新唐书》记载吐蕃“其稼有小麦、青稞麦、荞麦、豋豆”。据楼兰文物普查队的罗布泊地区文物普查简报，在米兰城堡城内房屋遗址中，曾清理出300多件吐蕃文木简和文书。经王尧教授考释，是一批涉及小麦种植、分占耕地、丝绸服饰等吐蕃人经济生活的珍贵资料。在米兰城堡房址内出土的木、陶、石器既有生产工具，也有日常生活用品，如石磨盘、木铣、木碗、木盘、木勺、木梳及陶罐、釜、瓮、壶等。大量的牛、马、羊粪与牛、羊、狗等家禽骨骸及麦穗、糜子、葫芦籽、核桃壳、鸡蛋等也见于遗址中。还清理出相当数量的卜骨，经过烧灼，骨料多为羊肩胛骨，灼洞直径约1厘米，排列有序，有的卜骨上见吐蕃文卜辞。

另外，前苏联阿尔泰中部地区的古代诸部落，还小规模种植黍，并到处采集大麻（可能是野生的），把大麻籽放在烧红的石板上焙干，充作烟草。

考古发现北疆农业的较早开发。如乌鲁木齐乌拉泊古墓葬可以认为是属于战国到西汉时期的古代车师人的墓葬。乌拉泊古尸的牙齿大都有龋齿病，有的还很严重。这一结论对于研究当时的社会经济生活是很有意义的。龋齿病的发生是和人们的食物构成有一定关系的。一般认为，以食含淀粉为主食的人们往往容易患龋齿病，而以食含脂肪、肉类为主的人则相反。这一现象表明，在当时人们的食物构成中，淀粉质的食物占有相当的比重，证明当时这一地区已经存在比较发达的农业生产活动，它是和畜牧业并存的主要经济部门。这与随葬品中所反映的情况是一致的，也和这一带的自然地理环境是相适应的。

察吾乎文化也可为此提供佐证。从随葬物来看，察吾乎文化的经济形态是以畜牧业为主，同时也经营农业、狩猎和手工业。在许多陶器内残存有食物，经鉴定均为栽培之物，即大麦、小麦和粟。通过对人骨骼的研究，龋齿现象较普遍，这充分证明察吾乎文化存在农业。考古发现陶器是察吾乎文化中最大宗的随葬品，数达两千多件，而且主要是实用器。不少陶器上还装饰有象征土地和耕作的田地纹以及网格纹中的圆点，特别是在一些陶器中发现有谷物，这些可证实存在着原始农业。

从上引考古资料可以结论：游牧民族食生产活动中，是存在农业经营的。

农业和畜牧业不是互相排斥，而是互相依存的。如《后汉书·西域传》记载蒲类国居天山西疏榆谷，“庐帐而居，逐水草，颇知田作。有牛、马、骆驼、羊畜。能作弓矢。国出好马。”东且弥国，“庐帐居，逐水草，颇田作。其所出有亦与蒲类同。所居无常。”在古代，由于生产力的落后，一个地区居民的生计方式受地理环境的自然制约较强，因而有的以农为主，有的以牧为主，其间以牧为主的只是说农业少一些罢了。从实际需要来看，单纯的游牧经济是不能满足人们物质生活和发展生产事业的各种复杂的需要的。除了畜牧业以外，在一定适合农业生产地区的粗放农业也必然会受到草原诸族的重视而有一定程度的发展。望芑孙《西陬牧唱词六十首》也曾记载：“玛哈沁已作编民，黍麦年来满塞屯（注：准地于五谷之属，有黍大小麦，亦间有稻米，其性如粳而不黏）。”当然，限于自然地理环境和当时现有的生产力水平，天山以北种植农业的作用可想而知，应该是相对较小的。

（2）除了自己种植的粮食之外，还有通过互市、战争掠夺、朝贡贸易等方式得来的粮食

很多游牧民族，如匈奴本来是游牧逐水草为生，后来，兼营少量农作，但不足以解决自己的日食供给，依赖从汉地输入粮食。《史记》记

载汉初“岁奉匈奴絮缯酒米食物各有数”。《汉书》亦记载：“呼韩邪单于款五原塞，愿朝三年正月。……诏忠等留卫单于，助诛不服，又转边谷米糒，前后三万四千斛，给赡其食。是岁，郅支单于亦遣使奉献，汉遇之甚厚。”“元帝初即位，呼韩邪单于复上书，言民众困乏。汉诏云中、五原郡转谷二万斛以给焉。”后突厥汗国时期，默啜可汗于公元697年（神功元年）向唐朝请求赠送谷种十万斛（十斗为一斛，音胡）及农器的记载。当时武则天遂把谷种十万斛、农器五千件、铁数万斤给予了突厥。

《汉书·西域传》记载匈奴，“置僮仆都尉，使领西域，常居焉耆、危须、尉犁间，赋税诸国，取富给焉”。不管是以何种方式，游牧民族与农耕民族在经济上的交往，已成为不可逆转的发展趋势。而如前所述，天山以南绿洲诸国以绿洲农耕为主要生产方式，那么天山以南绿洲诸国的粮食也许会有一部分流入天山以北。如《隋书》记载疏勒：“土多稻、粟、麻、麦、铜、铁、锦、雌黄，每岁常供送于突厥。”

《魏书》记载蠕蠕（柔然）王阿那瑰既得返国，其人大饥，相率入塞，阿那瑰上表请台赈给。诏孚为北道行台，诣彼赈恤。孚陈便宜，表中曰：“又贸迁起于上古，交易行于中世，汉与胡通，亦立关市。今北人阻饥，命悬沟壑，公给之外，必求市易。彼若愿求，宜见听许。”由此可见，柔然与北魏应存在粮食换马畜的互市贸易。正光二年（521），北魏肃宗赈柔然阿那瑰等“新干饭一百石，麦麨八石，榛麨五石……粟二十万石”。新干饭是什么呢？毫无疑问应是粮食制品。干饭一般有两种做法，一种是炒，与麦麨性质大致相同。另一种是上甑蒸至约九分熟，其时，米比生米要熟，但又熟至不粘。然后再通过阴干等办法使之失去一些水分。干饭相对能保存较长时间，可做储备粮，便于携带，适于作长途旅行中之干粮。新作的干饭相对口味更好。因此此处的“新干饭”强调干饭是北魏官方特意为阿那瑰等新做的，体现北魏的怀柔政策。正光三年（522）阿那瑰又“上表乞粟以为田种，诏给万石”。由上可见，柔然亦已渐知“粒食”。

综上所述，可得出如下结论：

①在西域草原诸族的食生产活动中，虽然牧业经济占据主导地位，但其经济类型不是单一的，采集、狩猎始终是其补充食源的重要方式。同时，不排除这其中也有游牧民族存在一定的农耕生产。

②就肉制品在饮食结构中的比重而言，西域饮食生活具有其独特性。中原地区普通民众日常饮食中，菜主要为素食，肉制品对于普通民众，特别是对下层劳动者来说是奢侈品，在饮食结构中占有比例相对较少。在老子的理想社会中，“七十可以食肉矣”。而特定自然环境、生计方式，决定了汉唐天山以北草原诸族日常饮食“食肉饮酪”，而粮食类制品、蔬菜类却往往为普通老百姓所不及。曾有专家对268例魏晋十六国时期的鲜卑遗骸进行了眶顶板筛孔样病变的观察，结果发现患有眶顶板筛孔样病变的个体占总观察人数的28.7%，明显高于现代人，且眶顶板筛孔样病变的患病率性别差异有显著性。结论是，这种病变的高发现象，可能与当时的单一饮食结构、低营养水平及不良卫生状况等因素所致的缺铁性贫血有关。魏晋十六国时期的鲜卑人是游牧民族，畜牧业在当时的经济生活中占主体地位，这就决定了他们的饮食结构以肉类为主，而进食蔬菜和水果则很少，即维生素C的摄入量较少。这种单一的饮食结构，加之当时恶劣的生活环境以及缺乏良好的卫生条件等因素所致的缺铁性贫血，可能是导致鲜卑人眶顶板筛孔样病变高发的一个重要因素。

③天山以北特定的自然环境决定必须种植特定的农作物。与农耕社会的农业相比，牧业社会的农业有自己的特点。其种植的种类要适应高寒少雨、生长期短的特点。《史记・魏将军骠骑列传》记载，公元前119年，卫青出击匈奴，“得匈奴积粟食军，军留一日而还，悉烧其城余粟以归”。《周书》记载吐谷浑“亦知种田，然其北界，气候多寒，唯得芜菁、大麦”。《旧唐书》亦记载吐谷浑“气候多寒，土宜大麦、蔓菁，颇有菽粟”。《旧唐书》亦记载吐蕃“其地气候大寒，不生秔稻，有青稞、麦、豋豆、小麦、荞麦”。由上可见，西域诸族种植的作物主要有大麦、粟等，这些作物特点之一至少是能抗旱，生长期相对较短。

④农业是农耕民族生存的主要手段，也是其经济的主要来源，所

以要采取精耕细作的耕种方式。而牧区的农业由于受自然环境的限制与当时的生产水平的限制，只能粗种粗收。

2.2.3 特定的饮食观念和饮食心理

(1)匈奴、突厥等贱老贵壮

《史记》记载匈奴："壮者食肥美，老者食其余。贵壮健，贱老弱。"《周书》记载突厥："其俗被发左衽，穹庐毡帐，随水草迁徙，以畜牧射猎为务。贱老贵壮，寡廉耻，无礼义，犹古之匈奴也。"《隋书》亦记载突厥："其俗畜牧为事，随逐水草，不恒厥处。穹庐氈帐，被发左衽，食肉饮酪，身衣裘褐，贱老贵壮。"《新唐书》记载吐蕃："贵壮贱弱，母拜子，子倨父，出入前少而后老。重兵死，以累世战没为甲门，败懦者垂狐尾于首示辱，不得列于人。"

饮食观念和饮食心理是社会观念的重要组成部分。"饮食文化作为社会生活的一种重要的构成要素除了满足人们基本的生理需要之外，还在社会中起着规范人们行为活动，加强人际关系的媒介作用。饮食文化具有的这些社会功能使得它本身包涵着某些特定的伦理道德规范和行为准则，它们具体表现为人们在分配食物过程中所应遵守的原则和方法，以食品款待不同角色的人时奉行的礼仪，在特定时间和场合馈赠食品时遵守的规矩，以及进餐过程中人们应注意的有关礼节等等。这些饮食礼仪是传统伦理道德规范在饮食文化中的浓缩，集中体现了人们某些特定的价值评价尺度和对不同社会角色的期待。"[1]上述"壮者食肥美，老者食其余"的现象，体现了天山以北草原诸族特定的饮食观念和饮食心理。

社会意识是人们对一切社会生活过程和条件在观念上的反映，归根到底是社会物质生活过程在观念上的反映。饮食观念和饮食心理植根于和受制于特定的经济生产方式，而特定的饮食观念和饮食心理要联系特定的经济环境来探讨。

关于草原民族一些特定的风俗，古已有争论。如《史记》记载了中

[1]瞿明安:《隐藏民族灵魂的符号:中国饮食象征文化论》，云南大学出版社，2001 年，第 163－164 页。

行说与汉使的辩论。汉使或言曰："匈奴俗贱老。"中行说穷汉使曰："而汉俗屯戍从军当发者，其老亲岂有不自脱温厚肥美以赍送饮食行戍乎？"汉使曰："然。"中行说曰："匈奴明以战攻为事，其老弱不能斗，故以其肥美饮食壮健者，盖以自为守卫，如此父子各得久相保，何以言匈奴轻老也？"汉使曰："匈奴父子乃同穹庐而卧。父死，妻其后母；兄弟死，尽取其妻妻之。无冠带之饰，阙庭之礼。"中行说曰："匈奴之俗，人食畜肉，饮其汁，衣其皮；畜食草饮水，随时转移。故其急则人习骑射，宽则人乐无事，其约束轻，易行也。君臣简易，一国之政犹一身也。父子兄弟死，取其妻妻之，恶种姓之失也。故匈奴虽乱，必立宗种。今中国虽详不取其父兄之妻，亲属益疏则相杀，至乃易姓，皆从此类。且礼义之敝，上下交怨望，而室屋之极，生力必屈。夫力耕桑以求衣食，筑城郭以自备，故其民急则不习战功，缓则罢于作业。"可见，游牧民族特定的饮食观念及心理是源于其特定的生计方式及生存方式的。当然，从根本上看，应源于其物质资料的缺乏。匈奴、突厥等贱老贵壮，是生产力低下的产物。

崇尚孝道是备受农耕文化熏陶的中国人在伦理道德方面最鲜明的特征。孝文化是中国传统文化的重要组成部分，且中国自古以来就是礼仪之邦，这就决定了诸多饮食礼仪的存在，且从特定角度反映了中国民众崇尚孝道的伦理观念，如人们尊老爱幼的良好饮食风尚，孝敬亲属成员的行为规范以及哀悼死者的各种服丧饮食禁忌等。

至于游牧民族与农耕民族二者的孝文化有何异同。作者曾请教于北京大学罗新教授，罗教授认为并无异同。当农耕民族所处社会生产力相对低下时，为了保证生存，就会把好的食物留给年轻力壮的人。

荣誉观、道德观具有阶级性、历史性。特定的荣誉观、道德观应联系在一定历史条件下的具体环境背景（如特定的生存环境、生计方式、生产力发展水平）来理解。

文化的产生是多方面因素作用的结果，其中不同的地理环境和经济形态是导致文化出现差异的主要因素。应该说，任何一种文化都是人类创造的宝贵遗产，是人类为适应特定的地理环境而在长期的生产、生活实践中创造出来的。诸如北疆地区的以游牧为主要特征的文化是众多游牧民族创造的,这种文化和北疆适宜牧业生产的地理环境形成了完美的结合;而南疆地区的众多绿洲则适宜农业生产,因而生活在这里的众多民族则创造了绿洲文化。但文化的发展却需要借鉴乃至吸纳其他文化的优秀成分,因为只有这样才能深化对自然界的认识,增强利用自然、改造自然的能力,进而促进文化的发展。饮食文化也是如此。

(2)婚丧礼仪中的饮食文化

饮食一般可分为日常饮食、节日饮食、人生礼仪饮食。人生有几个重要阶段,如出生、成年、结婚、死亡。所以婚丧礼仪中的饮食,既有满足饮食需求的内涵,又有祈福、避讳等重要内涵。如维吾尔族摇床上的喜事,即维吾尔族的"毕须克托依",相当于汉族给孩子过满月,但维吾尔族是在婴儿满 40 天时举行。维吾尔族妇女婚后生孩子一般都要回到娘家去生产,特别是第一个小孩一定要回到娘家生产。小孩出世 40 天时,请来女客人和小孩,举行把孩子放进摇床的仪式——"毕须克托依"。有趣的是在请来的客人中,要有 40 个未满 7 岁的小朋友,或者更多一些(男女均可)。主人要准备 40 多个"托喀西馕"(一种小馕,大小如茶杯口)和一些"木拉巴"(果酱)、"纳勒瓦"(用面、糖、油做成的一种糊糊,味香甜),每个小馕上都要抹上"木拉巴"或是"纳勒瓦"(现在许多地方都由蛋糕代替馕)发给来作客的小朋友。小朋友拿上馕后,要和自己的妈妈来到摇床前,一同向出世不久的婴儿表示祝贺,祝词中大都赞美小弟弟或小妹妹长得漂亮可爱,并希望他(她)长大后孝顺老人,尊敬父母,有所作为等。仪式结束后,主人以丰盛的饭菜招待客人。

如前所述,草原诸族生活的环境及主要生计方式基本一致,并由此决定他们的婚丧礼仪中的饮食文化也必定呈现一定的共性。而源于各族特定的历史文化背景,天山以北草原诸族的婚丧礼仪中也呈现出多元化的饮食文化风貌。

以高车为例。《魏书 · 高车传》记载高车:"婚姻用牛马纳聘以为荣。结言既定,男党营车阑马,令女党恣取,上马袒乘出阑,马主立于阑外,振手惊马,不坠者即取之,坠则更取,数满乃止。俗无谷,不作酒,迎妇之日,男女相将,持马酪熟肉节解,主人延宾亦无行位,穹庐前丛坐,饮宴终日,复留其宿。明日,将妇归,继而将夫党还入其家马群,极取良马。父母兄弟虽惜,终无言者。颇讳取寡妇而优怜之。其畜产自有记识,虽阑纵在野,终无妄取。"高车是以畜牧业为主要生计方式的民族。畜产品的多寡,是判断高车人社会财富多寡和社会地位高低的重要标准。牛马是高车人的重要畜产品,马还是其重要的交通工具。故高车"婚姻用牛马纳聘以为荣"。

特定的食生产方式使高车最初拥有的粮食少,故其不酿造粮食酒,但马奶酒和肉食是其生活中较为常见的美食,故高车婚嫁美食少不了马奶酒和肉食。一般来说,游牧民族没有中原"礼"的思想束缚,故在中原人士看来,"主人延宾亦无行位"。

在婚姻方面,鲜卑也同柔然一样,存在着较原始的掠夺婚制度。鲜卑,其言语习俗与乌丸同。《三国志》卷30引《魏书》记载乌丸"其嫁娶则先私通,略将女去,或半岁百日,然后遣媒人送马牛羊以为聘礼",鲜卑"常以季春大会,作乐水上,嫁女娶妇,髡头饮宴"。《新唐书·回鹘传(下)》亦记载黠戛斯(古坚昆国也),"昏嫁纳羊马以聘,富者或百千计"。

现在新疆很多兄弟民族仍然拥有独特的婚姻习俗,从其婚俗中可以透见古代婚俗礼仪中的饮食文化。

葬俗中体现的西域饮食文化,先以塞人为例。据相关研究,普通的部落成员死后,他的亲属便将死者安放在车中,并巡行于各亲属之间,每一亲属都要设饯迎接送丧的行列,这种饯会要连续举行40天,再安葬。他们给死者穿最好的衣服,随葬的有武器、食物及其他生活用品,甚至死者的乘马也要一起埋葬。坟墓用土块或石块砌起,坟墓周围还用石块铺成小道。希罗多德曾说游牧的马萨盖特人"在诸神中间只崇拜太阳。他们献给太阳的牺牲是马。他们把马当作牺牲来奉献的理由是:只有人间最快的马才能配得上诸神中间最快的太阳"。

如前所述，鲜卑言语习俗与乌丸同。史书记载乌桓“贵兵死，敛尸有棺，始死则哭，葬则歌舞相送。肥养犬，以采绳婴牵，并取亡者所乘马、衣物、生时服饰，皆烧以送之。特属累犬，使护死者神灵归乎赤山。赤山在辽东西北数千里，如中国人以死之魂神归泰山也。至葬日，夜聚亲旧员坐，牵犬马历位，或歌哭者，掷肉与之。使二人口颂咒文，使死者魂神径至，历险阻，勿令横鬼遮护，达其赤山，然后杀犬马衣物烧之。敬鬼神，祠天地日月星辰山川，及先大人有健名者，亦同祠以牛羊，祠毕皆烧之。饮食必先祭。”(《三国志》卷30，引《魏书》)

高车葬俗中的饮食文化。《魏书·高车传》记载高车：“时有震死及疫疠，则为之祈福。若安全无他，则为报赛。多杀杂畜，烧骨以燎，走马绕旋，多者数百币，男女无小大皆集会，平吉之人则歌舞作乐，死丧之家则悲吟哭泣。”

《周书·异域传下》记载了突厥葬俗中的饮食文化：“死者，停尸于帐，子孙及诸亲属男女，各杀羊马，陈于帐前，祭之。……葬之日，亲属设祭，及走马、剺面，如初死之仪。葬讫，于墓所立石建标。其石多少，依平生所杀人数。又以祭之羊马头，尽悬挂于标上。”

从上述史书的记载可以看出，牲畜乃至畜肉是葬俗中必不可少的祭品。与中原汉族葬俗中的饮食文化相比，草原诸族葬俗中的饮食文化与其具有共性，如乌丸鲜卑“饮食必先祭”。但后者还具有一些特性，如突厥的“祭之羊马头，尽悬挂于标上”的现象。

另外，汉唐天山以北草原诸族的饮食文化一般都受到中原农耕饮食文化的影响。

考古发现匈奴的饮食文化在一定程度上受到汉文化的影响。如据冯恩学先生介绍，在外贝加尔的匈奴城址和墓葬中，汉文化的影响较明显。主要表现之一为：炊具中使用甑，进食使用筷子。在伊利姆谷墓地等出土了较多的骨制的筷子，说明有一部分匈奴人使用筷子进食，而使用筷子原来是汉人饮食文化的一个特点。在匈奴墓地和伊伏尔加古城等发现了汉文化传统的炊具——甑，底部有密集的穿孔。甑是炊具，用于蒸食物。这反映了当地的饮食文化也接受了汉文化的影响。还可以据此进一步推测公元前后的匈奴食谱中,米饭和面食也占很重要的地位。

虽然在述及乌孙的社会经济状况时,《汉书·西域传》曾明确记载:乌孙“不田作种树”,树者植也,说明乌孙不经营农业种植,但这应指乌孙早期或初迁伊犁时期的情况。汉朝政府与乌孙联姻,而在其对乌孙的管辖中,内地的文化、先进生产技术的传入,是导致乌孙社会经济变化,特别是农业生产方式的出现和推进,从而促使饮食生活逐渐出现变化的一个重要因素。《汉书》卷96(下)《西域传(下)》记载汉武帝将细君公主嫁给乌孙昆莫时,汉政府“赐乘舆服御物,为备官属宦官侍御数百人,赠送甚盛”。其中肯定也包括一定数量的珍馐御膳,并在一定程度上吸引了乌孙皇室的眼球,但此仅为推测而已。此外,乌孙贵族经常到内地学习和居住,必然会受到汉文化的熏陶和影响,这必定给乌孙(至少是上层社会)的饮食生活带来许多新的因素。从食生产方式来看,乌孙徙居伊犁一个阶段后,和汉朝政府的关系有了重大发展,联系甚密,其经济生活也产生了重大变化,其中之一就是出现了农业。作为畜牧经济的补充,乌孙在西迁伊犁地区后,逐渐开始了农业的经营。这一发展,与中原地区以农业为主体的汉族人民的积极影响有关。

另如前所述,北魏后期柔然阿那瑰上表“乞粟以为田种,诏给万石”。《魏书·蠕蠕传》亦记载高车“渐知粒食”。

2.2.4 饮食文化与草原诸族的民族性格

饮食文化应是我们审视族群文化、认识族群关系的重要视角。因为饮食获取环境在一定程度上影响住民的食生产方式和饮食结构,乃至民族性格和气质。饮食文化在一定程度上影响草原诸族的民族性格。

天山以北草原诸族拥有特定的自然生态环境。北疆区纬度较高,气温低寒,属于温带干旱荒漠和荒漠气候。冬季漫长,无霜期仅有150天左右,1月份的平均气温为摄氏零下15度~20度,最低的富蕴、青河一带可达零下52度,是我国最冷的地区,可谓是天寒地冻。夏季较短,

7 月份的平均气温为 22 度～26 度。由于阿尔泰山之西的准噶尔西部山地有较大的山地缺口，而西域又盛行西北风，所以北冰洋和大西洋的冷湿气流多少还可以进入这里，带来水汽，形成降水，故雨量稍多，气候亦较湿润。年平均降水量一般为 150～300 毫米，阿尔泰山和天山山地则多达 500～600 毫米。特定自然环境必然要求特定的食生产方式和饮食结构与其相适应，而此在一定程度上又促进了草原诸族拥有强悍的体魄和勇武精神。

气候和饮食关系密切。我国卓越的科学家和教育家，当代著名的地理学家和气象学家，中国近代地理学的奠基人竺可桢先生曾认为天气和人生、气候与人生及其他生物之关系非常密切，地理对于人生之影响很大。气候的要素可分做温度和雨量两种。温度高低、雨量多寡，与一国文化发展关系密切。譬如寻常植物，像小麦、大麦，必须有华氏 50 度的天气才能生长。米（稻）与茶叶所需温度更高，若冬季平均温度在 20 度以下，就不能种米（稻）。冬季平均温度在 40 度以下，就不能种茶。人类的食料，大部取自于植物，而畜类牛羊猪马，又靠植物度日，所以植物能否繁殖，成为我们人类生死存亡的一大条件。如前所述，天山以北特定的自然环境决定必须种植特定的农作物。新疆雨量稀少，只有那些能适应高寒少雨，具备生长期短的特点的农作物才能生长。由于很多草类能在此处生长，可以作游牧之用，适合畜牧业的发展，所以综观汉唐天山以北草原诸族，其食生产方式主要以游牧的畜牧业为主，且天山以北冬季天气寒冷，人需要多量脂肪来御寒，这就决定了草原诸族多以牛羊为生，肉、乳酪遂成为日常的重要食品，其饮食结构也就以“食肉饮酪”为主了。

肉食对人类的形成具有重要意义。恩格斯在《自然辩证法》中认为，肉类食物几乎是现成地包含着为身体新陈代谢所必需的最重要的材料；它缩短了消化过程中以及身体内其他植物性的即与植物性生活相适应的过程的时间，因此赢得了更多的时间、更多的材料和更多的精力来过真正动物的生活。这种在形成中的人离植物界越远，他超出于动物界也就愈高。既吃植物也吃肉的习惯，大大地促进了正在形成中的人的体力和独立性。但是最重要的还是肉类食物对于脑髓的影响,脑髓因此得到了比过去多得多的为本身的营养和发展所必需的材料,因此它就能够一代一代更迅速更完善地发展起来。

众所周知,肉食原料及其营养成分大大超出植物性食物原料。羊肉是西域草原诸族的主要肉食品。羊肉含有很高的蛋白质和丰富的维生素。羊肉里含优质蛋白11.1%,脂肪28.8%,富含矿物质磷和铁,以及维生素B和A。《本草纲目》中说:“羊肉能暖中补虚,补中益气,开胃健力,治虚劳过冷,五劳七伤。”金人李杲说:羊肉为有形之物,能补有形肌肉之气。故曰:补可去弱,人参羊肉之属,人参补气,羊肉补形。凡味同羊肉者,皆补血虚益阳生也。中医学认为,羊肉性味甘温,入脾肾经,有益气补虚、温中暖下之功效,因而用于虚劳羸瘦,腰膝酸痛,产后虚冷、腹痛、寒疝、中虚反胃等。羊肉肉质细嫩,容易被消化,多吃羊肉可以提高身体素质,提高抗疾病能力。不论是冬季还是夏季,人们适时地多吃羊肉可以去湿气、避寒冷、暖心胃。有人认为,羊肉很早就被人们视为食之“上品”。古人以“羊”字引申为“美”字,是为“羊大为美”。“美”字本义为“味美”,说明“羊在六畜,主寄膳也”。还有人进一步引申,说“羡”字上为羊,下从次;而“次”的原意是“慕欲口液”。整个意思是,看到羊而流口水,这也说明羊肉之味美。另外,羊全身是宝:羊肝有养肝明目之功,为肝病目疾之良药。羊肺有利于补肺气。羊脑亦可润皮肤,去皯蹭。就连羊汤也有极高的营养价值,可滋阴补肾,壮阳健身,更是养颜美容的佳品。

同时,畜奶及奶制品营养价值高,可以强体健身,具有滋补食疗价值。

总之,汉唐天山以北草原诸族日常饮食以“食肉饮酪”为主。游牧民族性格豪迈,战斗力强,在一定程度上与其有强魄的体格有关,而其在很大程度上是由上述特定的饮食习惯造就的。

特定的自然环境孕育特定的饮食文化环境,草原诸族的饮食文化环境促使他们形成粗犷豪放、刚毅勇猛的性格。竺可桢先生曾认为地形、气候对于人生的影响是显而易见的。譬如我国大部分人民同属汉种，但南方人与北方人的体格却有不同。像粤东一带居民，其身高平均较矮，不如北方几省人身材高大，且性情都比较好动，富冒险性，而缺耐久性。同种的人在异样环境之下，久而久之，其性情体格便会生出差别来。南方拥有繁密而多元的植被、曲折而温润的水网，而北方的景观缺乏细部的变化。然而大自然就在这单调之中充分显示出它的雄伟、严峻、粗犷。生活在北方的人们，不会去注意细微的东西，目光总是被引向高远之外，看到的是巨大的世界。久而久之，人们的心胸也就随之扩张开来，形成粗犷豪放的性格。如有学者认为鲜卑原来是以游牧为生的，社会结构又有军事化的性质。游牧生活不像农业生产那样安定，那样井然有序、有耕耘必有收获，而是充满了变化和风险。各个部落之间，也全不用文化礼仪的虚饰，谁有力量谁就去征服。在对自然、对敌手的严酷斗争中，造就了强悍的性格。[1]

特定的饮食文化环境促使草原诸族的民族精神具有进取性和开拓性，而特定的自然环境促使人们努力寻求适应环境、保证本族群生存、促进本族群发展的食生产方式和饮食模式。天山以北草原诸族的生理和心理构造与素质，应当从他们世世代生息的生态环境，从他们千百年甚至更长时间所从事的食生产方式和饮食生活模式中去寻找原因。孟子云："天将降大任于斯人也，必先苦其心志，劳其筋骨，饿其体肤，空乏其心。行拂乱其所为，所以动心忍性，增益其所不能。……然后知生于忧患而死于安乐。""美国耶鲁大学的教授恒丁登（Huntington）说：一国文化高低，视气候而定。一个地方气候变化没有一定，那地文化才有进步，因为凡居这种环境之下，不得不想出种种方法，做'未雨绸缪'的预备。可见环境在一方面逼迫人民劳其手足，固其心志，在他方面就叫你有发展地步，这才能在文化舞台上占一位置。"[2]

另外，特定的饮食方式在一定程度上也会影响民族性格。如游牧

〔1〕庄华峰：《鲜卑妇女较高社会地位及其缘由》，《中国社会科学院研究生院学报》，2007年，第6期，第80－81页。

〔2〕竺可桢：《地理对于人生之影响》，引自《竺可桢全集》，第1卷，上海科技教育出版社，2004年，第377页。

民族用刀大块食肉，本身则体现其彪悍、豪放的民族性格。而类似的饮食方式又会促进彪悍、豪放的民族性格的形成。

总之，游牧文化铸造了游牧民族强悍、豪迈、坦荡、粗犷的民族性格，而此民族性格的形成也在一定程度上受到饮食文化的影响。

2.2.5 饮食文化与草原诸族的生态环境保护思想

草原诸族的主要食生产方式是畜牧业。而草原诸族生存的特定环境决定其畜牧的生产方式必须是游牧，也即说必须四季迁移。一般来说，草场的出草量随海拔高度、雨量的变化而变化。因此，牧业生产必须逐水草。春天游牧一般在山南，因为山南水草较多。夏天热，牲畜不易抓膘，为求凉快，必须到地势较高的地方。而秋天要找水草较好的地方，就必须到地势相对较低的地方。故春、秋草场大部分相重。冬天要找避风向阳的地方，如果雪太厚，加上畜群过多，草挖不出来，很多牲畜就会被饿死，从而影响游牧民族的食物来源。况且草场载畜量是有限度的，牲畜数应有的一定控制，不能超过草场所能承受的底线。否则，超过一定限度后，游牧民和牲畜的生存基础就会被破坏。故游牧不是随人们自己的愿望，而是深受环境制约的，游牧民族要适应生存环境，就必须迁徙。所以，环境促使游牧民做出“迁徙—适应”的举动。因而游牧民族的衣食住行、婚丧嫁娶、宗教信仰、伦理道德以至于工艺器皿、文化教育都与其奔波迁徙的生活相适应。上述理论同样适用于天山以北草原诸族。

同时，游牧的生存方式在历史上对天山以北生态系统的维持所起的积极作用是不容置疑的，故天山以北草原诸族的生态环境保护思想首先体现在天山以北草原诸族的主要食生产方式即游牧经济存在合理内核——人与自然的和谐一致。乌日陶克套胡先生的《蒙古族游牧经济及其变迁》一书认为游牧经济具有以下特征：生态性、流动/动态性、畜群结构的均衡性、游牧经济的分散性、脆弱性。竺可桢先生指出，天然界之地势天时既有不同，土地之肥瘠，动植物之盛衰，及居民之职业随之。依世界职业图，职业共分为四种：(1)渔猎，(2)游牧，(3)农耕，(4)制造。渔猎为历史破坏之职业。游牧者则不然，其所饲养者，均系家畜牛羊马驼等类。其乳可为茹饮，肉可为珍馐，皮骨毛发亦可为帐帷衣饰之用。是故主事者，保养而善待之，不遗余力。孱弱老毙而后，即有壮健幼稚者继之，以相承袭。是故游牧非为破坏之职业，特起居无定，欲牛羊之茁壮，必须择地而处。[1] 有学者认为畜牧文化是一种草木文化。正因为畜牧文化是草木文化，游牧文化的最大特点就是对自然的适应性。生态学表明，人对自然界有依存性，各种生命现象之间是相互关联的，因此必须是人类与自然之间和谐共生并协同发展。畜牧业是自然、家畜、人三要素组成的生活方式。畜牧业发展的关键是草场，牲畜的进食量是固定的，而草场的出草量也是固定的，当草场畜产量满足不了牲畜的需要的时候，就必然会迁徙。与农业的种植不同，农业的种植技术决定农业的收获，而草场出草量取决于更多的自然因素，如雨水的大小、风力的强弱等。适应的本质就是迁徙。[2]

我们应重视游牧经济在历史上所起的重要作用，游牧的畜牧业是人们在自然条件相对艰苦的条件下，顺应、适应、保护环境并获取食物来源的重要食生产方式。游牧在人类经济发展史上曾经起过巨大作用，游牧经济和农耕经济是世界经济史上并行发展的两大经济形态。从发展阶段看，在多数地区，如北亚、中亚，是游牧先于农耕；在少数地区，如西南亚，据最新研究成果，是农耕先于游牧。二者相比，并无“文野”之分，也无优劣之别。实际上，游牧和农耕是互补的。农耕在于巩固，游牧在于更新。前者表现为成熟，演出改朝换代的循环剧，后者奏出新陈代谢的进行曲。但是，千百年来人们忽略了这一点。著名的二十四史基本是定居的农耕民族书写的，视角也只能是农耕文化的视角。这样的历史只能是半部历史，中国的另半部历史，写在草原上，是无字的。就像历史学家陈寅恪对魏晋南北朝的总结：既是汉化又是胡化的双向过程。众多的北方少数民族消失，其实是不断与汉族通婚，民

[1]竺可桢：《地理与文化之关系》，引自《竺可桢全集》，第1卷，上海科技教育出版社，2004年，第18页。

[2]刑莉：《游牧中国：一种北方的生活态度》，新世界出版社，2005年，第14页。

族融合的结合。[1]

一些民族的习俗体现了敬天畏天观念,客观上形成了生态保护的思想。如《魏书》记载悦般王入高车国境,“见其部人不浣衣,不绊发,不洗手,妇人舌舔器物”。高车“俗不清洁”。《旧唐书》记载吐蕃“寝处污秽,绝不栉沐”。薛宗正先生曾认为这种习俗不应简单以文化落后视之,类似的北方民族尚有蒙古,元代道士邱处机回答成吉思汗垂询时言及“山野闻国人夏日不浴于河,不浣衣,不造毡……畏天也”(《蒙鞑备录》)。这一习俗的背后蕴涵着柔然民族特有的敬天畏天观念,认为污染水,浪费火是一种罪恶。当然,在一定程度上,上述特定习俗是适应特定环境的结果,而观念是后来逐渐形成的。

另外,《大唐西域记》卷1记载至“千泉”时讲到突厥可汗每来避暑。中有群鹿,多饰铃环,驯狎于人,不甚惊走。可汗爱赏,下命群属:“敢加杀害,有诛无赦。”故此群鹿,得终其寿。

总之,汉唐天山以北草原诸族的饮食文化绝不是人们想像的那么贫乏和单调。天山以北游牧民族在西域饮食文化发展乃至中华饮食文化发展中起到了重要的作用。天山以北游牧民族是游牧饮食文化的创造者,汉唐天山以北草原诸族的饮食文化是西域饮食文化乃至中华饮食文化中的一朵奇葩。首先,游牧民族创造了独特的饮食生产方式——以游牧业为主导的饮食生产方式;其次,游牧民族在饮食文化交流中发挥了重要作用;再次,在丰富和发展西域饮食文化乃至中华饮食文化内涵的同时,进一步丰富了西域民族乃至中华民族的性格内涵。

---

〔1〕额尔敦扎布:《重新解读蒙古族游牧经济——〈蒙古游牧经济及其变迁〉简评》,《民族研究》,2007年,第1期,第104页。

3 汉唐西域酒文化

纵观西域饮食文化史，酒文化是西域饮食文化中一道亮丽风景。西域人们爱酒、酿酒、饮酒，并形成了特定的酒俗。酒文化在西域饮食文化中具有独特地位，酒文化在西域饮食文化中具有独特吸引力，主要原因如下。

酒——西域人们生理和心理的客观需要。西域偏远的地理环境、寒冷的气候条件，与外界联系不便以及强度大的畜牧劳作，都需要调节自己的生活，何以解忧，唯有杜康。同时酒天生是寒冷的克星，并能起兴奋作用。也就是说，酒所具有的特质是酒文化在西域饮食文化中具有独特吸引力的重要原因。与农业民族比较，游牧民族好酒更甚，其中原因之一为游牧民居住分散，有时难排寂寞，酒便是很好的消遣物。

酒——人际交往的重要媒介。酒是家庭间的联络工具，也是人与人之间拉近情感，增加认同感等的重要媒介。西域民族性格豪迈直爽，而大口喝酒亦是此性格的一个重要体现。

我们也可从后来酒文化的发展情况来透视酒文化在汉唐西域饮食文化中的重要地位。耶律楚材在《西域家人辈酿酒戏书屋壁》云："西来万里尚骑驴，旋借葡萄酿绿醑。司马撩衣亲涤器，文君挽袖自当炉。"纪昀的《民俗三十八首》云："一路青帘挂柳荫，西人总爱醉乡深。谁知山郡才如斗，酒债年年二万金(注：西人嗜饮，每岁酒商东归，率携二三万金去)。"清同治年间随军西行的萧雄在《西域杂述诗》中叙述："新酿葡萄瓮始开，全家高会满擎杯。还看马乳融成未？吩咐央哥再取来。"生动地描绘了当地人民饮酒欢聚时的情景。经过实地了解，他对当时新疆饮酒之风及酒的品种和酿造之法，亦曾有具体记述："男女皆好饮而多量。酒有数种，呼为阿拉克。究竟阿拉克，系言沙枣所酿者。因以此为常酒，故专其名。又有用稻米、大麦、糜子，磨细酿成，不除糟粕，如关内黄酒者，味淡而甜，名曰巴克逊。最上之品，莫如葡萄所酿。初酿成时，色绿味醇，若再蒸而酿，则色白而猛烈矣。性甚热，饮之可除寒积之症。汉书谓俗嗜酒，大宛左右，以葡萄为酒，富人藏酒至万余石，久者至数十岁而不败，亦未必然，皆极言多且久也。又马乳可作酒，名曰七噶。以乳盛皮袋中，手揉良之，伏于热处，逾夜即成。其性温补，久饮不间，能返少颜。又闻桑葚亦可酿酒，回疆桑葚，大者长寸余，待其熟后自落，拾取晒干为之。”

在现代化的今天，新疆一些民族，如维吾尔族、哈萨克族、蒙古族等对酒文化仍非常重视，从中可追寻古代西域酒文化的重要性。

3.1 “葡萄美酒樽中醉”
—— 天山以南绿洲诸国酒文化

酒文化在西域天山以南绿洲诸国人们饮食生活中具有独特地位。人们酿酒的主要原料分谷物和果物两类。西域许多地方都盛产水果，特别是葡萄在塔里木盆地的普遍栽培，促进了葡萄酿酒业的迅速发展。如《汉书·西域传》记载且末“有蒲陶诸果”，《后汉书·西域传》记载伊吾“地宜五谷、桑麻、蒲萄”。焉耆以及习俗与之相同的龟兹、于阗诸地也都普遍种植葡萄。西域居民使用葡萄来酿造葡萄酒，已有悠久的传统。《史记·大宛列传》云：“宛左右以蒲陶为酒，富人藏酒至万余石，久者数十岁而不败。俗嗜酒，马嗜苜蓿。汉使取其实来，于是天子始种苜蓿、蒲陶肥饶也。”《魏书·西域传》记载焉耆“俗尚蒲萄酒”。《晋书》记载：“……胡人奢侈，厚于养生，家有蒲桃酒或至千斛，经十年不败，士卒沦没酒藏者相继矣。”

如前所述，葡萄酒具有良好的营养和保健作用，长期适量饮用有益人体健康。葡萄酒又是美味佳肴。《全三国文》卷6中引魏文帝曹王写信给吴监说：葡萄“又酿为酒，甘于曲蘖，善醉而易醒”。在《诏群臣》中又说：“葡萄酿以为酒，过之流涎，咽唾，况亲饮之。”王翰《凉州词》：“葡萄美酒夜光杯，欲饮琵琶马上催。醉卧沙场君莫笑，古来征战几人回。”王绩诗描述葡萄酒称：“竹叶连糟翠，蒲萄带麴红。相逢不令尽，别后为谁空。”据称唐穆宗对葡萄酒情有独钟，他在临芳殿赏樱桃时，边饮用凉州进贡的葡萄酒，边对大臣说：“饮此顿觉四体融合，真太平君子也。”唐人小说也曾记载杨贵妃“持玻璃七宝杯，酌西凉州蒲萄酒，笑领歌，意甚厚。”而在很长一段时间，葡萄酒被视为“珍异之物”，只有统治阶级才能享用。据《太平御览》记载，东汉末年扶风有一位名叫孟佗的人，因向当时的小皇帝刘宏呼为“阿父”的大太监张让献葡萄酒而博得张让的欢心，而被赏赐了一个凉州刺史的官。

3.1.1 尼雅酒文化

曾流行于塔里木盆地东南缘的佉卢文文书中，多见收酒税和供给公务人员饮酒的公文，还有提供酒的记载，如文书556记载：“向查伽人提供食物和酒”，另还有酒账的记载，如文书中籍账175是关于酒账的记载。佉卢文文书的记载还表明酒不仅成为劳动报酬之支付手段，它也成为国家税收之重要物资。一份佉卢文文书还记载土地和谷物需用酒类购买，说明酒已成为重要的交换手段，由此可见酒在尼雅人生活中的重要地位。

尼雅人普遍饮酒，酿酒的原料主要为葡萄。地处尼雅的精绝国是“西域三十六国”中的一个城邦，那里有规划井然的农田，种植着中原先进的农作物。尼雅人在发展农牧业的同时也发展了具有特色的园圃业。佉卢文文书中，关于葡萄园和酒的记载屡屡出现。如前所述，尼雅考古亦发现葡萄园遗址，表明葡萄种植达到了一定水平。尼雅发现的佉卢文文书中多见葡萄字样，《译文集》第637号简牍是一份账单，账单涉及鄯善王后出行旅游所用谷物、面粉及葡萄酒数目。曾有学者对其进行研究，研究结果表明鄯善王后此次出行旅游，路经精绝等地，共用去谷物、面粉约1237.5公斤，用去葡萄酒达937.5公斤。可见，葡萄酒是鄯善、精绝皇廷贵族的一种日常生活必需品，与粮食具有同等重要的地位。

佉卢文书中还有很多记载体现了具体的酒类：

苏克酒。有一件文书下命令从速征收酒，里面就提到了苏克酒。

文书记载:现在传闻税监和差役已将征收到的酒全部饮完。当你接到此命令时,应即刻从速全部征收去年之苏克酒和今年之酒,并应倒在一起。另有文书也有苏克酒的记载。

“沙耆酒”。文书 349 记载:“可……汝处畜群之牝驼……酒,沙耆酒不必送来。”

苏吉酒。文书中籍账 169 是关于苏吉酒账的记载。

陈酒。文书中籍账 175 记载:“交皇廷之陈酒一弥里码十三硒。”文书 303 也有“陈酒”的记载。

对于上述酒类的具体成分目前大部分尚难以确定。有学者认为,“酒”如同“谷物”概念,是一个通称。这个用语主要出现在籍账文书中,很多情况下是作为征收的税种之一。能够说明“酒”这个概念是个通称的,还因为在佉卢文书中使用了一些具体称谓的酒类:sadi 酒,potgonena 酒;samiyena 酒,“苏克酒”(suka masu),“苏吉酒”(suki masu),“陈酒”,等等。除了所谓的“陈酒”之外,其余酒类暂时都无法还原。其中,“苏克酒”和“苏吉酒”有可能是同一种酒类的异写,potgonena 酒是一种比较常见的酒类,这个用语有可能表示一种用葡萄酿制的酒类,或者是葡萄酒的称谓。[1]

尼雅存在皇家专用之酒,而且贮存酒的仓库已经出现,可见酒的消费量较大。佉卢文书 567 记载:“苏耆耶上奏,彼任税监业已四年。彼之仓库浪费极大。酒库记有账单,税监苏耆耶和波耆沙。现欠酒达一百五十弥里码。当汝接到此楔形泥封木牍时,应即刻对此事详加审理。若该苏耆耶将仓库的酒浪费,应免去苏耆耶税监之职,任命其他人当税监。仓库内有酒和皇家专用之酒,这些酒均应由苏耆耶和波耆沙赔尝并征收以前欠下的酒债。”[2]

精绝国政府对葡萄酿酒业的管理是十分严格的。《新疆出土佉卢文残卷译文集》第 567 号简牍云:“顷据苏祇耶向余等报告,彼现任税

---

[1]《尼雅遗址古代植物志》,《农业考古》,2002 年第 1 期,第 66 页。

[2]林梅村编:《沙海古卷——中国所出佉卢文书(初集)》,文物出版社,1988 年,第 139 - 140 页。

吏(sothamga)已有四年。彼之屋内,浪费很大。此处酒局已立有账目。税吏苏祇耶在彼屋内将酒浪费,应免去彼税吏之职。由别人作税吏。酒,彼等欠酒局之皇家之酒,该酒苏祇耶及钵祇娑务必付清,旧欠之酒仍应由彼等征收。至于新征之酒,苏祇耶则与此无关,应由其他税吏征收。"该简牍体现国家设立有专门征收税酒的酒局,酒局内有专门收取税酒的税吏。

总之,佉卢文文书的记载体现了尼雅人食俗之一即嗜酒。粮食是每日必吃,葡萄酒是每日必喝。"无酒不成席"在精绝国已成为俗规。

酿酒业,亦曾是且末一个盛行的行业。佉卢文书329皮革文书正面第3条记载"且末酿酒业盛行"。当时社会上酗酒成风,人们无节制地饮酒,无力偿还酒债者比比皆是,考古发现有系一张酒账单的佉卢文文书,其中记载拖欠酒账的即有太侯、税吏、百户等不同身份的30余人。而在皇家与各级政府之间,欠酒之事亦屡屡发生。其中,有一文书就记有一次还酒给皇家达"二弥里码十硒"之多。

3.1.2 吐鲁番地区酒文化

酒,应是晋唐吐鲁番地区较为普通的饮品之一,酒在吐鲁番社会生活中占有重要地位。吐鲁番出土文书中有很多租酒账和入(俗)租酒条记、入僧租酒条记,高昌不分僧俗,以酒为租。在一定条件下,酒还成为惩罚的工具。《高昌永平元年(549)十二月廿九日祀部班示为明正一日知祀人上名及谪罚事》记载参加祭祀的人员犯规处罚,除"谪羊"外,有些处罚方式为"谪酒"。《高昌永平二年(590)十二月三十日祀部班示为知祀人上名及谪罚事》中亦记载"突祀所,谪□","□谪酒二斗。故□□□,□使闻知道"。1997年,吐鲁番地区鄯善县吐峪沟乡洋海古墓群新出土一件魏晋南北朝时期的奴隶买卖文书。文书的正面第7行为"行,沽各半"。柳方先生认为"文书中用'沽各半'作为结尾,'沽'在现代汉语中的意思是买,因文取意是沽酒各半,即立契过程中的酒钱,要当事双方各付一半。也就表明了当时订立契约要饮酒,有可能还要选择一个类似酒肆的地点,举行固定仪式"。

综合高昌的经济地理,高昌的酿酒应主要是葡萄酒。《隋书》记载高昌“多蒲陶酒”。吐鲁番盆地葡萄和酿酒古已有发展。《北史·高昌传》载:“多五果……多蒲桃酒。”《梁书·高昌传》载:“出良马、蒲陶酒、石盐。”大量的吐鲁番文书资料说明,当时此地的葡萄园数量多、规模大,占地十数亩的并不乏见,不仅地主豪绅占有大片葡萄园,而且一般平民百姓包括规模甚小的寺院也多从事葡萄园的经营生产。用新鲜葡萄来酿酒,这是最常见的葡萄加工方式之一。吐鲁番文书,如《高昌张武顺等葡萄亩数及租酒帐》及《高昌苻养寺葡萄园得酒帐》,两文书中均有葡萄多少亩、储酒多少及葡萄多少亩得酒多少等记录,正是这一事实的反映。在出土文书中,葡萄园的生产就往往和储酒、得酒联系在一起。如在《高昌张武顺等葡萄亩数及租酒帐》中记载:“庆则桃(萄)贰亩半,储酒伍□□酒两姓有贰拾陆升(斛)。”“桃(萄)贰亩,储酒捌升(斛),得酒两姓有叁拾升(斛)。”“人抚军寺桃(萄)伍亩六十步,储酒叁拾升,得酒拾壹姓有壹佰肆拾贰口……”“……主簿尸罗桃(萄)壹亩半,储酒伍升,得酒壹姓半……”可见当时栽植葡萄,相当数量用以造酒,当是毫无疑问的。葡萄生产发达,酿造业也就随之兴起,并逐渐成为高昌地区经济的支柱产业之一。高昌古城坐落在今天的吐鲁番市东南40公里处。高昌古城西南角一座高大宏伟的寺庙遗址旁边有两个古代作坊遗址,其中的一个就是酿制当地著名葡萄酒的作坊,遗址旁随处可以看到当时的陶缸残片。对于吐鲁番地区出产的优质葡萄酒,在唐代诗歌中亦有一定程度的反映,说明高昌葡萄酒不仅仅是皇宫中的饮品,它甚至还成为内地市场上可以购买到的商品。

葡萄酒普遍应用于官府宴请和百姓的日常生活中,并有葡萄酒匠职业存在。葡萄酒在租佃、买卖、借贷、赋税等经济活动中充当重要角色,占有突出地位。相关文书记载体现了凡种葡萄者必须以葡萄酒缴租,僧俗无别,据地而缴。高昌(吐鲁番地区)地处中西交通要冲,当时该地区的商品生产已有一定发展,文书的记载予以了充分证明。如《长安三年(703)严苟仁租葡萄园契》中,已经用货币(铜钱)分年交租。租种两亩葡萄园的佃人,决不会是为了满足自家食用。自古就是葡萄著名产地的高昌,葡萄酒当时也是名牌产品。途经高昌的中外商旅,自然免不了要品尝一番高昌的葡萄酒。

吐鲁番地区的葡萄酒,味道极佳。元代中期成书的《饮膳正要》卷3记云:“葡萄酒,益气调中,耐饥强志。酒有数等,有西番者、有哈剌火者(吐鲁番),有平阳、太原者,其味都不及哈剌火者田地酒,最佳。”可见,西域出产葡萄酒已美名远扬。

高昌葡萄酒的主要品种之一为冻酒。唐代张悦著的《梁四公记》一书业已失传,部分内容散见于《太平广记》和《太平御览》等书中,其中《太平广记》摘录的两段文字,与高昌酒的品种有关,现摘录于后:“大同中……高昌国遣使献方物。高昌国遗使贡……乾蒲桃……冻酒……王公士庶皆不之识。帝命杰公迓之。谓其使曰……蒲桃七是林。三是无半。冻酒非八风谷所冻者。又以(《太平御览》作“又无”)高宁酒和之。……使者具陈实情……其年风灾,蒲桃不熟,故驳杂盐及冻酒。奉王急命,故非时尔。……帝问杰公群物之异。对曰。……蒲桃林者皮薄味美。无半者皮厚味苦。酒是八风谷冻成者,终年不坏。今臭其气酸。洿林(高宁)酒滑而色浅,故云然。”

何谓“冻酒”?据相关研究,“冻酒”就是葡萄酒。问题是葡萄酒为什么要在“八风谷”冰冻。我们知道,用葡萄果实酿成的酒,其酒精的含量一般很低。就是用含糖量达到20%的葡萄酿酒,令其糖分完全发酵,也只能产生酒精度为11度左右的葡萄酒。古人尚未掌握灭菌消毒等现代技术,低酒精度的葡萄酒是极易变质的,不可能作长期贮藏。但是经过漫长岁月的摸索,古人终于在无意中发现,葡萄酒在冬季结冻以后,如果将其中的冰块取出,剩下未结冰的葡萄酒,其酒味会自然变浓,而且贮藏时也不易变质。经过多次实践和认识以后,终于认识到冬季冻结葡萄酒,可以提高葡萄酒的酒度,不但酒的质量提高,而且长时间存放还不会变质。古人在认识上有了这一突破以后,便在葡萄酒的生产中自觉地应用起这项技术,此应是现代“冻结浓缩技术”的最早发端。正因为有了这项技术,才能使葡萄酒的酒精度得以提高,古代大宛和龟兹的富人,才有可能贮酒千斛万石,经十岁而不败。所谓的“冻酒”,乃是冻结浓缩后,酒精度提高了的“优质”葡萄酒,故用以充作贡品。[1] 王素先生亦认为冻酒为八风谷特产,八风谷即今葡萄沟。《册府元龟》所记载:“及破高昌,收马乳蒲桃实,于苑中种之,并得其酒法。帝自损益,造酒成,凡有八色,芳辛酷烈,味兼缇盎,既颂赐群臣,京师始识其味。”可以推测,太宗所得,即为酿造冻酒之法。所谓冻酒,当然不是冷冻之酒,而应是浓稠之酒。

酢酒。出土文书如《高昌某年永安安乐等地酢酒名簿》、《高昌某年田地、高宁等地酢酒名簿》、《高昌某年浮桃寺等酢酒名簿》、《高昌某年安乐等地酢酒名簿》及《高昌某年洿林等地酢酒名簿》等文书均提到酢酒。王素先生认为酢酒即酸酒。至于酸酒,应是一种与冻酒截然不同的酒。前引《梁四公记》所举“滑而色浅”和“臭其气酸”的高宁酒,就是这种酒。

普通酒。高昌文书所见的酒,主要应为普通酒。

粮食酒。吐鲁番地区从古时起,除当地原住民外,就有许多汉族人居住。东汉末年、三国时期、西晋之初,很多百姓为避战乱,纷纷经过河西走廊,迁居高昌。车师前部东境成了汉人的聚居地,农业生产和中原文化呈现一派繁荣景象。鉴于这里的居民及其生产方式和生活习惯与内地相同,前凉王张骏将其改设为高昌郡。前凉之后,后凉和北凉都曾直接统治高昌郡。而高昌王国是南北朝时期在今吐鲁番盆地出现的一个以汉族为主体的政权,高昌实际上成为一个汉族占据主导地位的地方。粮食酒是我国内地的传统酒种,魏晋南北朝时期的人们就已掌握了酿造高度曲酒的技术。西州的前身是高昌国,更前身是高昌郡,隶于河西,那里正是粮食的高产区,粮食造酒技术必由之传入。高昌的普通酒应包含粮食酒。

吐鲁番地区葡萄酒产量多,消费量亦相当惊人,在北凉玄始十一年(422)《马受条呈为出酒事》载明十一月四日一天就“合用酒柒斛”。由于葡萄生产及酿造业在国民经济中占有重要地位,所以在麴氏高昌

〔1〕刘家驹,刘卫星,张平:《古代高昌的葡萄干葡萄酒和葡萄的一种生理病害》,《中国农史》,1997年,第16卷,第4期,第57页。

时期，作为国家财政收入的“租酒”之数量亦非常可观，一件入酒账，就记下“后入酒九百七十三斛”之多。

我们现在去吐鲁番，还可品尝到吐鲁番的“木赛来斯”。据介绍，其制作方法是：把鲜葡萄摘下后，放在洗干净的案板上，用洗净的戈壁上的骆驼刺，去叶留刺，用其敲打葡萄，使葡萄的皮和核留在案板上，汁流入盆中，然后用纱布过滤后倒入锅中熬。10 公斤葡萄汁加 20 公斤水，用文火慢慢熬成 10 公斤的汁。熬好后，倒入洗净的缸中，加盖密封，置于向阳的地方，让其发酵，约 40 天左右即成。

另外，吐鲁番出土文书中屡有“甜酱”的记载。在《高昌夏某寺葡萄园契》中，租佃者以“甜酱三十七斛”作为向该寺院交纳的租金。所谓甜酱，实际也都是葡萄酱。《大慈恩寺三藏法师传》载：629 年突厥叶护可汗接待玄奘法师时，“命陈酒设乐，可汗共诸臣使人饮酒，别索葡萄浆奉法师”。另外，在《唐神龙元年（705）公廨应收浆帐》中也出现了“浆”，此“浆”与上面的“甜酱”、“葡萄浆”显然也是相同的。葡萄浆，大概是用新鲜葡萄熬制浓缩成的糖浆，它不仅可以兑水后作为饮料和滋补品，还可以当做酿制葡萄酒的原料。上述文书中的酱与浆应是相同的，虽然现代意义上的酱与浆是有区别的，一般而言，浆是较浓的液体，而酱应是糊状物。但上例中玄奘法师食用的葡萄浆应为饮品。

至于是否包含除葡萄酒之外的其他果子酒，目前似无资料考证。据研究，后来的高昌回鹘王国除盛行酿造葡萄酒外，也用梨、桃、桑葚酿酒。回鹘文献中除有葡萄酒 bor（借自波斯语）一词外，还有果子酒的记载。其制作方法大致相同：将葡萄汁、梨、桃、桑葚等放入器皿中，密封发酵，一定时日以后，取出在锅中熬制，滤去渣滓，即得葡萄酒和各种果酒。

3.1.3 西域酿造葡萄酒的方法和水平

从汉代开始，新疆种植葡萄、饮用葡萄酒渐成习俗，酿酒及贮酒的技术已有较高水平。唐代，酒在西域绿洲诸国饮食文化中仍占有重要地位。《旧唐书·西戎传》记载龟兹“饶蒲萄酒，富室至数百石”。唐代开元年间的一件文书的记载表明，葡萄酒在这个规模不大的寺院的账册内不断出现,5 次共购 2 石 3 斗,每斗价格 40 文。这所寺院有重要的宴请或劳役等事都要以酒待人。在当时的社会上,不论地位贵贱,饮酒的人是相当普遍的。饮酒的有来办事的奏傔、掏井的园丁、煎众堂工匠、掏渠的百姓以及为寺院经营农事的民众、征催的公客等,都不是声势显赫的头面人物。酒的价钱也不算贵,每升 4 文比醋还便宜。文书中说"又请掏山水渠、乡原沽酒,供百姓用",也就是说按当地习俗,沽酒供掏渠的百姓饮用,已成惯例,真可谓饮酒成风。唐末五代时高居诲至于阗,据其称,于阗以"蒲桃为酒,又有紫酒、青酒,不知其所酿,而味尤美"。

那古代西域人们是怎样酿造葡萄酒的呢?埃及曾发掘出公元前 2500 年的一座墓葬,从该墓葬壁画上可以见到最早的葡萄酒酿造法。据介绍,壁画中酿酒程序井然,分工细致,从摘取成熟的葡萄开始,经取汁、发酵、沥清成酒,整个过程都有描绘。从其过程看应是自然发酵法,葡萄富有发酵性的糖分,榨成汁而于露天存放,空气中的真菌和酵母进入,就会发酵成酒。有学者认为盛产葡萄的西域等地,或从最早栽培葡萄的西亚等地学得葡萄酿酒法,或受葡萄天然发酵成酒的启发,从中学到酿造葡萄酒的方法,这都是有可能的。吐鲁番地区现代居民土法酿造葡萄酒,至今仍取自然发酵法。

《武周圣历元年(698)前官史玄政牒为四角官荡已役未役人夫及车牛事》有如下记载:"四角陶所""合陶内抽枝,覆盖、踏浆并收拾[ ]枝、埋柱等总料得夫玖""拾陆人,人各役单功备合伍日""合运浆及运枝架料得车牛贰拾乘,乘别各一日役"。[1] 卢向前先生曾推测"抽枝"、"覆盖并收拾[ ](残)枝"、"埋柱"及"运枝架",与葡萄生产管理有关。"踏浆"、"运浆"则与葡萄酒制作有关。"踏浆"法就是破碎葡萄果粒,使之成浆。高昌西州制作葡萄酒除踏浆工艺外,还有一整套方法。高昌西州两种葡萄酒即"酢"和"苦酒"的做法,和现代的桃红葡萄酒制作方法大致相当。"酢"是带有甜葡萄酒性质,发酵不完全的桃红

---

〔1〕唐长孺主编,国家文物局古文献研究室等编:《吐鲁番出土文物》,第七册,文物出版社,1986 年,第 448 页。

葡萄酒。“苦酒”则是带有干葡萄酒性质、发酵较完全的红葡萄酒。

值得一提的是葡萄酒酿造工序在吐鲁番地区考古中的再现。吐鲁番出土了一幅壁画“庄园生活图”，据李肖先生介绍：其“右下角的方形框内绘有密集的藤类植物，旁边写有‘蒲陶’，应象征着葡萄园”，同时在一“磨面人的后面似乎是一幅压榨葡萄汁的画面；在一个曲足案上放置有大桶，旁边有一人用弯曲的棒状物伸向桶内。桶内下部三分之二是许多圆球，可能代表葡萄；上面三分之一处画一横线，可能代表压榨出的葡萄汁。曲足案的下方安置有一个陶罐，用于承受桶内流出的葡萄汁。为了形象地反映出葡萄汁地过滤过程，曲足案地侧面被特意画成网格状，象征着大桶的滤网。在‘榨汁图’的右侧上下排列着两个图案，只有放置的器物，没有人物形象，或也与‘榨汁图’有关：下面的图案是一个三足釜上放置着容器，可能象征着酿酒之前煮葡萄汁的工序；上面的图案是一个三层塔状的曲足案，下承一罐，与发酵酿造以致装罐的工序有关”。[1]

西亚与西域大地，古代酿造葡萄酒的工艺是相通、接近的。有学者认为可据中亚和新疆各地的考古发掘资料来推测这一地区古代酿造葡萄酒的方法和水平。据介绍，在公元7—8世纪的古品治肯特近邻的一所宅第遗址里，发掘出了一套葡萄汁榨取装置。这套装置包括涂有雪花石膏的榨槽和一个贮汁池。榨槽和贮汁池由一条狭窄的小沟连接。葡萄在榨槽里被压榨出汁，汁水经小沟流进贮汁池。在这里经发酵后而成的葡萄酒经过澄清就被注入容器。粗略计算，这只榨槽可以盛1400～1500公斤葡萄。葡萄酒贮存在里面涂有雪花石膏的大陶罐里，一只陶罐可以盛100～150升葡萄酒。新疆境内的许多唐代遗址里时常发现一种陶质的大缸和大瓮。它们质地坚实，火候较高，壁厚，有的高达1.5米以上，分布范围也很广。史载吕光进攻龟兹，后入龟兹城，“光入其城，大飨将士，赋诗言志。见其宫室壮丽，命参军京兆段业著《龟兹宫赋》以讥之。胡人奢侈，厚于养生，家有蒲桃酒，或至千斛，

〔1〕李肖：《吐鲁番新出壁画“庄园生活图”简介》，《吐鲁番学研究》，2004年，第1期，第126－127页。

经十年不败,士卒沦没酒藏者相继矣”。黄文弼先生在20世纪50年代对库车进行了考古调查,在哈拉墩遗址发现了33个陶缸,推测B组缸可能是当时盛酒用的酒具。在库车县境内的龟兹古城里,一次就发现大缸18个,出土时分3排,每排6个,排列有序,缸外均有10厘米厚的胶泥保护层。这些大缸的用途很可能与葡萄酒有关。缸用于酿酒,而瓮则用于贮酒,都是比较适宜的。曾有一古埃及壁画,其中描绘的用于贮放葡萄汁的也是一个大缸。因此,这些大缸和大瓮的发现,可以说明古代新疆葡萄酿酒的发展水平是较高的。

葡萄酒的储藏亦体现了葡萄酿酒的发展水平。康居与龟兹都有大量葡萄酒之储藏,但是否添桶、换桶等工艺则不得而知。“多葡萄酒”的高昌西州亦应有大量而长期之葡萄酒储藏。瓶装储藏亦为麴氏高昌葡萄酒工艺之一,高昌葡萄酒储存和现代工艺也是相通的。

清代,对于西域葡萄酿酒的方法,亦有记载,如《西域闻见录》卷7描述吐鲁番葡萄酒的生产时说:“秋深葡萄熟,酿酒极佳,饶有风味,其酿法:纳果于瓮,覆盖数日,待果烂发后,取以烧酒。”

3.2 “马乳为酒,撞挏乃成”——天山以北草原诸族酒文化

汉唐天山以北草原诸族好酒。这是因为天山以北草原诸族生活环境较为艰苦,特别是冬天奇寒,而酒能活血抗寒。且草原诸族的主要生计方式是游牧的畜牧业,劳作时,常面对的是茫茫草原。酒能使人精神兴奋,为枯燥的生活增添亮色。酒是很好的媒介,邀人喝酒通常是人际交往的较佳途径。大口喝酒也合乎游牧民族豪爽的民族性格,故从古至今,游牧民族都擅饮酒。如《史记·匈奴列传》记载匈奴“斩首虏赐一卮酒”。甚至匈奴的右贤王曾以为汉兵不能至,饮酒醉,结果汉兵出塞六七百里,夜围右贤王。

3.2.1 特色的奶酒文化

奶酒文化——天山以北草原诸族的特色酒文化。试以马奶酒为例。如前所述,在游牧民族生活中,酒的出现及发展既有其客观需要,

又有其独特魅力。即使没有足够的粮食酿酒,游牧民族也会根据现有生活资料,逐渐发展和丰富带有本民族特色的酒文化。马奶酒的出现及发展就是包括天山以北草原诸族在内的北方游牧民族,充分发挥主观能动性,适应主要食生产方式的结果。畜牧业为主的生计方式,使草原诸族拥有丰富的畜产品,而相对其他动物,马分泌的乳汁相对较多,故奶酒在很大程度上是指马奶酒。

奶酒发明于何时呢?具体时间目前难以确定。有研究指出,据中国奶文化史研究专家们的考证,远古时期,居住在我国北方草原上的少数民族牧民,为适应游牧生活的需要,外出时经常将灌满马奶的皮囊背在身上,由于体温的作用,加之骑马颠簸的缘故,常会使皮囊中的马奶温度升高,从而促使其中乳酸菌和醉母菌的大量繁殖,导致马奶发酵发酸并呈渣状。这种发酸并呈渣状的马奶便是现在学者们公认的我国最早的马奶酒。清人紫莮曾在《梵天庐丛录》中说:“盖上古之人,造兽皮为容器,盛兽乳于其中,荷于山羊、驴、马之肩,以游牧逐水草栖息。忽焉而兽皮器内酵母自然落下,逞其繁殖,又得日光之热,遂蒸勃而发酵,天然生甘洌之味,成酒分。试尝其味,则甘香适口,遂相率饮之,此有酒之始也。”张慧媛女士认为清人紫莮的说法只是一种合理的想象,是比较符合奶酒的发展情况的。这样看来,奶酒既属自然发酵酒,它的历史应早于谷物酒,是中国最早的酒类之一。同时,酿制奶酒是以原始的畜牧业产生和发展为基础的,应该说奶酒的发明,应当是在原始的畜牧业从原始的采集业中分离出来以后才有可能。奶类酒的发明虽然不如果类酒早,但仍然应当是在谷物酒的发明之前。

湩酪是马奶酒吗?湩酪是指与奶汁有关的食物。湩酪的含义大于马奶酒。也就是说,马奶酒是湩酪,但湩酪不等于马奶酒。在很多场合,湩酪即是指马奶酒。据《史记·匈奴列传》记载“初,匈奴好汉缯絮食物”,中行说认为应“得汉食物皆去之,以示不如湩酪之便美也”。由此可见“湩酪”应是匈奴的日常食用品。“集解”引骃案:“湩,乳汁也。”可见汉时的“湩酪”是指牛羊奶之酪。而戴侗所著的《六书故》曰:“酪,酒类也。北方以马乳为酪,故因谓湩酪,而酥与醍醐皆因之。”《汉书》亦曰："马酪味如酒，而饮之亦可醉人，故呼马酒也。"唐人颜师古注《汉书》曰："马奶酒，撞桐而成也。"《五杂俎》记载："北方有马奶酒，不用曲蘖，自然而成者，也能醉人。"顾佳升先生认为上文《史记》中出现的"湩酪"一词显然与乳汁有关了，而且根据戴侗的注解，可以认定其确切的含义可能是今日我们所说的"开菲尔（kefir；kephir）"，即乳汁（所含的碳水化合物）经微生物发酵而制得的一种奶酒。[1]

除了匈奴之外，马奶酒也是其他草原民族如高车、突厥的主要酒品。《新唐书·黠戛斯传》载："诸部食肉及马酪。"史载高车"俗无谷，不作酒"（《魏书·高车传》），而又记"饮宴终日"，其所饮必为马湩，亦即马奶酒，不过没有粮食酒而已。

突厥人是牧马人，突厥酒也是马奶酒。《太平寰宇记》卷196《突厥传》记载突厥"饮马酪为酒取醉"。《隋书·突厥传》也记载突厥人"饮马酪取醉，歌呼相对"。酒在突厥族的生活中占有重要地位，其文化甚至影响其政治生活。《通典》卷197《突厥传》中记载早期突厥的十等官号，有两种就是用酒及酒器命名的。

马奶酒的制作方法及其过程是怎样的呢？从上文关于马奶酒的一些记载，可看出其制作最早采用的方法是自然发酵法。13世纪时到中国传教的法国人威廉·鲁不鲁乞的《鲁不鲁乞东游记》详细地记述了蒙古族马奶酒的制作方法及其过程："当他们收集了大量的马奶时，就把奶倒入一只大皮囊里，然后用一根特制的棒子开始搅拌，这种棒子的下端像人头那样粗大，并且是挖空了的。当很快搅拌时，马奶开始发出气泡，像新酿的葡萄酒一样，并且变酸和发酵。他们继续搅拌，直至能提取奶油。这时尝一下马奶的味道，当相当辣时，就可以喝它了……为了供贵族们饮用，他们也用这种方法酿造哈剌忽迷思，即黑忽迷思……他们酿造黑忽迷思时，搅拌马奶，直到奶中所有的固体部分下沉到底部，像葡萄的渣滓那样，而纯净的部分则留在上面，像乳清或白色的发酵前的葡萄酒汁那样。"《黑鞑事略》记述的蒙古法，也可备参证："马之初乳，日则听其驹之食，夜则聚之以沸，贮以革器，澒洞数宿，

[1]顾佳升：《古籍中的"酪"字含义辨析》，《中国农史》，2007年，第3期，第26卷，第140页。

味微酸，始可饮，谓之马奶子。”

《齐民要术》介绍了“做马酪酵法”：“用驴乳汁二三升，和马乳，不限多少。澄酪成，取下淀，团，曝干。后岁作酪，用此为酵也。”此说明后来出现了借助发酵剂来制作马奶酒。做法是：先用马奶制成马奶酒曲，然后将生马奶倒入有酒曲的皮袋或瓶里，置于温暖处，每日用木棒搅动数次，使之发酵。隔两三天尝尝，以带微酸者为佳。一般两天后酿出的马奶酒叫软酵酒，5 至 7 天后酿成的叫硬曲酒。这种不经蒸馏的马奶酒酒精度数较低，味微酸醇香，营养丰富，不仅是一种可口的饮料，而且对人体有着很好的滋补功效。由于酒精度数低，饮后使人兴奋而不易醉，但过量醉后又不易解。随着酿造实践的发展，人们懂得了运用时间自然发酵和蒸馏的原理，改进了马奶酒的制作工艺，提高了马奶酒的质量。《北虏风俗》一书就详细记载了改进后的马奶酒制作工艺：“马乳初取者太甘，不可食。越二三日，则太酸不可食。唯取之以造酒，其酒与烧酒无异。始以乳烧之，次以酒烧之，如此至三四次，则酒味最厚。”这是马奶酒的精制工艺。这种经过多次蒸馏工艺酿制的马奶酒，其酒性已很烈，饮后极易醉人。[1]

现代哈萨克、柯尔克孜、乌孜别克等民族酿制马奶酒的方法与古代记载的大致相同。其方法是：将刚挤下来的马奶装在马皮制成的皮桶里，放进陈奶酒曲，置于保温处，使之发酵，每天用特制木棒搅动数次，几天过后，就成了略带酸味，微喷酒香，清凉适口，沁人心脾的马奶子了。陈奶酒曲是一种经过发酵而制成的乳饼，在此作为发酵剂。牧民们往往在深秋季节制备发酵剂，制作时选用品质、风味优良，轻度发酵的酸马奶，将选好的发酵剂通过以下方法保存，一是置于深井或地窖中，二是用选好的小米布袋或煮过的纱布、草耙等吸附阴干，在阴凉处保存。制作酸马奶酒的关键技术是使乙醇与乳酸保持适当的比例，乳酸菌在 40～45 度最易生长繁殖，而酵母菌生长的适宜温度为 20～25 度。传统方法制作酸马奶酒时，季节不同，风味也不一样，一般秋季

〔1〕利用发酵剂法、蒸馏法制作马奶酒的过程，参见秦立虎，张和平：《马奶酒制作的历史沿革》，《中国食品》，1997 年，第 9 期，第 23 页。

制作的酸马奶酒口味独特,除了秋季马奶品质优良外,与气温偏低有利于酵母菌的生长也有很大关系。酸马奶酒具有丰富的营养成分。据介绍,在酸马奶酒中,体现其营养价值的还是马奶中的固有成分,而从鲜马奶到酸马奶酒,某些活性物质出现或增多主要是由于乳酸菌和酵母菌的作用。酸马奶酒的化学成分与马奶有明显的区别,酸马奶酒中乳糖含量减少,乳酸、乙醇等各种风味物质的含量增加;马奶中干物质含量为10.0% ~11.4%,酸马奶酒中只有6.8% ~8.6%;马奶中乳糖含量为6% ~7%,而酸马奶酒中仅为1.4% ~4.4%;酸马奶酒中维生素C和B族含量增加,此外抗生素含量也增加。酸马奶酒中营养成分平均含量:脂肪(%)1.75 ;乳糖(%)2.80;蛋白质(%)2.00;酒精度(20℃,%,v:v) 2.20;游离氨基酸(%)1.77;脂肪酸(%)1.65;酸度(°T)110.00;维生素C(mg/kg) 78.40。[1] 据有关民俗调查发现:马奶酒也是哈萨克人传统的酒。马奶子挤出后,放进牛皮制成的皮囊,加入陈奶酒曲置于保温处发酵。皮囊是缩口的,缩口处有皮绳系挂,以防倒覆。从皮囊口中插入一木杵,哈萨克语叫"皮斯克"。待发酵后,用木杵反复捶捣,几天过后,就成了略带咸、酸,微含奶香的马奶酒。这种奶酒中含有一定的酒精成分(1.5 ~3 度),属纯天然制品,虽然酒精度数低,但饮多了同样醉人。

古人亦已经认识到马奶及马奶酒的养生价值。唐苏恭在订注《唐本草》中说马乳"作酪,性温,饮之消肉。"明代李时珍在《本草纲目》中说:"治热、性温,饮之消肉"。肖雄在《西域杂述诗》中有"还看马乳融成末,吩咐央哥再取来"句,注中说:"马乳可作酒,名曰七噶……其性温补,久饮不间,能返少颜。"

酸马奶酒风味微酸,醇厚浓郁,爽口解渴,具有很高的营养和医疗价值,作为低酒精度饮料及酒类产品有很广阔的市场前景。作为我国蒙古族、新疆哈萨克族和柯尔克孜族等少数民族地区的传统乳制品,其在我国内蒙古、新疆等广大牧区都可以被大力开发。

《新唐书》记载:"具群马、湩、肉待使客。"可知马奶酒和肉食通常

[1]李星科,李开雄,郭圣东:《酸马奶酒》,《中国乳业》,2006年,第7期,第58－60页。

为招待使客所用,此风俗一直延续至今。盛夏时节,草原上牧民款待客人的奶酒,是用牛、羊奶脱脂发酵酿成的,其色极清,味道醇厚,一般含酒精 15 至 20 度左右,最高达 30 度。当今蒙古民族蒸酿的奶酒仍是其招待客人的上品。他们待客或送别亲友时还唱敬酒歌,主人敬酒先自己喝一口,再送给对方,以示尊重;客人若不接受,则失礼。蒙古人在男婚女嫁和乔迁之喜时,更少不了奶酒助兴。然而马奶不能像牛奶、羊奶那样直接饮用,需经发酵后方可饮用,故也称之为马奶酒。

除奶酒之外,有些草原诸族还饮用粮食酒。汉民族地区的粮食酒以及酿酒技术在战争、和亲等交流活动中被带到了天山以北。汉匈和亲之始就约定汉"岁奉匈奴絮缯酒食物各有数"。据《汉书》记载,匈奴单于很乐于与汉和亲,他说:"今欲与汉开大关,取汉女为妻,岁给遗我蘖酒万石,稷米五千斛,杂缯万匹,它如故约,则边不相盗矣。"据冯恩学先生介绍,伏尔加古城出土的瓮是储藏食物的,有的瓮在接近底部的壁面有一个小孔,可能是用米制酒的工具。

3.2.2 特定的饮酒习俗

古代西域边民常以酒作为战功的奖励品(如史书记载匈奴"斩首虏赐一卮酒"),还存在特定场合用头骨做饮器的习俗。《史记·大宛列传》记载"是时天子问匈奴降者,皆言匈奴破月氏王,以其头为饮器,月氏遁逃而常怨仇匈奴,无与共击之"。《汉书·西域传云》:"大月氏国去长安城万一千六百里,本居敦煌、祁连间,冒顿单于破月氏,而老上单于杀月氏王,以头为饮器。"此处记载的"以头为饮器",是氏族复仇法的表现,与一般的酒文化不同。《汉书·匈奴传》亦云:车骑都尉韩昌、光禄大夫张猛与匈奴盟,以老上单于所破月氏王头为饮器者,共饮血盟。

另如塞人。据相关研究表明,塞人奖励战胜敌人和多杀敌人,并把敌人的首级割下来,作为分取战利品时的证据,同时还把敌人的头壳用来作为饮器,每区总督,每年举行一次酒会。任何部落成员曾在过去一年中杀死一个人的便可喝一杯酒,那些没有杀死敌人的人就不许喝酒,并认为这是可耻的事。希罗多德所著《历史》中说:"至于战争,他们的习惯是这样的。斯基泰人饮他在战场上杀死的第一个人的血。他把在战争中杀死的所有人的首级带到他的国王那里去,因为如果他把首级带去,他便可以分到一分虏获物,否则就不能得到。他沿着每个头颅的耳朵在头上割一个圈,然后揪着头皮把头盖摇出来。随后他再用牛肋骨把头肉刮掉并用手把头皮揉软,用它当做手巾来保存,把它吊在他自己所骑的马的马勒上以为夸示。凡是有最多这种头皮制成手巾的人,便被认为是最勇武的人物。至于用头做饮器的做法是每个人都把首级眉毛以下的各部锯去,并把剩下的部分弄干净。如果这个人是一个穷人,那么他只是把外部包上生牛皮来使用;但如果他是个富人,则外面包上牛皮之后,里面还要镀上金,再把它当做杯子来使用。一个人也用他自己的族人的头来做这样的杯子,但这必须是与他不合的族人,并且是他在国王面前战胜的族人。”柔然也存在以杀仇敌之头为饮器之现象。《北史·高车传》记载柔然可汗丑奴擒高车王弥俄突后,“系其两脚于驽马之上,顿曳杀之,漆其头为饮器”。用头做饮器应不是普通老百姓日常生活中所常见的,这一风俗的背后蕴涵着人祭、血祭的遗风,用头做饮器更多应用于祭祀等重要场合。

特定的酒礼。如点名而饮的礼俗。《北史·突厥传》:“男子好樗蒲,女子踏鞠,饮马酪取醉,歌呼相对。”蔡鸿生先生认为突厥族的酒史,可以说是源远流长,相应的礼节也早已形成了。参照《隋书·流求传》,可知游牧人的宴会是这样进行的:“凡有宴会,执酒者必待呼名而后饮,上王酒亦呼王名,衔杯共饮,颇同突厥。”这种点名而饮的礼俗,就是上述“呼”字的确解了。

酒风酒俗体现特定的民族性格。有学者曾专门研究北方少数民族的酒文化,并认为北方民族的酒风酒俗体现的是粗犷、豪迈、坦诚、简约的民族性格,这是草原民族酒风酒俗最大的特征。这种酒风酒俗和民族性格的产生,与北方草原恶劣自然环境和草原民族特别的经济形态有着千丝万缕的联系。草原的广阔造就了北方少数民族豪放的性格,游牧经济形态培养了他们坚忍不拔的精神,迁徙的游牧生活产生了人际关系间真诚亲切的情感,这些都是草原酒风酒俗形成的社会物质基础和精神基础。汉唐天山以北草原诸族的酒风酒俗亦如此。

除了奶类饮品及酒之外，天山以北草原诸族的饮食生活中还有其它饮品，如葡萄浆。玄奘至素叶城，突厥叶护可汗就曾用葡萄浆招待法师："可汗居一大帐，……命陈酒设乐，可汗共诸臣使人饮，别索葡萄浆奉法师。于是恣相酬劝，窣浑钟椀之器，交错递倾，……铿锵互举，虽蕃俗之曲，亦甚娱耳目、乐心意也。少时，更有食至，皆烹鲜羔犊之质，盈积于前。别营净食进法师，具有饼饭、酥乳、石蜜、刺蜜、葡萄等。食讫，更行葡萄浆，仍请说法。"[1]

[1]〔唐释〕慧立、(唐释)彦悰:《玄奘传》，中国社会科学出版社，2003年，第27－28页。

4 汉唐西域饮食文化与艺术

唐之前西域饮食文化并不像一般人所认为的那样贫乏，而是蕴含丰富的文化内涵，体现西域人民对美的追求及积极向上的生活情趣。西域饮食文化与艺术的关系主要体现在诸多艺术源于西域人民对食生产的关心、追求；对优质饮食生活的向往；以食物寓意，在特定食物品种上寄托情感等等。

4.1 西域饮食的艺术表现

生活是艺术的来源。食生产活动往往成为艺术（如绘画、歌舞）的来源。如哈萨克族曾以游牧为主，对于哈萨克族来说，舞蹈比较盛行，且多和游牧生活有关，如挤奶舞、剪羊毛舞、绣巾舞、制毡舞、走马舞、斗熊舞以及婚礼舞等。哈萨克族舞蹈动律性极强，表演风格粗犷，剽悍，多用“动肩”，步法上采用“马步”。青年男子喜欢摔跤、赛马、刁羊，还有青年男女共同取乐的“姑娘追”。另据介绍，在新疆的麦盖提县有一种“麦西莱甫”（一种以歌舞和民间娱乐为一体的活动形式）。“麦西莱甫”，维吾尔语中有聚会和集会的意思。“刀郎”是古时散居在麦盖提县的回鹘（维吾尔）支系的“多兰古特”部落的居民，简称“刀郎”（或“多兰”、“多朗”）人。“刀郎”在维吾尔语中有“群居”或“分群而居”的意思。传说，古时麦盖提县一带野草丛生，野兽成群，古时“刀郎”人经常开展狩猎活动。这些活动，对他们以后创作的歌舞产生了重大的影响。“刀郎麦西莱甫”开始时，先由一位艺人唱序曲，接着，乐队奏起乐曲，一对对青年男女翩翩起舞，随着乐曲的变化，舞者的动作仿佛在开展一场紧张有序的狩猎活动。男的舞姿似在寻找野兽的踪迹，女的舞姿似乎在为男人照明。接着，随着乐曲节奏的加快，舞蹈的动作也加快，仿佛进入了与野兽搏斗和用棒子打野兽的动作。那唐之前西域饮食文化是否也在绘画、歌舞等艺术形式中有具体体现呢？答案是肯定的。

4.1.1 西域饮食与绘画

西域人的狩猎、游牧、转场，是保证生活资料的手段，是维持自己生存、保证饮食来源的重要方式。但限于生产力水平的发展程度，加上雪灾、瘟疫等难以预料的各种因素，食生产往往不稳定。因此，通过巫术祈求，祈求狩猎成功，转场顺利，牲畜丰产是牧人生活中十分重要的环节。为此，他们需进行艺术创作，通过艺术形式，表达对神的诉求，自然也就会有相关祈求形之于岩画、洞窟之中，形成艺术。它的背后，则是对食生产事业的严重关切，希望食生产顺利的感情愿望的强烈表达。从这一角度，可以说是食生产事业的驱动，导致了游牧民族艺术的产生和发展。

岩画，作为早期游牧人的思想文化载体，是游牧民族精神生活的艺术化体现。很多岩画具体体现了游牧食生产方式及游牧人对美的追求。在以畜牧经济为主体的游牧民族的生产活动中，放牧是每天必须进行、不能稍予疏忽的大事。在马被驯养后，骑马放牧，更是一种主要的放牧形式。据考古学家王炳华先生介绍，在天山北麓木垒县博斯坦牧场十分丰富的岩画遗存中，不少画面比较清楚地显示了放牧活动。博斯坦背依天山，有博斯坦河及另一些水量充沛的泉水流贯，森林茂盛，水足草丰，是优良的冬、夏牧场所在。正是这样的背景，造就了博斯坦和卓木沟内大量的放牧岩画图像。而天山北麓米泉县柏杨河乡独山子村一幅表现牧业生产的岩画，不仅表现了羊群，还显示了溪流、草原，描绘了宁静的草原上，人、羊均悠然自得，牧区野趣，毕显于岩壁。在古代游牧民族的经济生活中，狩猎具有重要地位。在已经发现的大量岩画资料中，狩猎画面比重相当大。狩猎图景，刻画得也相当细致，可以帮助我们具体认识当年曾在山地、草原上展开过的一幕幕狩猎场景。如乌勒盖地区岩画点，刻画狩猎活动的画面几近20幅。有的表现猎人潜藏匍匐在草丛中,持弓狩猎北山羊;也有表现多人围猎鹿群的,内容丰富,均具特色。巴里坤县莫钦乌拉山中段库克托贝岩画遗址点,表现十多名骑士围猎鹿、羊,骑士飞驰,鹿、羊狂奔,部分鹿只中箭,负箭奔跑,场面十分生动。这一岩刻不仅场面大,而且刻线细,线条流畅,是当时的艺术高手用锐利的金属工具加工而成。

另据苏北海先生《新疆托克逊县科普加衣岩画》介绍,位于天山南麓的科普加衣岩画,主要是原始社会时期的狩猎和放牧岩画。在岩画沟口有车师族的大片墓葬群,沟中水草丰茂,有繁复的兽群和畜群,以大角羊为最多,其次是骆驼,还有鹿、马、虎、豹、狼、狗等。其生动地反映了动物之间的生存竞争情态及狩猎、放牧实情。

洞窟彩绘,同样是早期游牧人的艺术创作。王炳华先生指出,相关遗存目前主要见于阿勒泰山。比较集中的所在如阿勒泰市阿克塔斯,富蕴县(柯柯托海)唐巴尔塔斯,特别是哈巴河县多尕特沟,沿沟有7处以上彩绘洞窟。多尕特一处画面达10平方米的彩绘图像,表现众多人物围猎食草类大兽牛、马,群兽向一个方向狂奔,部分已被投抢刺中,倾扑在地。对食草类大兽的围猎,是远古人们获取食物的重要途径,他们通过巫术祈求这一围猎成功,背后所蕴含的精神自然仍是对食生产事业的关心、追求。

阿勒泰山素有“千里岩画长廊”之美名,据2009年5月乌鲁木齐在线报道,阿勒泰发现新疆最大洞穴岩画群,系5月21日自治区第三次全国文物普查办公室成员、自治区考古所于建军先生和阿勒泰地区文物普查成员在普查时新发现的岩画群。新发现的岩画群,位于阿勒泰市切木尔切克乡前山一带,为凿刻在洞穴内壁上,岩画中的动物种类十分丰富,有梅花鹿、驼鹿、北山羊、羚羊、盘羊、骆驼等,还有人类狩猎的场景,画面非常精美。岩画分布比较集中,数量较多,其中有一处岩画中的一只鹿单个个体为1.6米乘1米,是目前发现最大的。

一些岩画、墓葬壁画还再现了在西域舞台上活动过的民族的饮食场面。

宴饮是部族间生产、丰收、战斗、胜利、婚聚等重大事件的发生与过程乃至结束后的一种欢庆形式，是人们追求的目标，自然也会成为艺术表现的内容，或通过这类形式显示自己的追求，于是这类题材成为岩画、墓葬壁画等的重要题材。如据相关研究介绍，在内蒙古阴山中发现有匈奴族饮酒歌舞的岩画，内容是：在平阔的草原上，有几个匈奴人席地而坐；前边放着罐、壶等盛酒器皿，手中持有杯、卮等饮酒器具，正在开怀畅饮；旁边有马匹停立，远处有放牧的牛羊。我们可以想象，这是在秋高草肥的季节，匈奴骑士或是放牧之余在野外聚餐饮酒，或是狩猎之后在野外聚餐饮酒，情节十分生动，反映了2000余年前匈奴人饮酒的情景。在内蒙古和林格尔县北魏墓中发现了鲜卑人的饮宴图，画面为：一群鲜卑贵族身着典型的北魏时期服饰（窄袖长袍，黑衫官帽），席地而坐，他们每人面前放着一个低矮的几案，案上摆放着肉盘、酒壶、酒杯等食具与酒具。在这幅壁画左右两侧还有歌舞与杂技表演的壁画。整个绘画内容连贯而集中，是1500年前鲜卑贵族饮酒欢歌的场面。

另有学者认为德令哈市出土的郭里木墓葬棺板画初展吐谷浑人的生活，展现了隋唐时期吐谷浑民族的生活场景和文化习俗。从左向右展开，第三组画为宴乐图。此图位居画之中心，场面宏大，以明快逼真的手法，再现了墓主人生前的一个生活场景。此组画中共有17个人像，分为三处饮酒作乐。其中有吐谷浑名王、巨商及墓主人夫妇。左有7位贵族或富商，随意盘坐在锦垫之上，开怀畅饮。其中的头一位已不胜酒力，开始呕吐。紧挨着画面是两顶相连的百子大帐，大帐绣帘高卷，帐内一男士头戴螺形高帽，神态稳重，正与一位穿戴华贵，气质淑雅的女子亲切对酌，此二位应为墓主人夫妇。帐门左，一妇女执坛侍酒。帐门前有一男士正举巨觥与人对饮。后立三位侍宴之人，可见这一位身份仅次于主人。整个画面气氛热烈，突出了吐谷浑人在蓝天白云之下、芳草无涯的原野上宴饮游乐的景象，也是吐谷浑人豪放、善饮性格的真实写照。第五组画的主题为弯弓射牛祭天地。第五组画在右上方，只见一头肥硕的黑色牦牛被拴在粗大的木桩上，左旁是一位头戴螺形大帽，蓄八字胡须，身着华服，气宇轩昂的中年男子，站在绘有云纹的地毯之上,手挽雕弓对准了牛心窝,引而欲发,极富动感。后面站着一位美丽的女孩,手拿弓箭,看来她是要射第二箭。牛前有四位衣着有别,发式不同的妇女,站成一排,参加吐谷浑人祭天、祭祖的盛大礼仪。其中一女端着盘子,上置三只酒杯,另一女正在斟酒。

粟特人的石棺床雕刻图像有很多直接反映其宴饮情况。荣新江先生指出:从已发现的石棺床雕刻图像来看,粟特聚落中的宴饮情况,可以分成居家宴饮、园林宴饮、会客宴饮、野地宴饮等几种,其中有些宴饮是配有乐舞的。居家宴饮的场景见安伽、天水、Miho、虞弘石棺床图像。安伽围屏图像上有不少宴饮的场景,由此可见这些粟特胡人宴饮的场所,有的在家中亭子内,有的在葡萄园里,有的在突厥虎皮毡帐中。除了在野外的场合,宴饮时一般都有乐舞表演。主客往往都是端着酒杯或酒碗对饮,旁边有时有随从一起进食或饮酒;有时站着侍者,给主人供奉酒食。在右屏第二幅画面上,绘有一个步障围出一个角落,里面有一个胡人正从胡床上搬起两个叠放的大盘子,盘上放水果。在正面第五幅图像中间,一个胡人面对圈足火盆,用一把长条形的刀子,正在切盘中像是肉类的食物。这两个画面,非常形象地展示了粟特人备餐的情况。在天水发现的粟特墓围屏和太原发现的虞弘墓石椁的图像上,都有胡人酿酒的图像,从踏踩葡萄到把酿好的酒装到酒瓮中,以及搬运酒坛的情形都有所反映。[1]

另外,烹饪图也表现了墓主人生活的富足,寄托着人们在这方面的追求,自然也成为墓葬壁画的内容。一些墓主人生活图中绘有炊事。如墓主人生活图(见图版29),此画纵46.2、横105厘米,阿斯塔那13号墓出土。整幅画由6块小纸拼接而成。画面正中绘垂流苏的覆斗帐,帐下男主人持扇跪坐在木榻上,其身后立一侍女。主图左侧树下绘鞍马和马夫,右侧下部绘婢女和炊事。上部绘田地和家具。画面上方左角绘圆月,右角绘太阳。

---

〔1〕荣新江:《金樽美酒醉他乡——从安伽墓看粟特物质文化的东渐》,引自赵丰主编:《丝绸之路:艺术与生活》,艺纱堂/服饰出版,2007年,第21页。

4.1.2 西域饮食与文学作品

美酒佳肴是人们生活的追求，自然会入诗入文，受到文人骚客的歌颂。西域饮食文化也是文学作品的重要内容。如乌孙公主诗句“以肉为食兮酪为浆”，其形象、凝练地说明了乌孙的饮食生活。“浑炙犁牛烹野驼，交河美酒金叵罗”（岑参《酒泉太守席上醉后作》），“灯前侍婢泻玉壶，金铛乱点野酡酥”（岑参《玉门关盖将军歌》），“军中宰肥牛，堂上罗羽觞”（岑参《武威送刘单判官赴安西行营便呈高开府》）等诗句，充分体现了西域饮食文化中所特有的民族生活气息。

另如唐代诗歌、文学作品中对胡饼、葡萄酒等的描写，不管是唐代王翰《凉州词二首》中的“葡萄美酒夜光杯”，还是《酒泉太守席上醉后作》“交河美酒归叵罗”（归亦作金），抑或是胡宿的《塞上》“契利请盟金匕酒”（契亦作颉）诗句，都引起读者对西域饮食文化的无穷遐想。

葡萄是西域人民，特别是绿洲城郭居民生活中不可缺少的果品。葡萄曾记录、积淀了西域人民生活中无数美好的回忆，蕴含着一定高度的精神寄托。因而，人们自然会以艺术方式予以歌颂。于是，绘画、刺绣中的葡萄形象就应运而生了。西域饮食也曾成为刺绣的重要内容，如葡萄还是人们艺术描绘的对象。1959 年，在民丰县的一座东汉时期的合葬墓里曾出土了不少的毛织物，在精致的人兽葡萄纹彩罽中织就的花纹图案有写实的葡萄纹样，那成串的葡萄、叶藤和小花丛纹饰，出土时图案清晰，色泽艳丽。特别是在墓地发现的一块蜡缬棉布单上，绘一裸体露胸的供养人，双手捧着一件尖长的容器，内盛成串的葡萄供品。1998 年扎洪鲁克第三期文化墓葬出土原白色缣地葡萄纹刺绣 1 件，残缺严重，没有幅边，呈不规则形，长 12.5、宽 9 厘米。图案有藤枝、葡萄串和叶、花等，用色上有些变幻，葡萄圆形果，两粒并列呈串状，用色有变化：或果表是酱色，果心是黄棕色；或果表是墨绿色，果心是黄棕色。葡萄叶的形状及用色也有变化，或黄棕色叶，或酱色叶饰以黄棕色边。花只有一种，呈两瓣圆蕊花。

4.2 西域饮食与西域乐舞

在饮食场合常常需要以乐舞助兴。舞与乐也是古代助教化的一种重要手段，在喜、丧事，飨宾、交往等众多礼仪中，起着渲染气氛和有助于交流沟通的作用；同时，乐舞也表明墓主人的风雅和高尚。

新疆自古就有“歌舞之乡”的美称。据史籍记载，早在西汉时期，于阗乐就已传到长安。龟兹乐舞、疏勒乐舞、高昌乐舞、伊州乐舞和天山以北匈奴族的悦般乐都是见之于史册的乐舞瑰宝。唐代官制的十部乐中，就有出自西域（今新疆）的《龟兹》、《疏勒》、《高昌》三部。现在居住在新疆的维吾尔、哈萨克、柯尔克孜、塔吉克、蒙古、锡伯、乌孜别克、塔塔尔、满等民族都能歌善舞。如哈萨克族是一个酷爱歌唱的民族。哈萨克谚语说：“歌和马是哈萨克的翅膀。”哈萨克族民歌悠扬、高亢，在冬不拉乐器的伴奏下，草原风韵分外浓厚。

粟特人善舞，以安禄山为例。史载安禄山为肥胖之人，晚年更加肥壮，腹垂过膝，体重达330斤，每行以肩膊左右抬挽其身，方能移步。但至玄宗前，作胡旋舞，疾如风焉。如前所述，粟特胡人宴饮，除了在野外的场合，宴饮时一般都有乐舞表演。再如突厥人饮酒时，歌呼相对，现代新疆民俗中仍可见敬酒歌。

《新唐书·西域传（上）》记载西域诸国好乐舞，如焉耆国，“俗尚娱遨，二月朏出野祀，四月望日游林，七月七日祀生祖，十月望日王始出游，至岁尽止”。龟兹，“俗善歌乐，旁行书，贵浮图法”。于阗，“人喜歌舞”。那么，在宴饮场合有歌舞相助应不是稀奇之事。岑参《酒泉太守席上醉后作》载“琵琶长笛曲相和，羌儿胡雏齐唱歌。浑炙犁牛烹野驼，交河美酒金叵罗。三更醉后军中寝，无奈秦山归梦何。”《与独孤渐道别长句兼呈严八侍御》云：“军中置酒夜挝鼓，锦筵红烛月未午。花门将军善胡歌，叶河藩王能汉语。”上述诗句亦可佐证西域人以歌舞佐餐的饮食方式，在这些“胡味”极浓的酒席上，胡乐、胡歌、胡舞成了宴席中不可或缺的重要组成部分。西域民族，特别是游牧民族一般都能歌善舞，一边宴饮，一边歌舞，营造出了欢乐、祥和的氛围。在生活无忧的前提下，宴饮自然推动、促进了歌舞艺术的发展。

本书作者曾经随中国社会科学院的一些老师去库车克孜尔石窟参观考察。一天晚上八九点钟左右我们来到一位维吾尔族老乡家中，受到老乡们热情而质朴的接待，在享受到了丝绸之路晚餐魅力的同时，也深深地体会到了新疆歌舞之乡的魅力。当我还在回味美食之时，听到一阵歌声，经同伴提醒才知道是跳舞的时间到了。出屋一看，库车维吾尔族男性老乡盘腿坐在炕上自弹自唱，歌声嘹亮高亢，非常投入。我虽然听不懂所唱的具体内容，但直觉歌声中透着无限的沧桑感、豪迈感。而一位维吾尔族妇女早已随着歌声翩翩起舞。在这里，歌舞已经成为每个人生活的一部分，而不是少数人所拥有的东西，任何一个普通的农村妇女也能翩翩起舞；在这里，跳舞不一定要去舞厅，家里就是舞厅，而葡萄架是舞厅最好的装饰；在这里，不必扭扭捏捏，即使不会跳舞的人也会情不自禁地起舞；在这里，表现的是老乡们达观、自信、粗犷的个性，传递他们心中的激情及其对生活的热爱……

饭后百步走，活到九十九。用完晚餐后，在歌声的伴随下，在葡萄架下翩翩起舞，既有助于消化，又使人心情舒畅。我想，这也是新疆成为长寿之乡的原因之一吧！

5 汉唐西域宗教信仰与饮食文化

西域人民在早期就已具有一定的宗教意识。据相关研究表明,新疆早期即青铜时代和早期铁器时代大约距今3800年到西汉时期墓葬的随葬品可看出:随葬品在很大程度上取决于当时生产力水平、物质生活水品,同时也反映出社会地位的不同或贫富差别。从葬式、葬俗反映出当时已形成以血缘为纽带的家族和出现了原始宗教意识。

目前,新疆不仅是个多民族的地区,而且是个多种宗教并存的地区。汉唐时期,宗教在西域历史文化中逐渐占有非常重要的地位。萨满崇拜、道教、佛教、祆教、基督教、摩尼教、伊斯兰教、喇嘛教等,均曾在这片土地上传播,保留下不少相关遗迹、遗物。一些在现实生活中仍存在影响。宗教不仅对西域人民的精神生活产生重要影响,而且对他们的物质生活也产生了深远影响。

饮食文化与宗教信仰密切相关。有学者认为,自古以来就有把人类饮食生活转移到信仰生活中去的习俗。人类饮食的本能和习惯,被人类祖先理解为万物都具有的本能和习惯。如"牺牲"这个词在古汉语中的基本意思之一即供祭祀用的纯色全体牲畜,以及供盟誓、宴享用的牲畜。从很古的时代便有了以"牺牲"供奉各种神灵或祖先的形式。原始时代的"血祭"用杀人,或用杀牛、羊、猪为祭物,以及后来用"祭酒",再晚些的"供果"等等,都是这种饮食习俗的转移形式。早期的宗教仪式主要是祭祀,祭祀总是同人类的某种祈求心理分不开的,而这种祈求又是以奉献饮食的形式反映出来。饮食文化专家亦认为信仰上的饮食习俗,是民间信仰和宗教仪式在中国人民饮食文化中形成的惯制。中国先民的宗教活动实际是从人们的饮食活动中发展起来的。中国古代的祭祀,无论是大祭或薄祭,都是以最好的食物待之。

饮食不仅促进了宗教信仰的发展，反过来，宗教的发展也对人们信仰食俗的形成产生了重大影响。

5.1 萨满教与西域饮食文化

萨满教在我国古代北方游牧民如匈奴、乌孙、鲜卑、柔然、铁勒、突厥、契丹、回纥、蒙古等族中曾普遍存在。如《史记·匈奴传》记载："岁正月，诸长小会单于庭，祠。五月，大会茏城，祭其先、天地、鬼神。秋，马肥，大会蹛林，课校人畜计。……而单于朝出营，拜日之始生，夕拜月。"高车人有在地震时"叫呼射天"，后即迁去，翌年秋天马肥时，重返原地，再由女巫支持祭礼的习俗。《魏书·高车传》记载高车"喜致震霆，每震则叫呼射天而弃之移去。至来岁秋，马肥，复相率候于震所，埋羖羊，燃火，拔刀，女巫祝说，似如中国祓除，而群队驰马旋绕，百币乃止。人持一束柳桋，回竖之，以乳酪灌焉。妇人以皮裹羊骸，戴之首上，萦屈发鬓而缀之，有似轩冕。"高宗时，五部高车合聚祭天，众至数万。大会，走马杀牲，游绕歌吟忻忻，其俗称自前世以来无盛于此。《隋书·突厥传》："五月中，多杀羊马以祭天。……敬鬼神，信巫觋。"《隋书·西突厥传》："每五月八日相聚祭神，岁遣重臣向其先世所居之窟致祭焉。"据研究，新疆天山、阿尔泰山一带分布的洞穴彩绘岩画是萨满教的遗存，所展示的是萨满为本氏族兴旺、祈求人口繁衍、多获猎物所进行的巫术操作和祭祀仪式的场面。岩画中的萨满形象、萨满法器、面具等都是在传递一种神秘的"力"，旨在保证人口繁衍和狩猎成功。

萨满教是西域氏族社会的精神支柱，有学者认为主要体现在：萨满教是维系氏族凝聚力的精神纽带；萨满教是巩固氏族制度的神圣力量；萨满教的内容规范着氏族社会道德的各个方面，成为原始习惯法的重要内容；萨满教对西域民族氏族社会文化艺术的形成和发展提供了思想内容和表现形式。因此，萨满教对西域饮食文化的影响是比较大的，其影响一直延续至今。

5.2 佛教与西域饮食文化

佛教在新疆的历史中占有极重要的一页，它作为一种上层建筑，必然要影响到社会生活的各个方面，包括饮食生活。

东汉时期，佛教已经传入新疆，在西域生根、发芽并且长成了参天大树。全新的观念形态、佛教艺术形式、佛教音乐等，对新疆、尤其是其南部地区居民的思想文化生活，产生了十分深远的影响。自公元初始，最后直到15世纪，新疆大地上一直是梵音缭绕、佛幡高悬。佛教是居于主体地位的宗教信仰。公元四五世纪，佛教在南疆、吐鲁番进入全盛时期。由于新疆的佛教是沿着丝绸之路不断传播的，因此，从魏晋南北朝时期至隋唐时期，沿着丝路的南道、中道的各主要绿洲和吐鲁番盆地，都曾建造起许多佛寺、佛塔、千佛洞。伊斯兰教传入新疆以后，新疆各地佛教逐渐转衰。但由于内地佛教仍甚兴盛，不时由内地汉人带进新疆，加之13世纪以后，新疆蒙古人又接受了藏传佛教，因此，佛教在新疆的流传始终未曾间断。虽然岁月流逝，人世沧桑，但新疆各处，自帕米尔高原至塔里木盆地周缘各绿洲、罗布淖尔地区、吐鲁番盆地、哈密绿洲以及天山北麓一线，都可以见到不同时代的佛教遗存，既有规模大小不等的土建佛寺，也有因山而开凿的石窟寺，数量之多，难以计数。虽然大部分已受风沙水患和人为损毁，遗留下来的小部分仍较完整和珍贵。著名的拜城县克孜尔千佛洞、库车县库木吐拉千佛洞和克孜尔尕哈千佛洞、吐鲁番市的柏孜克里克千佛洞等不仅外观完整，而且洞窟中尚存不少很有艺术价值的佛雕和壁画，是我国佛教文化艺术遗产的组成部分，对现今的中外游客具有很大的吸引力。

汉唐时期，佛教在古代新疆人民的政治、思想、文化艺术各方面产生过不可估量的巨大影响。佛教作为一种上层建筑，必然要影响到社会生活的各个方面，包括饮食生活。

古代新疆是传说中的小西天，曾经是佛教的第二故乡，是很多求法者的圣地。法显与玄奘分别于5世纪和7世纪经过南疆去印度，他们分别留下了旅行记《佛国记》、《大唐西域记》。8世纪慧超又经过疏勒、龟兹等地，并留下行记《往五天竺国传》。全书虽已不存，但在慧琳所著《切经音意》中有摘录。从他们的记载可以看到当时南疆地区佛教十分盛行，大小乘学派都有。近代南疆出土的大量的佛经写本和佛教壁画、雕塑等艺术品也都证明公元后1000年里佛教在南疆地区非常流行。就汉唐时期新疆佛教流行情况，学术界认为，汉唐时期新疆地区既有大乘教流行，也有小乘教流行，不过各个地方对大、小乘教偏重程度有所区别。以库车为中心的焉耆、拜城、阿克苏及其西南的喀什、塔什库尔干和其东南的若羌等地以小乘教为主，同时兼行大乘教；和阗、莎车及吐鲁番、吉木萨尔等地则以大乘教为主，同时亦兼行小乘教。另外，在库车、和阗、吐鲁番等地还有密教流行。

史书记载佛教在焉耆社会生活中具有至高无上的地位。《周书·异域传》载焉耆国"俗事天神，并崇信佛法。尤重二月八日、四月八日，是日也，其国咸依释教，斋戒行道焉"。但《大唐西域记》卷1记载"阿耆尼国（即焉耆，辖地包括今新疆维吾尔自治区焉耆回族自治县周近地区）"说：寺院有十多所，僧徒两千多人，他们研习小乘佛教说一切有部。佛经教义及戒律仪轨既然遵循印度，众多的研究者便依印度原文而探索。信徒遵守戒律仪轨，洁身自好，勤奋刻苦，然而饮食中杂有三种净肉，拘泥于渐悟的小乘教义。三种净肉，是小乘佛教允许僧徒所使用的肉类（不见其为我杀者、不闻为我杀者、无为我杀之疑者）。由此可见，焉耆信徒遵守戒律仪轨，拘泥于渐悟的小乘教义，勤奋刻苦，然而饮食中杂有三种净肉。

库车古称龟兹，是历史上有名的佛教圣地。《晋书》记载龟兹："俗有城郭，其城三重，中有佛塔庙千所。"《大唐西域记》卷1曾记载屈支（龟兹）境内寺院有一百多所，僧徒五千多人，研习小乘佛教说一切有部。佛经教义、戒律仪轨均仿效印度，故学习的人就依据印度原文了。他们还拘泥于渐悟的小乘教义，食物中杂有三种净肉。但他们洁身自好，潜心于佛典，人人以修行的功效相竞争。玄奘又谈到"荒城北四十余里，接山阿，隔一河水，有二伽蓝，同名昭怙厘，而东西相称，佛像装饰，殆越人工，僧徒清肃，甚为勤励"。又说："大城西门外，路左右各有立佛像,高九十余尺。于此像前,建五年一大会处。每岁秋分数十日间,举国僧徒皆来会集。上自君王,下至士、庶,捐废俗务,奉持斋戒,受经听法,渴日忘疲。"《玄奘传》亦记载玄奘至龟兹,"自外诸僧数千,皆于城东门外,张浮幔,安行像,作乐而往。法师至,诸德起来相慰讫,各还就座。使一僧擎鲜华一盘来授法师。法师受已,至佛前散华,礼拜讫,就权麹多下坐。坐已,复行毕。行毕已,行蒲桃浆。于初一寺受华一受浆已,次受余寺亦尔,如是辗转日晏方讫,僧徒始散。"慧超也曾记载"此龟兹国足寺足僧,行小乘法,食肉及葱韭等也。汉僧行大乘法"。

佛教在龟兹成为主流思想。龟兹女性亦能出家,如鸠摩罗什的母亲就曾出家。鸠摩罗什是东晋时后秦高僧,著名的佛经翻译家。鸠摩罗什年方7岁时,就跟随母亲一同出家。那其父其母是何许人也?据介绍,鸠摩罗什的父亲鸠摩罗炎,天竺人,家世显赫,世代为相,其父鸠摩达多,倜傥不群,驰名遐迩。鸠摩罗炎天赋异禀且有高节,本应嗣继相位,然而他不但推辞不就,而且毅然出家。随后东渡葱岭到龟兹国,龟兹王非常敬慕他的高德,鸠摩罗炎曾被延请为国师,并受到礼遇,如龟兹国王还亲自到郊外迎接鸠摩罗炎。龟兹王白纯有一个妹妹叫耆婆,聪敏才高,能过目不忘且解悟其中妙义。其身体有红痣,依命相之法来说,正是必生贵子的特征。当时已届双十年华,虽有各国显贵竞相提亲,但她却不肯答应。等到一见鸠摩罗炎,十分倾心,决意嫁他。后来生下一个男孩儿,这就是鸠摩罗什。等到鸠摩罗什出生时,其母便顿时忘却天竺语。不久,鸠摩罗什的母亲想出家,但丈夫不允许,后来又生下一个男孩儿,名叫弗沙提婆。一天她出城游览,看到荒冢间枯骨散乱各处,于是深深思考色身是苦本,就立誓要出家修行。但是丈夫鸠摩罗炎坚持不答应,于是她绝食抗议,经过六天,气力衰竭,命若悬丝。她的丈夫只好忍痛答应。然而她在尚未落发前,坚决不吃任何食物,于是即刻命人剃除头发,方才进食。隔天,正式受戒,进而修习禅法,专精不懈,终于证得须陀洹初果。

法显于5世纪初见到的于阗佛教盛况是:"其国丰乐,人民殷盛。尽皆奉法,以法乐相娱。众僧乃数万人,多大乘学,皆有众食。"在其住宿的瞿摩帝伽蓝,就有大乘僧三千人,寺中会食时,“三千僧共犍槌食,入食堂时,威仪齐肃,次地而坐。一切寂然,器钵无声,净人益食,不得相唤,但以手指麾”。可见信佛的虔诚和僧规的严厉。《魏书·西域传》载于阗国“俗重佛法,寺塔僧尼甚众,王尤信尚,每设斋日,必亲自洒扫馈食焉”。《梁书·诸夷传》“于阗国……尤敬佛法”。《隋书·西域传》:“于阗国……俗奉佛,尤多僧尼,王每持斋戒”。《旧唐书·西戎传》:于阗国“崇佛教”。《新唐书·西域传(上)》:“于阗……喜浮图法”;“朱俱波(今莎车》……尚浮图法”。玄奘于644年抵达和田时,仍是崇敬佛法。寺院有一百多所,僧徒五千多人,都研习大乘佛教。《玄奘传》亦记载玄奘至瞿萨旦那国(于阗)时,当地“重佛法,伽蓝百所,僧五千余人,多学大乘”。

于阗佛教的兴盛造就了一些历史名人。如隋唐时代丹青高手尉迟乙僧就是古于阗国的佛家画师。唐人窦蒙评他:“澄思用笔,虽与中华道殊,然气正迹高,可与顾(恺之)陆(探微)为友。”说明他在中国绘画史上占有特殊地位。其父尉迟跋质那,为于阗国著名画家,善画宗教故事、异族人物、飞禽走兽等;于隋代进入中原地区,因画艺超众而闻名于世,到了唐代仍享誉画坛,人称大尉迟。尉迟乙僧在绘画艺术上受其父影响,20岁左右以其较高的画艺,被推荐到唐朝都城长安(今陕西西安),颇受重视。贞观初年被授为宿卫官,后又被袭封为郡公,其在长安的住宅曾被敕建为奉恩寺。尉迟乙僧将于阗王族的供养像画在寺内;他还善画宗教故事、人物肖像、神话风俗、花鸟走兽等,大都取材西域各民族人物及鸟兽形象;他善于处理复杂多变的画面,构图布置宏伟奇异,匠意极险,颇有奇处。另如实叉难陀,唐于阗(今新疆和田)人,以通大小乘学和外论著名。武周时,则天后听说于阗有完备的《华严经》梵本,即遣使访求并聘请译人,实叉难陀便以此因缘,带着《华严》梵本来华。他于证圣元年(695)到达洛阳,住在内廷大遍空寺,与菩提流志、义净等,于东都大内大遍空寺重译《华严》。武后很重视,开始还亲自参加。难陀后来又在洛阳三阳宫、佛授记寺、长安清禅寺等处续译诸经。长安四年(704),他以母亲年迈,请求归省,朝廷特派御史霍嗣光送他回归于阗。唐中宗即位,再度邀请他到长安,住大荐福寺。未遑翻译,即患病,于睿宗景云元年(710)十月卒,享年59。后人在长安荼毗难陀处建起七层浮图以为纪念,号称华严三藏塔。

当时西域有些小国几乎举国皆信佛,如鄯善。有学者指出,据《魏书·西域传》记载,公元422年鄯善王比龙因避沮渠安周,率国人半数西奔且末。又据《宋书·氐胡传》,知其半数为"四千余家",以此推之,鄯善国户数当为八千。法显路过鄯善的时候,国内有僧四千余,平均两户即有一僧,比重是相当大的;而且"国王奉法",俗人及沙门亦"尽行天竺法",也就是说,全民皆信仰佛教。这样一种社会形态,决定了鄯善佛教独特的面貌。佉卢文书中保存了一些反映鄯善国僧人生活情况的珍贵资料,研究者指出,其中相当部分与佛教内律、寺院清规大相径庭:(1)鄯善国的僧人可以娶妻生子、拥有养女。(2)鄯善国的僧人可以蓄奴。(3)鄯善国僧人可置耕地、葡萄园等私产,并擅长交易。(4)鄯善国僧人可以饮酒食肉,且鄯善国嗜酒成风。佉卢文文书中有很多件与酒有关,拥有土地和家庭的鄯善国僧人决不会放弃饮酒食肉的享受。文书358(古卷)中即有明证:"汝处寺主正在挥霍和浪费自己领地的酒肉。"(5)鄯善国僧人的税收负担。鄯善国僧人与世俗百姓一样向官府纳税,而且还要交与僧人有关的税。

天山以北一些游牧民族亦曾信仰佛教。《北史》记载柔然是"俗事天神,兼信佛法"。柔然何时信奉佛教,史书没有明确记载,但柔然信奉佛教是毋庸置疑的。另外,《隋书》卷84《突厥传》记载突厥陀钵可汗接受北齐佛教沙门惠琳的建议,建立了一个佛教伽蓝。耿世民先生在《古代突厥文碑铭的发现和解读研究》中认为:《布古特碑》碑文内容与佛教有关,说明早在6世纪下半叶,突厥已信仰了佛教(尽管可能只限于上层统治阶级)。回鹘人也曾信仰佛教。耿世民先生曾对佛教在古代新疆和突厥、回鹘人中的传播相关问题进行了研究,认为在漠北时期,回鹘人似已有接触佛教的迹象。9世纪中期回鹘人到达新疆后,在当地原居民的影响下,逐渐舍弃游牧生活,转入定居的城市和农业生活,同时他们也逐渐接受了佛教。早在8世纪(或更早一些)就已有一部分突厥人进入吐鲁番盆地,并信仰了佛教。

值得指出的是,佛教本来是途径西域传入中原,并形成了自具特色的汉传佛教,而到了唐代却出现了汉传佛教反向逆传西域的现象。汉传佛教属大乘佛教,重在普度众生,生活戒律上不但戒杀生,而且戒食肉,必须食素。随着汉僧携汉译佛经大批西渡流沙,汉传佛教遂大盛于三州、四镇。仅在史册上留名的大寺就有西州的丁谷寺、丁谷禅院、宁戎寺;庭州的龙兴寺、高台寺、大宁寺;龟兹的金砂寺、法严寺等。总管四镇佛教的都僧徒道即为龟兹法严寺主持,可见汉僧地位之尊崇。他们不少是由内地佛僧西渡流沙后充任的,其中还有京师僧人。安西大都护治所附近的库木吐拉千佛洞中出现了不少汉人开凿、汉僧主持的洞窟。大乘色彩的经变画完全取代了西域传统的本生画,净土思想和密宗教义也开始流传。吐鲁番宁戎寺、丁谷寺旧址所在的柏孜克里克千佛洞、胜金口千佛洞的佛教壁画也充分显示了这一特色。[1] 汉传佛教反向逆传西域,必然会对西域饮食文化产生一定的影响。

塔里木盆地普遍受佛教(有大乘和小乘之分)的影响,只是有受影响程度深浅不同,寺院气氛浓厚与否的区别。而此区别主要与食环境与食生产能力有关。虽然早期西域佛教僧徒(特别是下层僧徒),也劳作而创造物质文化,但要修建很多寺院,同时养活众多僧侣,需要相对较强的物质基础。在塔里木盆地,于阗、龟兹相对来说,佛教势力更大。这与其水资源相对较为充沛,交通条件较好,绿洲农业基础较为厚实,经济生活条件较好密切相关。这些较好的条件为佛教在此地的繁荣奠定了基础。如龟兹,曾是丝绸之路北道的一个大国,蕴含较为丰富的矿产资源,矿冶业较为发达,其强大的国势与雄厚的矿产资源,特别是金属资源是分不开的。《汉书·西域传》记载龟兹"能铸冶"。《魏书·西域传》载龟兹"饶铜、铁、铅、麖皮、氍毹、铙沙、盐绿、雌黄、胡粉、安息香、良马、犎牛等"。考古学家曾对古代龟兹地区矿冶遗址进行了考察与研究,地质调查结果表明,龟兹境内蕴藏着丰富的金、铜、铁、铅、锡、硼砂、煤、石油等自然资源,且主要分布在库车、拜城两地的天山南麓及

---

〔1〕苗普生,田卫疆主编:《新疆史纲》,新疆人民出版社,2004 年,第 193 – 194 页。

却勒塔格山中。近百年来对龟兹地区的考古学调查已经积累了较为丰富的金属器物标本。

西域佛教的由盛转衰也体现了佛教的发展与食环境、食生产能力乃至经济生活之间的密切关系。经济基础决定上层建筑,上层建筑反作用于经济基础。西域佛教为当时上层建筑的重要组成部分,而古代新疆地区经济基础具有脆弱性和不稳定性。据研究,古代新疆地区的绿洲经济与佛教的不和谐关系是导致古代新疆佛教衰落的最主要的原因。作为上层建筑一部分的佛教文化的寺院经济过度发展超越了当时社会平均生产力水平所能承载的最大负荷,使当时社会经济水平和社会财富大量被用于佛教建筑和仪式,最终导致当时社会生产力不堪重负,人民生活痛苦;反之,过度发展的佛教压垮了其经济基础之后,也随之衰微,直至灭亡。

佛教的传入在一定程度上影响中国传统的用餐姿势,同时佛教的传入对家具的革新也产生了重要影响。魏晋南北朝时,随佛教的传入,从域外传来了垂足趺坐的扶手椅和方凳。中国历经几千年之席地而坐的习俗受到了较大冲击,人们传统的用餐姿势也随之有了改变,常见的跪姿坐式改为更轻松的垂足坐姿,这就促进了高足座具的使用和流行。魏晋南北朝时期,鲜卑等少数民族入主中原。波斯、粟特等地的使者和商人经丝绸之路到中国内地,进行经济和文化的交流。源自印度的佛教也经西域传入中国内地。曾有学者就高座具东传对中国内地居住饮食生活的影响问题进行了相关研究,并认为中国北方少数民族、佛教徒和居住在中国内地的西方人,各自保持了原先习用的生活方式和坐姿,这对中国内地汉人的席地跪坐的主流坐姿造成了很大的冲击。北朝地区人们的坐姿受到多元文化的影响,出现了多种坐姿共存的现象,这为高座具传入中国内地和逐渐发展创造了条件。隋唐时期民族文化和中外文化的交流空前繁盛,佛教信徒的倍增和佛教群众性民俗活动的增多,扩大了高座具的使用面。自盛唐至五代使用椅子的上层人士逐渐增多,椅子尤其成为佛教高僧使用的座具。

同时,佛教在西域的逐渐发展在一定程度上促进了园圃业的发展。汉唐时期,园圃业兴盛。佛教寺院林立所造成的特殊氛围,亦为果木菜蔬的栽培提供了广阔的空间。

5.3 其他宗教信仰与西域饮食文化

新疆,历来是一个多民族聚居和多宗教信仰并存的地区。《旧唐书·西戎传》记载于阗国,“好事祆神”。《新唐书·西域传上》记载疏勒,“俗祠祆神”。唐代以降,突厥也曾信奉祆教。《酉阳杂俎》卷4称:“突厥事祆神,无祠庙,刻毡为形,盛于皮袋,行动之处,以脂苏涂之;或系之竿上,四时祭之。”李进新先生指出,在陀钵可汗之前,突厥人曾信仰过祆教。当然,并不是所有的突厥人都信仰祆教,大概只有一部分上层和比较接近粟特人的阶层有此信仰,而大部分游牧人不一定了解此教。回鹘、蒙古也曾受祆教思想的影响。《梁书·滑国传》载,嚈哒“事天神、火神。每日则出户祀神而后食”。《宋云行记》也记载嚈哒“不信佛法,多事外神,煞生血食,器用七宝”。在当今新疆,仍可见到带有祆教色彩的习俗。如专家指出,“诺鲁孜节”是新疆维吾尔、哈萨克、柯尔克孜、塔吉克等许多民族的重大节日,时间在每年的春分时节。而这个节日源自于祆教,是祆教教历规定的年首之节——新年元旦,是所有节日中最重要的节日,也是喜庆、吉祥、祈福、欢乐的节日。维吾尔、哈萨克、柯尔克孜族在过诺鲁孜节时,要做诺鲁孜饭,唱诺鲁孜歌,互相串门祝福,庆贺新春的到来。塔吉克族又称诺鲁孜节为“切德恰迪尔艾脱”(春节)。过节时家家户户要大扫除,清洁卫生,在自己家里洒面粉,祈求新年人畜兴旺,吉祥如意。诺鲁孜节经过长期演变,已经世俗化,成为新疆许多民族的传统民俗节日,但其来源却属早期的祆教习俗无疑,并在新疆流传了两千多年。

元和初年传入唐朝的摩尼教,《资治通鉴》卷237记载“其法,日晏乃食,食荤而不食湩”。荤,在这里不指肉食,而是指辛臭菜。胡三省云:“荤,辛臭菜也;湩,乳汁也。”这说明,信奉摩尼教的回鹘人,白天不吃饭,也不喝奶,只是在夜晚就辛臭菜吃一些简单的饭食。有学者认为这种饮食方式,对其民族体质影响很大,这个被称为草原雄鹰的民族,在唐朝中后期不断走向衰落,或许与其饮食习惯有关系。

5.4 高昌信仰饮食

汉唐以来,高昌是连接中原中亚、欧洲的枢纽,经贸活动十分活跃,世界各地的宗教先后经由高昌传入内地。毫不夸张地说,它是世界古代宗教最活跃最发达的地方,也是世界宗教文化荟萃的宝地之一。为了更好地说明西域宗教信仰与饮食文化间的关系,特以高昌信仰饮食为例。

高昌佛教是西域佛教的重要据点,同时也是中原佛教反向西传西域的代表地域。史书记载高昌"俗信天神,兼信佛法"。高昌的佛教在4世纪兴盛起来5世纪后期建立高昌国后,佛教信仰愈盛。

我国四大古典名著之一的《西游记》里的唐僧,俗姓陈,法号玄奘,号三藏。唐僧是遗腹子,由于父母凄惨、离奇的经历,自幼在化生寺出家,最终迁移到京城的著名寺院中落户、修行。唐僧勤敏好学,悟性极高,很快在寺庙僧人中脱颖而出,最终被唐朝皇上选定前往西天取经。在取经的路上,唐僧先后收服了三个徒弟:孙悟空、猪八戒、沙僧。小说里的唐僧是虚构的人物,与历史上的真实人物玄奘法师是有区别的。玄奘,唐朝著名的三藏法师,汉传佛教历史上伟大的译师。俗姓陈,本名祎,佛教法相宗创始人。他是高僧,又是佛教学者、旅行家,与鸠摩罗什、真谛并称为中国佛教三大翻译家,是唯识宗的创始者之一。玄奘家贫,父母早丧,13岁出家,之后遍访佛教名师,造诣日深。因感各派学说分歧,难得定论,便决心至天竺学习佛教。贞观元年(627)玄奘结侣陈表,请允西行求法,但未获唐太宗批准。然而玄奘决心已定,不畏杀身之祸,于公元629年偷偷离开长安,出玉门,经高昌,沿丝绸中路到印度,遍游今阿富汗、巴基斯坦、印度诸国,历时17年。贞观二年正月玄奘到达高昌王城(今新疆吐鲁番县境),受到高昌王麴文泰的礼遇。《大唐大慈恩寺三藏法师传》卷1记载玄奘到高昌时,国王麴文泰曾对其说:"僧徒虽少,亦有数千,并使执经,充师听众。"只有三万多人口的高昌国竟然有数千僧徒,可见高昌真是一个名副其实的佛教之邦了。

至今吐鲁番地区保存着许多佛教遗迹，如柏孜克里克、吐峪沟千佛洞、亚尔果勒千佛洞（见图版30－1、30－2）及胜金口和雅尔湖石窟寺院等。柏孜克里克千佛洞，位于吐鲁番市东45公里火焰山下，木头沟西岸的悬崖上。凿有洞窟83个，现存57个。其中有壁画的40多个，总面积1200平方米，是吐鲁番现存石窟中洞窟最多、壁画内容最丰富的石窟群，是新疆境内较大的佛教石窟寺遗址之一（见图版31）。柏孜克里克千佛洞，始凿于南北朝后期，经历了唐、五代、宋、元长达7个世纪的漫长岁月，这里一直是高昌地区的佛教中心。我国古典四大名著之一《西游记》描写的是孙悟空、猪八戒、沙和尚保唐僧西天取经、历经九九八十一难的故事。小说中火焰山的原型就是今天吐鲁番郊区的火焰山。关于火焰山有很多传说，传说当年美猴王齐天大圣孙悟空大闹天宫，仓促之间，一脚蹬倒了太上老君炼丹的八卦炉，有几块火炭从天而降，恰好落在吐鲁番，就形成了火焰山。此山本来是烈火熊熊，孙悟空用芭蕉扇，三下扇灭了大火，冷却后才成了今天这般模样。其实，火焰山是由侏罗纪、白垩纪及第三纪砂砾岩和红岩泥构成的，年龄距今已有两万万年了。

吐鲁番现有遗迹高昌故城，高昌故城自公元前1世纪建高昌壁，到13世纪废弃，使用了1300多年。始建时间距今已有两千多年了，它是吐鲁番地区千年沧桑的见证。高昌故城外城西南角有一所寺院，占地近一万平方米，由大门、庭院、讲经堂、藏经楼、大殿、僧房等组成。从建筑特征和残存壁画上的联珠纹图案分析，其建筑年代约在公元6世纪。寺院附近还残存一些"坊"、"市"遗址，可能是小手工业者的作坊和商业市场。外城的东南角也有一所寺院，保存有一座多边形的塔和一个礼拜窟（支提窟），是城内唯一保存有较好壁画的地方。从壁画的风格和塔的造型分析，为回鹘高昌后期（公元12—13世纪）的建筑。

有学者认为从《魏书》到《隋书》，对高昌国宗教信仰的描写"俗事天神，兼信佛法"，与高昌国真实的历史实际并不合适。佛教在高昌王国已是居于统治地位的宗教信仰，它与儒家的忠孝伦理思想体系、道教的天神观念相结合，构成了古代高昌王国的精神世界。而这一精神文化世界，正是中国儒、道、佛传统文化的一种延伸。吐鲁番巴达木墓地清理简报早已刊布，其指出，清理发掘的随葬品以陶器、木器为大宗，大部分陶器器表彩绘莲纹、珠纹，个别木质器皿也绘有莲纹。莲纹在佛教中是清净、圣洁、吉祥的象征，在印度古代，象征女性的生殖力，代表生命的创造，更是丰盛、幸运、繁荣、健康的代表。莲纹在佛教艺术中扮演着极为重要的角色，从菩萨的台座、背光到佛塔、石柱的装饰都有莲纹。由于唐西州的统治者大力推广佛教，佛教在这一时期达到鼎盛。而聚居这一区域的各族人民深受佛教文化的影响，将莲纹画到他们的生活器皿上，祈求佛祖保佑，使他们长寿、健康、丰产、过上富足的幸福生活。

考古发掘出的古文书中有"作斋"的记载。如《唐支用钱练帐二》中曾记载"用钱三文，作斋"。《唐众阿婆作斋名转帖》亦记载："□月别斋日共众人斋匚"；"合众阿婆等至五月内，各出大麦贰"；"至十月内，各与秋贰斗匚"；"众阿婆等中有身亡者匚"；" 麦壹斗，出饼五个。众人中廿匚"；"在外众人食□□众人中有人匚"；"违教者，别银钱壹文入众人"。[1]《吐鲁番出土文书词语考释》一书将"作斋"解释为"施舍饭食给僧道"。

道教。考古学家指出，新疆地区始有道教，史籍不见记录，从历史背景分析，当与汉代以后，河西敦煌一带汉族居民大量入徙高昌，密切关联；从出土文物分析，最迟至公元5世纪时，汉族居民比较集中的高昌地区，已经流行着道教的信仰。隋唐时期，西域各州、县，建有道观。吐鲁番地区考古工作做得较多，出土资料可资说明这一问题，其他地区的汉族社群中，应该也有相类情况。在高昌故城北郊阿斯塔那晋唐墓地中，曾出土过多件道教符箓。这一文化现象，说明在吐鲁番地区，道教曾是人们虔诚的信仰，它已深深植根在人们的灵魂深处。即使在成为"佛弟子"后，也没有疏忽使用这一套道家通行的符咒，以保证逝者在冥府中的安全。

〔1〕唐长孺主编，国家文物局古文献研究室等编：《吐鲁番出土文物》，第六册，文物出版社，1985年，第162页。

祆教。《魏书》、《北史》记载高昌国“俗事天神，兼信佛法”。《高昌章和五年(535)取牛羊供祀帐》的记载便反映了这种特点，其记载：“章和五年乙卯岁正月□日，取严天奴羊一口，供始耕。次三月十一日，……供祀风伯。次取麹孟顺羊一口，供祀树石。次三月二十四日，康祈羊一口，供祀丁谷天。次五月二十八日，取白姚羊一口，供祀清山神。次六月十六日，取屠儿胡羊一口，供祀丁谷天。次取孟阿石儿羊一口，供祀大坞阿摩。次七月十四日，取康酉儿牛一头，供谷里祀。”有学者指出其中“丁谷天”应为祆祠。即设在丁谷地方的祆教祠。据姜伯勤先生考证，“大坞”即大的坞壁、坞堡。高昌文书中的粟特人等胡人崇拜的阿摩(a'ba)神，即是粟特文之 Adbag 的对音，则“阿摩”即粟特大神，亦即祆教大神阿胡拉·马兹达。高昌汉文文书中的“阿摩”则是指诸天神 Baga 中之最高“大神”。

另据，《高昌重光三年(622)条列虎牙氾某等传供食帐一》中记载“传粟贰斗，供张夫人用作阿摩肾糜”，有学者考证此阿摩肾(圣)糜似为张夫人为供养“阿摩”而制作的供品。祆教在波斯具有国教的地位，人人遵奉，在新疆却似乎没有得到各地王室的推崇，大体只流布于民间。因此更多的与民间其他崇拜习俗互相融合吸收，形成西域地方化的特点。高昌地区祆教崇拜具有自身特点，即把祆教神与民间崇拜的风神、山神、树神等并列，并以同样的方式祭祀，反映了高昌地区祆教崇拜的特点。

宗教信仰不是一成不变的。有学者曾从吐鲁番出土“随葬衣物疏”入手来研究民间宗教观念的变化，并认为吐鲁番出土的“随葬衣物疏”真实地反映了高昌地区自十六国至唐初近 300 年间民间宗教信仰观念的变化。衣物疏从最初古朴的遣策到带有传统神仙思想和道教影响痕迹，是为其发展初期；衣物疏发展到鼎盛期，佛教思想占据了突出地位，但道教及传统神仙思想仍占一席之地，未被排挤出去；衣物疏进入衰落期，则纯粹变为佛家的功德疏了。“随葬衣物疏”中宗教信仰观念的变化，再次证实了高昌地区民间宗教信仰由“俗事天神，兼信佛法”向以佛教立国，佛教思想逐渐深入民众生活各方面的发展过程，并与中原地区的佛教发展相一致。

但晋唐时期高昌地区信仰是复杂的，早自高昌郡时代西域汉人就有祭祖、拜祖习惯，我国传统儒家哲学性思想体系，千百年来不但成为汉文化的核心，也构成高昌汉文化的主体。考古发现证实晋唐时期的吐鲁番社会，人们的信仰形态是很复杂的。古墓中，既可以看到道教的符箓，希望王道大神能一路护佑死者的灵魂；也有死者曾是佛教弟子，曾持佛王戒，同样希望得到王道大神关照的申明。墓葬中的文书还表明，民间还信仰着风伯、树石、丁谷天、清山神，它们同样是人们祈祝的对象。同时，唐代西域汉人还拥有一定数量的摩尼教徒。

宗教事业的发达，对世俗经济生产、日常饮食生活不能不产生重大的影响。

殷晴先生曾指出，汉唐之际的西域经济还有一种特殊现象，即寺院经济的兴盛。公元1世纪前后，随着丝绸之路的畅通，佛教传入天山以南各地，魏晋南北朝时期臻于鼎盛，僧侣云集，寺院林立，以一种特殊形式出现的佛寺经济急剧膨胀，成为诸绿洲城国社会经济的重要组成部分。需要说明的是，西域绿洲城镇皆为多种文化汇聚之通衢，当时居民除主要信仰佛教外，还有袄教、摩尼教等各种宗教并存。在这些寺院性质还难以一一判明以前，只能和佛寺一并陈述，而无法缕析。

深入探讨寺院经济，可得出以下几个基本结论：其一，僧侣进行饮食生产。那种认为寺院是只消费不生产的地方，僧侣过着寄生虫的生活的看法，看来并不完全符合事实。当时佛寺僧众特别是下层僧侣，除在寺院中兼作杂务并部分参加农田劳动外，有时也承租寺院田产佃种。寺院经济在高昌社会经济中占有重要地位。另外，寺院经济在鄯善国亦占有重要地位。鄯善国僧人虽多，但既未成为世俗政权的财政负担，也没有减少官府的税收来源，且多数僧人主要依靠从事社会生产和世俗活动谋生，并非社会的包袱，鄯善国的佛教因此而得以生存。其二，僧侣们食用的粮食种类主要为麦、粟、糜，枣是重要的补充食物。其三，高昌寺院经济还为社会提供了一定数量的商品粮，其作用不应低估。高昌寺院不是完全的自然经济实体。有些寺的生产、生活方式，具有明显的商业倾向。但其开支情况表明寺院产品主要用于各项生活支出,直接用于生产的投入很少,仅能维持简单的再生产,对社会商品的需求量极低,仍处于自给自足的自然经济范畴。普通僧徒物质生活水平在当时也属一般,除必需的食、衣之外几乎没有什么商品需求。其四,寺院在受到汉文化影响的同时,也受到了游牧民族饮食习俗的影响。其五,不仅僧与作人、使人间存在地位差异,身份不同,分工有别,所用食物的类别和斛斗亦有差异,而且僧侣界亦存在饮食文化的层次性,关于此点,容后文细说。

不管何种宗教信仰,几乎都离不开祭祀。祭祀往往是宗教信仰饮食活动的重要表现。宗教信仰者通过祭品向神灵传递各种信息、表达思想感情和心理意愿,祭品(其往往包括食物,甚至是当时人们认为是美味佳肴的食物)通常被视为沟通人神关系的桥梁。食物类祭品的构成和形态可在一定程度上反映人们的饮食构成及心理。《高昌章和五年(535)取牛羊供祀帐》中牛羊是祭品,酒亦是重要的祭品。《唐祭神文残片》文书中记载:"□良□","□人向神解□","□再拜酹酒□"。[1]《唐祭土伯神文残片》文书中记载酹酒祭神。当然,祭品的种类实际还丰富得多,如《唐祭诸鬼文》文书的第四件记载"麦饭、韭、荠、生饼"等。《高昌乙酉丙戌岁某寺条列日用斛斗帐历》多次记载"祀天",且明确提到"麦五升,祀天"的记载就有五次,并提到"买胡麻子伍斛,供佛明"。

祭祀程序可透视人们供奉祭品过程中的各种象征性饮食行为。孟宪实先生在分析麴氏高昌祭祀制度时,对祭祀程序进行了探讨。祭祀的前一天,由祀部的最高长官签署告示,公布第二天参加祭祀的人员名单和分工,参加祭祀的人员前一天晚上必须住宿于"殿里"。这恐怕有两个缘故,其一,第二天早上祭祀时间很早,不如此则可能误事;其二,祭祀神明往往要戒斋清洁以示敬意。祭祀人员集中住宿不许回家可能具有这种意义。为了保证祭祀活动的顺利进行,高昌王国实行惩

[1]唐长孺主编,国家文物局古文献研究室等编:《吐鲁番出土文书》,第六册,文物出版社,1985年,第292页。

罚制度,约有如下几种根据相应情况而进行处罚的规定:第一,不来殿里就宿者,司马以上官员罚酒二斛,以下诸官罚酒一斛并且罚杖六十。不仅如此,犯者一律不许参加祭祀。第二,有某种疾病,主要是皮肤类疾病者,不许参加祭祀。否则,罚羊一只。这恐怕是为了表达对神的敬意,以保证供品洁净的一种措施。第三,不是祭祀人突然闯祭所,也要接受经济惩处,具体数目是羊半只。这恐怕是为了防止冲撞诸神,干扰了诸神的享用。第四,如果指定的人员不参加祭祀,也要罚酒两斗。第五,祭祀人员如果不亲临祀所煮肉,也要罚羊一只。从惩罚的数额上分析,"煮肉"是十分重要的祭祀内容,由此可知,祭肉是在祀所煮熟的,可能作为牺牲的羊牛等也是带到祀所宰杀的。大概只有如此,才可以向神表明牺牲的新鲜程度。[1]

宗教对饮食的影响不仅体现在信仰饮食,包括特定的饮食禁忌、饮食礼仪及特定的饮食群体,如僧侣饮食群体的出现,其教义还通过在一定程度上影响人的道德观而影响饮食文化。如西域人民(尤其是游牧民族)拥有相对突出的热情待客的饮食礼俗,即西域人们一般待客情意真,筵席时还常有歌舞助兴,如当今哈萨克族还有句谚语:"如果在太阳落山的时候放走了客人,那就是跳进大河也洗不清的耻辱。"至今还记得小学语文课本上由碧野所写的《天山景物记》中所描绘的情景,"当落日沉没,周围雪峰的红光逐渐消退,银灰色的暮霭笼罩草原的时候,你就可以看见无数点点的红火光,那是牧民们在烧起铜壶准备晚餐。你用不着客气,任何一个蒙古包都是你的温暖的家,只要你朝火光的地方走去,不论走进哪一家蒙古包,好客的哈萨克牧民都会像对待亲兄弟似的热情地接待你。渴了你可以先喝一盆马奶,饿了有烤羊排,有酸奶疙瘩,有酥油饼,你可以一如哈萨克牧民那样豪情地狂饮大嚼。"此饮食礼俗的形成原因是什么呢?

究其原因,主要源于以下几个方面:首先源于地理环境的影响。西域地广人稀,且沙漠、戈壁成为旅途的天然险阻。对于长途旅行者来说,食物供给是一大难题。当风尘仆仆从一个绿洲赶到另一个绿洲时,

---

〔1〕孟宪实:《汉唐文化与高昌历史》,齐鲁书社,2004年,第229-230页。

最需要的就是异地人们的热情款待。随着丝绸之路的发展繁荣,人员的流动也日益频繁。今天是异地客人,明天也许会是招待异地客人的主人。其次,源于游牧文化的影响。如前所述,草原诸族具有粗犷豪放、刚毅的性格。另外,有学者指出,一般来说,游牧民族的食物储存和分配是以家庭为基本单位的。但是,由于人口密度低,地域广阔以及流动的生活方式等因素造成了食物分配的平均化和无偿供给现象的广泛存在。比较典型的就是人们常说的游牧民的"好客"现象,例如,对陌生人的食物和住宿的无偿供给行为。无偿供给的本质是由游牧文化圈内共同的生活方式中存在着的资源平均化共享原则决定的,即通过此时此地的无偿供给,得到彼时彼地的无偿享用权,从而达到共同生存的目的。再次,源于宗教影响。无论是大乘或是小乘佛教,它们都有一个共同点,即宣扬"轮回报应",要求人们忍耐现实之苦,消除欲念,修功积德,以求来生之乐。佛教讲的善恶有现报、生报、来报的三种方式。"善有善报,恶有恶报,不是不报,时候未到",早已成为家喻户晓的谚语,说明佛教对中国人的道德观有一定的影响。佛教曾在西域大地为主流宗教,甚至有些小国如于阗、龟兹等一度全民信佛。佛教在一定程度上深深影响西域人民生活的方方面面,其应该在一定程度上促进西域人民拥有相对突出的热情待客的饮食礼俗。

6 汉唐西域饮食文化的层次性

6.1 西域饮食文化层次性的逐渐显现

饮食文化的层次性，是指一个民族或群体内人们由于政治、经济、文化地位的不同而形成的饮食生活和饮食文化的差异性。这种差异性主要是因贫富悬殊而造成的，在阶级社会中是由阶级差异造成的。[1] 青铜时代的小河墓地，距离饮食文化层次性的出现应该还有一定的时间段。检索贝格曼当年发掘的12座古墓，墓葬中的发现一点也见不出贫富的差异。墓葬中基本都只是墓主人随身的衣物，一个草篓，几束麻黄，不多的麦粒及干结的粟米粥。考古学家认为，观察今天暴露在沙丘表面的棺葬，也都只是大同小异的棺板。可以推断，当时的人们从事着简单的农业，饲养着牛、羊，社会并没有显著的分化，奠基在社会矛盾之上的国家权力自然也还没有出现。但在逐渐迈入阶级社会的进程中，虽无明显的贫富分化，抑或出现对食物占有量的不同。孔雀河古墓沟位于孔雀河下游北岸第二台地上，地势较周围稍高的一片小沙丘上，东距干涸的罗布泊约70公里，墓地面积约1600平方米，墓地所在沙丘地势平缓，地表有环形的地桩标志，就像一座美丽的圆城，仿佛人们死后由此走向神圣的圆满。据科学测定这是3800年左右罗布泊地区土著民族的文化遗存。古墓沟墓地发掘的资料表明，属于第一类型的36座墓葬，墓内随葬物品主要就是随身的衣物、装饰，彼此差别不大。他们并不存在个体小家庭，从占有的社会生活资料看，基本是平等的。这是墓地的一个基本特色。但另一方面，可以看到，在一些女性墓

〔1〕赵荣光，谢定源：《饮食文化概论》，中国轻工业出版社，2000年，第90页。

中(尤其是一些老年女性墓中),除随身衣物、饰物外,还有较其他墓葬稍多一点的随葬品,如日常生活中使用的木盆、木碗,锯齿形刻木,木雕女性像等。墓内随葬的羊、牛角也较多,前述26支牛、羊角就出土于一座老年女性墓葬的上部。

青铜时代的罗布淖尔居民,还处在原始社会阶段。当时社会生产力低下,人们必须共同劳动、平均分配,凭借群体的力量才能在艰苦的环境中求得生存和发展。所以在饮食文化方面应无等级概念,当时饮食文化层次性是不存在的。墓葬中随葬品往往是现实生活中的表现。那为什么古墓沟会出现此现象呢?王炳华先生曾认为:即使是在原始氏族社会前期的母系氏族制阶段,由于女性在氏族大家庭、社会上受到更多尊重的地位,她们在实际生活中也占有着较其他一般成员稍多一点的生活资料。这些稍多一点的生活资料如一般的日常生活用器(木盆、碗)、标志当时信仰情况的艺术品(如木雕女性像)等,但总是一种新的不平等的因素。[1]

随着生产力的发展,出现了剩余产品,贫富悬殊出现,新疆大地逐渐向阶级社会迈进。在阿勒泰克尔木齐早期石棺墓、帕米尔高原香巴拜土葬墓中,发现过为墓主人殉葬的奴隶。由此可推知,随着新疆铁器时代的不断推进,该地区开始出现阶级,并日益迈向阶级社会。同样可以肯定的是,当时的饮食文化至少可分为奴隶主及奴隶两个饮食文化层,当然此分层的出现如同私有制的出现一样,也是一个缓慢的推进过程。

6.2 汉唐时期西域饮食文化的层次性

汉唐时期,西域人民由于政治、经济、文化地位的不同,贫富悬殊、阶级差异显现,从而形成饮食生活和饮食文化的差异性。试以尼雅、吐鲁番地区、天山以北等地区为例。

---

〔1〕王炳华:《古墓沟人社会文化生活中几个问题》,《新疆大学学报》,1983年,第2期,第87页。

尼雅饮食文化的层次性主要源于贫富悬殊及阶级差异。从住宅的规模、佉卢文资料及墓葬发掘资料可充分看出尼雅王国的社会阶级结构。

尼雅出土文书体现了阶级分化和阶级压迫。如佉卢文木简中提到主人对奴隶拥有所有权,可以打他,弄瞎他之眼睛,出卖,作为礼物赠送他人、交换、抵押等等。

从房舍也可看出贫富悬殊。李遇春先生曾根据尼雅遗址上断断续续分布着的大小房舍分析,其间的住户有聚有散,或三、五家,八、九家聚居一处,或一家一户单住一处。这样人家看来很穷,只有一间住房,还半住人半畜牲口,这从房地面上一半有破布烂毡片、木或陶器的生活用具,一半地面堆积着厚达10厘米左右的牛马粪即可一目了然。大户人家的房舍都有许多房屋排列,自成一个较为整齐的院落或村庄,例如有一处废址,那是全遗址里一处人烟稠密的地方,至少有一百多间房舍毗连,街巷贯通,附近还有厚厚的土筑墙垣围绕。这也许就是精绝首府的所在,而且这里距离一座有高大建筑的地址不远。这可能就是贵族们的住所。

综观95尼雅一号墓地及尼雅遗址内已见墓葬发掘资料,具体分析M3墓中所有出土资料,M3墓主人所处的精绝社会,是一个等级分明的社会。地位不同,掌握的社会财富也不同。M3与M1、M5、M9这区贵族墓地,与其他多处平民墓葬相比,规模大小不等,墓主人穿着、殉物多寡有别。

在尼雅王国,掌握社会财富多的人的饮食生活相对丰富多彩,而对于那些地位低下,命运任人宰割的奴隶来说,其饮食生活是处于果腹层以下的。

吐鲁番地区饮食文化亦具有层次性。考古工作者在发掘、清理高昌麹氏王朝墓葬遗址中,发现许多私人契券,最常见的是佃田券,还有买奴婢券,雇人放羊券,买舍地券,租用水碓券,借贷券等。因此,在新疆东部,至迟到5世纪已经进入了封建社会。

门阀制度也曾在吐鲁番大地盛行,其兴衰与中国内地门阀贵族的盛衰大体上是一致的。麹氏高昌国时代的吐鲁番古代社会,处于宝塔形社会结构顶端的是王室贵族,其次是官僚集团阶层,在下面支撑着全部王室贵族和官僚集团的则是广大的平民阶层。出土资料表明,是从唐高宗时期开始,通过进行租佃以及借贷等经济活动,从平民队伍中成长起来了进入西州一个"新兴阶层",与做了唐朝官员而显赫的望族(修建大型墓葬的人)相对,是新成长起来的有经济实力的平民,其中也包括一部分原来就在阿斯塔那—哈拉和卓古墓群墓区中拥有墓地的麹氏高昌国下级文职和武官的后人。[1]

阿斯塔那50号墓中保留了一则属于重光年间的供食账,账目中受供粮食的主人有"襄邑夫人"、"张夫人"、"世子夫人"等。我们据其可窥见高昌重光三年,麹伯雅返朝后第四年的那个冬季,后宫的夫人和夫人周围的人们享受生活的片断。账目中属于非动物性的食物有:细面、面、糜细米、糜米、粟米、豆、白罗面和粳米。属于动物性的食物有市肉、自死肉,此外肝肺和羊头也供食用。账目中用面加工成的食品有饼,分两种,一种单用细面作成,在高昌是常见的食品,也叫做"炉饼",唐代称它作"胡饼"。另一种饼用肉和面作成,即肉饼,其形制类似今西餐中的比萨。用面加工成的食品除了饼,还有汤饼。给世子夫人作的汤饼其"内容"十分丰富,不仅有肉还放了胡瓜(黄瓜);面也是用了加工最精的白罗面。以粟加工成的食品有糜、即粥,不过张夫人加工的"阿摩肾粥"非同一般,是一种特别的粟米粥,襄邑夫人所作粥为肉粥。非动物性的食物除以上的主要粮食之外,还有麻子、黑豆、香□、酱、洿林枣。[2] 其饮食之丰富与《唐苏海愿等家□给粮三月帐》及《唐张赤头等家□给粮三月帐》中所记粮食仅为一种——粟形成鲜明的对比。

考古足迹踏遍吐鲁番的王炳华先生指出,在吐鲁番阿斯塔那晋唐墓地墓室前部、死者身畔,为使死者逝后有一个温饱、甚至富足的生活,绝对不致有饥寒之虑,一无例外都摆放了食案,其上罐、碗、盆、盘齐备,

〔1〕参考[日]白须净真著,柳洪亮译:《吐鲁番的古代社会——新兴平民阶层的崛起与望族的没落》,《西域研究》,1999年,第4期,第45-54页。

〔2〕参考宋晓梅:《高昌国——公元五至七世纪丝绸之路上的一个移民小社会》,中国社会科学出版社,2003年,第43-47页。

点心、饺子、馕、干果、肉类一应俱全。死者随身的“衣物疏”上，罗列了各种衣服、佩饰、金银财货，虽然它们实际不过是些以纸、布条、葫芦片等作为象征物的冥器，但却充分展示了现实社会中人们的心态和追求。至于显赫权贵之家，当然不会局限于一纸虚应的文书，他们在宽大的墓室及其傍近的耳室中，放置了成组的马、驼、文官武将，戏弄杂技，亭台楼阁、假山园林，其煊赫声势、威武仪从，可以说一点也不逊于现实的社会。于是现实世界里的社会分野，又活脱脱地出现在了地宫之中。

饮食文化的层次性在僧侣中同样存在。公元3世纪左右是塔里木绿洲阶级分化、社会大变动的时期，在佛教僧侣中，也明显地表现出这种等级差异、贫富悬殊的特点：富贵者养尊处优，拥有土地和奴仆；贫者生活艰难，沦为奴隶者，比比皆是。1908年英人斯坦因在和田城北180余公里的麻扎塔格发现的《唐〔开元九年？（721？）〕于阗某寺支出簿》，这本账册残页记载了盛唐时期某年最后三个月和次年元月于阗某寺的日常开支，在这60天的寺院支出中，饮食开支占第一位：“一万二千伍百八十四文”，占总支出的44.3%，从所购食品来看，寺院僧侣生活是相当清苦的，只有甜浆一瓮可算是奢侈品了。消费的食品，只是维持僧众基本的生活需求。分析《高昌乙酉丙戌岁某寺条列月用斛斗帐历》支出情况看，该寺僧众生活非常俭朴，除吃饭、穿衣外几乎没有别的花费。在每年青黄不接时，口粮都要扣减，以次年二月与上年十二月相比，僧食减麦0.18斛，三月与十一月相比麦减0.175斛，床粟减0.04斛，共减0.215斛。如果说有奢侈品的话，那就是一年中曾以钱一文买肉一次，以麦0.1斛买酪。[1] 统治者常将宗教作为维持统治的重要工具，高昌麴氏王朝大力扶持佛教，被统治者赏识的宗教人士，其饮食就与一般寺院饮食生活不可同日而语了，其饮食食料要丰富得多。其如《重光三年条例虎牙氾某等传供食帐二》中记载“次二十七日，氾传油一斗，供康禅师用”；“次传豆一斗，供康禅师用”；“次氾传，粟米二斗，供康禅师舍用”；“次传，市肉六节，细面二斛，供康禅师舍用”。另据《高昌重光二年（622）条例康鸦问等传供食及作坊用物帐》

---

〔1〕殷晴：《3—8世纪新疆寺院经济的兴衰》，《西域研究》，1997年，第2期，第29－35页。

中亦记载“次传肉十节,肝肺二,羊头一,供康禅师用”。

汉唐天山以北草原诸族的饮食文化亦存在饮食的层次性,而其饮食的层次性主要来源于阶级差异。

试以乌孙为例。随着生产力的发展和人口的增长,乌孙社会逐渐出现阶级区分。《史记·大宛列传》记载“乌孙多马,其富人至有四五千匹马”。考古发现也能说明此。从有些发掘出的乌孙墓葬来看,当时社会贫富的差别是很明显的。贵族、富人的墓坑规模较大,坑壁四周栽入木柱,有几排圆木搭在墓壁四周的木柱上,覆盖着尸体,墓坑用土填满,有的高达20~30米,上面用石头填塞,死者的陪葬物品有陶器、骨器、青铜器、铁器、金制装饰品等;而贫苦牧民的墓坑,一般只能容下一具尸体,墓的表面平放着几块石头,陪葬物很简陋,一般只有一两件粗糙的陶器,很多墓葬连陶器也没有。在昭苏县木札特山口(又名夏台)发掘的一座大型乌孙墓葬中,曾在墓室中部发现一个形制不太规整的半月形腰坑,坑内埋葬散乱的骨架。仔细区分,可识别出四个个体,他们应是惨遭杀牲的奴隶骸骨。从这两种大小墓葬中殉物的对比看,可以清楚地看到两者占有财富的不均、社会地位的悬殊以及阶级身份的差异。

古代草原上的游牧民族也存在着残酷的杀殉制度。典型的殉葬现象在克尔木齐古墓群好几座墓中都有发现。据新疆社会科学院考古研究所的《克尔木齐古墓群发掘简报》介绍,如M5、M4殉葬坑中,被殉葬者的骨架头部破成五片,双腿张开,足跟因被缚而紧并,盘曲如蛙泳状,骨盆左右各有一深刻的刀砍痕迹,可以想象:这是死者生前被奴隶主仅仅捆住,用刀砍砸、强行塞进那个狭不容身的浅坑中的。

曾有相关部门对温宿县包孜东墓葬群进行了调查和发掘。考古工作者曾清理的一号墓封石堆中有一长方形石室,其内埋葬一具男性成年个体,这个个体颅首左侧有一处16.4×7.2毫米的三角形穿透性伤痕,可能是锐器所伤直接致死的。这具个体很可能是被迫殉葬者。如果这一推断成立,那么就具体地反映了突厥社会在这一时期存在着残酷的殉葬习俗。1961年,新疆维吾尔自治区博物馆组成阿勒泰文物普查工作组,对阿勒泰地区进行了为时两个多月的调查。通过这次调查,对当时突厥民族的社会情况作出两点推测,其中之一为:当时突厥民族所处的无疑是在阶级社会阶段,在墓地上竖立石人的毕竟只占少数;而在这些巨型石人、石棺以及石板围墙的营造上也说明投入的人力、财力必然是在一定的经济条件下才有可能实现,同时这些巨大的石雕人造像墓与一般无石人而仅用小岩块平铺作为围墙的墓葬相比,就有着显著的不同。这反映了当时突厥民族的社会,存在着贫富悬殊和阶级分化的现象。

阶级分化的客观存在,必然会影响到饮食生活,使饮食文化史至少存在两部——统治阶级及被统治阶级的不同饮食文化。而贫富悬殊又使处于同一阶级的人们的饮食生活可分为不同层次。汉唐天山以北草原诸族的饮食生活亦是如此。

7 吃与自然的历史课题

7.1 西域饮食文化与生态环境间的互动关系

一般来说,生态环境包括自然生态环境和社会生态环境及思想生态环境。前面二者是客观存在,后者的存在形式是主观的思维观念,但其反映的内容实质也是客观实在。在此主要论及自然生态环境。生态环境包括一个地区的自然环境、气候演变、森林植被与陆地野生动物资源、水环境和水资源等。

人类食料的获得与生态环境有关,反过来人类的食生产和食消费的方式也影响到生态环境的变迁。一般来说,生态环境具有不可选择性、历史性、变化性的特点。生态环境极大地影响和制约饮食文化的发展,乃至人类经济和社会的发展。人类的食活动离不开周围的生态环境。生态环境对一个地区的食生产有着直接影响,特别在生产力相对较低的古代,从而形成特定的文化,包括饮食文化。据王炳华先生介绍,考古发现塔里木盆地南缘、昆仑山北麓、帕米尔东麓、柯坪、吐鲁番盆地等处有大量细石器遗存,主要是新石器文化遗物,属于华北、东北亚、西北美细石器传统。研究表明,第四纪全新时期,气候比较温暖,塔里木盆地周缘冰雪消融加快,河流水量增多,植被发育良好。孢子分析说明,在距今7000年—4000年期间,是塔里木盆地及邻近地区生态环境比较良好的时期。这一阶段,也是盆地细石器文化的繁荣阶段。人类活动与其生存的地理环境,关系是十分密切的。

在人类社会初期,人们往往依凭易于获取食物的生态环境而聚居生存,但随着其认识和改造自然能力的逐步提高,换句话说,即获得食物的能力逐步提高,其活动的生态环境范围逐步扩大,且其活动对生态环境的影响也逐步增大。考古学家认为大量的考察资料表明,源自昆仑山北泻塔里木的所有河道,形成的自然地理单元虽有大小之别,但古代文化之发展却曾经历同样的轨迹:一万年前后,这些古河道上的原始居民,主要活动在昆仑山前,尤其是河谷出山口左右的台地上,使用细石器复合工具,凭借狩(渔)猎—采集经济为主要生活来源。随历史发展,这些古代居民均沿河谷北行,进入沙漠深处,至青铜时代,已大多生活在河道下游尾闾三角洲,这里地势平坦,便于灌溉,适宜早期农业的营作。他们使用磨制石器及马鞍形磨谷器、大量使用陶器,也有了青铜小刀。更后,复由河道之最下游,溯河谷向昆仑山前靠近,汉—晋时期,往往已于古河道之中游建立了绿洲王国。这种文化变迁的历程,可以说是各条河流上的共同文化现象。这一现象后面蕴含着丰富的历史文化内涵,如人们对水的追逐;农业的逐渐产生和发展。水是人们生产、生活所必需的。但是当生产力(特别是水利技术)还相对落后时,人们只能被动地顺应水的流向而开展自己的生活。河流下方,一般更便于原始农业的经营,故早期农业遗址一般在河流下方,如最古老的农业绿洲,就出现在相关河道的尾闾地带。但随着生产力的不断提高,人们在适应环境的同时,还能发挥主观能动性改造环境,甚至改变环境的面貌,对水的可掌握力逐渐增强,从而使其从事食生产和食消费的空间范围逐渐扩大。

食生产在一定程度上受制于生态环境,如南、北疆各自特定的自然生态环境决定了其特定的食生产方式。但人类的食生产和食生活不是被动的,其在一定程度上反映人类认识和改造世界的主观能动性。饮食是人类生存发展的物质前提,人类活动的重要目的之一就是获得食物。人类的食生产和食生活,特别是食生产方式对生态环境而言,是一把“双刃剑”。积极的作用表现为它改善破坏生态系统平衡的因素,有效利用和改善生态环境,从而使生态系统维持稳定、良性、可持续发展的状态,并使其向更优化方向发展;消极的影响在于其在追求人类利益的过程中,突破了生态环境可承受程度的底线,忽视自然规律，直接或间接使生态环境平衡失调或被破坏乃至崩溃。由此可见，从特定的生态环境出发，寻求适宜的食生产方式，以求既充分利用生态环境以促进人类食生活的改善和提高，又能使生态环境得到可持续发展，使人与自然和谐共处是非常重要的。

在人类与自然这组矛盾统一体中，人类群体始终是一个更活跃、更有力、随时在发展的因素，对环境变化，随时在施加着自己的影响。导致生态环境变化的因素往往是综合的，但人类食生产和食生活的方式不可忽视。

7.2 塔里木盆地绿洲废弃之警钟长鸣

气候的变化，河流的变迁，对古代绿洲之兴废，无疑有着重大的影响，但主要是人类的社会活动因素决定了古代绿洲兴废的命运。西域独特的地理位置，使其成为丝绸之路上的重要驿站。随着丝绸之路的发展及至繁荣，西域，特别是塔里木盆地南缘一个个小绿洲便成为商路上重要的货物集散地及人畜食物补给站，随之展现在人们面前的是一个个城镇，但目前昔日喧嚣一时的城镇大部分已湮灭在漫漫黄沙中。考古学家指出，塔克拉玛干沙漠南缘，汉代以来许多古城已没入沙漠之中，克里雅河圆沙古城，距离今天于田县城达230公里，喀拉墩，距150多公里，均处于沙漠腹地；尼雅距民丰县城达150公里，同样也处沙漠腹地。古代且末王国都城，目前仍未找到，但据20世纪50年代测绘记录、兰州地理所调查记录等，具体位置当在距今且末绿洲北100公里左右，目前是沙漠活动特别剧烈的所在。这些古城，多是曾见于古文献记录的汉晋时期的古西域王国的政治、经济中心。但桑田变沙海，昔日的绿洲均已化为沙漠。与其形成显明对比，在塔克拉玛干沙漠北缘，许多重要古代军事、经济中心，则沦为了盐渍荒漠。三种不同类型的古代城址，废弃原因、过程，彼此不同。有沙漠侵袭、水道变迁；有人类垦殖带来的土地盐碱化；也有帕米尔、天山前山地带发生过的地理灾变，而使相关古城或深埋于地下或沦为荒漠。不论是何种情况，凝集其上的人类社会活动与环境变化的关系，均足以引发思考，不仅可深入认识历史灾变的原因、过程，对今天的开发、建设，也能提供有益的历史经验。[1]

在塔里木盆地，民间流传一个有关沙埋曷劳落迦古城的传说。传说古代于阗国（今和田）的北方有一个名叫曷劳落迦的城邦，那里的人们安乐富足，但不皈依佛法。某日，一个装束奇特、相貌古怪的游方僧突然出现在街头。曷劳落迦的国王得到禀报，居然下令说：任何人都可以对他掘沙扬土予以驱逐。于是游方僧不但化不到斋饭，反而到处遭受驱赶，只有一位礼敬佛像的忠厚长者表示关切，私下提供饮食。游方僧对长者说，由于本城居民扬沙驱赶我，将会受到灭顶之灾的惩罚。我走后，上天将会降下一场沙雨将曷劳落迦湮没，生灵灭绝。你必须及早离开。仁慈的长者闻讯连忙四出报信，却无人相信，反遭讥笑污辱。长者只好独自逃生。游方僧走后第七天夜半时分，整座城市正在梦乡，突然，凶猛的沙雨伴随着狂风从天而降，顷刻之间埋没了这个繁荣的城邦。从此，曷劳落迦变成沙山，永远沉睡在塔克拉玛干大沙漠之中。当然，这个传说中虚构的成分太多，但据有关学者指出，沙雨湮没曷劳落迦的传说，并非全无根据。这也是塔里木历史的折射。只要抹去故事里的神话色彩，就会发现在这个半睡半醒的传说之中所蕴含的可怕事实，以及人类破坏环境就必遭天怒和天谴的真谛。事实上，它显然是根据西域历史上某个被风沙摧毁的绿洲古城的事件加工而成的。

有首名为《楼兰姑娘》的歌曲曾经很流行，这首歌中反复吟唱“楼兰姑娘你去何方”？联系楼兰历史，再想想现存的楼兰遗址，令人无限感慨。据《史记·大宛列传》和《汉书·西域传》记载，早在2世纪以前，楼兰就是西域一个著名的“城郭之国”。它东通敦煌，西北到焉耆、尉犁，西南到若羌、且末，古代“丝绸之路”的南、北两道就从楼兰分道。公元400年，高僧法显西行取经，途经此地，他在《佛国记》中说，此地已是“上无飞鸟，下无走兽，遍及望目，唯以死人枯骨为标识耳”。楼兰这座丝绸之路上的重镇在辉煌了近500年后，逐渐没有了人烟，在历史

---

〔1〕王炳华：《新疆考古、文物资料概述》（上），引自朱玉麒主编：《西域文史》第一辑，科学出版社，2007年，第10－11页。

的舞台上无声无息地消失了。楼兰国突然销声匿迹的原因是什么呢？考古学家认为，剖析此地出土的干尸，可以掌握死者生前的食物构成，由此可以大概把握他们的生存活动环境。因此，古尸标本是研究当年生存环境的第一手资料。1980 年 4 月新疆考古研究所的科研人员在罗布泊北端、孔雀河下游的铁板河出口处发现了一具保存完好的古楼兰女性干尸（世人称之为“楼兰美女”），铁板河女尸肺中含有大量黑色颗粒状粉尘沉积，除炭土外，还含有硅粉尘，表明死者生前长期生活在烟尘与风沙环境之中。可以想见当年日常生活中大量使用植物燃料，而这类燃料燃烧往往并不完全；加之罗布荒原上当年已是十分干旱，多风、多沙，自然产生了这一相当严重的环境污染效果。今天是一片不毛之地的古墓沟、铁板河，当年还有不少林木，有水、有苇，人们可以经营畜牧及简单的农业生产。当年的罗布淖尔，生活环境虽说艰难，但较之今天，可以说是要良好得多。导致这一切变化的根本原因，看来主要是人类自身的活动。人及人类社会的活动，是导致环境变化的最大原因，这是一个应十分注意，并受到重视的问题。[1]

关于楼兰古城的废弃有很多种说法。搜索有关资料，发现关于楼兰古城消失之谜总的来说有以下几种说法。说法一：楼兰消失于战争。公元 5 世纪后，楼兰王国开始衰弱，北方强国入侵，楼兰城破，后被遗弃。可以从王昌龄的《从军记》中看出，其诗曰：“黄沙百战穿金甲，不破楼兰终不还。”说法二：楼兰衰败于干旱、缺水，生态恶化，上游河水被截断后改道，人们不得不离开楼兰。楼兰曾颁布过迄今为止发现的世界上最早的环境保护法律。说法三：楼兰的消失与罗布泊的南北游移有关。斯文·赫定认为，罗布泊南北游移的周期是 1500 年左右。3000 多年前有一支欧洲人种部落生活在楼兰地区，1500 多年前楼兰再次进入繁荣时代，这都和罗布泊游移有直接关系。说法四：楼兰消失与丝绸之路北道的开辟有关。经过哈密（伊吾）、吐鲁番的丝绸之路北道开通后，经过楼兰的丝绸之路沙漠古道被废弃，楼兰也随之失去了往

[1]王炳华主编：《新疆古尸：古代新疆居民及其文化》，乌鲁木齐：新疆人民出版社，1999 年，第 15 页。

日的作用。说法五:楼兰被瘟疫疾病毁灭。一场从外地传来的瘟疫,夺去了楼兰城内十之八九居民的生命,侥幸存活的人纷纷逃离楼兰,远避他乡。说法六:楼兰被生物入侵打败。一种从两河流域传入的蝼蛄昆虫,在楼兰没有天敌,生活在土中,能以楼兰地区的白膏泥土为生,成群结队地进入居民屋中,人们无法消灭它们,只得弃城而去。那么,哪种说法更有道理呢?中亚考古学家王炳华先生曾指出:以楼兰古城废弃表示的楼兰绿洲沙漠化,并不决定于当地气候干燥、水流减少、河道变化等因素,这些因素久已存在并始终在以不同的方式显示着影响。楼兰的废弃,主要原因在于社会因素的作用,更具体说是在于政治重心的转移,具体说,就是与交通路线的改变有关。4 世纪,北凉王朝极力开拓,自敦煌向西,翻库鲁克塔格至柳中、高昌的大海道;自高昌过伊吾入敦煌的伊吾道已十分顺畅,这使自敦煌过白龙堆入楼兰的丝路传统路线地位大大降低。4 世纪中叶,楼兰的社会地位一落千丈,最终成为人迹罕至之地,使楼兰最后失掉了在丝绸之路上曾经具有的政治、经济、交通地位。与政治、军事、商业、交通、驿传、屯田等有关的一套组织均随形势变化而转移,人口也随之大大减少,有组织地对罗布淖尔荒漠自然环境改造的努力会随之急剧减弱,这对楼兰绿洲生命的维持,无疑是最严重的一击。而没有了人类有组织的努力,楼兰绿洲环境的日渐恶化是难以避免的。[1]

如前所述,号称东方"庞贝城"的尼雅遗址的前身是古精绝国。《汉书·西域传》:"精绝国,王治精绝城,去长安八千八百二十里,户四百八十,口三千三百六十,胜兵五百人。精绝都尉、左右将,驿长各一个。北至都护治所二千七百二十三里,南至戎庐国四日,行地空,西通扞弥四百六十里。"《大唐西域记》亦记载:"媲么川东入沙碛,行二百余里,至尼壤城,周三四里,在大泽中,泽地热湿,难以履涉,芦草荒茂,无复途径,唯趣城路仅得通行,故往来者莫不由此城焉,而瞿萨旦那以为东境之关防也。"公元 3 世纪以后,精绝国突然消失了,斯坦因的发

〔1〕王炳华:《从考古资料看塔里木盆地南缘古代城镇兴废》,引自马大正主编:《中国边疆史地论集续编》,黑龙江教育出版社,2001 年,第 219 页。

现又使精绝国惊现于世。1995 年尼雅 1 号墓地的发现,使尼雅考古获得丰硕成果,被国家文物局评为当年“全国十大考古发现之一”,轰动学术界,使尼雅遗址备受世人瞩目(见图版 32)。尼雅遗址在 100 平方米范围内共发掘了 8 座属社会上层统治集团的墓葬,随葬品丰富,级别高,保存完好。按其种类可分为陶器、木器、铁器、漆器、弓矢、纺织品及料珠等,其中纺织品为其大宗,特别是出土了一批组织复杂、色彩绚烂、花纹繁缛的线织品和精美毛织品,如被国家文物局鉴定委员会定为国宝级文物的“王侯合昏千秋万岁宜子孙”锦衾,“五星出东方利中国”锦护膊,还有“延年益寿长保子孙”、“世毋极锦宜二亲传子孙”、“登高明望四海贵富寿为国庆”、“金池凤”等华丽织锦,色彩斑斓,保存之佳实属罕见。考古还发现尼雅空城、文书未及开封、粮食未取。然而,精绝国是如何从历史上消失的?它为何被埋没于滚滚黄沙之中?精绝衰废灭亡的原因又是什么呢?

许多人认为,尼雅之所以被废弃埋没于沙海之中,是因为尼雅人大肆砍伐树木,破坏生态环境,致使水源枯竭,风沙肆虐,绿洲消失,最终被淹没于茫茫沙海之下。考古发现作为一个古老绿洲,精绝王国统治者及普通人民,也深知河水、树木与自己的生存息息相关。王炳华先生曾指出,精绝王国在尼雅绿洲展开它的各种活动时,即处在沙漠的严重威胁之中,生态环境险恶。清理发掘表明:在遗址 N2 之南、佛塔以东,佛塔西北这些精绝子民的埋骨之所,当年都已是傍近人们居住处的沙丘,人们在沙地上营葬,墓穴都不能成型。因为埋骨在沙中,十分干燥,不少人体均成干尸,为使如此脆弱的生态环境能在良性基础上继续运行,精绝王国制定有严格的制度去管水、管树,保护环境。精绝对挡风防沙的树木也有严格的管理制度,佉卢文说明,如果是“活树,应阻止任何人将树连根砍断,否则罚马一匹,若砍断树枝,则应罚母牛一头”。现存尼雅遗址,住宅附近大都有林木环绕,生长良好。这与精绝王国从上到下注意树木的生长、保护是密切相关的。他们实际是运用社会的、有组织的力量进行着生态环境的保护工作。[1] 位于塔克

[1]王炳华:《尼雅考古回顾及新收获》,《新疆文物》,1996 年,第 1 期,第 32 页。

拉玛干沙漠之中的古代绿洲精绝所处生态环境脆弱，地理环境严酷。但考古发现精绝绿洲之毁，主要似不在于自然条件（如水）的变化，而在于社会的原因。遗址废毁时，绿洲环境良好、佉卢文书有很多尚未开封拆阅，但佉卢文中大量提到苏毗人侵迫。可见当年精绝废弃的根本原因在于社会的动乱，在于人类社会自身。尼雅这样处身在沙漠侵迫之中的绿洲，很难经受社会动乱的打击。一旦动乱，社会正常秩序被破坏，人们有组织地与大自然相抗衡的力量随即会受到极大的削弱，从而导致生态平衡破坏，绿洲毁灭。

喀拉墩古城位于克利雅河下游处的沙漠中，是国家级文物保护单位。从出土文物看，古城活动主要在汉代到南北朝时期，是当时于阗国境内“小城数十”中的城堡之一。以后逐渐沦入沙漠。遗址距现在绿洲居民点 300 公里以外，由此可推知沙漠南侵及绿洲变迁的情况。据喀拉墩古城考古调查分析，可以充分肯定的是，它的废弃是由于人类生存环境的破坏。在考古发掘中明显可见人类活动的影响：在遗址地区，基本不见成林树木；考古工作者发掘的一座房址中，废弃后还曾经见水，有淤土痕迹（见图版 33）。足见在人类他迁后，克里雅河水仍然可以流灌到这片土地。喀拉墩遗址区内，极少见到成材的树林，而在遗址附近的地区，树林却是一种十分明显的存在。很明显，由于当年的人们大量砍伐树木，使绿洲失掉防御风沙的屏障，这也是造成喀拉墩绿洲衰废的因素之一。此外，南北朝时期，政治动荡、军事冲突频繁，对喀拉墩绿洲肯定也会造成巨大的破坏。[1]

安迪尔古城遗址是丝绸之路南道汉唐时期的重要遗址，位于新疆维吾尔自治区和田地区民丰县安迪尔牧场东南约 27 公里的沙漠腹地。从遗址建筑形式的采集文物推测，始建于汉代，于公元 11 世纪逐渐被废弃。安迪尔古城遗址是一个较大而且延续时间长的遗址，遗址采集的文物有从西亚输入的玻璃珠、1—4 世纪罗马产的带花玻璃片、和田马钱等遗物，反映了塔里木盆地各城邦之间的互相交流。古城四周都

［1］王炳华：《从考古资料看塔里木盆地南缘古代城镇兴废》，引自马大正主编：《中国边疆史地论集续编》，黑龙江教育出版社，2001 年，第 216－221 页。

是沙漠，风蚀等自然因素对遗址带来不同程度的损坏。考古学家指出，安迪尔河古代绿洲，在今安迪尔牧场附近转移变迁，因为河流至此，水势平稳，所以灌溉便利。早期绿洲之荒弃、后期绿洲之兴起，根本原因在于人类社会力量的作用，而不是纯粹自然因素的影响。[1]

7.3 吐鲁番地区饮食文化发展与生态环境

吐鲁番的地区生态环境是该区人们生产与生活的物质基础，也是他们创造文明（包括饮食文化）的基本源泉。吐鲁番所处环境决定了其饮食获取方式应遵循自然规律。相对来说，其生态环境脆弱，饮食文化发展受限制更多，特别是水资源宝贵。水在高昌贵重如油，但高昌人很早就懂得充分利用水资源。考古发现表明，当时人们的生活用水也来自地下水。从交河故城二号居民的宅院遗址中可以看到，水井一般都建在两排住房中间狭窄的回廊上，供聚族而居的一家人使用。如果水源低于田地或用水处，便要设法将水位升高，最简单的办法是利用传动装置，靠辘轳将水从低处提到高处。《高昌供用斧、车钏、辘轳等物条记》记载"□辘轳一，付张庆虎西门上"，"□悦佰供○南门上用"。"□三人记"。该文书记载说明在高昌西城门上的人就用辘轳提水。

坎儿井与万里长城、京杭大运河并称为中国古代三大工程。吐鲁番素有"火洲"之称，以"低、热、干、甜"四最而著称。干热的气候使得吐鲁番的年蒸发量达到3000毫米，只有渗进地下的水才能保存下来。这样的自然环境，迫使勤劳聪慧的古代西域人民创造出了坎儿井。坎儿井是一种地下暗渠，它的使命就是吸引地下潜流，并将水引向盆地深处，进行自流灌溉。它利用盆地地势不同，把深层地下水逐渐变为浅层地下水，用人力改变了地下水的埋藏条件、运动规律。在这一工程中，主要的设施是一个个竖井及联通竖井之间的地下渠道。坎儿井由

[1]王炳华：《从考古资料看塔里木盆地南缘古代城镇兴废》，引自马大正主编：《中国边疆史地论集续编》，黑龙江教育出版社，2001年，第218页。

地面渠、地下渠和涝坝三部分组成，一般长约3～5公里，有的长达几十甚至上百公里。其水源为高山峡谷地带的雪水潜流，在一定的间隔内挖掘众多的竖井，竖井与竖并之底部再凿挖暗渠贯通，一井接一井，一站接一站，一直引向绿洲，注入涝坝，再引向农田。这是干旱少雨地区的一种特殊的灌溉系统，至今已有几千年的历史了。从已掌握的并不完整的统计数字看，吐鲁番地区的坎儿井，有992道（另有两种数字，一说是1300多道，一说是1158道，这里采用了最小的一个统计数据），[1]总长度比京杭大运河还长，堪称地下水利工程的奇迹，人称"地下运河"。现今的吐鲁番市建有坎儿井博物馆，供游人参观。坎儿井赋予干旱的吐鲁番绿洲以生命之源，它具有独特的特点和利用价值：坎儿井能自流，可供人畜饮水和灌溉；能减少水量蒸发损失，维持生态平衡；避免风沙掩埋输水建筑物；坎儿井水量稳定，水质好；坎儿井施工技术要求不高。故坎儿井也被称为中国的生态工程。坎儿井是吐鲁番地区人们为适应环境充分发挥主观能动性而创造的一道亮丽的风景。但关于坎儿井出现的时间及起源，目前学术界对此存在争议，尚无定论。王炳华先生指出："在唐代开元二十二年（734）以前，在吐鲁番盆地中高昌故城周围，从出土的相当数量的有关古代水利工程设施的文字资料分析，并不见坎儿井的存在。"[2]

吐鲁番地区在历史的长河中形成了独特的盆地经济模式，吐鲁番地区的人们在将资源转化为生产的同时，是否重视对生态环境的保护呢？

《横截县被符责取鹿角文书》记载"输绵袍一领。匚"；"横截县言：被符刘崇、令狐受"；"各有鹿角一头。符到，○主者将"；"诸，当科给价。谨案，奉符召"；"责取崇、受，各列右匚（后缺）"。[3] 该文书记载体现了高昌郡时期横截县派人对一起获取鹿角的事件进行处理，"当

---

〔1〕王炳华：《吐鲁番的古代文明》，新疆人民出版社，1992年，第236－238页。

〔2〕王炳华：《唐代以前西域水利》，引自《西域考古历史论集》，中国人民大学出版社，2008年，第767页。

〔3〕唐长孺主编，国家文物局古文献研究室等编：《吐鲁番出土文书》，第一册，文物出版社，1981年，第198页。

科给价”,并强制收购。由此看来,当地政府对鹿等野生动物资源捕猎相当关注,对私自猎获的野生动物及时收归政府,这可以看作是对野生动物的一种保护措施。但总的来看,古代西域人们(包括吐鲁番地区的人们)对于饮食文化发展与生态环境的关系认识不是很科学的。据相关研究表明,农田的开发,农产品的大幅增长,手工业商业的发展以及高昌人口的增长及其生活水平的不断提高,无不说明麹乾固时期高昌国经济整体的发展已经达到了相当高的水平。人类确实已经成为高昌地区生态系统的主宰,只是人类带给了环境太多的负担,人口的增长已经超过环境的负荷力,同时过度地开垦土地,过分地利用水资源,大量地砍伐林木、灌木和猎杀野生动物,生态等式的一头超过了极限,平衡就被打破。高昌人赖以生存的环境最终被自己破坏了:水位下降,土地干旱,风沙频繁光顾,生存环境极度恶化,导致瘟疫发生,如高昌王麹乾固时期流传的传染疫病。

现在新疆亦面临环境问题,任何稍有环境生态意识的当代人,都应记住历史教训,保护我们的地球,保护生态环境!

8 汉唐西域饮食器具

饮食器具乃饮食文化及饮食生活中必不可少的重要内容之一。饮食器具的演进与发展,对于饮食品种的增加,食品质量的提高,饮食习俗的变化,都会产生重要影响。西域的饮食器具种类繁多,千差万别,其形制与质地常随着时代的发展而变化。本章拟按照饮食器具的质料特色为划分标准,选择使用相对较广、富有代表性的器具来予以说明。然后再以吐鲁番地区的炊具、饮食具及贮存具为典型例子,点面结合,从而更好地展示西域饮食器具的全貌。由于饮食器具使用的连续性,如在史前就已经开始使用的石磨,在现代化今天的农村依然可见其被使用的场景。故此章论及西域饮食器具时间以汉唐为主,但不仅仅局限于汉唐时期。

8.1 西域饮食器具概观

按饮食器具的质料特色,可区分为以下七大类。

8.1.1 石质器具

石质器具主要有谷物加工工具及容器等,如西域出土的石磨盘、石磨棒、石杵、石臼等。

臼,现代字典一般解释为:舂米或捣物用的器具,多用石头制成,样子跟盆相似。在阿勒泰市切木尔切克16号墓曾出土兽首柄石臼(见图版34),约制作于青铜时代(公元前20世纪—前8、7世纪),通长19厘米、高9.5厘米、口径13~15厘米。极性岩质,器体厚重,由臼窝、臼柄两部分组成。臼窝圆体、直腹,平底。臼柄为兽头,长吻咧嘴,竖两耳,形态简略、古朴。

另如2001年呼图壁县采集的人形石杵(见图版35),战国(公元前475—前221年),高31.3厘米。石杵呈圆形长条棒状,在上部雕刻出人形头、面部及手臂。头的上部雕有椭圆形饰,脸型呈鸭蛋形,高直鼻,小圆眼,弧形眉,一字形嘴,并雕刻出双耳,双臂屈于腹部。石人俑雕琢精细,自然古朴。另外,在北疆普遍发现一种石杵,一般和一个石盘组合,由于有的外形酷似男性生殖器,所以有人认为是生殖崇拜的石祖。而另有研究者认为这些石器主要是加工工具,至于加工何种物质,还有待进一步的研究。笔者认为其在一定程度上与饮食器具有关。

再如石磨盘(见图版36),约制作于青铜时代(公元前20世纪—前8、7世纪),长31厘米,宽10.5厘米,1972年自疏附县乌帕尔乡乌布拉特遗址出土。砂岩质,磨制。呈马鞍形,两头高,中间凹、且平。这是新疆青铜时代最常见的加工粮食的工具,可以进行去壳及粗加工。马鞍形石磨盘出现比较早,流行时间长,是农业出现的象征性器物之一。

石磨盘的使用一直延续到汉唐,如喀什市亚吾鲁克遗址的时代是3—9世纪,即汉唐时期的遗址。在该遗址被破坏的南部地方,发现数量极多的石磨盘。另在阿艾古城东北约3公里的可可萨依炼铁遗址附近的居住遗址中,也曾采集到石磨盘。再如昭苏县喀拉苏墓葬(可能相当于中原汉唐时期)出土石磨盘1件,圆形扁平,直径33厘米,厚3.5厘米。磨棒2件,为半圆柱体1件,长33厘米,使用痕迹明显。

那么,西域石磨盘是谷物的加工器具吗?石磨盘是否在一定程度上反映农业经济发展的水平呢?学术界对此存在争议。有学者认为单纯依据石磨盘来判定某种文化的经济类型不但困难,且不大可能。因石磨盘本身就很复杂,使用时间既长(有几千年的历史),又分布于世界各地。同时石磨盘不仅可以加工野生的及栽培的谷物,还可加工果核、螺壳等。因此,必须结合其他资料来综合分析才能得出合乎实际的结论。又由于各地自然环境的不同,农业在各文化经济中的比重也不一样,各地区所发现的石磨盘、磨棒分属于不同的文化,其经济类型、文化面貌也各不相同,必须具体问题具体分析。但除了较早阶段的石磨盘是反映采集或圈定农业经济外,石磨盘是与农业经济相关联的,即反映所出石磨盘的文化是经营农业的(不管这种农业在其经济中占什么样的比重)基本事实。而另有学者曾对石磨盘、磨棒是谷物加工工具提出质疑,其认为石磨盘、磨棒不应当是谷物加工工具,而应当是古代的鞣皮工具。农业初级阶段的谷物加工工具应是杵臼。新疆石磨盘的形状和大小因地区差异存有某种变化,从目前发现的实物来看,新疆地区的石磨盘主要有马鞍形、船形(有人亦称弧形)、平直形和圆形。笔者认为把新疆石磨盘作为谷物加工工具应是没问题的,可放入食具中,新疆巴里坤出土的石磨盘明显是作为谷物加工的。另如东城乡四道沟遗址和61公里木垒河东岸新石器等遗址出土的石磨棒和石磨盘,也是古代少数民族牧民对谷物进行脱粒和加工去壳的工具,其石锄、石锛是较早的原始农具。其相对年代约当为新石器时代晚期。这些石制农具的出土,对于研究新疆原始社会农业的起源,提供了极为珍贵的实物资料。石磨盘与石磨棒属配套工具,在进行研磨时将粮食作物放在石磨盘的中心部位,然后用石磨棒在其上前后滚动来碾碎粮食。石磨盘与早期农耕生产有着直接关系,对古代先民饮食结构的确立产生了重要影响。

在现代化的今天,湖南邵阳地区山区还有偶尔把石磨盘当做谷物等的加工具的情况。当然在生产力较为低下的社会状态中,石磨盘作为工具的使用应不是单一的,而是复合式的。

新疆博物馆藏有一只双连体石罐(见图版37),约制作于公元前11世纪前后,器口通长15.3厘米、高11.7厘米,阿勒泰市切木尔切克3号墓出土。极性岩质,雕刻、打磨制作。是用一块石料加工出两个相连的椭圆体石罐,直口、直腹、圆底。联体壁上有不规则的长条形透孔。器体表面呈黑色,造型新颖。

8.1.2 植物质地器具

西域人们用来做植物质地的饮食器具的使用材料有草、葫芦、柳条等物。这表明古代先民适应环境,因材作器,为日常生活服务,显露着独特的创造智慧。

植物质地器具,有草编小篓、葫芦瓶、柳条果盘等。如前述汉之前西域特色饮食器具之一的草编小篓（孔雀河古墓沟、小河墓地等地出土）。罗布淖尔荒原，青铜时代遗存主要见于孔雀河流域、罗布淖尔湖北、西岸，主要遗存如古墓沟、铁板河、小河墓地。这里的先民不会制陶，生活用具为木器、草编器，存在麻黄崇拜，绝对年代最早到公元前2000年。

如前所述，葫芦早已进入西域人们的食单。葫芦作为日常用具，其用途也是多方面的。葫芦可以开口做成各种形状的器具使用，最常见的是用来装水或装酒的水壶或酒壶，也可用来舀水、淘米、舀面、盛东西等等。山普拉曾出土葫芦制品3件。一件是葫芦瓶，截取植物葫芦小头做口，器形呈小平口、鼓腹、圆底瓶状。器口两侧钻有对称的系绳孔。一系孔径0.6厘米。民俗研究者发现在当今南疆许多维吾尔族家庭中可以看到一种独特的瓢，当地人称它为“雀米区卡巴克”，它是用长颈葫芦在鼓起的部位开一圆口，大的可用来舀水，而小的则用来冲制奶茶；还有一种大的圆肚葫芦，当地妇女在葫芦顶部开一口，用来运水。

当今的人们喜欢使用既有实用功能又具欣赏价值的日常用品。草柳工艺品恰好具备这两个特点。草柳工艺品近年来在美国、加拿大以及欧洲一些国家如意大利、法国、德国、西班牙、葡萄牙、罗马尼亚、瑞士越来越受到消费者的欢迎和喜爱。考古发现远古西域人已经在使用柳条编织果盘了。如尉犁县营盘墓地1999年发掘七号墓出土的柳条编织的果盘，上置葡萄、桃子等。

8.1.3 动物角质、皮等所制器具

西域人们充分发挥主观能动性，利用一切可资利用的材质，甚至动物角质、皮等也成为制作饮食器具的材料。在2002年小河墓地考古调查与发掘中，新疆文物考古所曾发现一皮囊，已干瘪。囊口部残，囊身原为桶状，圆底。囊身盘绕三道粗约1厘米的红毛绳，每道毛绳每隔2厘米处用白色粗毛绳穿过皮囊固定，白毛绳系结，呈缨穗状，垂挂于囊表，缨穗长2厘米左右。囊身一周上下共有这样的缨穗20余个不等，富有装饰性。囊身与囊底相接处用粗0.5厘米的红毛绳锁缝。靠口沿处毛绳上系出一节白色毛线绳，用于提挂。囊身残高14.4厘米。

另在鄯善洋海墓地出土了一只皮篓(见图版38),盛食器或贮藏器,车师时期制作。通高31厘米、直径24厘米。中间夹芨芨草,用细皮条编制而成。通体涂黑色,平底,呈筒状。有提梁,已残。现藏吐鲁番博物馆。

古墓沟出土过饮用器角杯。且末县扎洪鲁克古墓葬也曾出土动物角质、皮等所制饮食器具。20世纪80年代,且末县扎洪鲁克出土一具婴儿干尸,死亡年龄8~10个月,人们称之为“且末宝宝”,现藏新疆维吾尔自治区博物馆。一般来说,现在的孩子如果母亲缺奶,就会以牛奶等乳制品替代母乳,现在的市场上有专门为小孩制作的奶瓶。“且末宝宝”出土时,似在熟睡中。考古发现在婴儿头旁置有用羊乳房皮缝制的喂奶器和一只牛角杯。其中,喂奶器:14×6厘米,利用羊乳房皮缝制,内残存白色块状物(似为奶类)。牛角杯,长9.3、直径4.4厘米。另外还出土了牛角勺,带柄,通长20、直径5.2、厚0.4厘米。

鄯善三个桥古墓曾出土汉代角质杯(见图版39),饮用器。高24.5厘米、口径12厘米、底径4厘米。杯呈亚腰筒状,口部有盖。现藏吐鲁番博物馆。

《三国志·蜀志·先主传》记载:先主方食,失匕箸。说明匕是古代的一种取食器具。五堡墓地出土了骨匕、角器。骨匕呈柳叶状,骨质,磨制。一端浑圆,另一端较尖,并钻有一孔。角器按牛角的自然形体精工磨制而成,呈灰白色。底有3个钻孔,可能是一种装饰品或者是饮水器。

山普拉出土了进食器角匙。山普拉出土角制品,共13件,皆手工制作。其中有角匙7件,牛角质,磨光,做工精细。另有尖头勺,通长20、宽4.6、厚0.2厘米。有方形勺,长15.7、宽4厘米。山普拉还出土水袋1件,双口,形似马褡子,中腰细,两头为椭圆形。两袋靠近中间位置缝缀一细长口,可能是盛液汁的皮袋。局部残缺,全长49、袋径18、口长9厘米。

另外,有学者曾记载,2003年考古工作者曾对一座十分罕见的绘有壁画的洞室墓进行了清理(其位于楼兰城北23公里处的一台地南端，曾被盗）。墓分前后室，似平顶，中心凿有圆形的柱子。前后室四壁均有壁画，前室墓门的右侧，绘一盘腿而坐的侧身人像，对面是一跪着的人像，门左侧绘一独角兽（似牛）。东壁绘有6个人物形象，有的留长须，或高举角杯或持碗，有男有女，推测为墓主人现实生活的写照。但画中是否一定是角杯，作者还不敢肯定。

8.1.4 木质器具

木器在西域人民饮食生活中也占有相当重要的地位。木器加工工艺，由初期的掏刮削发展到旋木。自青铜时代迄汉唐，木质器具是居住遗址、墓葬中所常见的。木器食具亦是青铜时代孔雀河古墓沟、哈密五堡水库等古墓发现的人们生活中的日常用品。孔雀河出土木器有盆、碗和杯；哈密五堡有小木桶、木勺等。春秋、战国或战国稍后时期的一些墓葬也发现有木器。如乌鲁木齐南山矿区鱼儿沟及阿拉沟发现了木器具，其中有盘、盆、小勺和杯等。哈密焉不拉克古墓中也发现了木器，有圆底木钵、小木桶和木杯等。两汉至晋、十六国时期的墓葬中，木器发现比较多，分布范围也广。孔雀河下游老开屏东汉墓、楼兰古城东郊高台地上东汉墓，以及民丰县东汉墓、尼雅遗址、托和沙赖城址、罗布淖尔古墓和吐鲁番古墓都曾出土过木器。

山普拉居民生活中的食器以木器为主，木器在居民生活中成为不可缺少的必备之物。考古发现山普拉古墓地木器出土量最大，用途涉及生活的各个方面，是当时山普拉人最常使用的器物。与饮食有关的器型有杯、盘、盆、碗、钵、勺等，其中盛器多为旋制，器表磨光。盆据底部特征可分为圆底盆、平底盆。一般为敞口、圆唇。部分器物的器表绘以红色线条纹。还有一种带三足的盆形鼎，敞口、卷沿、圆唇、深腹、圆底，器表腹部饰一条横饰带，器形奇特少见。考古学家们还发现部分碗、钵的底部刻有丫形或小草形符号，但代表什么意义尚不很清楚。总之，木器是山普拉文化的代表性器物，早期便出现了大量的旋制木器，形成了山普拉木器文化的风格。典型的旋制木器有碗、钵、盘、盆等，器形规整，美观。旋制木器有明显的旋制痕迹，甚至是器外、器内皆旋制，显示出当时的旋制技术的娴熟，达到了相当高的水平。

下面略举实例。1984 年,考古工作者于洛浦山甫拉出土了钵与勺(见图版 40)。约为公元 1 世纪制作,钵径 34 厘米、勺长 28 厘米。钵旋制,敞口,平沿,浅腹,环底。勺用圆木刳成,勺部与长柄用整体木材制成,柄稍为弓形,末端向下垂呈钩状,是一件制作得较为科学而又实用的生活用品。

我国有"举案齐眉"的典故,讲的是汉时梁鸿和妻子孟光的故事。每当丈夫梁鸿回家时,妻子孟光就托着放有饭菜的盘子,恭恭敬敬地送到丈夫面前。为了表示对丈夫的尊敬,妻子不敢仰视丈夫的脸,总是把盘子托到跟眉毛齐平的位置,丈夫也总是彬彬有礼地用双手接过盘子。《后汉书·梁鸿传》记载:"为人赁舂。每归,妻为具食,不敢于鸿前仰视,举案齐眉。"举案齐眉意为送饭时把托盘举得跟眉毛一样高,后多指夫妻互相尊敬,礼貌互待,相敬如宾。案的本义为木制的盛食物的矮脚托盘。案为古食器,是盘盂之类的器物。《周礼·考工记·玉人》曰:"案十有二寸。"《急就篇》曰:"椭杅槃案杯問碗。"并注曰:"无足曰盘,有足曰案,所以陈举食也。"那么,案是否已成为西域人们的饮食用具了呢?洛浦山普拉曾出土木几(见图版 41),公元 1—2 世纪制作,长 36.5 厘米,以木刻、削制而成。木几面比较平,四边缘凸起,四足的雕工别制新颖,并刻画纹样,是具有实用性的生活用品。上述"木几",实际就是案,它四足的特色之处在于其很像四足动物的腿。

洛浦县山普拉墓地随葬牛羊较多,牛羊肉在当时的人们的饮食构成中所占的比例较大。考古发现了放置肉食的盛食器,如 1984 年自山普拉墓地 5 号墓出土的汉代三足木盘(见图版 42),盘口径 31.5 厘米、通高 14.7 厘米。木盘为浅腹,有边沿,旋制,足经雕刻。圆木盘内盛放有羊头、羊脊等部位的骨骼。

且末县扎洪鲁克古墓也曾出土过木盘,是由胡杨木剜制,椭圆形,半残,长约 34 厘米、宽约 24 厘米、高约 3 厘米、厚约 1.3 厘米。敞口、平沿、浅平底,色土黄。底背面有无数道纵横交错的刀痕,可能是既当食具又当案板使用。另外,考古作者又在 1986 年采集到两件,形制与此大体相同。

营盘人们在日常生活中也以木器为主要用具，木器制造业在其产业结构中占有相当重要的地位。在营盘墓地，考古发现陶器极为少见，32座墓中仅出土3件。而木器在绝大多数墓葬中都有出土，考古学家认为其占出土文物总数的1/3以上。器形有杯、几、盘、钵、碗、罐等。一种敛口、鼓腹、平底的木杯最常见，形体有大有小。大者口径15厘米、高10厘米左右，小者口径6.5厘米，高不过5厘米。木杯一部分用以盛放食物，一部分作为舀水器，口沿外侧有长期使用留下的磨痕。几、盘是木器中形体最大的器物，是当时人们日常生活中的公用食具。几有方形面四足几、圆面三足几。方几的几面一般长35厘米、宽24厘米、高约7厘米，圆几的直径为30厘米。盘亦有方盘、圆盘。盘的尺寸与几差距不大。

木器仍是现代新疆民族的日常用具。有些木质用具充分体现了新疆民族的聪明才智，他们用大自然赋予人类的材质制作出了实用、健康的饮食用具，如很多维吾尔族和哈萨克族妇女在家中使用一种叫“堂耐”的木盆，它是将一截木头按纵向面剖开挖制而成，其形状酷似木船，一般有半米长短，主要用来和面，是做拉面和打馕时必不可少的器具。

8.1.5 陶质器具

陶器是西域人们重要的饮食器具之一。

一些特定的陶质饮食器具的制造技艺是西域人们不断摸索、不断创新的结果。如拜城县克孜尔水库墓地出土的陶制炊具带流釜、圆口釜或盛储器的盆、钵等的器底，在陶土中掺杂粗颗粒砂石，增加膨胀系数，以防止在炊煮中爆裂。陶土中夹砂，作为炊煮器，是世界性的文化现象。克孜尔陶制炊具器，陶土掺杂的砂粒、石粒，既粗且大，则是地区性特点。

“察吾乎文化”是指在和静县哈尔莫敦镇，方圆5公里的范围内有五片较大的墓地，共有2000余座古墓葬，是新疆目前发现的最大一处氏族公共墓地。此墓葬密集，排列有序，规模大，石围墓、屈肢葬和带流嘴陶器是其文化特征。在察吾乎，陶器既用为炊煮，也用为饮器。考古学家在察吾乎四号墓地发现:陶器是随葬品中数量最多的一种,尤其是带流嘴器特别发达,共有550件,约占陶器的2/5左右。带流器如此丰富,为国内他种考古文化所不见,也是察吾乎文化的基本特征之一。在釜、罐、盆之类的器底和器表大多有烟炱,甚至因积久形成一层而起皮。勺杯的外沿有使用后留下的磨痕。随葬的陶器均为人们日常生活中的实用器皿。察吾乎陶器中以带流嘴陶器最多,当是一种乳器或酒水器。带流嘴陶器充分体现了西域人们的创造性思维。察吾乎文化以畜牧—游牧经济活动为主,奶类(特别是液态奶)又是生活中最常见的食品,而带流嘴陶器便于液态奶等流汁类食物的倾倒。

值得一提的是,察吾乎陶器还见锔补。如四号墓地陶器中有较多残破者,在这些器物的裂缝两侧和碎片的四周,往往分布有成组的锔眼。尤其是个体较大的陶器,这种锔补的方法更多见;个别陶器的破洞处还用陶补丁进行修补。有些深腹的陶器,在上口部分残损之后,又经打磨平整继续使用。

典型的陶器还有人首兽头陶水注。据《〈新疆维吾尔自治区博物馆〉画册》记载:人首牛头陶水注(见图版43),唐(618—907)制作,长19.5厘米,1976年新疆和田县约特干遗址出土。细泥黄陶质,圆口,细流,中空,为饮器,塑人首和牛头。人头戴螺形高帽,广额隆眉,高鼻,长胡须,形神毕肖,特点非常明显。《中国·新疆》一书认为约特干是唐代前后于阗境内的一处重要遗址,出土的约特干古陶中有人头水注、人羊水注。不管是牛头抑或是羊头,其当是人首兽头陶水注。

应指出的是,这种形式的饮器,是希腊供神酒器"来通"的造型,可见中西文化交流在饮食器中的具体体现。

游牧民族也曾使用陶器。如《汉书》曾记载单于弟于靬王曾赐苏武马畜、服匿、穹庐。后来,《南齐书》记载:"以竟陵王子良得古器,小口方腹而底平,可将七八升,以问澄,澄曰:'此名服匿,单于以与苏武。'子良后详视器底,有字仿佛可识,如澄所言。"颜师古注引孟康曰:服匿如罂,小口、大腹、方底,用以装酒酪。又引晋灼曰:河东北界人呼小石罂能装二斗左右的就叫服匿。林幹先生曾认为,服匿就是匈奴语陶缶的意思。这种陶缶，近数十年在漠北匈奴墓葬中出土甚多。

新疆土陶制作历史悠久，还在新石器时代就有生产。自新石器时代而后，历代遗址、墓地，所在均见，形成地方传统。如新疆维吾尔自治区英吉沙县、喀什县、吐鲁番地区申报的《维吾尔族模制法土陶烧制技艺》被列为第一批“国家级非物质文化遗产代表作”名录。

8.1.6 金属制品

金属质地的进食器有金属小刀、铜匕、铜勺等。

金属小刀。其是游牧民族必备的随身工具，主要是用于切割肉类，包括生肉和熟肉，当然也是进食的工具。

小铁刀。游牧民族墓葬中常见铁刀与肉食并放在一起，小铁刀可以用来切肉、剔骨。它的使用是多方面的，既是食生产工具、加工工具，又是重要的进食工具。如特克斯县恰甫其海 A 区Ⅸ号墓地 M11 出土木盆内盛有 1 把铁刀和若干羊骨，该墓地居民生活方式应是以畜牧业为主，因为出土陶器较少，马具和小铁刀较多，并有较多的羊骨和马骨。特克斯县恰甫其海 A 区 X 号墓地 M5 出土紧挨在一起的 1 把铁刀和 1 块羊椎骨。在吐鲁番盆地西缘、天山中的阿拉沟口，曾发掘过战国晚期的塞人墓葬，其中一座墓葬中的主人是一青年女性。该墓出土的缀饰虎纹圆金牌、对虎纹金箔腰带、珍珠、漆器、丝罗等随葬品，表明这名女子生前高贵的社会地位。随葬木盘内盛放羊骨，旁边放一把小铁刀。

小铜刀。察吾乎文化以畜牧—游牧经济活动为主。墓室中也常见羊、马骨与小铜刀放置一处，许多木盆中常发现有成排的羊肋骨，一些较大的墓葬周围有马头坑。墓葬中发现了大量的青铜制品，但没有发现农业生产工具。青铜制品主要是游牧民族随身携带的小工具和生活用品，如小铜刀上有穿孔，专家推测其显然是便于悬挂以随身携带；有的无孔，当是在居住处固定放置的。察吾乎墓地小铜刀出土为数最多，器形也最为丰富。以四号墓地为例，相关专家统计，其 150 座墓中共出青铜器 277 件，其中 128 件为铜刀，有环首的，有钝首直柄的，还有尖的、扁首的。这些小刀便于携带，很适合游牧人的生活方式，既可用作生产工具，也可用作食具。

铜匕。考古学者记载曾在喀拉墩古城西南1.5公里处发现了3只铜匕。这3只铜匕可分为两式。Ⅰ式1件,通长19.5厘米,匕叶呈尖舌形,匕柄尾部宽大,状如鹊尾。匕柄正面边缘和正中铸出凸线纹,匕叶正面由三道凸线纹组成一个莲瓣形纹饰。Ⅱ式两件,通长19厘米,匕叶也呈尖舌形,匕柄尾部同样宽大,状如鹊尾,叶、柄正面边缘铸出凸线纹。3件铜匕各个部位的厚度0.1至0.3厘米不等。这3只铜匕应是南北朝时期的遗物。在新疆,至今还没有发现有关这种铜匕的报道,此为仅见的一例。新疆民间历来多用木匕(勺),所用铜匕造型与上述铜匕有别。因此,研究人员认为这一铜匕应产于中原地区,被途径丝绸之路的人偶然失落在此。另外,且末扎洪鲁克二号墓地也曾出土铜匕1件,为圆锥形柄,椭圆形匕。全长5、匕厚0.4、柄径0.2厘米。

铜勺。新疆且末扎洪鲁克一号墓地第三期文化的墓葬中出土的金属制品主要是铁器,铜器少,但出土铜勺1把,残缺严重。长柄勺,柄为螺纹形式。残长8.5、柄径0.5厘米。

铜签,可能做剔牙或挑肉的用具。时代暂定为战国时期的乌鲁木齐市柴窝堡林场Ⅱ号点墓葬发现。多数墓葬中随葬羊尾骨,应为当时带肉的羊尾留下的骨殖。有的羊尾骨上放着铜签,可能做剔牙或挑肉的用具,也反映当时人们的一些思想意识和生活习俗。

金属质地的炊煮器,如铜鍑。《汉书·匈奴传(下)》曾记载:"胡地秋冬甚寒,春夏甚风,多赍鬴鍑薪炭,重不可胜……"铜鍑是从欧洲多瑙河、顿河流域一直到我国黄河、辽河流域、蒙古草原的古代草原居民使用的炊器,是草原文化的代表器物之一。除用于祭祀之外,青铜鍑的用途之一是煮食物。匈牙利裔美国学者埃尔迪·米克洛什·兹(Miklos Erdy)也认为:如将欧亚草原地图和鍑分布图加以比较,便可得一个结论。在亚洲方面可特别清楚地看到,鍑不是在草原上,而是在草原与布满森林的山区接壤之处发现的。90%以上的铜鍑是在泉、湖、河、沼泽边等近水处发现的。这说明它们曾是炊具,许多鍑有被火烧过的痕迹，更说明了此点。炊事可能为日常的，亦可能为祭礼的。[1]

王炳华先生曾指出：迄今，新疆已见铜鍑20件。这些铜鍑，大多是在山地、草原上偶尔采集到的，出土之文化层位、共生文物关系不清，局限了对其历史文化内涵的认识。目前，可以获致的结论有下列几点：首先，所见铜鍑，都在宜于游牧的地区。阿勒泰地区发现3件，分别出土于富蕴县沙尔布拉克，哈巴河县铁热克提、塔勒恰特。哈密地区3件，见于巴里坤草原兰州湾子、奎苏南湾、大河。天山北麓奇台县碧流河后沟、西坎儿孜见两件。木垒、乌鲁木齐南山，伊犁新源肖尔布拉克、昭苏天山牧场、巩留、霍城，天山南麓疏附县境等处，也都有出土，均在阿勒泰山、天山水草优良，宜于游牧民族活动的地带。其次，所见铜鍑数量虽不多，但形制有别。虽都是深腹、圈足、有耳，但腹之深浅、腹径与腹深之比、有无装饰；圈足高低、有无镂孔；耳的位置、纹饰等细部，却迥然有别，各具特征，这清楚地表明了时代、地域的不同。古代新疆民族迁徙频繁，在铜鍑上表现出的不同民族文化特征，多少可以反映作为欧亚草原一环的古代新疆北部草原，其历史文化与亚欧草原古代文明，关系是十分密切的。

双立耳铜鍑（见图版44），公元前7—前2世纪制作，高50厘米、口径32厘米，1981年于巴里坤县兰州湾子遗址出土。青铜分铸，铸接合成。鍑体敞口，弧腹，圆底。口壁立耳式，耳呈圆形，上端有一乳钉饰。鍑足呈喇叭形，以承受鍑体，起稳定作用。

有些铜鍑还充分体现了人们对美的追求。如乌鲁木齐县南山出土的汉晋时期蘑菇状立耳圈足铜鍑（见图版45），通高57厘米，口径39厘米。锡沿青铜器，铸造。筒状深腹，直口，口壁上对立着蘑菇状的方形器耳，立耳两侧各立一蘑菇饰。鍑体的纵横线条组成的条格纹，将它分为四部分，线条的彼此联系，使得整个器物的纹饰庄重而流畅。器胎壁薄，纹饰精致，铸造工艺相当成熟。原器变形，圈足遗失，后经整形修复，补加了圈足。

---

〔1〕〔美〕埃尔迪·米克洛什·兹著，杜亚雄译：《遍及欧亚中部的匈奴鍑及其岩画形象》，《新疆师范大学学报》，1995年，第4期，第35页。

金银质地的饮食器具。风格类同，以野兽纹为其装饰主体，阿拉沟、交河沟北、阿尔泰山前，阿图什库库兰萨日克墓地均见这类制作工艺精湛的金器。《史记·大宛列传》记载乌孙以西“得汉黄白金，辄以为器，不用为币”。另外，亨利玉尔在《古代中国闻见录》卷1中记载：东罗马使者蔡马库斯所见西突厥室点密可汗，生活奢侈豪华，各种生活用具多为黄金制成。“的柴白鲁斯坐金床上，幕之中央，有饮器坛瓶等物，亦俱以金制成……帐之顶盖，全饰以黄金。帐内有金宝座，座之四足，立于四金孔雀之背上”。[1]

1997年，新疆波马土墩墓中出土了一批高品级的金银器，据王炳华先生介绍，其中有虎把金杯、错金银瓶。后又发现金杯一件、金指套等9件金银器。其中黄金把杯，大口、浅腹、大平底。口、底直径过于腹深，通体镶嵌红宝石。环状把手上部有镶红宝石的垫指扳。器腹镶饰三列红宝石，中部为圆形，上下为曲波形，宝石仅存20颗，失落不少。口沿、底部镶饰辫线纹一列。口径8厘米、高约4厘米。波马镶宝石金杯，广口、大平底、直腹，是一种可以稳定放置的饮器。杯上垫指板的环状把手，具有十分鲜明的特点。它在乌兹别克斯坦撒马尔罕以东匹治肯特粟特壁画中也有所见，宴饮者之一手持罐类饮器，把手就是这样环状带垫手指扳。这类带垫指板环状把手的饮器，在内蒙古赤峰市可能是突厥的敖汉旗李家营子1号墓中出土的折肩小银罐上也有所见。看来，这一造型特殊的把手，在中亚地区出现很早，流行亦广，并曾逐步影响到蒙古草原，在后来的突厥式银杯中，也吸收使用。

在唐代，“叵罗”曾作为西域贡品进献朝廷。《册府元龟》卷970载：“上元二年(675)正月，右骁卫大将军龟兹王白素稽献银颇罗，赐帛以答之。”银颇罗当为酒具。《新唐书·吐蕃传》载：“显庆三年(658)，献金盎、金叵罗等。”岑参《玉门关盖将军歌》云：“灯前侍婢泻玉壶，金铛乱点野酡酥。”可见金铛作餐具，玉壶、金叵罗等为酒具。上述餐具及酒具亦应为西域人们的饮食器具。

金属工具使用具有延续性，如清代，铜茶壶、茶碗、铜盘、铜洗手壶、

[1]张星烺:《中西交通史料汇编》第四册，中华书局，1978年，第286页。

带盖铜锅及铜盆等是当时维吾尔族普通的生活用品，其从另一个侧面反映了金属制品工具曾在西域人们生活中占有一定位置。在当代新疆刀品之中，以英吉沙、库车等地小刀最为出名。英吉沙的小刀历史悠久，选料精良，做工考究，造型纹饰美观秀丽，是很好的馈赠佳品或珍藏品。据介绍，英吉沙小刀是维吾尔族的传统手工艺品，造型别致，制作精巧，既可作刀具，又有艺术欣赏价值，是颇具特色的丝绸之路旅游纪念品。英吉沙小刀多数为弯刀，刀把有木质的、角质的、铜质的、银质的，非常讲究。无论哪一种刀把，英吉沙的工匠们都要在上面镶嵌上色彩鲜明的图案花纹，有的甚至用宝石来点缀，玲珑华贵，令人爱不释手。除英吉沙的小刀外，库车的"孔雀刀"也已远近闻名，其具有浓厚的维吾尔族风情，刀把采用百分之百的精选黄铜、牦牛角及人工宝石打造。刀刃采用优质特硬不锈钢手工打制而成，异常锋利，双面流血槽，绝对正品，并贴有激光防伪标志，刀身水磨刻字，刀柄为黄铜制作，很有分量，镶牛角。刀鞘用牛、羊皮模戳压制成。

8.1.7 玻璃器、瓷器

在考古发掘出的标本中，玻璃器主要有玻璃杯，见于营盘、扎洪鲁克等处。

萨珊玻璃是指萨珊王朝(226—654)时期伊朗高原生产的玻璃器。萨珊玻璃是在罗马玻璃影响下发展起来的，但也有自己的独特风格。玻璃外壁装饰的圆形纹样，可能是萨珊文化中的联珠纹在玻璃器皿上的反映。营盘 M9 出土了 1 件玻璃杯，呈黄白色，半透明，喇叭口，平底，下腹部磨饰两周凹面圆圈纹。从杯的制作方法和纹样分析，具有萨珊玻璃器皿的特点。斯坦因在楼兰古墓葬中曾盗获一件同样风格的玻璃碗和玻璃残片，其工艺及装饰风格与营盘玻璃杯基本相同。营盘、楼兰玻璃的年代均在汉晋时期。另在新疆且末扎洪鲁克 1 号墓地第三期文化的墓葬中发现玻璃杯 1 件。残，可以复原。浅绿色，吹制。口大底小，斜直口。杯腹部冷加工磨琢三排椭圆纹，上、中排 13 个，下排 7 个，底部为一磨制的单圆纹。高 6.8、口径 6.8、底径 1.3 厘米。

瓷器具有艺术欣赏与经济实用两种属性。吉木萨尔北庭古城曾采集到瓷片,吐鲁番高昌故城等地出土有白瓷瓶和采集的瓷盘,阿力麻里还出土元代瓷器。这些玻璃器皿、瓷器,均为当年社会上的珍品,不是一般社会成员所能享用的。西晋诗人潘尼在《玻璃碗赋》中说:“览方贡之彼珍,玮兹碗之独奇,济流沙之绝险,越葱岭之峻危,其由来阻远。”(见图版46)

8.2 晋唐吐鲁番地区饮食器具

吐鲁番盆地自高昌郡至唐代西州,考古工作进行较多。这一时期的饮食炊煮器具发现比较丰富,可以作为这一时期西域大地中饮食文化中的一个典型。故特别予以介绍,以见一斑。

8.2.1 炊具

主要有釜、甑、灶。曹植曾有《七步诗》云:萁在釜下燃,豆在釜中泣。其中釜的意思为其本义,釜为古炊器。敛口圆底,或有两耳。其用于鬲,置于灶,上置甑以蒸煮,盛行于汉代。有铁制的,也有铜或陶制的。三足架是我国从西北到西南很多少数民族普遍使用的炊具。吐鲁番晋墓中发现的陶器常见釜和甑,这也是内地常用的一套炊具。古代西域人民以粟为主食,大概他们就用釜、甑来蒸食粟饭。从吐鲁番出土晋墓壁画中,可以勾勒出当时人们炊煮的具体情况:火上支着一个三足架正在煮物,旁边砌有一灶,灶口正在烧水。灶的形制与内地出土陶灶无异。《唐杂物牲畜帐》中亦有“甑贰”的记载。

在吐鲁番,考古中未见灶址。木垒与吐鲁番相邻,通过天山来去。自汉迄唐,不稍间断。这里引木垒灶址,以此可见吐鲁番地区端倪。新疆维吾尔自治区文管会曾发掘木垒县四道沟遗址,据发掘报告可得知,木垒县四道沟遗址曾发掘早期灶址两个:一个是卵石底圆形灶,距地表深2.5米。灶已残,呈圆形,直径约0.8米。灶底由片状卵石砌成,呈黑灰色,卵石下有厚约30厘米的红烧土和厚约10厘米的白灰堆积。另一个长圆形石壁灶,距地表深1.77米。呈长圆形,东西长约2米、南北宽约1米、四壁用卵石围砌,在地面上先挖出凹槽,再把卵石部分埋入凹槽内,灶口在南部。灶为平底,壁高出灶底15厘米,灶底中部堆积有红烧土和白灰土,最厚处围24厘米。晚期灶址两个:一个是圆形石壁灶,距地表深0.54米。灶的四壁用大块长条形卵石围砌,高出灶底20厘米左右。在灶的南部,出土红地黑彩陶罐一件。另一个是圆形土坑灶。口径1.8米、底径1.5米、深0.35米。坑内上面堆积有红烧土碎块、烧土、烧碎的骨头、陶片和石头,愈往下上述包合物愈少,土色由深黑变为灰白,掺杂有少量木炭渣。灶的东壁有一层厚约40厘米的烧结面,其他壁上有厚约0.3~0.7厘米的红烧土硬面。

另有陶平盘,烙饼用具。1975年在吐鲁番县火焰山公社哈拉和卓地区水库内的古墓墓葬中发现有三件陶平盘,类似现在烙饼用的平底锅。

铛,一种烙饼用的平底锅。《唐翟建折等杂器物帐》记载"铛一口"。

鏊。《唐□尾尾等杂器物帐》中记载"大鏊一"、"粟臼一"、"簸箕"。鏊,铁制,平面圆形,中间稍凸起。以前的鏊究竟为何种质地?铜或铁?据古文书记载体现唐代铜锅、铁锅都有,如《唐军府领物牒》中记载"铜锅壹口",《唐庶武等领物抄》中亦有"铁锅"的记载。

8.2.2 饮食具

晋唐时期,吐鲁番的人们饮食具主要为木制和陶制器皿。

陶器制品饮食具中,有碗、罐、壶、盆、盘等。晋至南北朝阿斯塔那墓葬随葬器物普遍为灰陶,有釜、甑、罐、壶、盆、瓮、盘、碗等,器型较大。在阿斯塔那古墓群第三次发掘中,属于麴氏高昌时期(6世纪—640年)的随葬遗物以陶器为最多,其次是木器。其中的1件陶碟,为灰陶,素面,敞口,斜腹,小平底。通高2.8、口径7.2 、底径3.7厘米。在雅尔城的墓葬中亦发掘出了大量陶器,有些陶器在陪葬之前曾使用过的。其形式多种多样:带把的罐、小边平底碗、阔口大碗、大肚坛子等。[1]

吐鲁番出土陶器体现了该地区居民在饮食生活中对美的追求。

---

〔1〕〔法〕真尼克·玛雅尔著,耿昇译:《古代高昌王国物质文明史》,中华书局,1995年,第180页。

如在吐鲁番市木纳尔墓地出土的麴氏高昌时期三足彩陶盆(见图版47),高24.8厘米、口径28厘米、底径24.8厘米。方唇,直口,斜腹,平底,三足仿兽足。器表模压珠纹,宝相花纹、几何纹组合图案,器内壁涂红彩,口沿内外及腹部用红线勾画界格。现藏吐鲁番博物馆。

吐鲁番市阿斯塔那古墓出土了麴氏高昌时期陶鼎(见图版48)。高22.5厘米、口径28.5厘米、底径21厘米。敛口,斜壁,平底,下有三足。鼎内呈红色,外涂黑色,饰白色圆点组成的联珠和方格纹。中间绘红色圆圈,内镶白色边饰。现藏吐鲁番博物馆。

吐鲁番市巴达木墓地出土了麴氏高昌时期陶盆(见图版49),高11.8厘米、口径32.4厘米、足径16.4厘米。大圆唇,内折沿,圆腹,腹壁斜收,平底。唇及内壁涂红彩,白彩绘四瓣仰莲纹。莲瓣内由大到小依次套绘四莲纹,上腹大莲瓣间有绘俯莲纹。整体图案布局对称,稀疏适度,纹样流畅精美。器表口沿、腹中部、腹底各绘一宽窄不同红带纹,腹中部带纹白线勾画卷云纹,下腹绘菱形方格纹。现藏吐鲁番博物馆。

吐鲁番市采坎墓出土了麴氏高昌时期鸡首陶壶(见图版50),高31厘米、底径9厘米。灰陶,轮制。口部微呈鸡首形,束颈,鼓腹,平底,单耳。腹部阴刻两圈平行线,内填单层水波纹,在颈肩刻出三组圈点纹。现藏吐鲁番地区博物馆。

据考古发现,古代西域木器用具使用普遍,形式众多。常见的有碗、匕、勺、案、耳杯等。考古发现和文书中记载出现次数较多的是木碗、木案及木箸。如《唐白夜默等杂器物帐》中记载“杜海柱　木椀四　盏子五　魏养德木椀十　严伯仁木椀十　盏子七”,“瓮子一　翟默斗瓮子一　贾□□大盆一”,“曹不之拟小瓶一　王□□□瓶一”,“白愿伯小瓶一”,“铜盆二枚”,“□利康银盏一枚　目张□　胡瓶一枚”。《唐邵相欢等杂器物帐》文书中“木椀”、“案枷一”、“案一”及“护蒜臼”一具。《唐西州都督府诸司厅、仓、库等配役名籍》文书中记载有“木匠”、“弓匠”、“画匠”及“铜匠”。说明木器加工已成为一种专门的行业,此必然会在一定程度上促进木器用具在饮食生活中的使用。

高脚杯。它们大部分都是在阿斯塔那古墓葬中发掘到的,或者是木制的，或者是土质的。

木案。阿斯塔那出土木案多件，如在阿斯塔那古墓群第二次发掘中，发现属于唐西州时期（640 年—8 世纪中叶）的木案两件。由两块木块经圆木棍连接而成，底部用两截木梁横向加固。长 58、宽 34 厘米。另一案长方体，为整块木板制成，上刷赭红彩。案面略呈弧形，两端微上翘，中部稍低。两端各粘贴两条较短的长方形木腿，以支撑案面，案面上还画有长方形墨线，长 36、宽 15.5 厘米。木案盘是吐鲁番地区人民所常见的盛食具。1959 年发掘的吐鲁番县阿斯塔那墓葬中发现木案盘一件，长 43.5、两头各宽 13.5、厚 2.5 厘米。上面挖出浅槽，放有枣类干果四十多枚，置于 306 墓女尸头前。

金属制品有盏、铜匙。盏，小杯子。前述文书中记有"银盏"。另外，《唐器物帐》中记有"铜盏一"。《唐牛怀愿等杂器物帐》中几次出现"铜匙"。

屈椀，酒具。《唐天宝某载（749—756）行馆器物帐》记有"破大屈椀贰拾枚"。屈椀，即有屈柄的碗。按照《中国古代器物大辞典》的解释，此"屈椀"当是著名的叵罗的另一种叫法。关于"叵罗"，蔡鸿生先生作过详细考证："叵罗"又写作"破罗"、"颇罗"，同音异译。叵罗是粟特语，意为碗状酒杯。

金叵罗，金制酒器。清代武进人刘翰的《李克用置酒涶同赋》曰："铁如意，指挥倜傥，一座皆惊呢；金叵罗，颠倒淋漓噫，千杯未醉嗬。"《北齐书·祖珽传》："神武宴寮属，于坐失金叵罗，窦泰令饮酒者皆脱帽，于珽髻上得之。"苏东坡有诗云："归来笛声满山谷，明月正照金叵罗。"清黄遵宪的《元武湖歌》："酒波光溢金叵罗，银鲈锦鸭甘芳多。"李白《对酒》："蒲萄酒，金叵罗，吴姬十五细马驮。"边塞诗人岑参有诗《酒泉太守席上醉后作》云："酒泉太守能剑舞，高堂置酒夜击鼓。胡笳一曲断人肠，座上相看泪如雨。琵琶长笛曲相和，羌儿胡雏齐唱歌。浑炙犁牛烹野驼，交河美酒金叵罗。"从岑参诗句，可知唐代河西酒泉风行叵罗酒具。联系上述文书记载，叵罗应为吐鲁番地区人们的酒具。

上述《唐天宝某载（749—756）行馆器物帐》亦记载"破疊子四十

枚,叠子六十枚,破大稜椀六十","破食合二十具,破羹椀二十枚,荷叶盘子六面","小稜椀七十",这些器物当与饮食器具有关,稜椀当指有棱角的碗。

瓢,植物制品。一般为葫芦老果制作的盛器。在麹氏高昌时期(6世纪—640年)的墓葬内,发现过葫芦瓢1件。系用葫芦对半剖开制成,有一裂痕,瓢外侧底部刻有"×",无柄。长11.6、深约4、壁厚0.4厘米。

各种质地的饮食用具常出现于同一墓葬中,它们在日常生活中,是各有所司,承担不同任务的。如2006年吐鲁番阿斯塔那古墓群西区发掘出土的陶碗、陶罐、勺鼎、陶盆、陶盘、木勺、木匕、木筷、木案、木耳杯、葫芦器。同时出土的有羊骶骨、粟米饼,羊骶骨放在粟米饼的上面,干梨两个,薄饼1个,在木案上面。

吐鲁番地区出土的这类日用品颇为生动地展示了人们日常生活的具体画面,具有共性,表现着社会生活共同的特征。如在阿斯塔那墓葬中发现的钵全部带耳朵。[1] 吐鲁番地区人们还不忘通过饮食器具来美化自己的生活,如在高昌城也发掘出了一些平底碗、杯子、坛子,这些器皿经常装饰有用"梳子"做成的线条状图案。纹饰体现了共同的审美趣味。

高昌人普遍以木箸进食,也是他们延续汉族饮食传统的重要标志之一。而用胡瓶为饮具,则体现了饮食文化交流。

8.2.3 贮存具

瓮。瓮的本义为陶制盛器,小口大腹。瓮应是最常见和使用范围较广的贮存用具。在高昌故城、交河故城中发现过大量瓮坑,也有高及1米以上的大瓮。在交河城内,至今仍可见置放巨瓮的圆坑,成组排列。前面所举《延寿九年(632)四月一日范阿僚举钱作酱券》记载"甜酱曲霉,瓮子中取",《唐杂物牲畜帐》中记载"水磨钏壹。大铜槃壹,上有纳。中铜槃壹。酒瓮贰拾贰。小瓮子贰。干盛瓮叁拾叁。瓦瓮拾伍

〔1〕〔法〕莫尼克·玛雅尔著,耿昇译:《古代高昌王国物质文明史》,中华书局,1995年,第180页。

个。莱瓮柒。甑贰。大咸贰。杂色物壹车。石押油槃壹。”可见瓮类器物种类之多,使用甚广。

吐鲁番文书中有“姓”,就是瓮类物容器的名称。《高昌张武顺等葡萄园亩数及租酒帐》残存4件,首尾均缺,累计43行,每行皆有残损,其性质虽尚难判明,但内容主要为条列租酒账目则是无疑的。残存部分记酒若干姓者十多条,学术界认为“姓”乃容器。如吴震先生曾专门撰文认为文书中的“姓”非量器,乃容器,贮酒的容器。其体型大小不一,最大者可容酒15斛,最小者容酒亦不下10斛。这种容器,就是文献记载中的罂(或瓮),也就是考古发掘资料中所说的“大陶缸”。在高昌故城(即麹氏高昌国都城)内,先后出土过不少通常被称为“陶缸”的大型容器。其中有件陶缸呈黄褐色,高约1.2米,敛口,口径约0.2米,唇沿外折,颈短而不显,腹部最大径在肩部以下,外径约0.8米,小平底,底径略同口径。其他所见陶缸虽或大小有别(大者高达1.5米,小者高约1米),陶色不一(有红,有灰),但器形大抵如此。姓为容器,犹如现代酿造葡萄酒之发酵罐,或储藏桶。亦有学者认为“姓”是一种可容120至180升的大型贮酒陶器。“姓”是“罂”或“瓮”的通假字。

盆。在阿斯塔那古墓群陶盆中多见。如新疆博物馆考古队在古墓群第三次发掘中,发现1件三足陶盆,完整。细沙泥质灰陶,敞口,稍变形,斜直腹,平底,盆底粘捏三足,略外撇。通体饰黑彩,纹样单调,仅饰有杂乱无序的红色点纹。通高12.1、口径26.4、底径17.4、足高1.3厘米。

晋唐时期,吐鲁番地区已经出现储藏食物的仓库。在《唐西州都督府司厅、仓、库等配役名籍》中有“桃库”、“油库”的记载。

8.3 小结

8.3.1 西域饮食器具处于不断发展之中

汉之后,由于本地生产力的逐渐发展及本区域之外相对较为先进的生产技术的影响,西域饮食器具的制造技术不断发展。

如在制陶业发展的基础上,新疆陶器的花色品种逐渐丰富,质量逐步提高。有学者考察汉代新疆的手工业,发现汉代新疆的制陶业有了新的发展。民丰尼雅遗址、和田周围的古城遗址、昭苏乌孙墓葬、罗布淖尔地区楼兰晚期墓葬,以及哈密、吐鲁番、焉耆、库车、拜城等地,都发现有汉代陶片和制作规范、种类繁多、造型优美的陶器。这些陶器已被人们广泛应用在生活和生产中。如日常生活中的盛器有罐(圆底陶罐、彩陶罐、红陶大罐、灰陶三耳罐、单耳灰陶罐)、壶、盆、杯、钵、瓶;贮存食物的巨形缸、瓮;炊具有甑等。陶器的广泛使用和烧陶技术的不断提高,说明汉代新疆的制陶业已从家庭副业的生产状态中逐渐脱离出来,成为社会上的一个新的生产部门。陶器是西域人民的重要饮食用具,制陶业的发展必会导致饮食器具质量的逐渐提高,这也在一定程度上体现着西域人民饮食生活水平的逐渐提高。

另外,随着西域对外文化交流的发展,外来的饮食器具不断传入,新饮食器具不断出现,饮食器具品种日益丰富和发展。如内地来的釜、甑、筷子等,西方来的叵罗、玻璃瓶等。

8.3.2 充分体现西域人民的创造性思维

西域饮食器具适应西域特定的地理环境及经济模式,充分显示了西域人民的创造性思维。一些饮食器具适应西域特殊地理环境而独具特点。如腹大、口小的饮食器具,可以防止蒸发;另如皮质器具(如皮囊),是适应游牧经济和畜牧经济生产方式的;再如西域一些地方大量出土的带流器形,也是与其特定的经济生活相适应的。

以察吾乎四号墓地的陶器制作技术和方法为例。据《新疆察吾乎——大型氏族墓地发掘报告》表明,察吾乎四号墓地的陶器在制作技术上有许多独到之处。首先,陶质掺和料多样化,除常见的夹砂陶外,还有为数不少的夹云母陶。云母有粉状、粒状和片状多种形态,并有黄、黑、灰、白等多种色彩。灰、黑色云母质地绵软、起层、轻薄,受热和保温性能好,多夹在炊器中。如釜及前述外表有烟炱之器物中,多不夹砂而掺进灰、黑色云母片,经过充分揉和均匀,在塑造时使云母片成层平贴在一起,形成结合紧密的多层结构,既耐火烧、防渗漏,又结实轻巧,受热快且保温延暖。器表多呈灰黑色,即使有大量烟灰也不觉得脏丑，可称得上绝妙之极。而在经常使用的带流杯、筒形杯、碗、壶等夹砂陶器中，则掺和大量细碎的金黄发亮或白色透明的云母片，在明亮处闪闪发光，配之以线条流畅、造型优美的器形及色彩斑斓的花纹，令人拍手称奇。另外还有夹粗砂陶，器胎中无云母，多为大双耳罐、瓮、钵等，也显得浑厚凝重，采自自然之物而各尽其用。从制陶工艺的一个方面即充分显示了2000多年前察吾乎人的聪明才智。其次是制陶方法上的创新。这里的陶器全为手制，没有发现轮制器皿。最常见的是如下几种方法：(1)泥圈贴筑法。(2)分截粘接法。(3)铆合法。(4)捏塑法。

1991年拜城县克孜尔吐尔墓地25号墓出土高流单耳三角纹彩陶罐（见图版51），约为公元前11至5世纪制作。该罐高39厘米、口径19.2厘米。灰砂红陶，手制。口微敞，一侧渐高起与宽长而上扬的流相连，圆唇，溜肩，单耳，鼓腹，圆底。流与颈上部为深红色，颈腹部在土黄色地上绘八层相互叠错的深红色横三角纹带，下部有不规则的水波纹。造型独特，纹饰粗犷。现为新疆维吾尔自治区博物馆藏。

带流罐充分体现了西域人民的创造性思维。带流罐是与特定的生活方式相适应的，新疆带流罐以察吾乎文化所出为典型代表。带流器的发明，是与实际生活中的使用价值分不开的，它为流体食品的倾倒提供了方便。从带流罐的出土地点，器型、陶质，出土时外底部有烟炱，器内存干结糜谷粥以及伴随的出土物，再结合带流罐的装饰手法及纹样等方面，可见带流罐的器用为半农半牧或牧区的人们盛煮温热奶制品等粘稠液体的器具，所以盛行于以牧业为主要经济形态的新疆、西藏两地。应指出的是，带流器具除了用来盛煮温热奶制品等粘稠液体外，还应该用来盛煮温热粮食类，如粟、糜子等粥状物。

带流罐在吐鲁番也出土不少。鄯善洋海墓地曾出土车师时期的带流罐（见图版52），高17.5厘米、口径13.2厘米、底径6.8厘米。广口，长流上扬，圆腹，小平底，单耳，素面。现藏吐鲁番博物馆。

为适应游牧移动中的需要，西域人们充分发挥自己的主观能动性，创造出适合自己生活的饮食器具。如和静察吾乎沟四号墓地1987

年度发掘时，发现木制单耳容器十分流行，而且耳孔很小，仅能穿绳，这便于悬挂和迁徙时捆绑。

蚕形陶壶体现了西域人民的聪明才智。陶器，在两汉的乌孙社会中是普遍使用的生活用具，陶器也多被随葬于墓葬之中。晚期陶器，均为轮制。在陶器中所见的蚕形壶，小口小直径，广肩鼓腹，两肩堆砌泥条，通体呈蚕形，但体一侧圆弧，一侧则略扁平，说明它是悬挂和背附于马背、毡房以及人体上的。

同时，西域先民的服饰也充分显示了西域人民的创造性思维。营盘墓地19号墓干尸，从死者服饰看，外袍内贴身穿一浅黄色毛布内袍，内袍由上衣下裳两部分连属成一体，明显带有汉代“深衣”制的影响。内、外袍均自胯部向下开衩。营盘发现的袍服，不论式样如何，都采用了开衩的服制，这一特点应与当地的经济生活有很大的关系。

8.3.3 西域饮食器具的造型和装饰艺术

饮食器不但有实用的功能，还有审美的价值。西域饮食器具的造型和装饰艺术，充分体现了西域人们对美的追求及生活的热爱。吐鲁番洋海、且末扎洪鲁克墓地出土了不少雕刻、附饰动物图像的木器。这里的主人，是对游牧生活十分熟悉的。多种动物活动的场景，更是人们生活中所常见的。动物们活动的形态，表现的力量、速度，也就成了人们视觉欣赏中美的象征。与生活环境密切相关的家畜和野生动植物也就成为一些饮食器具的造型和装饰图案。如据马玉蕻先生介绍：洋海考古中陆续发现了十余件木桶，大部分都有与岩画风格相似的动物刻画，阴刻、线刻的动物种类丰富，有北山羊、盘羊、马、狼、虎、狗、梅花鹿、骆驼、野猪、麋鹿、鸟等。有动物刻画的木桶上，很多动物都成组分布，组成一个完整的画面，有的是狼和北山羊的组合，有的则是骆驼、野猪、麋鹿、岩羊的组合，还有两只正在争食的狼，弓背龇牙，栩栩如生（见图版53）。这些特点和新疆阿尔泰山、天山地区发现的岩画很相似。洋海墓地出土的两只木桶上，约有300粒比芝麻稍大的小花紫草白色坚果被有规则地粘贴在木桶外口沿处。考古学者在研究后说：“这是古代洋海人唯美追求的匠心所在。”这两只木桶形状及大小相似，外壁呈砖红色。一只木桶外壁上线雕着鹿和北山羊，另一只木桶外壁一周刻有九只奔跑中的北山羊。相比这些简单而生动的绘画，红色桶壁上粘贴的白色植物果实更让考古学者惊讶。这些被用作装饰的白色果实每枚仅有3毫米左右，呈三角形，都被细致用心地整体排列成规则的倒三角形，且每一枚果实的顶部都指向桶的下方，并且整体是由若干倒三角形小果实组成了一个大的倒三角形。中国科学院植物研究所蒋洪恩博士认为："将那么多比芝麻稍大的种子粘贴成规则的倒三角形实属不易，费工耗力，没有极大的耐心恐怕难以完成。为装饰这个并不算大的木桶下这么大功夫，可以看出古代洋海人对至美境界的追求近乎奢侈。"

西域彩陶也是典型例子。据考古学家介绍，新疆彩陶的器形及彩绘纹饰图案，在不同地区有各自不同的特色。从彩陶器形到彩绘花纹布局的变化，充分反映了新疆从远古时期的历史发展中即已表现出的不同地区多民族多文化风格的特点。新疆彩陶绝大部分为夹砂红陶，陶质较粗，细泥陶少见，陶器制作方法均为手制，一般都在陶器表面敷红色或黄白色陶衣，上绘黑、红或褐色彩绘，也见有黄色或紫色彩绘。在其彩绘布局上一般是通体满绘，但引人注目的是在和静地区发现的彩绘，其中有相当大的一部分彩陶是局部施彩，就是在陶器表面局部(在颈部或腹部)呈不规则的带状内绘红或褐色花纹。这类局部施彩的布局风格是这一地区独有的，具有地区民族文化特色。

察吾乎文化彩陶的造型和装饰艺术充分体现了西域器具的特有魅力。据《新疆察吾乎——大型氏族墓地发掘报告》显示，察吾乎文化彩陶丰富，是造型艺术与绘画艺术的有机结合，纹样富有生气，具有强烈的装饰效果和审美价值，充分体现了察吾乎人在艺术表现手法上的创造才能和聪明才智。并且，其彩陶的不同纹样有不同的寓意。艺术源于生活，彩陶纹样反映了生活的真实，又增加了器物的美观漂亮。察吾乎人的主要经济形态是畜牧和狩猎，生活环境是高山、莽林、草原，赖以生存的生活资料主要是马、牛、羊、驼及各种畜类。彩陶纹样中各种三角纹是对处于不同距离和环境中山脉的写照，而驼纹、植物纹等，则反映了当时的生活和原始农业的存在。作为古代艺术的察吾乎文化彩陶,其美学思维的独到之处在于构图技法上的创新和别具风格。在彩陶中,斜带彩形式丰富且数量众多,而它无一例外全见之于带流器上,这就说明,这种斜带彩是专为带流器设计的。器物流嘴是为了便于液体倒出,而斜带的一端总是伸向流嘴处,形式如同图画中的溪流,当器物向前倾斜时,斜带彩也倾斜至水平,用其标志液体的流出量度,这种用不对称的图案装饰相应的不对称器物的构思,是察吾乎人观察思维与形式的高度统一。另一方面,斜带彩均装饰在器物把手左侧,当右手持器时有彩的一面在外,给人以视觉美。可见,制作者在构图时,就考虑到向他人展示美。此外,一般所见彩陶图案,几乎都是附着于圆口器上,形成了圆的和谐。而察吾乎文化的彩陶器大多是单耳带流嘴的,从任何角度看都是不圆的,而要在不圆的器物上绘彩就不能照搬现成纹样,这就要求重新设计,而带流器又是不对称的,那么就要有相应的不对称图案来装饰。察吾乎彩陶的这种美学结构,正是基于对美之内涵的充分理解。

试再以田园葡萄纹陶罐、连续几何纹鼓腹陶罐为典型例子,说明陶器质地的饮食器造型和装饰艺术。据相关介绍,田园葡萄纹陶罐(见图版54)的描绘技法虽然拙朴,但将葡萄藤蔓置于陶罐中部,凸现了植物主题,两侧不规则线条构成的方块内填充菱格纹的巧妙构思,将远眺绿洲田园重叠,近看葡萄果实丰硕的景致,充分显现了出来。连续几何纹鼓腹陶罐(见图版55),高24厘米,上腹部绘14组竖格,相间绘赭色网纹和3个半环状图案。装饰纹样采用了西域青铜时代彩陶装饰中在腹部里横向条带的传统,但又通过在几何条带内连续分割装饰框,相邻装饰框内描绘风格完全不同的弧形纹和菱格纹的手法,使这件陶罐有了它独特的艺术生命力。

8.3.4 部分饮食器具见证西域对外文化交流的历史

西域饮食器具地方性特点明显,同时也是多种文化融合创新的产物。其深受汉文化影响,如漆器饮食用具的出土。据孔雀河下游老开屏、楼兰古城东郊东汉墓的发掘资料表明,随葬文物具有鲜明的地区文化特点和时代特征。富有地区民族文化特色的文物与来自中原地区的汉式文物共见于一室。本地区的文物主要是日用物品，如各种木器、棉布、棉花，毛毡、毛毯、弓箭等。而锦、绢、丝绵、铜镜、漆器、五铢钱等，则明显是来自于中原。漆器有单耳杯、桶形杯、漆盒盖，木胎上髹黑漆，绘朱红色彩，图案有卷云纹、柿蒂纹。

具体例子可见鄯善大阿萨墓出土的汉代漆盘，该盘高2.9厘米、口径18.2厘米、底径13.2厘米。木胎，广口，平底。外髹黑色，内为红漆。现藏吐鲁番博物馆。另如1996年楼兰古墓73号墓出土的漆木案和菊花饼（见图版56）也能说明此问题。

另外，汉代陶器已经广泛应用于日常生活中。有些陶器具有内地陶器的风格，其制作技术显然是随着内地移民而传入新疆的。据鉴定，1961年昭苏西汉乌孙墓出土的土黄色陶器，就是汉代中原地区陶罐常见的形式。黄文弼先生在遍查罗布淖尔湖北岸汉代遗址后，曾认为："吾人踏查其他陶片散布地，间有汉铜小件及五铢钱为证明者，其陶片多作红色与青色两种，花纹多作水波纹、绳纹及回致，显与内地之传统纹样相同，形式也多趋一致。无论其为车旋法或手抟法所制造，要皆为中原之作风，而与西来者迥殊。""若轮台、库车、和田瓦砾之散布及完整之陶器，其花纹式样，皆不出于上举之范围。尤其在天山北麓古坟中所出之黑陶壶，与内地所出形式纹样均同，是可证自汉通西域以后，陶工艺术之输入，极为广泛，竟遍及天山南北两路。"[1]另外，罗布泊遗址和吐鲁番晋墓中常见的釜和甑是内地炊器西传西域的具体例子。楼兰、尼雅及吐鲁番地区出现的筷子也是汉饮食文化西传西域之明证。

同时，西域饮食器具也受到西方文化影响，如叵罗在西域高昌等地区的使用，另如萨珊波斯风格器皿的出土。而伊斯兰风情的饮食器具，是在唐之后随伊斯兰教的发展而出现和发展的。

---

〔1〕黄文弼：《罗布淖尔考古记》，影印本，：兰州古籍书店，1990年，第90页。

9 汉唐西域饮食文化的变迁

本章用动态、发展的眼光审视西域饮食文化，初探西域饮食文化在汉唐这一较长时间段内的变迁。综观西域饮食文化史，汉晋是西域饮食文化的发展时期；唐，既是西域饮食文化融合发展的高潮阶段，又是西域因宗教、民族变化发展而饮食总体风貌逐渐发生变化的分水岭。

9.1 食生产方式及主体生产格局基本未变

饮食文化受地理环境和气候条件的影响和制约，特别是在古代社会，此影响和制约程度相对现代化的当今而言更大。如前所述，“三山夹两盆”的特殊自然地理格局使古代新疆成为天山南北两大地块，横亘中部的天山山脉，大致将新疆分为南部以塔里木盆地为中心的塔克拉玛干沙漠绿洲带以及北部以准噶尔盆地为中心的环古尔班通古特荒漠草原带。彼此环境、气候、物产截然不同，其主体生产格局及饮食文化发展过程也呈现出不同的轨迹。其基本经济格局为“南农北牧”。当然，天山北路多“行国”，盛行游牧；南路城邦诸国较多，农业、商业较盛，但畜牧仍占重要地位。造成这一现象的原因，既有自然景观的制约，也和汉、唐间西域地区政治、人文的因素密切相关。天山北路地区先后有匈奴、鲜卑、柔然、高车、突厥等游牧民族雄踞其间，天山南路地区与中原政权直接接触较多，农耕文化影响深远。天山以北，总体上说适合于畜牧业生产，虽然有些地方也适合农业的发展，如天山北麓诸绿洲和乌伦古—额尔齐斯河流域平原，是宜牧宜农的美好所在，历史上驰骋于天山以北的游牧民族也曾尽量利用有限的农业资源发展农业，中原王朝也曾在北疆有些地方屯垦，但其主体生产方式还是以畜牧业为主。综观整个新疆，即使到现代，占全疆畜牧业很大比重的地方还是在天山以北。而天山以南虽然畜牧业在绿洲生产生活中占有相当地位，但其一直没有从总体上占据主导地位，占主导地位的生产方式还是绿洲农业。而且随着中原王朝在西域的三次开发高潮的推进，农业生产规模及比重还有所上升，虽然中原王朝自西汉以来就在西域屯牧，但对西域畜牧业的发展影响相对不是很大。

从青铜时代至清前期，虽然经济、政治、文化生活发展变化很大，但西域（特别是南疆绿洲）的食生产方式基本未变，同时“南农北牧”的主体生产格局基本未变。尽管如此，西域饮食文化还是存在一些变化。最显著的变化是唐之后伊斯兰饮食文化的逐渐形成和发展，但“南农北牧”的状况没有根本性改变。早期（特别是在汉之前）西域饮食文化主要受自然地理条件制约，随着交通的逐渐开拓，对外交流的逐渐加强，饮食文化在原有基础上逐渐丰富，出现了新的饮食文化因素，但此变化发展也要受自然地理环境、气候条件等客观条件的制约，加上清初以前的屯垦限于人力，开荒面积有限，主体生产格局是改变不了的，南疆以农业为主，北疆以畜牧业为主的格调从汉之前即是如此，虽然其中也有交叉发展。清政府在西域开始大规模的垦殖活动，改变了西域的总体生产格局。

9.2 汉唐西域饮食文化的变迁

在生产力不断发展，农牧业产品日益丰富的情况下，人们的饮食文化与产品勉强可以维持生命的情况下的饮食文化自然会很不一样。食品花式会日益丰富，食品的制作工艺会日益向前发展。因此，从汉到唐，饮食文化的发展变化是一种肯定的存在，问题是如何深入进行发掘。

9.2.1 汉唐西域饮食文化变迁的主要表现

(1)粮食作物在饮食生活中的比重逐渐增大

新疆历史上的经济开发，主要是农业上的开发，各族人民世世代代在这块辽阔的土地上，筚路蓝缕，开荒造田，为扩大耕作面积而努力。

历代中央王朝在西域的屯垦,促使农耕经济在原有基础上不断发展。西域农耕经济的发展,使西域粮食供应量大大提高。殷晴先生曾经解读一件内容是有关人口买卖的契约的于阗语文书,并分析古代塔里木南端的社会经济情况。其认为公元3世纪使用佉卢文时期,一个未成年人的卖价为40余穆立,折合谷物800余斤或丝绸40匹,一匹丝绸换谷物20斤;公元八九世纪使用于阗文时期,一个未成年人的卖价为2000穆立,折合谷物约1600斤或彩帛11.7匹,一匹彩帛换谷物约140斤。由上可知,在塔里木南端绿洲诸城国,前期粮食比较匮乏,一个孩童之价格只为800余斤谷物,农业生产经过长期发展,粮食产量增多,至后期一个孩童卖价则增加了一倍的谷物。从公元二三世纪到八九世纪,塔里木南端诸绿洲城国的社会经济生活已发生了若干明显的变化,主要变化之一便是通过市场货物比价的变化,可以看出公元3世纪以后本地区农业生产获得发展,谷物供应量显著增多。西域粮食供应量的大大提高必然在一定程度上带来粮食作物在西域人民饮食生活中比重的提升。

(2)新食源、新食品不断出现

早在远古时期,内地的粟已经传到新疆种植,西亚的麦子也已经在新疆生根发芽。随着历史的推进,西域人民的饮食资源日益丰富,新食源不断出现。这既包括祖国内地农作物及食物的引进,也包括西来之饮食品种。如据相关研究,西汉时期,新疆屯垦军民种植的农作物,有内地出产的作物,也有新疆特产的各种作物。主要有:粟、稷、黍、小麦、大麦、高粱、胡豆、豌豆、胡麻等粮食作物和经济作物,葱、蒜、黄瓜、甜瓜、胡萝卜、菠菜、莴苣、芹菜、芫荽等蔬菜作物,葡萄、核桃、梨、桃、苹果、杏、石榴等果树,还有苜蓿等饲料作物。其中种植最多的是粟、小麦、稷和葡萄。

稍后还有水稻。水稻是源自我国南方的农作物,是否进入西域,何时进入西域,是一个值得研究的问题。笔者认为水稻在西域已有栽培,这意味着米饭逐渐进入西域人的餐桌。

关于水稻,古代文献中也有不少记录,如《北史·西域传》记载:焉耆国“土田良沃,谷有稻、粟、菽、麦”。龟兹国“物产与焉耆略同”。疏勒国“土多稻、粟、麻、麦”。《梁书·诸夷传》记载于阗“气温,宜稻、麦、蒲桃”。《魏书·西域传》云:焉耆国,“气候寒,土田良沃,谷有稻粟菽麦,畜有驼马”。龟兹国,“物产与焉耆略同”。疏勒国,“土多稻、粟、麻、麦。”《隋书·西域》载:龟兹国,“土多稻、粟、菽、麦”。疏勒国,“土多稻,粟麻”。于阗国,“土多麻、麦、粟、稻、五果、多园林”。《新唐书·西域传(上)》载龟兹“土宜麻、麦、秔稻、蒲陶、出黄金”。《大唐西域记》卷1记载屈支国(龟兹):“国大都城周十七八里,宜穈、麦,有粳稻,出葡萄、石榴,多梨、奈、桃、杏。”

在营盘墓地,曾发现过水稻茎秆。据新疆文物考古研究所的尉犁营盘墓地1995年发掘报告,M19出土一把稻草,叶、茎保存完好,不见果实。将其同现代栽培稻进行比较,除茎秆较矮,叶子较短窄外,叶舌、叶脉特征基本相似。稻喜高温,适于在多水地区发育生长。古代营盘的气候、地貌、土壤、水文等是否适宜于稻的种植培育,发掘者持怀疑态度,认为出土数量有限,判定营盘稻为野生稻。对此,农史研究者有不同观点:从营盘墓地出土的稻草外观上看,其应该属粳稻,因为粳稻的茎秆较低较矮,叶脉较短窄。山国北靠焉耆、南连且末,而焉耆、且末在汉晋时期都是西域水稻栽培地区。故从营盘墓地出土的农作物标本和营盘故城附近发现的相关遗迹遗物来看,汉晋时,山国栽培水稻是具备条件的,营盘墓地出土的稻草完全属人工栽培的粳稻是有可能的。

营盘遗址所属的“山国”,与焉耆是地域相连的,所以不能排除“山国”也种植水稻。在西域有些地方是可以种水稻的,目前米泉、焉耆、阿克苏种水稻,即可作辅证。

卫斯先生曾认为:“从文献记载来看,汉唐时期,我国西域栽培水稻的地域分布大致在今:(1)塔里木盆地北部的焉耆、轮台、库车、沙雅、拜城、阿克苏、新和等地。(2)塔里木盆地西部的喀什、疏勒、疏附、伽师、英吉沙、岳普阿(当为岳普湖——笔者注)、阿图什、乌恰、阿克陶、塔什库尔干等县市。(3)塔里木盆地南沿的和田、皮山、墨玉、洛浦、策勒、于阗、民丰等县市。栽培和食用水稻的民族主要为操印欧语系'吐火罗语'的焉耆——龟兹人、和操印欧语系伊朗语族东伊朗语支的于阗塞种人,以及极具民族音乐特色的疏勒人。同时还有从内地调集移入的、在此地开垦屯田的士卒、人犯和普通百姓。从文献语言用词的排序来看,稻在'焉耆国、龟兹国、疏勒国'农作物种植结构中,占主导地位,其比重比较大,排在五谷之首。而在于阗国的农作物种植结构中,地位稍次,排在麻、麦、粟之后。这恐怕不是治史修志人的随意之笔,而是历史情况的真实记录。"[1]卫斯先生文章中提到的一些地方不可能有水稻种植,如乌恰、阿克陶、塔什库尔干并不适于种植水稻。塔什库尔干地势高寒,麦子都不熟,那里的人们夏天还要穿皮袄,其主要种植青稞、油菜、萝卜、土豆等。尼雅遗址位于民丰,从考古发现可断定该遗址没有种植水稻。目前,在新疆阿克苏、焉耆、米泉等地有水稻,但不是任何地方都能种植水稻。所以,卫斯先生对于汉唐时期西域栽培水稻的分析似乎估计过高。

关于西域屯垦区内是否有水稻栽培,曾有学者进行过研究,但有些观点尚待商榷。如有学者认为"魏晋屯田军已把种植水稻的技术,从内地传到了新疆,开始在楼兰和高昌地区试种"。十六国和北朝时期新疆屯垦在生产方面有新的发展,其主要表现之一即"水稻种植的推广","十六国时期,内地大批汉族人民迁入西域,又发展了新疆的水稻生产。到北朝时,水稻已在高昌、焉耆、龟兹、疏勒和于阗等地较广泛地种植,这是新疆屯田军民和各族人民共同努力的结果。"[2]西域农业是灌溉农业,很多粮食作物如小麦、粟等都需灌溉。如前所述,高昌不可能有水稻种植。楼兰虽有屯垦,但该地区应没有水稻种植。从整个环境来看,古代新疆所有地方都要种植水稻是不可能的。但可以肯定的是,龟兹、焉耆有水稻种植。这两个地区含盐量高,种植水稻还有利于冲淡土壤中的盐分。

总之,西域有水稻种植,时间早可到汉晋,且不断发展,但由于古代新疆自然地理环境以及水稻特性,新疆不可能有大面积的水稻种植。

---

[1]卫斯:《我国汉唐时期西域栽培水稻疏议》,《农业考古》,2005年,第1期,第231页。

[2]方英楷:《新疆屯垦史》,新疆青少年出版社,1989年,第227-239页。

水稻总产量在西域相对来说应是较少的，且其价格昂贵，一般老百姓是很难享用的。殷晴先生分析日人池田温所编《中国古代籍账研究·录文》部分所收的“唐〔开元九年？(721?)〕于阗某寺支出簿”，认为实际上稻米产量极少，稻谷花即大米三十文一胜(升)，为粟价的20倍，麦价的10倍，非常人和一般僧侣所能食用。在账目所载的四个月中，买稻谷花只有一次，用以招待官僚观灯，节日也未购买作僧众饭食。据账目记载，当时这座寺院供给僧众的伙食以粟、麦特别是以粟为主。但不管怎样，米饭已逐渐进入少数西域人的餐桌。《新五代史·四夷附录》记述于阗：“蒲陶为酒，又有紫酒、青酒，不知其所酿，而味尤美。其食粳沃，以蜜粟沃以酪。”

另如在论及吐鲁番饮食文化时谈到的饺子、馄饨、粽子、石蜜等也是新食源、新食品不断出现的例证。清代，玉米传入西域并得到逐渐推广。乾隆时代北疆地区烟草的普遍种植，抽烟的汉人和满人相当普遍。

再如西域园艺业进一步发展，蔬果种类的不断增加，如中国桃、梨子的西传等等。

(3)高座具及合食趋势的逐渐出现

目前，国人进餐主要是合食方式。但在历史上，中华民族的进餐曾存在过地地道道的分餐方式。先秦两汉，中国人进食皆席地而坐，各人席前各置几案，案上摆放食品，分别据案而食，食物是互不混杂的。这种饮食方式历经魏晋南北朝直至隋唐都有不同程度的保留。据《史记·孟尝君列传》记载，齐国的孟尝君广招天下宾客，对前来投奔他的数千名食客，不论贵贱，一视同仁，都和自己吃同样的食物。一天夜晚，孟尝君宴请新来投奔的侠士。宴会中，有一侍从无意中挡住了灯光，一侠士认为这里面大有文章，一定是自己吃的膳食与孟尝君的不一样，不然侍从何以要遮住灯光呢？于是此人怒气冲天，放下筷子，欲离席而去。孟尝君为说明真相，亲自端起自己的饭菜给侠士看，以示大家用的是同样膳食。真相大白后，侠士羞愧难当，遂拔剑自刎以谢罪。《陈书·徐孝克传》记载，南朝陈国的国子祭酒徐孝克在陪侍陈宣帝宴饮时，对摆在自己案前的馔食一口未吃，可是当散席后，他面前的馔食却明显减少了。后来才知道，徐孝克将一些馔食悄悄带回家孝敬老母了。这使皇帝很感动，并下令以后参加御宴，凡是摆在徐孝克案前的馔食，他都可以堂而皇之地带一些回家。上述两则故事说明，当时实行的是一人一份的分餐制。魏晋南北朝时期的分食制与合食制并行不悖。唐代以后，合食制最终取代分食制，也是源于魏晋南北朝时期频繁而深入的中外文化交流所引致的人们居处方式的改变。

食案的使用与分食制存在一定的联系，而案在西域也多有发现。直至隋唐，西域分食的饮食方式还有不同程度的保留。如前所述，在阿斯塔那古墓群第二次发掘中，发现属于唐西州时期(640 年—8 世纪中叶)的木案两件。《唐邵相欢等杂器物帐》文书中亦记载“案枷一”、“案一”等。

中国古代餐饮家具的变革与高座具东传有很大关系。西亚是最早使用高座具的地区，高座具经由西亚传入阿尔泰和新疆地区。西域人民在起居方面对祖国的贡献之一是较早使用椅凳一类高座具，约于东汉末年传入内地(称为“胡床”)，逐步改变了内地原来席地而坐的习惯。罗布泊、尼雅两个遗址发现雕着犍陀罗花纹的木椅，是我国迄今发现的最早的椅子。楼兰 LB 遗址的年代为公元 5 世纪前后，在遗址中出土了一些木雕的家具，其中一件为残木椅椅面外框和腿，在椅面前端角上为立体雕刻的人头。尼雅的公元前 5 世纪前后的遗址中，也出土了木制的椅和桌的残件，较完整的是一件木雕椅子的下半部，椅座的四面为刻有四叶纹等图案的木雕板，椅座下有四个有蹄足的腿。此外还出土了斯芬克司和格里芬造型的木椅腿。从整体来看，新疆古遗址出土的木椅椅座上的图案以四叶纹为特色，椅腿多作神兽造型，皆为蹄足，明显受到西方木座具的影响。有学者指出：高座具东传对中国内地居住饮食生活产生了重要影响。在魏晋以前，汉人习用席地跪坐的坐姿，由于高座具从西亚经丝绸之路东传到中国内地，经过南北朝隋唐五代，辽、金、两宋多元文化的交融，高座具逐渐在中国内地流行，对人们的坐姿、饮食方式、器皿造型、书写姿势、阅读习惯、室内陈设和建筑空间都产生了深远的影响。

中国古代餐饮家具的变革促使国人由分餐制逐渐向会食—合食制转换。在中国历史上促使分餐制转变为会食—合食制的一个重要原因是家具的沿革变化。中国人饮食方式的改变,在一定程度上是由高桌大椅的出现而完成的,这是中国古代由分餐制向会食—合食制转变的一个重要外因。到唐代时,高桌大椅开始出现并使用,从而围桌而坐气氛热烈的合食制,逐渐取代席地而坐不相混杂的分食制,成为饮食的主要方式。

饮食文化具有传承性,可从当代新疆少数民族的食俗追寻古代西域合食制的逐渐出现。现代新疆维吾尔族、哈萨克族等族用餐都是合食,但西域合食的出现原因与内地有所不同。维吾尔族并不像内地一样在桌子上用餐,而是一般在炕上铺一块餐布,再把食物摆上去,人民围绕餐布盘腿坐在炕上合食用餐。哈萨克族更是不在高桌上用餐,很多情况下是在地毯上铺餐布合食。也就是说,相对内地而言,西域合食制的出现与高座具的出现和发展之间的联系不是那么紧密。但随着内地合食趋势的出现和发展,其在一定程度上会影响西域食风,虽不可确定西域合食出现的具体年代,但西域合食趋势的逐渐出现是无疑的。

(4)茶文化的发展及茶马贸易的逐渐出现

中唐之后,西域茶文化逐渐发展,中原与西域逐渐出现茶马贸易。

我国是世界上种茶饮茶最早的国家,先秦时期巴蜀地区已开始种茶饮茶。《日知录》卷7记载“自秦人取蜀而后,始有茗饮之事”。魏晋南北朝是饮茶风气逐步形成时期。此时,南方已普遍种植茶树。随着一些南方士人归附北朝,盛行于南方的茶也流入北方。但西魏时,饮茶在北方还遭到人们的轻贱。如人们将饮茶与酪浆相比,认为茶只配“与酪作奴”,所以《洛阳伽蓝记》卷3中将茶称作“酪奴”。

不少学者认为,5世纪时中国的茶叶就开始输往西亚的土耳其了。从茶向外传播的时间上来看,茶向亚洲国家和地区的传播时间较早。通过丝绸之路,西亚和阿拉伯国家得到茶叶的时间最迟应在中国唐代。

茶入西亚,最重要、可能的路线之一是途经西域。西域人民,特别是西域牧区对茶的要求是特甚的。新疆“三山夹两盆”的地形、地貌特征,加上远离海洋,形成封闭性的大陆性气候,夏季炎热干燥,冬天气候严寒。且牧区以畜牧业为主的食生产方式决定了游牧民的日常饮食主要是“食肉饮酪”。而茶本身具有特别的功效,茶叶具有消炎解毒、驱热消暑、提神醒目、驱腻消食、强身健体等效用。《茶经》卷上记载:“茶之为用,味至寒,为饮最宜。精行俭德之人,若热渴凝闷,脑疼目涩,四肢烦,百节不舒,聊四五啜,与醍醐甘露抗衡也。”茶的特有效用使其成为边疆民族很快接受并极喜好的物品。《唐会要》卷84《杂税》记载:“茶为食物,无异米盐,人之所资,远近同俗,既祛渴乏,难舍斯须,田闾之间,嗜好尤切。”《格致镜原》卷21记载:“茶之为物,西戎、吐蕃古今皆仰给之,以其腥肉之食,非茶不消,青稞之热非茶不解,是山林草木之叶而关系国家大经。”

我们也可从后世茶文化的发展来追寻古代西域茶文化。西域的农耕民族、游牧民族都普遍接受了茶文化,不过形成地方或民族特色罢了。像南部绿洲居民,除奶茶外,还喜欢饮清茶、盐茶、糖茶,而北部草原居民善饮奶茶。茶是新疆少数民族的日常生活中不可缺少的饮品,维吾尔、哈萨克、乌孜别克、塔塔尔、柯尔克孜等民族,都非常喜欢喝茶,他们常说“无茶则病”,宁可一日无食,不可一日无茶,可见茶对他们来说显得格外重要。所以当饮茶风俗传入西域之后,西域人民,特别是牧区的广大民众就逐渐被饮茶的好处所吸引,出现对茶的积极需要。这一需求,正是西域茶文化发展及茶马贸易逐渐出现的背景。

另外,我们应注重和亲在饮食文化交流中的作用。和亲是一定历史时期的产物。学术界认为,无论统治者实行和亲时的主观愿望如何,多数中原王朝同北方民族之间的和亲结果都导致了中央政权和北方民族政权之间,汉民族和北方民族之间的和平交往的关系,在客观上也促进了各民族之间的经济文化交流,包括饮食文化交流,有利于民族融合。履行和亲之盟时,双方必定互赠礼品。中国朝廷在公主下嫁时,常常陪赠丝织品、布匹和各种食物,并且以后每年都必有这类礼品赠送,成为一种习俗。畜牧部落的首领,主要是以牲畜(如马、骆驼等)

回赠。和亲过程中，缴纳聘礼、贡物、回赐及与之相关的互市等活动非常频繁，必然会促进官方贸易和双方经济的发展，出嫁公主在和亲过程中还带走了先进的生产技术、生产工具和生产工匠以及农作物品种、农业器具等，又为北方少数民族的农业发展提供了条件，补充了他们单一脆弱的牧猎经济，促进了北方少数民族由游牧经济向定居经济的转化，缩短了北方少数民族同汉族间在生产生活上的差距。而北方少数民族的畜牧经济，如养马技术和养马业等，又丰富和充实了中原地区的经济。在文化方面，和亲的影响是双向的，和亲公主带去的不仅是丰厚的财物，还有中原的文化的影响。同样，中原王朝文化亦受到北方民族文化的影响。如《汉书·西域传下》载："元康二年，乌孙昆弥因惠上书：'愿以汉外孙元贵靡为嗣，得令复尚汉公主，结婚重亲，畔绝匈奴，愿聘马、骡各千匹。'"和亲公主带去的异地饮食必将对西域小国上层饮食文化产生一定影响。《汉书》亦记载"公主至其国，自治宫室居，岁时一再与昆莫会，置酒饮食，以币、帛赐王左右贵人"。

唐曾与回纥、吐蕃和亲。唐朝和吐蕃的和亲，在促进饮食文化交流方面所起作用明显。唐朝赠与吐蕃的礼品中，除生产资料外还有相当多的生活资料，汉族的先进生产技术、饮食文化不断传入吐蕃。松赞干布是藏族历史上的英雄，崛起于藏河（今雅鲁藏布江）中游的雅隆河谷地区。他统一藏区，成为藏族的赞普，建立了吐蕃王朝。唐贞观十四年（640），他遣大相禄东赞至长安，献金五千两，珍玩数百，向唐朝请婚。太宗许嫁宗女文成公主。《西藏王统记》记载文成公主入藏时，除被赐予金玉告身文书、经史典籍、种种金玉饰等之外，还被赐"诸种食物烹调法，与及饮料配制方"等，该书还记载文成公主得知藏地无蔓菁，"遂携蔓菁种子，复造车舆，置觉阿释迦像于其上"而入吐蕃。上述"诸种食物烹调法"及"饮料配制方"是否包括茶文化尚不得而知，但当时唐饮茶之风已十分盛行，唐宫廷之人受其影响是必然的。因此，也不排除和亲公主及随从带去中原茶文化，并对回纥、吐蕃的上层饮食阶层产生一定影响。因为没有茶的明确记载，也只能推测而已。

《汉藏史集》虽写于藏历第七饶迥之木虎年，即公元 1434 年，但此书是藏族历史上一份珍贵的资料，在国内属于罕见的珍贵史料之一。该书认为“在吐蕃国王都松莽布支亦称龙朗楚吉杰波的时期，出现了以前未曾有过的犹如天界甘露般的茶叶和茶碗”。该书还概述了“茶叶和碗在吐蕃出现的故事”：国王都松莽布支得了一场重病，当时吐蕃没有精通医学的医生，国王只能注意饮食行动，加以调理。当国王安心静养之时，飞来一小鸟，口中衔着一根树枝，枝上有几片叶子。国王摘下树叶的尖稍放入口中品尝其味，觉得清香。加水煮沸，成为上好饮料。于是国王召集众大臣及百姓，表明自己病中对其他饮食一概不思，唯独认为小鸟携带的树叶作为饮料十分奇妙，能养身体，是治病之良药。并许诺重赏找到此树叶之人。有一大臣到汉地一密林中找到此种树，并将树枝送到国王驾前。国王疗养病体，亦大获效益。后吐蕃使臣将汉地造碗的工匠请来，按国王的吩咐制成兴寿等六种碗，吐蕃叫做兴寿的各种碗，这以前汉地也未曾有过。这即是茶叶和碗最初在吐蕃出现的传说。

吐蕃国王都松莽布支在位时间为676—704年。不管茶入吐蕃究竟是在松赞干布赞普时期还是都松莽布支赞普时期，茶文化在唐代吐蕃已有一定发展，当是无疑的。李肇《唐国史补》下卷中就曾记载常鲁公出使吐蕃，发现吐蕃赞普帐中已有寿州、舒州、顾诸、蕲门、昌明等地名茶。到宋时，饮茶习俗已在藏族人民生活中普遍风行，《新安志》卷7《洪尚书》记录：“蕃部日饮酥酪，恃茶为命。”《续文献通考》卷22记载“夷人不可一日无茶以生”。而一饮食风俗的形成，特别是接受外来食物直至形成风俗是个逐渐的过程，宋代藏族茶文化的发展也是日积月累的结果，从中可追寻唐代藏族茶文化的发展。

吐蕃吞并吐谷浑后，开始加入对西域的争夺，后来取代唐朝接管西域。吐蕃在唐代新疆历史舞台上活跃了一个多世纪并对其社会发展造成了不容忽视的影响。吐蕃在西域活动期间，吐蕃人和西域各族人民互相交往，为经济文化交流提供了方便。唐开成五年(840)回鹘汗国解体，回鹘西迁，结束了吐蕃的西域统治，成为西域的新主宰。茶文化在吐蕃的发展，必对周边民族(包括西域民族)产生一定的影响。

关于茶马贸易究竟始于何时的问题,学者们早已经关注此问题并进行了研究。茶马互市贸易的起源有唐代、五代、宋初三种说法,在唐代又有唐与回纥、唐与吐蕃之始的两种说法,各家论点不一。茶马互市,至少需要以下两个条件:其一,中原茶文化传播、发展到一定程度,且中原要有可供互市的茶叶;其二,边疆民族有茶的客观需要。

唐代,我国的茶文化有了很大发展,陆羽更是以一本《茶经》扬名于世,为他赢得了茶圣的美名。从唐代开始,我国南北人民中才出现普遍饮茶的习惯。唐代中叶以降,茶叶生产有了快速发展,能够向社会提供大量的商品茶,茶叶消费状况急剧变化,品茶啜茗进入内地寻常百姓之家,构成了人们日常生活消费的重要部分。唐人李珏《论王播增榷茶疏》指出:“茶为食物,无异米盐,于人所资,远近同俗,既祛渴乏,难舍斯须,田闾之间,嗜好尤切。”杨华《膳夫经手录》记载唐代人们已是“累日不食犹得,不得一日无茶也。”考究隋唐风俗史,吴玉贵先生指出,饮茶者在唐代也由僧人、文士向社会各阶层普及,甚至在许多地区形成了“比屋而饮”的局面。在饮茶风俗的影响之下,无论茶叶的品种还是冲泡的方法,都比前代有了较大的发展。最可注意的是,饮茶风俗这时已波及唐朝周边的青藏高原和漠北草原地带。

在唐代,茶文化已经逐渐传播至回鹘、吐蕃民族应是不容置疑的。《封氏闻见记》卷6记载:“按此古人亦饮茶耳,但不如今人溺之盛,穷日尽夜,殆成风俗,始自中地,流于塞外。往年回鹘入朝,大驱名马,市茶而归。亦足怪焉。”《新唐书·隐逸·陆羽传》也有类似的记载:“羽嗜茶,著经三篇,言茶之原、之法、之具尤备,天下益知饮茶矣。……羽愧之,更著《毁茶论》。其后尚茶成风,时回纥入朝,始驱马市茶。”两书记载相吻合。

随着中原地区茶叶产量的增多和饮茶风气的形成,回鹘、吐蕃等民族在与中原汉族人民的交往中,逐渐吸取了汉族人民的饮茶风俗。茶马贸易的追本溯源,不能只着眼于官方贸易,应注重民间贸易的作用。西域人民有茶的需要,而中原茶叶生产在唐又有了大发展,故在经济交往中,出现出卖马匹、购买茶叶的商品交换,并逐渐出现茶马贸易应是理所当然的。殷晴先生认为唐太宗定高昌后，以绢马贸易和茶马贸易为中心的互市也趋向兴旺。西突厥及突骑施、吐谷浑、回纥诸少数民族多通过互市以马牛等换取中原的绸缎、茶叶、瓷器等物品。商业是回纥汗国建立以后兴起的一个重要经济部门。据艾尔肯·阿热孜的《试论维吾尔族的茶道文化》一文及维文版《维吾尔族历史》一书甚至认为："回纥汗国的商人从中原地区采购大量的丝织品、工艺品以及茶叶之类的物品……运到天山南北、中亚诸地销售。"〔1〕但目前本书作者手头资料中还未见直接相关的材料。

自唐代中叶开始，茶业经济逐渐崛起，茶叶生产得到了很大发展，但与宋代相比，毕竟是处在一个发展的开始阶段。源于当时社会经济发展所限，在唐代，西域民间饮茶之风不是很盛行，茶对于老百姓来说还是奢侈品。吐蕃、回鹘下层平民饮茶和一般商人贩茶尚不见于记载。《封氏闻见记》记载回鹘"……市茶而归。亦足怪焉"，此也可为之证。

郭孟良先生在《中国茶史》中说："据考古发现，新疆吐鲁番地区的唐墓出土物中，有一幅绢画《对棋图》，上面画着一个手捧茶托端茶献茶的侍女，说明茶叶贸易和饮茶之风尚已深入到新疆地区。"〔2〕笔者遍查吐鲁番地区考古资料，发现郭先生说的应该是指 1972 年自吐鲁番阿斯塔那 187 号墓葬出土的"弈棋仕女图"及"侍女图"。该图约为唐(618—907)代所绘，纵 61.2 厘米，横 6.5 厘米。图中两位侍女姿势一样，均呈垂立一旁捧手恭命状。但画中并未有"手捧茶托端茶献茶的侍女"，郭先生认为"茶叶贸易和饮茶之风尚已深入到新疆地区"之说法似乎也夸大了茶文化在唐代新疆的传播程度。当然，中唐之后，西域茶文化逐渐发展，茶马贸易逐渐出现当是无疑的。

另在唐之前，西域主要是受到佛教文化的影响；唐之后，伊斯兰教在西域传播开来，并逐渐占据主导地位。这种变化在饮食文化方面也有所体现。

---

〔1〕刘志雷：《维吾尔族历史》(维文版)，民族出版社，1987 年，第 77 页。转引自艾尔肯·阿热孜：《试论维吾尔族的茶道文化》，《农业考古》，1998 年，第 2 期，第 84 页。

〔2〕郭孟良：《中国茶史》，山西古籍出版社，2003 年，第 29 页。

9.2.2 汉唐西域饮食文化变迁的主要原因

汉唐西域饮食文化变迁的原因主要有以下几点：

(1)西域人民日益增长的物质和精神文化需求

西域人们日益增长的物质和精神文化需求,特别是在饮食方面的不断需求是西域饮食文化变迁的内在动力。

需要产生动力。人类日益增长的饮食营养需求毫无疑问是饮食文化变迁的根本动力。早在汉代,中原王朝相对丰富的物质文化和精神文化就吸引着西域的一些政权,其对中原王朝较为先进的农业生产方式也颇为青睐。在北魏后期,柔然阿那瓌上表,还“乞粟以为田种,诏给万石”。虽然中原王朝在西域屯垦的原因有多方面,但西域一些政权对屯垦的积极态度也应是重要原因之一。如汉昭帝时期,应尉屠耆所请,中原王朝派司马一人,率吏士四十,屯田楼兰伊循城。后来更置伊循都尉,成为汉朝经营西域的重要根据地之一。

(2)生产力的不断提高及社会经济的不断发展

汉唐时期,西域生产力的不断提高及社会经济的发展是饮食文化发展变化的基础和前提。据相关研究,唐代新疆由于生产技术的改进,单位产量的提高,每亩平均产粮一石半。五十万亩屯田,每年总计收粮可达七十五万石。这不但保证了军粮供给,而且减轻了人民的运输劳役,减轻了国家的财政负担。屯田带来的新技术,提高了新疆生产力发展的水平,促进了各地农业、手工业、交通运输业和商业贸易的发展,推动了新疆社会经济和文化的繁荣,也推动了新疆社会历史的前进。

(3)手工业、商业、交通运输的发展变化

汉唐时期,西域饮食文化的发展变化与手工业、商业、交通运输的发展变化息息相关。中原王朝经营西域,使手工业、商业、交通运输向前发展,特别是使西域交通进一步向前发展。丝绸之路南、北两道发展成南、中、北三道,沿途中原王朝还设立驿站。如《汉书》卷96(上)《西域传(上)》载:“自贰师将军伐大宛之后,西域震惧,多遣使来贡献,汉使西域者益得职。于是自敦煌西至盐泽,往往起亭,而轮台、渠梨皆有田卒数百人,置使者校尉领护,以给使外国者。”另据《后汉书》卷88

《西域传》记载:“立屯田于膏腴之野,列邮置于要害之路。驰命走驿,不绝于时月;商胡贩客,日款于塞下。”

(4)西域与外界的经济文化交流

汉唐时期,西域经济文化交流对其饮食文化的发展变化起着促进作用。关于西域与外界的交流,特别是饮食文化的交流,将在饮食文化交流篇中详细论及。

探讨西域饮食文化,应考虑来自社会政治、经济、文化等各因素的影响。源于特定的地理历史,西域受周边强大势力者影响较明显。西域在特定时期的政治经济状况,与中原王朝对其经营政策有一定关系。历代中央王朝国力相对强盛时都会重视对西域的经营。其中“屯垦戍边”政策对西域饮食文化的变迁影响较大,其逐渐改变西域农牧业在全疆的比重,同时使西域食生产力在一定程度上有所提高,并使许多内地的动植物品种在西域扎根,从而使西域饮食结构有了一定的变化。

(5)“屯垦戍边”与西域饮食文化

从特定角度观察,也可以说新疆历史就是一部屯垦史。汉唐两朝对古代新疆的管辖经营政策之一即屯垦戍边,组织生产。而屯垦与西域饮食文化具体表现为:①中原王朝在西域屯垦的初衷之一即解决粮食供应问题,保证军食及过往汉使的需要。②历史证明屯垦对西域饮食文化的进步发挥了促进作用。其一,屯垦使西域在农业方面的食生产力逐渐提高。随着屯田事业的发展,内地较为先进的生产技术、生产工具以及水利建设技术传到了新疆,促进了当地食生产力的发展。其二,中原王朝在西域屯田对西域农作的发展有着重大的示范作用,是西域生产格局逐渐发生变化的重要因素之一。其三,屯垦促使西域蔬菜栽培逐渐兴盛,在一定程度上使蔬菜在西域部分人们饮食生活中的食用量增大。其四,屯垦促进了中原饮食器具在西域逐渐使用,从而促使西域人们的烹饪方式有所改变。其五,屯垦饮食文化圈的形成和发展。从中原去西域屯垦的汉族军民传承了中原饮食文化,同时为了适应西域特定的地理环境和历史文化,其又入乡随俗,或多或少吸收了西域本土饮食文化及其他移民的一些饮食文化，在一定程度上区别于中原饮食文化。屯垦使汉饮食文化西传西域，如中原食品种、食具等的西传。屯垦所带来的饮食文化交流，为西域文化增添了新的血液和活力，同时使西域文化增添了新的内涵——屯垦文化，并形成独树一帜的屯垦饮食文化圈。

曹操认为："孝武以屯田定西域，此历代之良式也。"总的来说，"屯垦戍边"是治国安边之"良式"，对维护祖国统一，发展社会经济和中西交通，起过重大作用。但局限于当时的生产力水平，其农耕生产停留在粗放型发展模式上，只能广种薄收，粗放经营，土地生产率较低，从而限制了农业生产水平的提高。随着耕地面积的不断扩展，加之水资源不合理地分配及伐林毁草、破坏地面植被现象的存在，在一定程度上使自然生态失衡。王炳华先生指出："塔里木盆地北缘土地盐渍化，典型的例子，是轮台县南部迪那尔河流域，汉、唐时期的屯田基地，今日均成盐漠。这自然与河流中夹带盐分较多而人们又无力在灌溉中排盐、清盐有关。"[1]在现代化的今天，这些历史都值得我们借鉴和深思。

[1]王炳华：《从考古资料看塔里木盆地南缘古代城镇兴废》，引自新疆考古所编：《新疆考古与发现》，1996年，第219页。

10 汉唐西域饮食文化交流

西域的历史从某种程度上说就是一部文化交流的历史。新疆是一个文化多元、民族多种的地区,是世界上四大文化汇聚在一起的地方,是全世界唯一的中国文化与印度文化、波斯文化、希腊罗马文化交相混融的所在。丝绸之路联系其间,东西文化不远千里来此交流,为东西各国文化的发展以及社会的进步做出了巨大的贡献,起了巨大的推动作用。

如前所述,早在史前,新疆就已与东西方存在文化交流。汉代,张骞通西域,使官方对外经济文化联系进一步加强。魏晋南北朝,战乱频仍,使中原地区与西域联系一度受阻,但仍不断有经济文化联系,同时西域地区与北方游牧民族间的经济文化联系频繁。隋唐时期,途经陆路丝绸之路的中国东西方经济文化交流达到鼎盛时期,而饮食文化交流是各时期经济文化交流的重要内容。

10.1 饮食文化交流存在之原因探析

一般来说,饮食文化的地方性和民族性造成各地区和民族间饮食文化存在一定差异,这在一定程度上使饮食文化交融具有客观性和可能性。具体到汉唐时期,西域饮食文化交流的客观性和可能性主要有如下几点。

10.1.1 西域在地理位置方面具有特殊优势

新疆地处亚欧大陆腹地,陆地边境线长 5600 多公里,周边与俄罗斯、哈萨克斯坦、吉尔吉斯斯坦、塔吉克斯坦、巴基斯坦、蒙古、印度、阿富汗等八个国家接壤,在历史上是古丝绸之路的重要通道,现在又成为第二座“亚欧大陆桥”的必经之地,战略位置十分重要。新疆在地理和文化方面具有天然的过渡性特点,算得上是东西方文化碰撞、交汇之熔炉。总之,西域地处欧亚大陆通道,随着丝绸之路的逐渐开辟与发展,其特殊的地理位置促使古代新疆地区成为丝绸之路上的重要驿站。

10.1.2 西域自古以来就存在文化多元性

如前所述,西域细石器文化既是畜牧业又是农业产生的重要来源,故在原始社会,西域畜牧业、农业就已经出现,而其产生和并行发展是源于新疆特殊的地理环境提供了一定条件。独特的地理环境使南疆以农业为主的绿洲经济和北疆游牧经济具有较强的互补性。天山将全疆大致划分为经济面貌、生活方式截然不同的南、北疆。并且即使是同在南疆,有些局部地区也呈现出与其他地区不同的生活方式,而且由于各种原因,各地生产力发展水平也不一致。就是说,即使是同一个地区,食生产方式存在多元并不断发展。如罗布泊地区地处南疆,在细石器时代,这里的人们主要依靠采集、狩猎获取食物。青铜时代,这里的食生产方式不是单一的。除了畜牧业,源于孔雀河水系、河网密布等自然条件,原始农业出现,但渔猎依然存在。汉代之后,该地区农业、牧业、渔业继续向前发展,但后来因环境恶化而逐渐萎缩。

汉之前西域文化土著性居于主导地位,虽然区域性文化存在并有交流,但相对自成系统,饮食文化亦如此。区域性饮食文化的存在,凸显了西域文化乃至饮食文化的多元性。

10.1.3 西域早已存在文化交流的传统

汉之前,西域就已存在文化交流。考古还发现兰州湾子铜鍑与鄂尔多斯铜鍑中BI式不仅器形相似,年代也是基本相近的。新疆东部地区发现的同鄂尔多斯式青铜器风格类同的铜鍑以及环首鹿首铜刀等文物,不仅扩充了对我国北方草原地区青铜文化的认识,同时也加深了我们对商周时期新疆东部地区同祖国内地文化联系的了解。同样,由于新疆西部和北部同哈萨克斯坦、前苏联南阿尔泰和南西伯利亚地区相邻,彼此间的文化联系发生也很早。我国考古工作者曾在伊犁巩留县发现的一批铜斧、铜镰、铜凿的器形和纹饰与前苏联安德罗诺沃文化同类器物完全一致;阿勒泰和奇台县出土的篦纹橄榄形陶器的风格同阿凡纳谢沃文化所出相似,都说明这种联系至迟在青铜时代早期就已存在。

新疆气候干燥,保存了大量干尸。新疆出土的干尸,是未经人工处理而在干燥、无菌、高温的特殊条件下自然形成的。这种干尸既有别于古埃及发现的经过人工防腐处理后形成的"木乃伊",又迥异于在中国内地出土的在棺椁内盛放石灰、木炭之类干燥剂后形成的干尸,完全是大自然的杰作。有研究者指出大量新疆干尸的发现表明,东西方之间的文化交流,一直时断时续地存在着。据目前的发现显示,早在公元前2千纪的上半叶,从中亚西北部东进的一支原始欧洲人已经进入了新疆北部和东部地区,在新疆东部,他们遭遇了西进的马厂文化和四坝文化的人群。此后,不断东进的草原游牧民族人群一次次地进入新疆,逐渐占据了北疆和南疆北部的大部分地区。同时,西进的人群也逐步深入到塔里木盆地的东北部和东南部地区。这种东进和西进过程,也即东西方文化的相互接触、交流、融合的过程,在张骞到达西域之前,已经进行了上千年。

同时,如前所述,汉之前已存在饮食文化交流。

10.1.4 多民族聚居及不断的民族迁徙

西域文化的一个重要特点即多民族聚居格局长期存在和发展,且历史上民族迁徙不断,其客观上促使民族文化(包括饮食文化)之间的相互交流和融合。马大正先生曾指出新疆多民族聚居格局的形成经过了四个发展阶段,即:史前时期是新疆多种族形成和奠基时期,这一时期虽然尚未形成现代意义的民族,但不同人种的分布已经为多民族聚居格局的形成提供了前提条件;汉唐是新疆民族迁徙和融合时期,这一时期多民族分布的格局已经形成,但多民族分布的格局并不是简单的存在,而是在相互之间不断融合的基础上有所发展;宋辽金元为新疆各民族进一步发展时期,这一时期是现代新疆多民族分布格局确立的奠基,众多新民族的迁入,尤其是回鹘的迁入,促进了新疆现代多民族分布格局的形成;明清为新疆多民族共存格局的确立时期,这一时期新疆的13个世居民族不仅在民族融合的浪潮中形成，而且相互之间结成了密切的关系，共同成为多元一体中华民族的组成部分。在新疆多民族聚居格局长期的发展过程中，值得指出的是各民族之间的互补和融合是一个突出的特点，也是一个客观规律。早在汉代，西域民族文化就体现出民族杂居交融的面貌。如《汉书·匈奴传(下)》记载乌孙国说："东与匈奴、西北与康居、西与大宛、南与城郭诸国相接。本塞地也，大月氏西破走塞王，塞王南越县度。大月氏居其地。后乌孙昆莫击破大月氏，大月氏徙西臣大夏，而乌孙昆莫居之，故乌孙民有塞种、大月氏种云。"另如北匈奴部众西迁，遗留在西域的部众，北朝时曾建悦般国，后融入西域土著之中。当然，民族融合不是一个简单的过程，如魏晋南北朝时期的民族融合，不仅是一个长期、复杂的历史过程，而且各族的融合也并非一律的汉化，而是曲折、复杂的。

10.1.5 西域民族具有商业性的特点

(1)西域绿洲农耕民族具有商业性的特点

西域绿洲农耕民族具有商业性的特点，这在一定程度上是由绿洲的特性所决定的。日本学者松田寿男先生认为绿洲特定的地理环境决定绿洲居民并不单纯是农耕民，而兼有商业民的性质，绿洲是浮现在沙漠中的岛屿，是可以耕作的土地。但是这里的农耕受到自然条件的强烈制约：第一，享受不到雨水的恩惠；第二，由于依赖于地下水和河水，所以水量有限；第三，由于水量有限，所以耕地不能无限度地扩大。诚然，绿洲由于地理条件所决定的孤立性和封闭性，在最初的时期，起到了保护、组织、统治绿洲生活的"蛋壳"作用。但是无奈因土地狭小，水量、耕地有限，迟早会发生人口和耕地失去平衡的状态，并且资源丰富也谈不上能满足生活提高的需要。也就是说，随着历史的发展，绿洲地理上的封闭性便成为障碍。在这里，当地居民依靠与其他绿洲或其他生产地区的交往突破了这个难关。因此，我们应该说克服了沙漠的艰难险阻的商队的发展是极其自然的。[1] 而且中国绿洲带独具东西

〔1〕〔日〕松田寿男著，陈俊谋译：《古代天山历史地理学研究》，中央民族学院出版社，1987年，第4-5页。

亚农事交流传播之功能。中国绿洲作为东西亚农事交际主渠道,经历数千年而未曾改道易辙。今日仍潜藏着巨大的多方面的交流传播优势。这种独特的纽带功能既取决于亚洲内陆山川地理形势,同时又取决于古代绿洲政治、经济、文化情状,是自然环境和社会历史因素综合利用的产物。西域绿洲也是如此。

商品交换与货币经济在西域绿洲城镇有一定发展。绿洲城镇在丝路贸易处于居停地位,是丝绸之路的沙漠路线所不可逾越的,这在一定程度上促进其居民进入商业经营之中,使绿洲社会形成商贸传统。如史载疏勒在汉代即出现"市列",魏晋南北朝时期从事丝路贸易的粟特人常至塔里木盆地甚或"多诣凉土贩货",龟兹、疏勒、焉耆、于阗皆通行波斯银币,"税赋准地征租,无田者则税银钱",甚至出现"女市,收男子钱入官"。而如前所述,唐时的西州商品经济已很繁盛。

(2)西域游牧民族具有商业性的特点

西域游牧民族并不单纯是游牧民,而兼有商业民的性质。历代游牧民族重视"互市"即是明证。以匈奴为例。《史记》记载匈奴"尚乐关市",而此很大程度由其经济模式及发展水平决定。林幹先生亦认为,由于匈奴人主要依靠畜牧业为生,农业尚未居于支配地位,手工业虽已有了一定程度的发展,但还没有发展到生产上和生活上都足以自给的程度。因此迫切需要把它的牲畜和皮毛与汉族的农产品和手工业品进行交换,以解决生产上和生活上的需求(上层贵族还需要奢侈品)。

游牧民族是马背上的民族,其生计方式决定其生活具有流动性,在古代历史上,游牧民族是天然的文化交流使者。游牧民族移动频繁,逐水草而居,文化交流虽非其初衷,但客观上仍然起到了传播文化的作用。北疆的游牧民族,逐水草而居,古称行国。塞人、匈奴人、乌孙人、柔然人、铁勒人、突厥人等都曾在天山以北的大草原上驰骋,留下过自己的足迹。深入思考游牧民族在中华饮食文化形成中的作用,特别是在间接或直接促进饮食文化交流方面是很有意义的。

以塞人为例。塞人是一支东起中国蒙古草原,西至欧亚大陆之间的古代游牧民族。有学者指出,塞人以自己特有的整个民族结构和形式从事着早期的历史交往。这种历史交往使它扮演了双重的历史角色:它既是早期游牧民族对农耕世界的侵袭者和劫掠者;又是这两个世界文化交流的使者和早期东西方交通的开拓者。塞人的活动是古代世界历史交往的一个缩影。访古吐鲁番,王炳华先生指出:现存的丝罗、漆器,虽只是泥土的痕迹,但却表明了一种存在,揭示了一种历史的真实。在当年吐鲁番盆地、天山深处活动的塞人,曾经是沟通古希腊文明与黄河流域古老文明的一个中介人,在他们的生活中,可以看到这两种古老文化的历史折射。

10.2 汉唐西域饮食文化交流的具体体现

10.2.1 西域各民族饮食文化间的交融

西域孕育、成长了有自身鲜明特色的饮食文化,显示了古代新疆人民的聪明才智。我们既要看到周邻地区发育较高的先进文化(如黄河流域古代文明、古印度文明、古伊朗文明、古希腊、罗马文明等)对新疆大地的影响,亦应注重本地土著文化的发育、发展、特点等。

即使仅将目光局限于西域境内,也可窥见明显的区域性文化的存在。如考古发现白山遗址的下层文化堆积为一处青铜时代遗址。据哈密地区文管所哈密沁城白山遗址调查报告,发现铜器与彩陶共存。陶器均为夹砂红陶,出现了圆底双系小陶杯(?),这种器形,在新疆所出陶器中并不多见,尤其是哈密地区更是首次发现。彩陶,质地较为粗糙。调查时所采遗物只有 12 件,且体形小,均为红衣黑陶。就目前材料,白山遗址内彩陶在整个陶器中的比例较小。纹饰比较简单,主要以竖条、横线及倒三角纹为主。有的内外施彩,内彩绘于器口。这与五堡克孜尔确卡墓地、三堡焉不拉克墓地及天山以北的巴里坤大河、石仁子乡等地所见彩陶纹饰,虽有相近特点,但也可见到明显差别。这里所见彩陶钵(残),体形不大,内外施彩,内口沿有一圈黑彩,外彩自口沿至腹下有倒三角纹图案。这种通体填实倒三角纹饰及陶器器形,在目前新疆同类时代的遗址或墓葬中,是具有特点的陶器。这就充分显示了明显的区域性文化特点。

在库车阿艾古城地面散布有大量生活用陶的器物残片。尤其是陶器的陶质、陶色、器形、纹饰都具有唐代龟兹本土制陶的风格特点。

山普拉墓地位于东西方文化交流频繁的丝绸之路沙漠南道的中段。出土遗物的主体反映的是本土的文化特征,其中也显示出不同的文化因素。与周围其他文化相比,差别是主要的,相似性是次要的。

据吐鲁番地区文管所的托克逊县喀格恰克古墓群清理简报,喀格恰克古墓群出土遗物中,彩陶器的大量存在是其显著特色。这种红色彩陶器为典型特征的古代文化遗存,在吐鲁番盆地有着广泛的分布。吐鲁番县的阿斯塔那新石器时代遗址、艾丁湖古墓群,托克逊县内的小草湖新石器时代遗址,阿拉沟和鱼儿沟古墓群,鄯善县的苏巴什古墓群等地出土的彩陶器都属于同一文化类型。这类古代文化遗存在吐鲁番盆地分布的广泛性和延续性,都表明是在本地长期发展起来的一种土著文化。

新疆文物考古研究所曾对乌鲁木齐乌拉泊古墓葬进行发掘研究,在出土的100多件各类遗物中,陶器占半数以上。陶器均手制,夹砂红陶。制作比较粗糙,大多有烟炱,使用痕迹十分明显,都是死者生前使用过的器皿。以素面陶为主,亦有少量彩陶。器形一般都较小,主要是罐、壶、杯、盆、釜、钵、碗等。以圆底器为多,平底器所占比例较小。流行宽带状环形耳和横、竖鋬耳及乳钉状的纽。乌拉泊墓葬的陶器和新疆东部地区发现的陶器有着十分紧密的联系,同时保留着明显的地方性特色。器腹及口沿处饰各种横鋬、竖耳、乳钉及附加堆纹等,这在新疆其他地区发现的陶器中都是不常见的,而在这里则表现得十分突出。在西域境内区域性文化的存在是本土存在文化交融的重要前提。有关资料表明,塔里木盆地内部早已存在交流如斯文·赫定、斯坦因等曾在新疆南部如罗布泊、阿克苏、吐鲁番、柴窝铺等地发现一些新石器时期的物品,这些石器多由硅质石灰石、碧石、石英石制成,发现地多为沙丘中的凹地、盐碱地或干涸的河床,以及长满沙地植物的三角洲一带。上述石器的发现,并不限于一处,而是在多处发现。

(1)绿洲各民族间的饮食文化交流

绿洲是浩瀚沙漠中的片片沃土,它就像镶嵌在沙漠瀚海上美丽的珍珠,但它的使用面积毕竟有限,受自然、水资源制约较大,因而它必须谋求各个绿洲之间的合作,以便互通有无。如史书记载塔里木盆地一些小国“寄田仰谷旁国”。蒲犁国,“寄田莎车”。依耐国,“少谷,寄田疏勒、莎车”。婼羌,“随畜逐水草,不田作,仰鄯善、且末谷”。鄯善国,“地沙卤,少田,寄田仰谷旁国”。

西域境内虽存在区域性文化,但各区文化亦存在共性,其是文化交融的具体体现。如天山以南绿洲各地区的食生产方式基本一致:在食生产中,绿洲农业占据主导地位;园艺业占有特殊地位;畜牧业及家庭饲养业占有重要地位。当然,存在此共性的根本原因是来自自然地理的影响。

考古发现古代东疆人们的饮食器具具有趋同性。如新疆考古研究所曾对鄯善县洋海、达浪坎儿古墓群进行清理,之后所出的简报指出:洋海墓葬出土的陶器形制和彩陶花纹母题,与东疆地区时代上接近的墓葬中所出的器物有明显的相同性。例如陶器的钵、单耳罐、豆等,彩陶母题花纹的三角纹风格等。这种明显的相同性说明在东疆这个区域内,民族之间是有联系和相互影响的。

从山普拉的木器也可窥见西域绿洲民族间的饮食文化交流。山普拉的木器生产是其居民的一个重要行业,特别是旋木木器的出现不仅加快了木器加工速度,而且更加规范化,器表光滑美观,非常实用。考古学者们发现在有的木器底部或近腹部刻有符号,这种符号都很相同,很可能是工匠专用的符号。如果真是这样,可以说旋木木器已成为商品并且在本地销售。有趣的是,这样的符号竟在民丰东汉墓中木器上亦有发现。学者们进而推测山普拉是全疆范围内木器加工业发达地区之一,这里的木器不仅存在自销(即在本地销售),同时也销往外地。

另外,佉卢文文书中也可见饮食文化交流的相关记载。如前所述,精绝国设有专门征收税酒的酒局,以村或百户为单位向酒局上缴税酒。佉卢文记载精绝国国家酒局征收来的税酒，通过商运销售到周边国家。《译文集》中有一件“皇廷令卡罗吉耶用驼载酒送且末销售”的命令书，该简牍编号第329号。该简牍云：“酒业现已在且末盛行，当汝处接此命令书，五峰骆驼（所能驮载）之酒，应交卡啰吉耶送此。每只骆驼之驮运量为1米里马1希，因此，彼在且末便完全能将1米里马计量出来。从汝处，酒应同〔……〕一起运来。此酒务必于4月5日运至且末。决不允许有任何〔……〕酒。”

（2）南疆绿洲农耕民族与北疆游牧民族间的饮食文化交流

南北疆不同的自然地理环境、生活方式决定了其饮食文化具有差异性、互补性，而在此基础上的饮食文化交流即成为必然趋势。如从给1995年乌苏县巴音沟牧场安集海村古墓葬发掘的两座土墩墓的陶片及和静察吾乎沟墓地、克孜尔土墩墓的陶片作电子探针定量分析的结果，结合其地理环境、察吾乎沟文化的年代，可以肯定两者存在一定的物质文化的交流。

饮食器具带流罐的传播，是南疆绿洲农耕民族与北疆游牧民族间饮食文化交流的又一典型例子。有学者指出：从分布地域和年代来推测，带流罐最早由察吾乎文化各墓葬分布最集中的焉耆盆地传播到拉萨河谷地带，此后新疆地区带流罐由察吾乎文化各墓葬分布最集中的焉耆盆地向周边地区传播，向东传播到了哈密盆地，向西北传播到伊犁、乌苏草原，向南传播到塔里木盆地东南缘的和田、民丰地区；而西藏地区带流罐也由拉萨河谷向其周边地区传播发展。

另如哈密地区文管所曾对哈密沁城白山遗址进行调查，发现白山遗址所见鋬耳器，其形制有着相当明显的特征。新疆现所出土鋬耳器大多为釜，具有明显的烟熏痕迹，鋬耳多为半月形。从出土的地域分析，其遍及天山南北。就出鋬耳器的遗址、墓葬的碳十四数据来看，大约在距今3000年上下或稍晚。虽然在这些鋬耳的形制、纹饰等方面与白山遗址所出鋬耳不尽相同，但它们的共性还是主要的。

历史上，天山北部游牧民族与天山南部地区曾保持密切的贸易关系，这也是他们饮食文化交流的重要方式和途径。《旧唐书·突厥传上》曾记载:“苏禄者,突骑施别种也。上立史怀道女为金河公主以妻之。时杜暹为安西都护,公主遣牙官赍马千疋诣安西互市。”北庭与西州间的面粉、水果之买卖,在吐鲁番文书中,也不止一见。

考察游牧民族与农耕民族间饮食文化交流,其好处之一即是使得双方的饮食结构更加合理,更加科学化,从而有利于人们体质的提高。氐族苻坚曾质疑:“中国以学养性,而人寿考,漠北噉牛羊而人不寿,何也?”《内经》认为:“百病之始生也,皆生于风雨寒暑、阴阳喜怒、饮食居处、大惊卒恐”,故提倡杂食,“五谷为养,五果为助,五畜为益,五菜为充,气味合而服之,以补精益气”,如果五味不调,饮食结构不合理,则会伤及五脏。一般来说,畜牧业在古代游牧民族的经济生活中占主体地位,这就决定了他们的饮食结构中以肉类为主,而进食蔬菜和水果则很少,即维生素 C 的摄入量较少。这种单一的饮食结构,加之当时恶劣的生活环境以及缺乏良好的卫生条件等因素,从长期来看,会对人的身体健康造成不利影响。如前文曾提到相关专家对新疆鄯善洋海出土的 61 例遗骸和魏晋十六国时期的 268 例鲜卑遗骸进行了眶顶板筛孔样病变的观察。结果发现其眶顶板筛孔样病变的患病率高,明显高于现代人,且眶顶板筛孔样病变的患病率性别差异有显著性。这种病变的高发现象,可能与当时的单一饮食结构、低营养水平及不良卫生状况等因素所致的缺铁性贫血有关。

畜牧业及家庭饲养业在绿洲农耕民族的食生产中占有重要地位,此决定肉食在其饮食生活中占有一定比重,而适量的肉食和乳品有利于增强体质。同时,绿洲农业在食生产中占据主导地位;园艺业在食生产中占有特殊地位。粮食及水果是绿洲农耕民族食单上所常见的,说明他们在一定程度上还能食用蔬菜。可以说较为合理科学的饮食结构是西域绿洲人们身体健康的一个重要原因,至今新疆还是一个高寿地区。

当然,改变饮食结构的单一状况,说来容易,做来难,其必然要受特定历史阶段生产力水平、政治经济环境等综合因素的影响。从生理学和饮食养生角度而言,游牧民族与农耕民族间的饮食交流使得双方的饮食结构更加合理、更加科学,这对于提高人的体质大有裨益。

(3)北疆各民族间的饮食文化交流

根据克尔木齐古墓群发掘的情况,考古工作者认为,古墓群是从西汉到唐代这一时期内,几个不同民族在不同阶段的遗存,同时又受到同一时期内几个不同民族的文化相互影响的结果。在这段历史时期,活动于北疆北部地区的主要有匈奴、柔然、突厥等古代游牧民族及其别种和属部,他们来往无定,交往频繁,这与发掘资料所显示的文化内涵错综交叉是一致的。

鍑体现了北疆各民族间饮食文化交流。有学者曾指出,"在匈奴人由远东启程、横越中亚到达匈牙利平原多瑙河谷的远征中,他们在文化上保持了部落联盟中匈奴人主要核心的完整性。据此,在今日中国领土上发现的匈奴式鍑应属于古代匈奴或其先民。这种鍑的样式可能被其他游牧民族借用、购买或使用过,除非我们可以证明另一民族根据他们的特殊设计生产了这种鍑,如若不然,根据这些鍑的诸多相同之处,我们必须认为它们是属于匈奴人的。"[1]

总之,西域各族长期的杂相错居,在饮食生活中互相学习、互相吸收,并最终趋于融合,其最明显的意义便是形成了内容丰富多彩的西域饮食文化。西域各族的饮食交流与融合并不是简单的照搬过程,而是结合了本民族的饮食特点加以改造。这种吸收与改造极大地影响了后世的饮食生活,使之在继续发展的基础上最终形成了包罗众多民族特点的西域饮食文化体系。

10.2.2 西域饮食文化与中原饮食文化的互动

新疆,古代称"西域",在中国人的心目中它一直是祖国西部的疆土。在先秦文献如《山海经》、《尚书》、《管子》、《穆天子传》等著述中,都可以见到关于这片土地山川、沙漠、湖泊、物产的记录,显示着它与中原大地早就存在的经济、文化联系。汉唐时期,西域与中原大地的政治、经济、文化联系进一步加强。

---

〔1〕〔美〕埃尔迪·米克洛什·兹著,杜亚雄译:《遍及欧亚中部的匈奴鍑及其岩画形象》,《新疆师范大学学报》,1995年,第4期,第45页。

(1)西域饮食(胡风)东渐中原

西域饮食(胡风)曾在中原风靡一时。有些饮食虽然最终起源地不是古代新疆,但其传播到中原,必须通过古代新疆这个地区。故本章西域的概念不局限于狭义的西域概念,其内涵有所扩大。

①植物篇

西域植物物品东传中原时代很早,涉及面很广,影响很大。这一现象,早为国内外学界所关注,不少学者在这一研究领域中得到了丰硕成果。国内很多研究者认为西域农产品如葡萄、苜蓿、胡麻、胡椒、胡桃、葱、石榴、胡瓜、胡豆、胡蒜等陆续传入内地,使内地的蔬菜、水果品种大为增多。如蒜有大蒜、小蒜之分。据季羡林研究,小蒜是中国原产,大蒜则是在汉代由西域传入。大蒜能治的病很多,因此在西域(包括印度及中国新疆等地)备受青睐。梵文药方中大蒜受到特殊的重视。在魏晋时期,大蒜成为内地人们元旦节日食品中的重要一员。魏晋时将大蒜、小蒜、韭菜、芸苔、胡荽称为五辛。《荆楚岁时记》中说:元旦"长幼悉正衣冠,以次拜贺,进椒柏酒,饮桃汤;进屠苏酒,胶牙饧,下五辛盘;进敷淤散,服却鬼丸;各进一鸡子"。

上述主要依据古文献而得到的研究结论,在近一个世纪的西域考古中,也为不断发现的考古成果所证实。

这一文化现象,不仅中国学者关注,一些西方学者如劳费尔、谢弗先生等也就此展开过研究。在谢弗先生的《唐代的外来文明》一书的第七章"植物",就论及了外来植物,如"枣椰树、莲花、青睡莲"等。

汉唐时期,古代新疆的一些特产成为中原饮食文化的一部分。向长安进献的新的土贡中包括了一些新鲜而奇异的珍馐美味。例如伊吾地香枣(哈密地区的大枣,果大、味甜、脆,不生虫,至今仍是当地特产、名产,受到各地人们的青睐);由高昌贡献的,从一种无叶沙漠植物中流出的刺蜜;龟兹的巴旦杏,等等。

②动物篇

通过战争、互市、朝贡贸易等方式,西域的一些牲畜(其中包括一些优良畜种)传入中原。中原王朝引进畜种出于诸多原因,如西汉汉武帝时引进优良马种,就有增强军事力量的考虑。但毫无疑问,优良畜种的引进有益于丰富内地人们的物质生活,包括饮食生活。

畜牧业十分发达的匈奴等少数民族通过互市的方式将马、牛、羊和骆驼等牲畜品种输入内地。史称匈奴"尚乐关市,嗜汉财物","自单于以下皆亲汉,往来长城下",每次交换,竟达"牛羊万余头",中原王朝与少数民族的市马贸易始于汉,大规模市马贸易则始于曹魏。《册府元龟》卷999载:宣帝(公元前73—公元前49年在位)时,北匈奴"乞和亲,远驱牛马与汉合市"。文帝黄初三年(222),鲜卑"驱牛马七万余口交市"。

《贞观政要》卷2记载,唐自开国以后,即"令人多赍金帛,历诸国市马"。《旧唐书·突厥传》曾记载,开元年间,突骑施首领苏禄妻金河公主即曾"遣牙官赍马千匹诣安西互市"。

另据《唐代的外来文明》一书论及了进入中原大地的家畜,有马、骆驼、牛、绵羊和山羊、驴、骡与野驴、犬。

③饮食品种篇

西域饮食品种东传中原,如乳酪。在魏晋南北朝民族大融合的影响之下,北方游牧民族的乳酪饼在内地也有所流传。这一形势,至唐更加发展。考察隋唐五代风俗史,研究表明唐代乳酪在中原内地非常盛行。如唐文宗一天可以食用十几枚"银饼"(这种饼的馅全都是由"乳酪膏腴所制")。乳酪这时还可以放在米饭中食用。唐敬宗宝历元年(825),皇宫令御厨依法做"清风饭",具体做法是将水晶饭里掺入龙睛粉、龙脑末,用牛酪浆调和,放入金提缸内,垂进冰池,待冷透以后食用。不仅做米饭时可掺入牛酪,甚至食用樱桃时,有时也要用乳酪调味。如在唐朝著名的进士樱桃宴上,就是以樱桃"和以糖、酪者,人享蛮榼一小盎"。据《广群芳谱》卷32引《复斋漫录》云:"孟蜀时,礼部尚书李昊每将牡丹花数枝分送朋友,以兴平酥同赠,曰:'俟花凋谢,即以酥煎食之,无弃浓艳。'其风流贵重如此。"可见,以酥煎食物在当时是很普遍的。此外,这时还有一些不知名的酥乳类食品。酥乳类制品在这时甚至成了人们比喻美好事物的象征。

在吐鲁番出土的花式点心中,不少饼中曾用,它们究竟是干果还是糖乳类酥、肉馅料,因馅料失落,今天已无法确定。结合上述文献记录,其馅料为“乳酪膏腴”的可能性是存在的。

另如马奶酒。马奶酒是游牧民族特色酒文化。而早在汉武太初元年前(公元前 104 年前),我国历史文献就已经记载马酮、马奶酒等。《汉书·礼乐志》有云:“……其七十二人给大官挏马酒。(注:李奇曰:以马乳为酒,撞挏乃成也。师古曰:梋,音动。马酪味如酒,而饮之,亦可醉,故呼马酒也)西汉时期不仅宫廷帝王酷爱湩酪,而且戍守边疆的将士也把马奶酒当作为日常的嗜好品。《盐铁论》记载中列举的当时汉代的几种非常有名的美食,其中就有马奶酒。汉武帝刘彻本人十分酷爱马这种动物,生活中又十分喜爱饮用马奶酒,挏马官的官职就是从汉武帝刘彻时期改称的,从此撞挏马奶酒的规模也逐渐扩大和发展起来了。《汉书·百官公卿表》中又说:“中太仆掌皇太后舆马,不常置也。武帝太初元年,更名家马为挏马。”《礼乐志》丞相孔光奏省乐官七十二人,给大官挏马酒。今梁州亦名马酪为马酒。太初元年以前,汉代官制中有中太仆,其官者,专管皇太后舆马,属官有家马令,虽不常置,但为定制。至太初元年,置挏马令,在编制上,有令一人、丞五人、尉一人。有学者曾认为是由于马酒的出现并被特别重视,要设官专司其事,故裁撤了家马令,而置挏马令以取代之。据此可得知,此时的马酒已提到比皇太后的舆马更重要的位置上了。明代李时珍亦说:“汉时以马乳造为酒,置挏马之官,谓挏撞而成也。”

马奶酒不仅是一种清香可口的饮料,同时也是历代文人墨客笔下吟诵之物,唐代大诗人杜甫在《谢严中丞送青城山道士乳酒一瓶》中曰:“山瓶乳酒下青云,气味浓香幸见分。鸣鞭走送怜鱼父,洗盏开尝对马军。”这首诗既描写了马奶酒所具有的独特芳香,又写出了诗人因意外得到朋友相送的马奶酒而与人对饮时的高兴心情。唐代边塞诗人高适有一首《营州歌》:“营州少年厌原野,皮裘蒙茸猎城下。虏酒千钟不醉人,胡儿十岁能骑马。”描述了草原牧民的风土人情,诗中的“虏酒”,在这里指的就是马奶酒,因为当时马奶酒的制作方法极为原始,所以才会有“虏酒千钟不醉人”一说。元代开国名将耶律楚材曾赋诗云：“天马西来酿玉浆，革囊倾处酒微香。长沙莫吝西江水，文举休空北海觞。浅白痛思琼液冷，微甘酷爱蔗浆凉。茂陵要洒尘心渴，愿得朝朝赐我尝。”诗中以“玉浆”、“琼液”等词赞美了马奶酒的醇香，而且要把马奶酒广传天下，将当时的人们酷爱饮用马奶酒的情景充分展现了出来。马奶酒亦曾成为宫廷国宴的饮料。宋、元著名诗人，宫廷琴师汪元量曾应邀参加了皇室内宴，当时宴会上饮用的就是马奶酒。宴毕，他写了一首《御宴蓬莱岛》，诗云：“晓入重闱对冕旒，内家开宴拥歌讴。驼峰屡割分金碗，马奶时倾泛玉瓯。”短短四句，展现出元宫廷马奶酒筵的奢靡豪华。此外，许有壬在《雨中桓州道中》还有“悬鞍有马酒，香泻革囊春”的诗句。元代学者王云龙就马奶酒也留下了“牛羊散漫落日下，野草生香乳酪酣”这样的名句。元代著名诗人、燕南河北道肃政廉访司萨都剌的《上京即事五道（之二）》诗中有“祭天马酒洒平野，沙际风来草亦香”。元代诗人杨允孚《滦京杂咏》亦有“皮囊乳酒锣锅肉，奴视山阴对角羊”。

西域人民饮食方面有许多发明创造，内地人民曾从西域少数民族那里学会了许多面食的做法，如“胡饼”之类。胡饼原为西域常食，汉时传入内地，唐代已成为民间大众化食品。日本僧圆仁《入唐求法巡礼行记》谈到：“开成六年(841)正月六日，立春，命赐胡讲寺粥。时行胡饼，俗家皆然。”

关于唐代中原内地的外来饮食，《唐代的外来文明》一书的第九章“食物”谈到了外来食物品种，如葡萄和葡萄酒、诃子、蔬菜、珍馐美味（朝鲜松子、阿月浑子等）、海味、调味品、糖。

关于中原大地饮食“胡化”问题。所谓饮食“胡化”，就是饮食习惯的胡人化。在《辞源》中，“胡人”的解释如下：“一、我国古代对北方边地及西域各民族的称呼。二、汉以后也泛指外国人。”所谓“胡食”，根据慧琳《一切经音义》卷37记载：“胡食者，即饆饠、烧饼、胡饼、搭纳等是。”古代中国史籍通常把西来异于中原文化的人或物冠以“胡”，如胡人、胡食。笔者认为胡食当然包括了古代新疆东来之食物。

元稹曾有诗句“自从胡骑起烟尘，毛毳腥膻满咸洛”。李世民的长子李承乾，身为太子，却格外迷恋突厥人的饮食习惯，《资治通鉴》卷196载其曾“作八尺铜炉，六隔大鼎，募亡奴盗民间马牛，亲临烹煮，与所幸斯役共食之。又好效突厥语及其服饰，望左右类突厥者，五人为一落，辫发羊裘而牧羊，作五狼头纛及幡旗，设穹庐，太子自处其中，敛羊而烹之，抽刀割肉相啖。”《旧唐书》卷45《舆服志》云：“贵人御馔，尽供胡食。”据相关研究，开元年间，胡化风潮达到极点。它主要表现为：大块吃肉，大碗喝酒的习惯风靡各地；喜食半生不熟的肥鲜；食用乳制品的范围扩大。

汉魏以来，胡食即已行于中国，至唐而转盛。关于唐代长安受西域文明浸染的情况，向达先生的《唐代长安与西域文明》曾予以论述。饮食文化界的研究亦表明，唐代的饮食文化深受少数民族和异域风情的影响，具有鲜明的“胡化”色彩。其具体表现就是：在汉民族的主食面点和菜肴的制作方法和技巧上大量吸收了许多少数民族的制作工艺和方法，具有浓郁的胡族生活习俗；同时还大量引进了各种蔬菜、水果、珍稀海味、各种调味品以及饮料的制作方法；另外，由于胡人在内地大量开店设铺，直接介绍和传来许多胡人的饮食制作方法和风俗，如唐人的饮酒风俗就深受胡人习俗影响，这样就使得本来就受“胡风”熏染的唐代饮食更加“胡气”氤氲。唐代的饮食尽管深受胡俗的影响，但当时人对胡食的引进并非简单的移植，而是吸收其精华，经过消化，最终转化为中华饮食文化的有机组成部分。[1]

(2) 中原饮食文化的西传

中原饮食文化与西域饮食文化形成互动，中原饮食文化极大地影响了西域饮食文化，西域饮食文化丰富和发展了中原饮食文化。中原饮食文化的西传主要体现在以下几个方面：

①中原饮食品种的西传

粟原产于中国内地，早在汉之前就已西传西域。桃和杏是我国内地最早培育成功的水果，这是西方学者普遍承认的事实。它们大约在

[1] 王永平：《论唐代饮食的“胡化”色彩》，《饮食文化研究》，2002年，第2期，第3－8页。

公元前2世纪至前1世纪时传入波斯、印度等地。而当它们西传的时候，当然首先就在祖国的西陲生根繁殖。如在尼雅考古时就曾发现当地居民在住宅附近不仅栽有成排的葡萄，还有桃树和杏树，桃核和杏核在遗址中到处可见。

当时的饺子、馄饨为内地传统美食，而在新疆吐鲁番阿斯塔那唐墓中发现了唐代饺子和馄饨实物。

②中原食生产技术、日常饮食用具等的西传

汉晋时期，内地一些饮食用具传至西域，如俎、匕、木箸。

匕的历史久远。在距今7000年的河姆渡遗址，曾出土了不少匕。在古代，匕最初的作用是用来吃饭的，后来又成为喝汤用的勺匙。据研究，罗布泊、尼雅两地发现了一种下有四足的木器，同类之物在信阳、长沙等地亦有发现。此物即是古代切割和陈放肉食的木俎。新疆木俎上有刀痕，正是在上面切割肉食之证。古代俎匕连用，俎是“载牲体之器”，匕是“取牲体之器”。木匕在罗布泊、尼雅也屡有发现，形制简朴，而和湖南长沙、湖北云梦、江陵等地出土木匕或漆匕仍属同类工具。尼雅出土一件木匕上写有佉卢文，证明匕是当时的少数民族使用之物。

总之，从出土文物来看，汉晋西域一些饮食用具又和内地属于同一系统。筷子最初是用来挟取汤里的菜肴的。汉代时，人们普遍使用筷子吃饭，以筷子进餐已成固定习俗。如据《汉书·周亚夫传》载：上居禁中，召见周亚夫并赐食，独置大块肉，无切肉，又不置筷子。周亚夫心不平，顾谓掌席者取筷子。在尼雅遗址发现了木箸，说明这种我国特有的吃饭用具早在汉晋时期即已传入西域。

漆器与瓷器制品中含有一定比例的饮食用具。据考古资料可知，漆器是仅次于丝绸而最早传入西方各国的，而新疆古代各族人民不仅是漆器西传的传播者，也是享有精美漆器的主人。新疆地区出土的大量漆器就是中国漆器及漆器制造方法沿丝绸之路西传中留下的珍贵文物。就新疆地区出土的瓷器来看，既没有发现瓷器窑址，也没有逐步制瓷业年代的发展史。从考古资料、实物和在新疆地区流散在民间的瓷器分布情况，说明新疆所发现的瓷器都是源于内地的。

内地饮食用具西传西域,具体例子还有如前所述之釜和甑等。

早在西汉时祖国的文化就不仅遍及南北两道,而且到达天山以北的游牧民族地区。对此,诸多文献记载与考古发现予以了证明。昭苏县西汉乌孙墓葬中曾出土陶器,圆唇小口,底小腹鼓,更是汉代陶罐常见的形式。

③中原饮食礼仪、观念的西传

随着丝绸之路的繁盛,中原和西域的文化交流逐渐深入,中原文化对西域的影响也日益增强。魏晋南北朝时期,罗布泊周围地区出土大批同时期的汉文文书、典籍抄本及艺术品。由于唐代文化空前繁荣,达到我国封建社会发展的鼎盛时期,因此汉文化对西域的影响也是巨大的。日本学者羽田亨先生亦指出:“汉与西域的政治交涉从武帝时开始以来,有汉之军人和官吏驻屯于天山南路各地……汉文化不言而喻也随同他们进入这里。这从近来东西探险队所获许多属于汉文化的资料可以看出……谁也不能否认汉文化从古以来就已及于此地的事实”。[1] 大量考古资料表明,乌孙、楼兰、鄯善、龟兹、高昌国的埋葬制度深受汉晋中原文化的影响,如覆面、握木、男女合葬等现象。变量衡制、中原铸币的形制,等等,也都渗入西域各族人民的政治、经济、文化生活之中。

察吾乎沟三号墓地的资料明显反映出曾受到汉文化的影响。据和静县察吾乎沟三号墓地发掘简报,在察吾乎沟其他几处古墓地,墓主人的头均向西北,而三号墓地的头朝向东方,与吐鲁番地区的魏晋墓葬情况相仿。M18 出土的项珠中有两枚雕刻得非常精美的玳瑁龟,这是我国古代十分贵重的东西。相传龟有千年之寿,《抱卜子·对俗》曰:“知龟鹤之遐寿,故效其道引以增年”,墓主人项戴乌龟项链,以祈长命百岁。这表明,由于汉朝统一新疆,经济文化的交往频繁,其影响是十分巨大而深远的。在隋唐盛世,中原文明的特征之一是它与周围地区(特别是与西域)保持着密切的联系。人们在考察隋唐时期西域

〔1〕〔日〕羽田亨著,耿世民译:《西域文明史概论》(外一种),中华书局,2005 年,第 162 - 164 页。

的多种文明交流情况时得到的突出印象是，这里受着中原文明的强烈影响，同时又向中原输送来自印度、西亚、中亚的宗教、艺术和某些科学技艺。中原文明对西域的影响可以上溯到两汉、西晋、五凉。

汉文化的西传并未止于西域，而是通过丝绸之路经过西域之后继续向西传播。中国饮食文化是中华文化西传的重要内容，如中国饮食文化西传波斯。阿里·玛扎海里在其所著的《丝绸之路——中国—波斯文化交流史》第三编为“丝绸之路和中国物质文明的西传”，作者主要介绍了中国的谷子、高粱、樟脑、桂皮、姜黄、生姜、水稻、麝香和大黄的栽培史、用途以及经波斯传向西方的过程。“玛扎海里先生反复谈到，西方古代、中世纪，甚至是近代文明中的许多内容都可以通过丝绸之路而追溯到波斯，进而从波斯追溯到中国。在14—15世纪以前，东方是各种文化的‘创造者’，而‘西方’在很大程度上是‘模拟者’。”[1]

再如中国物品传入印度。据季羡林先生研究：桃和梨是从中国传到印度去的。此外，中国杏曾传到了世界上的许多国家，印度杏也可能是从中国传去的。还有白铜、瓷土、肉桂、黄连、大黄、土茯苓等等，都是中国传去的。至于举世闻名的丝和茶，那就用不着论证了。

与此同时，中原饮食文化与西域饮食文化之间的交流是双向的。

10.2.3 西域饮食文化与中亚、南亚等地饮食文化间的交流

东西方文化的交流当然不止于新疆，而是通过新疆这个纽带向两端极力延伸。

美国东方学家劳费尔曾认为：“中国人的经济政策眼光远大，采纳许多有用的外国植物以为已用，并把它们并入自己完整的农业系统中去，这是值得钦佩的。中国人是熟思、通达事理、心胸开豁的民族，向来乐于接受外人所能提供的好事物。在植物经济方面，他们曾是世界上最前列的权威。中国有另一独特之处：宇宙间一切有用的植物，在那里都有栽培。当然这些植物的采纳和吸收的过程是一步步进行的。”曾有国外学者指出：南西伯利亚和中亚细亚诸部落与居住在蒙古、中国

---

[1]〔法〕阿里·玛扎海里著，耿昇译：《丝绸之路——中国—波斯文化交流史》中的《译者的话》，中华书局，1993年，第4页。

地方的诸部落之间的文化关系在古代即已产生，至迟是从公元前第一千年的中叶开始的。[1]

《唐六典》卷18记载："若诸蕃献药物、滋味之属，入境州县与蕃使包匦封印，付客及使，具其名数，牒寺。寺司勘讫，牒少府监及市，各一官领识物人定价。"食物的进口（其处置办法与药物相同）是在唐朝政府的严密监督之下进行的。《唐代的外来文明》一书中有一部分专列外来食物，如葡萄与葡萄酒、诃子、蔬菜、珍馐美味（朝鲜松子、阿月浑子等）、海味、调味品、糖进行了述说。这些外来美味中最上等的食物，就这样成了被称作"尚食"的官员监管下的御厨的菜肴。随着有关这些珍馐美味的知识不断由宫廷传入民间，在唐朝的乡镇和城市中对于外来食物的爱好也日渐滋长，而外来食物的贸易也就不断地增多了。

从西域以西传入西域乃至中国的动植物及食物制作技术、食品等很多。下面略举几例。

小麦。小麦起源于西亚。早在青铜时代的孔雀河古墓沟就曾发现小麦籽粒。

葡萄。众所周知，葡萄是外来品。曾有人从语言学角度考证了"葡萄"的舶来品的身份。汉语中的葡萄一词源自伊兰语 budawa，这个字是由语根 buda 和词尾 wa 构成。显然这是一个外来词。考古发现葡萄是汉唐时期塔里木盆地及吐鲁番地区种植最广的水果，在西域人们生活中占有重要地位。至于"葡萄与葡萄酒"在唐代的传播与发展，《唐代的外来文明》一书中已有述说，在此不再重复。

饆饠。《广韵·质韵》："饆，饆饠，饵也。"《集韵·戈韵》："饠，饆，饼也。或从食。"唐人李匡义认为"饆饠"这两个字当初应作"毕罗"，他说："蕃中毕氏、罗氏好食此味，今字从食，非也。"（《资暇集》卷下"毕罗"条）"饆饠"是一种源出毕国的食品，被列为"胡食"之首。慧琳《一切经音义》卷37："胡食者，即鞸锣、烧饼、胡饼、搭纳等事。"

关于饆饠到底是一种什么样的食物，有着两种截然不同的解释：

[1]〔前苏联〕C. И. 鲁金科著，潘孟陶译：《论中国与阿尔泰部落的古代关系》，《考古学报》，1957年，第12期，第217页。

一种观点认为这是一种类似于今天中亚、印度、新疆等处伊斯兰教民族中所盛行的抓饭或羊肉抓饭；另一种观点则认为这是一种类似于今天馅饼之类的食物。早在南朝，顾野王的《玉篇》就记载："饆饠，饼属，用面为之，中有馅。"饆饠是一种从西域传入的带馅面食，属于隋唐五代时比较流行的大众食品，受到社会各阶层的广泛欢迎。当时长安的长兴坊有胡人开的饆饠店。据史料，有蟹黄饆饠、樱桃饆饠、天花饆饠等，甚为著名。饆饠传入中国的时间，比胡饼要晚得多。《酉阳杂俎》续集卷1"支诺皋"曾记载两则与饆饠有关的故事。其中一个小故事为："柳璟知举年有国子监明经，失姓名，昼寝，梦徙倚于监门。有一人负衣囊，衣黄，访明经姓氏，名经语之，其人笑曰：'君来春及第。'明经因访邻房乡曲五六人，或言得者。明经遂邀人长兴里饆饠店常所过处。店外有犬竞，惊曰：'差矣。'遂呼邻房数人语其梦。忽见长兴店子入门曰：'郎君与客食饆饠计二斤，何不计值而去也？'明经大骇，褫衣质之，且随验所梦，相其榻器，皆如梦中。乃谓店主曰：'我与客俱梦中至是，可岂食乎？'店主惊曰：'初怪客前饆饠悉完，疑其嫌置蒜也。'来春，明经与邻房三人梦中所访者，悉及第。"从故事中除了知道饆饠论斤出售之外，还了解到有些饆饠是以蒜作为调味品的。《太白阴经》卷5"宴设音乐"记载唐代军宴时，"饆饠一人一枚，一万二千五百枚，一斗面作八十个，面一十五石六斗二升五合"。可知饆饠还是唐代军队中宴饮时的重要食品，能够作为普通士兵的食物，可见饆饠是一种很普通的食物。

不管饆饠是何种食物，其作为粟特民族的传统食物丰富了西域饮食文化乃至中华饮食文化的事实是不会错的。蔡鸿生先生在《唐代九姓胡与突厥文化》一书中曾就"'饆饠'及其汉化"问题进行了专门论述。其认为至于饆饠与西域"抓饭"（pilau）和西洋"排"（pie，粤语译作"批"）有何关系，事涉胡食西传及西餐馅饼的起源。饆饠是在唐代以前传入中国的。不过，从唐开始它才广泛流行。唐代长安，除公开营业的饆饠店外，贵族之家也有自行制作的精品，如《酉阳杂俎》中记载之"樱桃饆饠"，韦巨源的《烧尾食单》中之"天花饆饠"等。更引人注目的是，饆饠还曾传播到唐代的岭南，并用海味作原料，烹调成一种别开生面的“蟹饆饠”。到了宋代，饆饠进一步汉化，表现在其被列入国宴及食疗中。饆饠这种胡食，自南朝至唐宋，经过汉族数百年的吸收和改进，已经从官吏家走向百姓家，成为中华饮食文化中的一分子。因此，元剧《琵琶记》才会有用“米皮饆饠”充饥的情节。

历史上中印两国长期存在文化交流，如印度佛教的东传，其对西域人民乃至当今中华民族的饮食心理带来重要影响。学术界认为，佛教传入中国是在汉明帝以前，最初还不是直接从印度传来，而是经过新疆一带一些少数民族的媒介传入的。传入以后，印度的文化就随着佛教逐渐传了进来，对中国文化的发展产生了积极的影响。同时中国的文化也传入印度，同样产生了积极影响。佛教传入中国以后，到了南北朝时期，发展迅速，影响遍及全国。随着佛教的传播，印度文化也大量涌入中国。在中印两国两千多年的文化交流史上，这是最光辉灿烂的时期。传入中国的印度文化，内容是多种多样的。

具体到饮食生产技术，古有印度制糖法的东传。《说郛》卷95（上）《糖霜谱》：“唐太宗遣使，至摩揭陁国，取熬糖法，即诏州上诸蔗，榨瀋如其剂，色味愈于西域远甚。”新唐书记载大致相同。《续高僧传》卷4《玄奘传》：“并就菩提寺僧召石蜜匠。乃遣匠二人、僧八人，俱到东夏。寻敕往越州，就甘蔗造之，皆得成就。”据专门研究揭示，中国用蔗汁熬糖，不始于唐代，大概从六朝时期就能制造砂糖。到了唐代，可能是因为当时印度制糖术高明一点，所以太宗才派人去学习。在此后一千多年的漫长时间内，中印两国在制糖技术方面互相学习。元代有埃及人到中国来传授熬白砂糖法。明代，中国白砂糖传到日本、南亚、东南亚国家去，大概此时也传入印度。印度制糖法传入中国，体现了西域饮食文化与南亚饮食文化间的交流。

优良动物品种的传入，如绵羊。

文化交流是双向的，而不是单向的，如中国、伊朗两国在经济作物上就存在互通有无。伊朗传入中国的作物有：苜蓿、葡萄、阿月浑子、扁桃（巴旦杏）、波斯枣、没药、阿魏、没石子（无食子）、小茴香、甜菜及安息香。中国传至伊朗的作物有桃、杏、茶叶、肉桂及茯苓。

10.3 晋唐吐鲁番地区饮食文化交流

晋唐吐鲁番地区饮食文化是一种处于东西方文化交汇的多源发生、多维发展的地域文化，它不仅是该地区各民族饮食文化交融的成果，而且是与祖国内地、周边游牧民族及西方饮食文化相互交流的结晶，是在中西文化交融的过程中吸纳了游牧文化因素而形成并繁荣起来的饮食文化。

10.3.1 饮食文化交流的可能性和必然性

(1)吐鲁番地区在地理位置方面具有优势

吐鲁番盆地周围山脉山口谷道多，故自古以来这里就是东西和南北交通的十字路口，是古代丝绸之路上四通八达的重要交通枢纽，这为包括饮食文化在内的文化交流提供了便利条件。丝绸之路在一定程度上说，也是饮食文化交流之路。作为丝绸之路重要驿站的高昌就是典型例子。学术界认为高昌实际上处于东西、南北交通的十字交叉点上。这种重要的战略位置为东方、西方和北方游牧文化的汇聚创造了条件。如果说西域文化是一种十字路口文化的话，那么这一特点在高昌地区表现得最为突出。

(2)吐鲁番地区特定的自然地理环境也决定了其必然存在饮食文化交流

吐鲁番地区古称高昌，其中心区在吐鲁番盆地，是西域绿洲农业文明的典型代表。绿洲特定的地理环境决定绿洲居民并不单纯是农耕民，而兼有商业民的性质。吐鲁番地区亦如此。

(3)吐鲁番地区特定的政治历史文化决定了吐鲁番地区的饮食文化史就是一部饮食文化交融史。

民族迁徙与融合通常是饮食文化交流的重要途径。吐鲁番地区是以东来移民——汉人为主体民族的移民地区。除了汉族，在漫漫历史长河中，吐鲁番大地还迎来了吐鲁番周边其他西域移民及游牧民族移民，乃至西来移民，如粟特人。吐鲁番地区在晋唐时期可以说是一个移民区。

10.3.2 饮食文化交流的具体体现

(1)吐鲁番本地区各族人民饮食文化间的交融

从吐鲁番阿斯塔那晋唐墓地随葬品中大量出土的各种文物中可以看到:作为一种文化现象,尽管受到地理环境,文化氛围的限制,在丝绸之路的沟通中,高昌在晋唐时期对世界文明所做的贡献是巨大的。此贡献也包括绚烂多彩的饮食文化。

吐鲁番地区是一个多民族地区,这决定了在民族交融的过程中必然存在饮食物资和饮食文化的交流。翻开吐鲁番出土的隋唐时期的汉文文书,就如同走进了一个门类齐全的民族博物馆。研究相关文献资料及考古资料可见,隋唐时期高昌(西州)居住着大批汉族,通行汉语、汉文,汉族是高昌的主体民族,但也有许多汉化程度不同的各族居民。其中主要有来自西域本土各国的居民,如帛氏或白氏(龟兹人)、龙氏(焉耆人)、裴氏(疏勒人)、鄯氏(鄯善人)等;有来自北方草原或西北地区的古代民族的成员,如沮渠氏(匈奴人)、支氏(月氏人)、秃发氏(鲜卑人)等;还有大量来自葱岭以西河中地区的昭武九姓人曹、何、史、康、安、石、米等。突厥人亦是唐代高昌居民中的重要成分。

另外,吐谷浑人也曾是吐鲁番盆地的居民成员。阿斯塔那墓葬出土文书中数次提及"浑善相"、"浑神救"、"浑德"、"主帅浑小弟"及"健儿浑小弟"等其人。柳洪亮先生曾对迁居吐鲁番盆地的吐谷浑人进行过研究,其认为高昌国时期的"浑"姓人在当地充任作人、承担赋役,已成为盆地的居民。而且从其姓名看,已有相当程度的汉化,如浑善相、浑神救即是如此,这说明他们来到吐鲁番盆地已有一段时日。因此,高昌王国时期的"浑"姓人,应该就是吐谷浑人。唐代西州时期,吐鲁番盆地有吐谷浑人定居并活动,这应是不争之事实。至于他们的人数及规模,出土文书及文献都没有明确记载。不过,浑小弟由健儿升至主帅,说明他还是颇有能力的。这些都从侧面暗示出唐代西州的吐谷浑人拥有一定的实力。他们与当地汉人杂处,共同租佃官府屯田,并熟悉汉文化,实际上在很大程度上已经汉化了,与唐末以后迁入盆地的吐谷浑人恐怕并不完全相同。

考古学家指出,吐鲁番出土的古尸,多有墓志、纪年文书等共出,不仅墓主人生活的时代,甚至生卒年月都很明确,他们多为汉族,但又是吐鲁番地区的居民。古代吐鲁番是一个多民族杂居的地方,各民族都曾为吐鲁番的开发建设奉献过智慧与汗水,通过有关的文物足以证明之。出土文书《唐西州高沙弥等户家口籍》,反映出王国内平民的婚姻状况,说明吐鲁番地区已出现各民族相互婚嫁的现象,这必然会导致文化(包括饮食文化)间的交融。

同时,高昌本地区各族人民间的文化交融,也包括原土著居民与后来移民于此的新居民间的文化交融,当然其在一定程度上体现为该地区饮食文化的传承性与变异性间的辩证关系。

"罗阇"是传承吐鲁番地区土著文化的一个典型例子。据二酉堂藏版《凉州风物志》记:"高昌僻土有异于华,寒服冷水,暑啜罗阇(《太平御览》原注,阇,受车切,此鄙人取糜粥啜之,俗号罗阇者也)。"有学者认为,按高昌乃汉人聚居区,罗阇非汉语,必是从古车师人处继承下来的一种食俗,唐之西州必因袭不变,据判断,罗阇大约是一种发酵的酸粥,有解暑的功能。另外,苏贝希墓地典型地体现了古代车师居民的日常饮食。考古学家指出,在该墓地中曾出土一种相当重要的食品是粟糊。墓穴出土陶器中,罐碗底部,多见这类糊状物在水分挥发后的余淀,干结成糊块。在天气十分干燥的吐鲁番地区,养分的补给,水分的吸收依靠这种糊状物,实在也是不错的形式。新疆农家早餐常有"乌玛希",糊状可稠可稀,用它伴饼而餐,至今仍是新疆农民早餐的方式。

(2)吐鲁番地区饮食文化与中原饮食文化的互动

早在魏晋南北朝时期,鉴于这里的居民及其生产方式和生活习惯与内地相同,前凉王张骏在此置高昌郡,这是西域首次推行郡县乡里制。隋唐时期,儒家文化成为高昌汉文化的主体。在高昌麹伯雅受封于中央担任高昌王时,下令"改行内地风俗",在当时的高昌王宫中"画鲁哀公问政于孔子之像",推行儒家礼治。在高昌古城出土的隋唐时期文物中,出土了《毛诗》、《论语》、《孝经》、《三国志》等一些手写本。

如《古写本〈论语集解〉残卷》、《古写本〈孝经〉残卷》、《唐写本〈开蒙要训〉残卷》及《唐景龙四年(710)卜天寿抄孔氏本郑氏注〈论语〉》。考古发现证明,晋唐时期吐鲁番地区文化与中原文化的一脉相承。新疆博物馆考古队在阿斯塔那古墓群第二次发掘时,发掘了30座墓葬,出土纪年最早者为章和十八年(548),最晚者为唐咸亨五年(674)。发掘简报资料显示高昌在唐代前后与中原文化具有一致性,如墓葬形制均为斜坡墓道洞室墓。西州时期出现了天井、甬道,并开凿耳室置放俑像,其埋葬方式亦与中原保持一致。葬式上,保存好的尸体均呈仰身直肢葬,尸体脸部普遍盖覆面及手持握木。关于覆面习俗,根据《仪礼·士丧礼》记载,秦汉以前就已有了,到了唐代,死人覆面盛行,此次发掘证明了死人覆面的葬俗在吐鲁番同样盛行。握木,史籍中也有载,称“握手”,《仪礼义疏·士丧礼(上)》曰:“握木用玄缠裹长尺二寸,广五寸,牢中旁寸,著组系。[正义]郑氏康成曰:谓削约握之中史以安手也。刘氏熙曰,‘握,以物著尸手中,使握之也’”。从出土握木看其制作方法,均是截一段细圆木,经削制而成,表面还往往缠一层锦片,与史籍吻合。据考古资料和文献记载,我国在殷周时代就已有死者口中含贝的风俗,以后逐渐被铜钱所取代。唐代时,这种风俗仍旧流行,吐鲁番阿斯塔那这种死者口中含钱的习俗应源于中原。另外,阿斯塔那古墓群第三次发掘的是一座典型的聚族而葬的茔院,其形制上基本一致,均是斜坡墓道洞室墓。反映了在麴氏高昌至唐西州时期,其埋葬方式与中原有着千丝万缕的联系,是中原文化的延伸。这些都决定了中原汉饮食文化对吐鲁番地区饮食文化浸染的必然性。

中原饮食文化西传吐鲁番地区,主要体现在以下几个方面:

①具体食物品种的西传。如杏类果品,来自内地。在吐鲁番古墓地内也曾见到杏核。出土文书《古写本医方一》中也有“杏人”(应是杏仁)入药的记载。

另如饺子和馄饨。在新疆吐鲁番阿斯塔那唐墓中发现了唐代饺子和馄饨实物,形状与现代的同类食品几乎没有多少区别。作为中华民族的传统美食之一的饺子,早在唐代就已成为了吐鲁番地区居民食用的一种面食。

②食生产技术、日常饮食用具等的西传。吐鲁番晋墓中发现的陶器中，常见釜和甑，这是内地常见的一套炊器。“在挖造阿斯塔那墓葬的时代，人们似乎使用过漆成黑色的木盘。木盘呈四边形，边角都做成了圆形，备有两个鱼尾形的把柄。在已被断代为541年的一座墓葬中也曾发现过一件这样的器皿。在阿斯塔那古墓葬中发现的日用品形状的古老性使所有的考古学家们都感到震惊，因为这些物品与中国汉代所使用的器皿常常具有惊人的相似性。”“在吐鲁番地区，经常使用的似乎就是汉地的器皿，至少在高昌城完全是这样的，人们曾经在那里发掘到了一些筷子。某些女供养人就餐时所使用的就是典型的汉地碗和汤匙。”[1]

③汉饮食礼仪、观念的西传。晋至南北朝阿斯塔那墓葬随葬器物普遍为灰陶，有灯、釜、甑、罐、壶、盆、瓮、盘、碗等，器型较大。瓮上有墨书“黄米一”、“白米一”，反映了汉魏中原地区风尚在这里的影响。

吐鲁番市阿斯塔那古墓出土了一件高昌郡时期的陶罐，高24厘米、口径11.7厘米、底径11.4厘米。吐鲁番市阿斯塔那古墓出土。现藏吐鲁番博物馆。灰陶，轮制，折唇，鼓腹，平底。器表有竖行墨书“黄米三十”字样，为随葬冥器(见图版57)。

《汉书·原涉传》记载原涉为里人治丧，“削牍为疏，具记衣被棺木，下至饭含之物，吩咐诸客。诸客奔走市买，至日晨，皆会……乃载棺物从宾客往至丧家，为棺敛，劳徕毕葬”。阿斯塔那古墓区65TAM39墓葬随葬面食等物，体现了汉饮食礼仪、观念的西传。墓葬葬尸用木棺，盖尸用绢被，衣绢秀，穿锦鞋，随葬物中还有脂粉、线团、面食等物，这些都是汉魏以来丧葬风俗的具体表现。木棺前档上象征性的北斗七星，也是汉人习俗的反映。据《史记》记载：北斗文昌宫的六星中即有“司命”、“司禄”掌治幽冥世界的事情。北斗七星表明了生者在为死者去到“阴曹地府”乞求解除咎祸灾殃。

[1]〔法〕莫尼克·玛雅尔著，耿昇译：《古代高昌王国物质文明史》，中华书局，1995年，第181页。

汉饮食礼仪、观念西传的另一具体体现为中原内地节日饮食礼俗在吐鲁番大地的再现。例如,吐鲁番地区人们也过端午节和寒食节等。

吐鲁番地区与中原饮食文化的交流是双向的,并形成互动。吐鲁番地区在接受中原饮食文化影响的同时,其饮食文化也东渐中原。如太宗破高昌,获取葡萄酒酿造法就是典型例子。《册府元龟》记载:“及破高昌,收马乳蒲桃实,于苑中种之,并得其酒法。帝自损益,造酒成,凡有八色,芳辛酷烈,味兼缇盎,既颁赐群臣,京师始识其味。”

高昌向中原王朝的朝贡其实是饮食文化交流的重要手段和形式之一。朝贡是古代中国边疆诸族以及地方政权向中原中央政权表示臣属的一种特殊形式,也是当时特定条件下一种有报偿的物质交换方式。来自边疆各地的贡物,多为当地土特产、宝物。而中原王朝也会回赠一些物品,其中有些也是中原特产。朝贡贸易中的物品有很多与饮食有关,如高昌的葡萄及葡萄酒、刺蜜等就曾作为贡品。朝贡贸易丰富了两地人们(有时虽然主要是上层阶级)的物质文化生活,并且这一趋势逐步地向民间渗透。同时,会因之促进各地区之间经济文化的交流,包括饮食文化的交流。

(3)吐鲁番地区饮食文化与周边游牧饮食文化的互动

吐鲁番盆地处于天山北部游牧的行国通往塔里木盆地城郭诸国的交通要道。两汉时期,曾是中原王朝与匈奴民族政权争夺的焦点地区。晋唐时期,环绕吐鲁番地区四周的是以柔然、高车、铁勒、突厥等为代表的草原民族游牧文化。魏晋以来,高昌曾被迫依附于外部的一些游牧民族政权。游牧民族也想方设法从各方面影响高昌。婚俗上,高昌王室上层必须遵从突厥的收继婚制就是具体体现之一。《隋书》卷83《突厥传》记载,隋开皇十年(590)“(麴)伯雅立,其大母本突厥可汗女,其父死,突厥令依其俗,伯雅不从者久之。突厥逼之,不得已而从”。另据专家考证“高昌吉利”钱币中的“吉利”两字,应为突厥语 ilik 或 ilig 的汉语音译,意思为“王”,文献上一般译做“颉利发”或“颉利”,“高昌吉利”对应的汉语意思为“高昌王”。“高昌吉利”钱币是农耕的汉文化与游牧的突厥等文化相互之间交汇、融合的结果。正是在这两种完全不同类型文化的相互影响下，形成了以“汉胡交融”为特色的高昌文化，“高昌吉利”钱币便是这种文化交融的具体表现。高昌王麴伯雅两次出使隋朝回国后曾颁布“解辫削衽”令，但均以失败告终，说明游牧文明在吐鲁番地区人们生活中的影响之深。总之，汉胡交融是吐鲁番地区文化的重要特色之一，这与当时的政治、经济紧密关联，对饮食文化自然会产生不可轻估的影响。

可以说，吐鲁番地区畜牧业在经济生活中的比重、其居民食肉方式及食酪、麨等在一定程度上是受游牧民族的影响。如高昌人对羊、牛肉的食用量是内地人所不能比拟的。其肉食方法以煮、烤为主，用木制器皿（俎）盛上餐桌，拿匕切割而食，或备成干肉随时取用，明显地表现出了受游牧民族肉食习惯影响的痕迹。

（4）吐鲁番地区饮食文化与西方饮食文化的交流

德国学者克林凯特指出：“几乎没有其他哪个绿洲，在文化面貌上像吐鲁番这样丰富多彩，它位于一条东西大道和一条南北大道的交汇点上。因此它就很特殊地成为东西方许多不同文化的相会地点。从文化上说吐鲁番好像一块海绵，它从各个方面吸收精神内容与文字形式，而并不一定要把它们统一化、规范化。引人注目的是，这个绿洲的文化传统极富国际性。”如1959年在发掘吐鲁番阿斯塔那墓葬时发现了丝、麻织品的标本。各种花纹织锦可分为七种，其中鸟兽树木纹锦、双兽对鸟纹锦、树纹锦及对马纹锦四种花纹显然不是汉族风格，大约是波斯文化影响的产物。新疆博物馆考古队在阿斯塔那古墓群第二次发掘中，发现墓葬中出土有萨珊银币及铜钱，均出自死者口中。吐鲁番是当时丝绸之路上的交通要道，中西贸易往来，文化交流必经于此，这些萨珊银币便是实物证据。

吐鲁番地区出土唐代芝麻（见图版58）、[1]巴旦杏（见图版59）。[2]芝麻原产非洲，巴旦杏原产伊朗。看来，新疆地区引进、栽培这两种水果的历史也是很久的。

---

〔1〕王炳华：《新疆农业考古概述》，《农业考古》，1983年，第1期，第106－107页。

〔2〕张玉忠：《新疆农业考古概述》，《农业考古》，1983年，第1期，第125页。

众所周知,葡萄是外来的物质文明,其原生地在黑海和东地中海沿岸一带及中亚细亚地区。高昌栽种葡萄的历史悠久。在吐鲁番盆地东部,公元前5世纪的洋海墓地,发现了葡萄植株,清楚表明了葡萄种植业的存在。发展到晋、唐时期,古墓葬中往往以葡萄入殉,可以看到历史上它一直就是人们珍视的果品。其栽植之盛,从墓葬壁画中有葡萄园,出土文书中有“卖”、“租”葡萄园的契纸,有关葡萄酒的记录等,均可透见这一果品在当时人们日常生活中具有重要地位。

另如“叵罗”。前面已经论述过,“叵罗”又可写作“破罗”、“颇罗”。叵罗是粟特语,碗状酒杯。可见,唐代吐鲁番地区风行叵罗酒具,是粟特酒文化浸染的结果。

吐鲁番地区饮食文化是曾经生活在这里的以汉族为主的各个民族在适应和改造独特的自然环境的过程中,充分发挥主观能动性共同创造的丰硕果实,交融性是其重要特点之一。高昌地处中西文化交流的要道,且是一个多民族地区,汉族是高昌的主体民族,同时其他许多民族在此杂居,故高昌文化在全面承袭汉文化同时,不可避免地受到其他文化的影响。《周书·高昌传》记载高昌人“服饰,丈夫从胡法,妇人略同华夏”,说明在民间的生活习俗上,高昌人受他族影响很大。但同样不可否认的是,在接受他族文化影响和承袭汉文化传统二者之间,毕竟是后者占据主流。该地区饮食文化亦如此。当然,由于特定的地理环境、历史文化及交通位置,在与中原汉人饮食文化存在千丝万缕联系的同时,又凸显其独特性,为中华饮食文化增添了瑰丽的一页。

10.4 小结

综上所述,西域饮食文化交流具有以下主要特点:西域饮食文化与其他饮食文化间的交流是双向的,而不是单向的。西域饮食文化的交流是全面的,内容丰富多样,涵盖了饮食结构中几乎所有的方面。包括粮食类食物的交流、蔬菜类食物的交流、肉类食物的交流、瓜果类食物的交流、饮品类(如酒)的交流、饮食器具、饮食风俗上的交流,等等。饮食文化的交流促使西域饮食文化具有多元成分:土著饮食文化、汉饮食文化及西来之饮食文化。西域饮食文化交流的途径亦是多样的。

那丝绸之路与西域饮食文化间又是什么关系呢？丝绸之路连贯欧亚大陆，在极其漫长的历史时期内，是东西文化交流的大动脉。西域地处丝绸之路的中段东部，扼守中外、东西交通要冲。丝绸之路的发展与繁荣，不仅加强了中外、东西方的经济、贸易文化交流，而且加强了西域与内地的政治、经济、文化联系，包括饮食文化联系，促进了西域社会的进步、经济的发展以及饮食文化的发展。丝绸之路在一定程度上可以说是饮食文化交流之路。丝绸之路的逐渐开通和扩大，为西域饮食文化交流提供了途径，促进了饮食文化交流。饮食文化是丝绸之路物质文明和精神文明交流的重要内容。丝绸之路的逐步开辟、发展和繁荣，是西域饮食文化发展的重要动力之一。文化交流是文化发展的重要动力，饮食文化交流是推动西域饮食文化乃至中华饮食文化、世界饮食文化发展的重要动力。

吐鲁番饮食文化的发展在一定程度上得益于丝绸之路和饮食文化交流。吐鲁番出土的点心系列，体现了吐鲁番先民生活精细的一面，至少已反映他们中的一部分人的饮食生活已不单单是为了填饱肚子，而有了更高的精神追求。而这在很大程度上得益于饮食文化的发展。晋唐时期吐鲁番地区饮食文化发达的具体表现之一，即饮食市场的出现和发展。

饮食文化交流的意义何在呢？饮食文化交流通常包含物质文化及精神文化两方面。物质方面的饮食文化交流能提高人民的生活水平，而精神方面的饮食文化交流，则能提高人民的精神境界，促进饮食文化创造的繁荣，更重要的是能促进不同民族的相互了解，增强他们之间的友谊和感情。文化交流是历史研究中的一个重要课题，但饮食文化交流的专题研究还有待大大加强。

主要参考资料

[1]二十五史中的西域传.

[2]陈国灿.斯坦因所获吐鲁番文书研究(修订本).武昌:武汉大学出版社,1994年(第1版).1997(第1次修订).

[3]黄文弼.中国科学院考古研究所编辑.塔里木盆地考古记.北京:科学出版社,1958.

[4]黄文弼.吐鲁番考古记——罗布淖尔考古记(影印本).兰州:兰州古籍书店,1990.

[5]林梅村.沙海古卷——中国所出佉卢文书(初集).北京:文物出版社,1988.

[6]柳洪亮.新出吐鲁番文书及其研究.乌鲁木齐:新疆人民出版社,1997.

[7]李肖.吐鲁番文物精粹.上海:上海辞书出版社,2006.

[8]苗普生,田卫疆.新疆史纲.乌鲁木齐:新疆人民出版社,2004.

[9]马大正.新疆史鉴.乌鲁木齐:新疆人民出版社,2006.

[10]荣新江,李肖,孟宪实.新获吐鲁番出土文献.北京:中华书局,2008.

[11]唐长孺主编,国家文物局古文献研究室、新疆维吾尔自治区博物馆、武汉大学历史系编.吐鲁番出土文书(1-10册).北京:文物出版社,1981-1991.

[12]王炳华.丝绸之路考古研究.乌鲁木齐:新疆人民出版社,1993.

[13]王炳华,杜根成主编,新疆文物考古研究所、新疆维吾尔自治区博物馆.新疆文物考古新收获(续)(1990—1996).乌鲁木齐:新疆美

术摄影出版社,1997.

[14]王炳华.新疆干尸:古代新疆居民及其文化.乌鲁木齐:新疆人民出版社,1999.

[15]王明哲主编,新疆文物考古研究所编著.新疆察吾乎——大型氏族墓地发掘报告.北京:东方出版社,1999.

[16]王旭东,周亚成.哈萨克族:新疆吉木乃县巴扎尔湖勒村调查.昆明:云南大学出版社,2004.

[17]王炳华.西域考古历史论集.北京:中国人民大学出版社,2008.

[18]新疆社会科学院考古研究所.新疆考古三十年.乌鲁木齐:新疆人民出版社,1983.

[19]新疆文物考古研究所编.新疆文物考古新收获(1979—1989).乌鲁木齐:新疆人民出版社,1995.

[20]薛宗正.中国新疆古代社会生活史.乌鲁木齐:新疆人民出版社,1997.

[21]新疆维吾尔自治区博物馆、新疆百石缘工美有限公司.新疆维吾尔自治区博物馆画册.香港:香港金版文化出版社,2006.

[22]余太山.西域文化史.北京:中国友谊出版公司,1995.

[23]余太山.西域通史.郑州:中州古籍出版社,1996.

[24]赵荣光.中国饮食文化概论.北京:高等教育出版社,2003.

[25]〔美〕劳费尔.中国伊朗编.林筠因,译.北京:商务印书馆,1964.

[26]〔美〕谢弗.唐代的外来文明.吴玉贵,译.北京:中国社会科学出版社,1995.

[27]〔日〕羽田亨.西域文明史概论(外一种).耿世民,译.北京:中华书局,2005.

[28]〔法〕伯希和,等著.伯希和西域探险记.耿世民,译.昆明:云南人民出版社, 2001.

[29]〔法〕莫尼克·玛雅尔著.古代高昌王国物质文明史.耿世民,

译.北京:中华书局,1995.

[30]〔瑞典〕贝格曼.新疆考古记.王安洪,译.乌鲁木齐:新疆人民出版社,1997.

[31]〔瑞典〕贝格曼.考古探险手记.张鸣,译.乌鲁木齐:新疆人民出版社,2000.

[32]〔瑞典〕斯文·赫定.罗布泊探秘.王安洪,崔延虎,译.乌鲁木齐:新疆人民出版社,1997.

[33]〔瑞典〕斯文·赫定.亚洲腹地探险八年.徐十周等,译.乌鲁木齐:新疆人民出版社,1992.

[34]〔英〕奥雷尔·斯坦因.沙埋和阗废墟记.殷晴,等译.乌鲁木齐:新疆美术摄影出版社,1994.

[35]〔英〕奥雷尔·斯坦因.西域考古图记.巫新华,等译.桂林:广西师范大学出版社,1998.

[36]T·贝罗.新疆出土佉卢文残卷译文集//《尼雅考古资料》(内部刊物).王广智,译.乌鲁木齐,1988.

[37]《新疆文物》1996—2009年.

[38]目前所能见到的所有《吐鲁番学研究》.

图片说明

[1]图2、4、5、26、32、33、46、56,由王炳华先生提供。

[2]图1、3、9、11、13、15、16、18、19、20、21、22、23、24、25、28、34、35、36、37、40、41、42、43、44、45,摘自《〈新疆维吾尔自治区博物馆〉画册》(新疆维吾尔自治区博物馆、新疆白石缘工美有限公司主编,香港金版文化出版社,2006年)。

[3]图10、12、14、38、39、47、48、49、50、52、53、57,摘自《吐鲁番文物精粹》(李肖主编,上海辞书出版社,2006年)。

[4]图29、54、55摘自《新疆维吾尔自治区博物馆:西域珍宝的流光溢彩》(新疆维吾尔自治区博物馆主编,《中国文化遗产》,2007年,第1期)。

[5]图17、51,摘自《丝路珍宝——新疆文物大展》(香港文化博物馆编制,康乐及文化事务署出版,2005年)

后 记

本书是在笔者博士论文《汉唐西域饮食文化研究》基础上写成的。2006年9月,我有幸来到中国人民大学国学院,师从中亚考古学家王炳华先生。先生毕生献身于新疆考古事业,现本应享受天伦之乐,却以对西域研究事业的难以比匹的责任心,继续耕耘,授业解惑。本人以前很少涉足西域研究和饮食文化研究领域,在此方面的基础薄弱,承蒙导师以及学院其他老师的精心教育,才有幸成为中国人民大学国学院培养的首届博士,同时成为国学院西域历史语言研究所培养的首届西域研究方向的博士。在中国人民大学学习的历程中,在平时与人交谈中,我发现大多数人对西域研究并不了解,包括很多历史学博士,甚至认为西域研究是很偏的方向。作为中国传统学术的重要组成部分,西域研究是绝对不可轻忽的。西域研究,特别是西域历史语言研究是一门涉及多门学科的国际化的学问。从学术史和学术发展的角度看,由于历史的原因,西域研究在学术史上应是我国伤心之领域,虽然经过中国学人的不断努力,西域研究远落后于外国的状况大有改观,但目前国内的西域研究相对来说仍较为薄弱。就从西域历史学的研究来说,虽然早就有人指出,中国史学乃中国最发达之学问,但综观西域研究,存在的真空地段仍然不少。中国是一个多民族、多元文化的国家,国学的研究对象应该包括中国境内各民族的文化传统。中华民族是一个有悠久历史传统和共同文化基础的实实在在的共同体,研究国学应该对构建中华民族的民族认同有所贡献。中国人民大学国学院成立西域历史语言研究所,就是以"接续文脉、培养人才、传承文明、弘扬国学、立足当今、走向未来"为办学思路的。

这本书的出炉,首先要感谢导师王炳华先生及师母王路力女士。

老师在本书的取名及内容框架等方面提出了许多真知灼见，师母王路力女士亦曾帮助学生精心选配图片。

关于我的西域饮食文化研究，中国社会科学院考古研究所王仁湘先生、浙江工商大学中国饮食文化研究所赵荣光先生曾先后对学生不吝赐教；中国人民大学历史文化学院的孙家洲老师、魏坚老师，中国人民大学国学院的沈卫荣老师、孟宪实老师、乌云毕力格老师，北京大学的罗新老师，中国社会科学院历史研究所余太山老师、李锦绣老师，新疆文物考古研究所吕恩国老师，中山大学刘文锁老师等曾提出诸多宝贵意见，在此谨致以最诚挚的谢意！

余太山先生是一位和蔼可亲的学术前辈，笔者蒙余先生推荐与鼓励，在本书写作过程中，又多劳余先生督促。余先生为了学科的发展提携、鼓励后辈之情令人难以忘怀！

另外，要特别感谢兰州大学出版社的施援平、高燕平老师付出的诸多劳动与细心指导！

本人在写作过程中参考了一些专家和学者的著作或论文，在此，一并表示衷心的感谢！

贺菊莲

2011 年 2 月 18 日

索　引

F

G

H

J

P

Q

R

S

T

W